I0043054

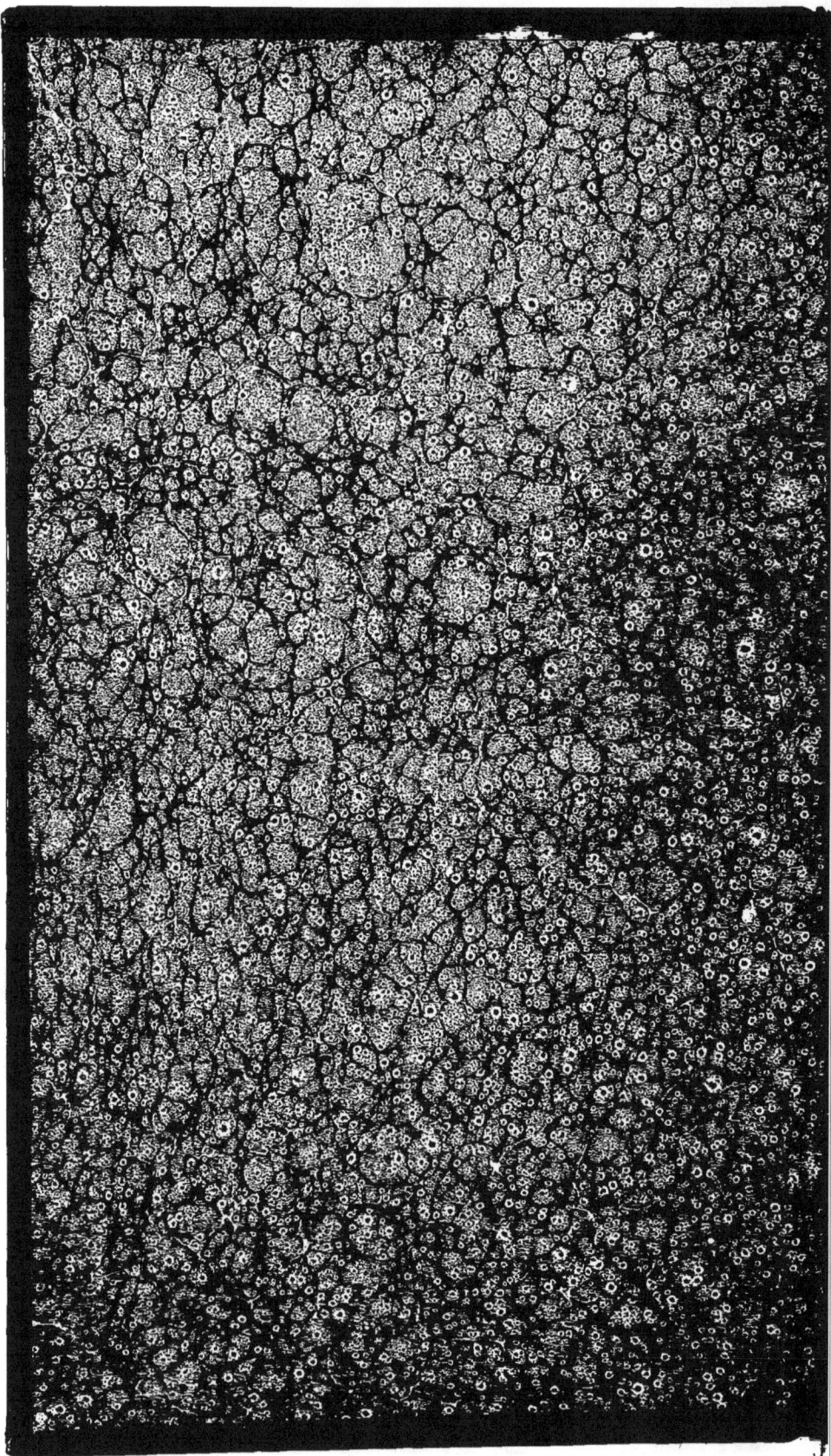

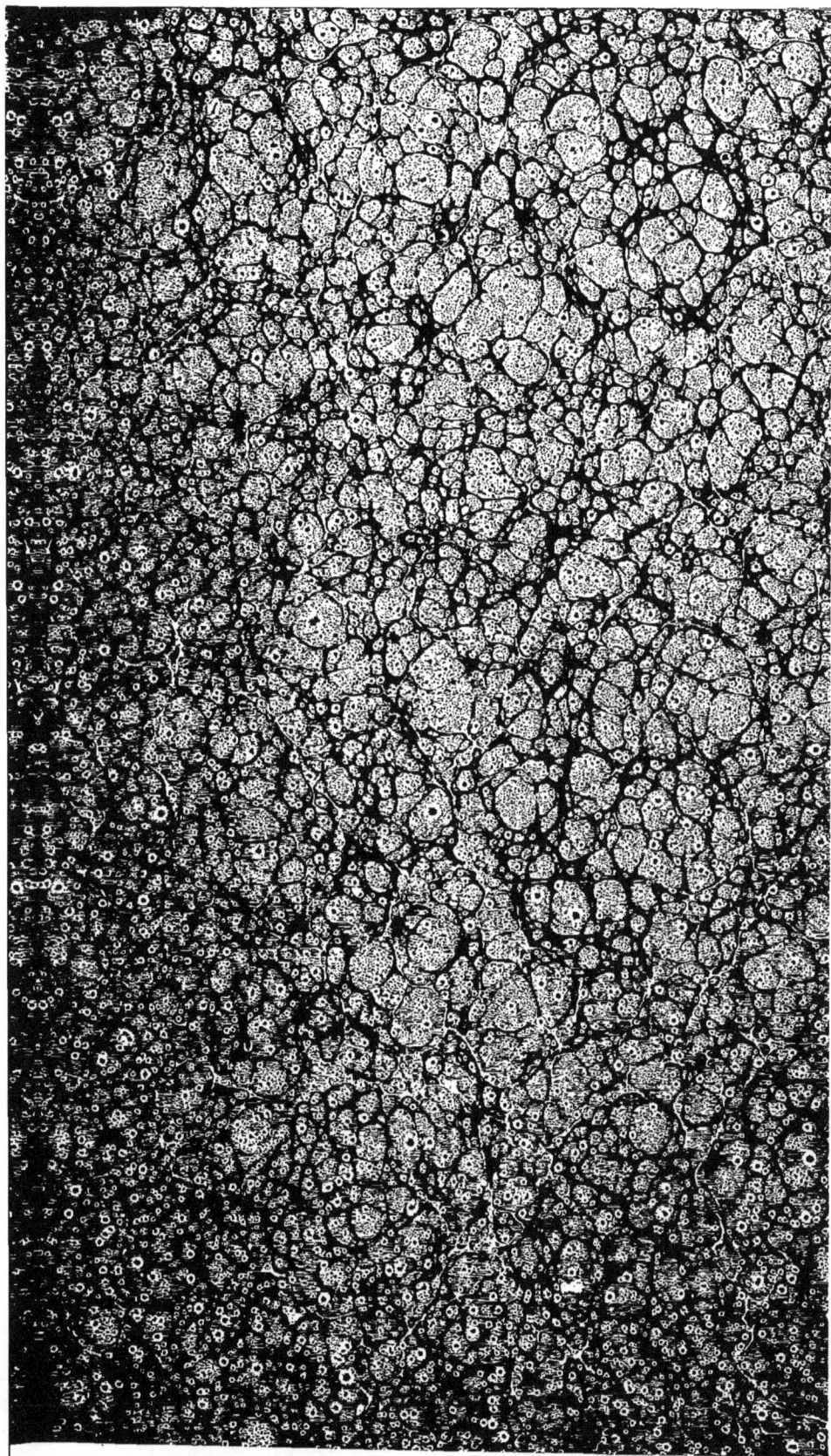

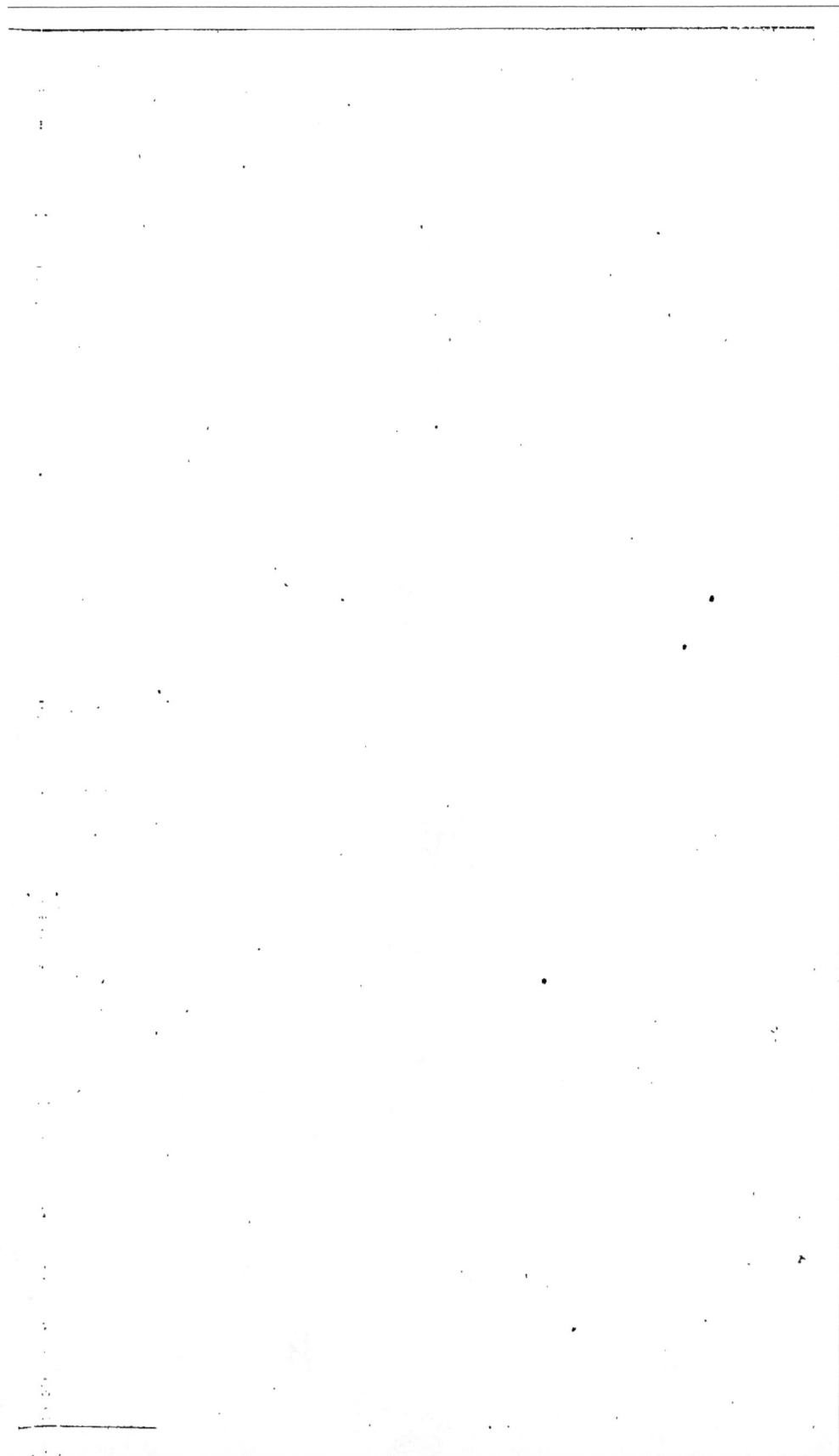

TRAITÉ

DES DONATIONS ENTRE-VIFS.

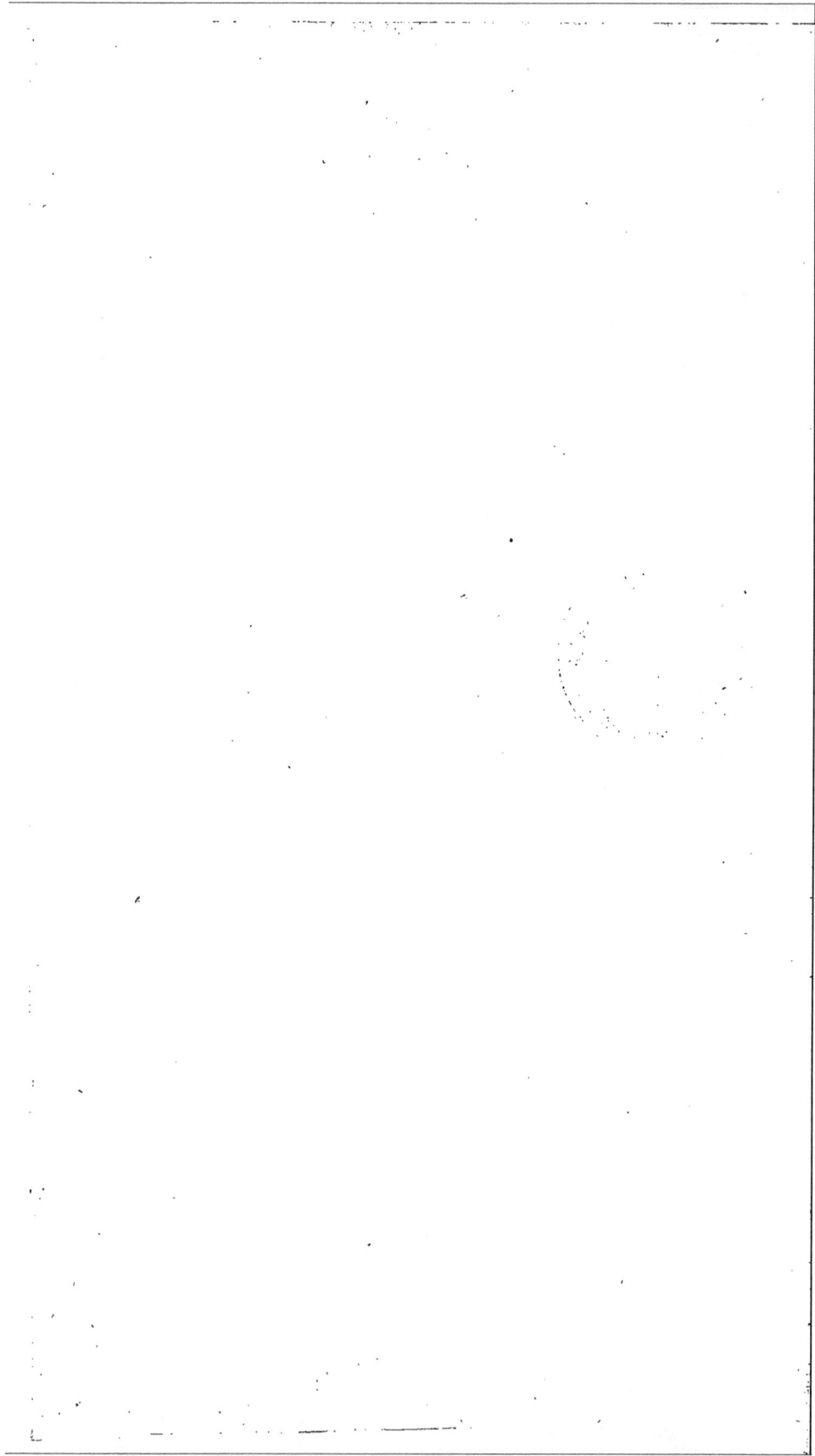

TRAITÉ

DES

DONATIONS ENTRE-VIFS,

Par C.-G. GUILHON,

PROCUREUR DU ROI PRÈS LE TRIBUNAL DE LECTOURÉ,
DÉPARTEMENT DU GERS.

TOME PREMIER.

TOULOUSE,

BELLEGARRIGUE, Libraire, Imprimeur de S. A. R.
MONSIEUR Frère du ROI, rue des Filatiers, N.º 31.

1818.

PREFACE.

A MESSIEURS

LES ÉTUDIANS EN DROIT.

JE vous présente, MESSIEURS, un Ouvrage que j'ai composé
dans la seule intention de vous être utile, de vous épargner
des recherches et des soins, et de vous donner sur une partie
importante du droit civil des notions exactes, claires et précises. Ce but si louable, comment aurai-je la confiance de
l'avoir atteint, moi qui sais que les bons élémens manquent
dans presque toutes les sciences, et qui suis convaincu que ces
élémens ne peuvent être bien faits que par un grand maître !

En lisant le titre du code civil relatif aux donations, vous
y avez trouvé, MESSIEURS, une certaine obscurité et des difficultés sans nombre. En prolongeant votre méditation vous
avez dû employer de grands efforts, pour tâcher de vous faire
sur la *quotité disponible* des idées sûres et distinctes; peut-être
n'y avez-vous pas réussi, et vous vous en êtes aperçus quand
vous avez voulu appliquer vos notions à une espèce donnée.
Ce que vous avez éprouvé dans le principe, je l'ai éprouvé
moi-même : j'en ai senti le besoin ; j'ai redoublé d'attention ;
j'y suis revenu à plusieurs fois, pour tâcher de trouver le fil
qui doit nous conduire dans ce labyrinthe de la *quotité disponible ;* je crois le tenir, et pouvoir vous en faire parcourir avec
sureté, mais non sans peine, tous les détours.

Il est inutile d'expliquer les motifs qui m'ont engagé à
suspendre jusqu'à ce jour la publication de mon Ouvrage,
qui était entièrement fini bien long-temps avant l'époque mé-
morable où le Tout-Puissant s'est ressouvenu de la France, et
l'a rendue à son Roi légitime et au bonheur. Depuis 1812

j'ai fait peu d'additions à mon Ouvrage; j'y ai seulement rapporté les nouveaux arrêts de la cour de cassation, et souvent, d'après ces arrêts, j'ai corrigé et rectifié mes premières idées. Quel est l'homme à qui la vérité se montre de suite pure et sans nuages? Qu'il serait à plaindre celui qui la rejetterait, pour ne l'avoir pas aperçue le premier!

Par rapport aux citations, soit de la loi romaine, soit des jurisconsultes, je dois vous observer que je ne les donne pas toujours comme preuve et fondement de ma décision; souvent le but de ma citation est seulement d'indiquer les sources où l'on peut puiser des lumières sur la question proposée.

Quand je cite la loi romaine, je prends sa décision telle qu'elle résulte de la loi même; je fais abstraction, soit de l'abrogation qui pourrait résulter d'une loi postérieure, soit des modifications opérées par la jurisprudence; quand j'invoque la jurisprudence, en tant que contraire à une loi, j'en fais l'observation expresse.

Vous dédier cet Ouvrage, c'est dire d'une manière virtuelle que je vous engage à le lire, et que j'ose espérer que cette lecture ne sera pas sans profit pour vous; et cependant je dois vous déclarer que c'est le texte de la loi, et toujours le texte, que vous devez lire, ruminer, méditer sans cesse. C'est le conseil que je vous donne : les commentaires, les traités particuliers ne doivent être lus qu'après que vous aurez épuisé tous vos efforts sur le texte; commencez donc par là, pesez toutes les expressions de la loi, demandez-vous à vous-mêmes ce qu'elle veut dire, posez des espèces pour en faire l'application, écrivez le résultat de vos méditations et vos doutes jour par jour dans un cahier particulier; cela fait, quand vous aurez vous-mêmes jugé la loi, aperçu les difficultés qu'elle présente, vous prendrez, et pas plutôt, le traité ou commentaire. C'est alors que vous les lirez avec fruit; vous y verrez vos difficultés prévues et résolues; vous en verrez d'autres auxquelles vous n'aurez pas songé. Vous remarquerez souvent que sur telle question l'auteur n'a pas dit tout ce qu'il pouvait dire; que la solution de telle autre pouvait être plus directe et plus simple.

Si, dans vos méditations, vous n'avez pas aperçu une question proposée par l'auteur, prenez cette question, écrivez-là, et fermez le livre; tâchez vous-mêmes de la résoudre, essayez vos forces, sentez la difficulté du problème; ces recherches vous seront extrêmement utiles. Si vous parvenez à résoudre la question, quelle joie pour vous de vous rencontrer avec celui qui l'a proposée, d'avoir su démêler le pour et le contre, et trouver la véritable raison de décider. Si, au contraire, vous vous êtes trompés dans votre solution, alors, comparant vos motifs avec ceux de l'auteur, vous reconnaîtrez bientôt les causes de votre erreur, et son origine; vous verrez souvent que c'est dès le premier pas que vous vous êtes égarés; ainsi, vous rectifierez vos idées, vous accoutumerez votre esprit à une forte attention, et vous lui donnerez cette justesse si nécessaire à un jurisconsulte.

Je dois vous donner un autre conseil. Si vous lisez un traité sur une matière de droit, ne passez jamais au chapitre suivant sans avoir bien entendu celui qui précède. Si le traité est fait avec soin l'auteur aura enchaîné ses vérités de manière que les secondes découlent des premières : or, comment sentiriez-vous ces secondes vérités si les premières vous avaient échappé, ou si vous n'en aviez que des idées confuses? L'esprit humain ne procède que du connu à l'inconnu; et cette vérité, si rigoureusement prouvée dans l'étude de la géométrie, s'applique à toutes les sciences. Marchez donc lentement : le voyageur risque à tout moment de s'égarer, et n'arrive au terme du voyage que lorsqu'il peut toujours se rendre compte de la route qu'il a suivie.

Je reviens à l'Ouvrage que j'ose vous présenter. Voulant écrire sur une partie du droit civil, ce n'est pas sans examen préalable que j'ai choisi les Donations entre-vifs. D'abord, j'y ai trouvé l'occasion de traiter de la *quotité disponible*, matière immense, hérissée de difficultés, et cependant d'un usage commun et journalier; d'un autre côté, les donations entre-vifs, ce qui comprend les donations par contrat de mariage, les institutions contractuelles, etc., me paraissent les actes les plus importans de la vie civile : permettez-moi sur cette importance quelques observations.

Pour peu que vous ayez réfléchi sur cette matière, vous aurez vu qu'une société, même dans son enfance, ne peut subsister sans contrat d'échange. Ce contrat, fondé sur les besoins réciproques des hommes, est né du moment que deux hommes ont vécu séparément sur la terre, ou que du moins deux cabanes distinctes ont été construites. Le contrat d'échange tient donc au berceau du monde, et ne finira qu'avec lui.

Quand les besoins de la société se sont augmentés, quand l'agriculture s'est étendue et perfectionnée, la difficulté de faire à tous momens des échanges a fait inventer les monnaies, ou les signes représentatifs du prix commun des choses ; et telle est l'origine de la vente. Mais le contrat de vente, considéré dans son résultat à l'égard du vendeur et de l'acheteur, n'est réellement qu'un échange : le vendeur reçoit de l'argent qui lui est nécessaire, et l'acquéreur, à la place de son argent, reçoit l'objet acquis.

Ces deux contrats, distincts par leur nom, n'en font rigoureusement qu'un ; mais vous sentez que la société ne saurait exister sans eux ; ou, pour mieux dire, vous sentez que dans toute société il faut nécessairement qu'il y ait des ventes, ou du moins des échanges.

L'importance se mesurant sur le besoin, vous déciderez que la vente et l'échange sont des contrats de la plus grande importance.

La donation est-elle aussi nécessaire à la société que le contrat de vente ? J'ose hautement décider l'affirmative. Remarquez, je vous prie, que le mariage a précédé, tous les autres contrats (notre premier père fut époux en sortant des mains du Créateur) ; que la société ne peut exister et ne se perpétue que par le mariage. Mais il n'y a pas de mariage sans donation, sans établissement en faveur des conjoints. Le père pasteur donne à son fils une partie de son troupeau, le pêcheur partage avec lui ses filets, l'agriculteur lui donne une portion de ses champs et une partie des instrumens de labourage. Ainsi, la donation précède le mariage, et le mariage ne peut avoir lieu sans donation, ou actuelle, ou antérieure. Or, comme la société ne peut exister sans mariage, vous déciderez que la donation est l'acte, et le plus ancien, et l'un des plus importans de la vie. Si vous faites attention que la femme peut se marier à quinze ans, et l'homme à dix-huit, vous verrez que jusqu'à cette époque, loin d'avoir pu acquérir pour eux, ils n'ont vécu qu'aux dépens de leur père ; et vous sentirez la vérité de ce principe, *que l'établissement qui précède le mariage ne peut être que le résultat d'une donation.*

L'importance, la nécessité même de la donation ainsi reconnues, vous déciderez, sans doute, qu'elle doit être mise au nombre des contrats du droit des gens ; telle était l'opinion de tous les auteurs. *Vinnius, lib. 2, tit. 7, pag. 293 : quid tam naturale est,* dit-il, *quam hominem homini benefacere !*

*ad liberalitatem naturá propensi sumus.... Antiquitas nihil
aliud æstimavit esse Deum quam prodesse mortalibus.* Vid.
Pothier et *Ricard*, dans leur traité des donations, et *Heineccius*
en ses observations sur *Vinnius*, *lib.* 2, *tit.* 7. La cour de
cassation a décidé, le 1.er août 1811, qu'antérieurement au
code civil le frappé de mort civile pouvait donner entre-vifs ;
elle a décidé, en d'autres termes, que la donation entre-vifs
est un acte qui prend sa source dans le droit des gens.

Mais l'art. 25 du code ne présente-t-il pas une innovation
et une dérogation expresse aux anciens principes ? ne place-
t-il pas les donations au nombre des contrats du droit civil ?
Oui, Messieurs, cet article porte textuellement que le frappé
de mort civile ne peut donner entre-vifs les biens par lui
acquis depuis sa condamnation, tandis qu'il peut les vendre
et les échanger. Pourquoi peut-il vendre ? parce que le frappé
de mort civile est capable de faire tous les actes du droit des
gens ; pourquoi ne peut-il pas donner ? parce que le législateur ne place pas la donation au nombre de ces derniers
actes.

Prenez-y garde ; cette manière d'envisager la donation ne
lui ôte rien de son importance : la loi civile a soumis cet acte
à des formalités rigoureuses, l'exécution ponctuelle de ces
formalités peut seule constituer l'existence légale de la donation :
tout cela est vrai ; mais la donation n'en est pas moins aux
yeux du législateur un acte essentiel et digne de la plus grande
faveur. Eh ! quel contrat pourrait lui être comparé ? La
vente doit son origine à l'espérance d'un gain réciproque : les
deux parties contractantes sont guidées par la cupidité et par
la coupable soif des richesses ; elles ne craignent point de se
tromper réciproquement sur le prix ; les passions sont en
présence ; l'intérêt est aux prises avec l'intérêt : le dol, la
fraude trop souvent y président. Une donation offre un bien
plus digne spectacle. Le donateur s'abandonne aux inspirations de la bienfaisance ; il estime, il aime, il transmet une
partie de ses biens à l'objet de son affection ; il se dépouille
avec joie ; il fait un heureux ; il l'est lui-même. Les plus
nobles sentimens du cœur humain sont mis en mouvement ;
le bienfait reçu fait naître la reconnaissance. Le premier
donateur fut certainement un homme de bien ; l'on pourrait
ajouter que sans doute il était père.

L'acte qui fait le plus d'honneur à l'homme est donc la
donation. Les contrats ordinaires sont fondés sur ses besoins

physiques et ses affections terrestres ; mais la donation est l'accomplissement de la plus sublime de toutes les vertus.

M. Grenier a donné au public un excellent traité sur les Donations et les Testamens. Son ouvrage m'a paru si bien fait, que, désirant écrire sur le droit civil, j'aurais craint de traiter la même matière ; mais mon Ouvrage était presque fini quand celui de M. Grenier a été publié. J'ai vu le plus souvent que mes idées étaient conformes à celles de cet Auteur, et je m'en suis félicité. Quand j'ai pu croire qu'il s'était trompé (car qui ne se trompe pas !), je me suis permis de le combattre ; mais le ton que j'ai pris prouve que je n'ai eu en vue que l'intérêt de la vérité. Ne connaissant M. Grenier que par son Ouvrage, quel autre sentiment pourrais-je éprouver à son égard que celui de l'estime !

TABLE

DES TITRES, CHAPITRES, SECTIONS ET PARAGRAPHES.

LIVRE I.er

LIVRE II.me

LIVRE III.me

FIN DE LA TABLE.

TRAITÉ
DES DONATIONS ENTRE-VIFS.

CHAPITRE PREMIER.

DÉFINITION DE LA DONATION. — VOLONTÉ DU DONATEUR.

1. — LA loi a défini la donation : « un acte
» par lequel le donateur se dépouille *actuellement*
» et *irrévocablement* de la chose donnée en faveur
» du donataire qui l'accepte ».

2. — La cause de la donation se trouve dans l'intention qu'a le donateur d'exercer envers le donataire un acte de bienfaisance.

C'est cette cause, c'est cette intention de bienfaisance qui distingue essentiellement la donation des contrats intéressés de part et d'autre.

Dans ces derniers contrats, tels, par exemple, que la vente et l'échange, la cause de l'obligation se trouve dans l'intérêt respectif des parties contractantes.

Dans la donation, au contraire, le donateur n'est guidé par aucun motif d'intérêt; il donne parce qu'il sent qu'il est doux d'obliger, et, sous ce rapport, on doit dire que la donation a une cause bien pure.

Sans doute celui qui donne peut imposer au donataire des charges et des conditions, il peut même stipuler pour lui ou un payement actuel, ou des prestations annuelles; mais ces stipulations ne changent pas la nature de la donation faite : cette donation est seulement diminuée dans son émolument jusques et à concurrence des charges; mais, par rapport à l'excédant, elle présente toujours une pure libéralité déterminée par la seule bienfaisance.

3. — A ne considérer que la volonté *du donateur*, deux choses constituent essentiellement la donation:

1.º Dépouillement *actu* du donateur; 2.º dépouillement du donateur absolu et irrévocable.

§ I.er   *Dépouillement* actu *du donateur.*

4. — Du principe qui veut que le donateur se dépouille actuellement de la chose donnée découlent deux conséquences:

1.º Que la promesse de donner, fût-elle revêtue de toutes les formalités des donations, est absolument nulle et de nul effet; car promettre de se dépouiller, n'est pas se dépouiller, et la loi veut un dépouillement actuel du donateur;

2.º Que la donation qui porte sur les biens à venir est nulle par rapport à ces biens.

5. — On sent aisément pourquoi la donation des biens à venir est nulle par rapport à ces biens; c'est que les biens à venir du donateur se composant de ce qu'il acquiert *postérieurement* à la donation, il est impossible qu'en donnant il s'en dépouille; car il est impossible de se dépouiller de ce que l'on n'a point.

Les biens à venir n'existant pas lors de la donation, ils sont, par rapport au donateur, comme le néant, ou une chimère; il lui est donc impossible d'en disposer.

Mais si la donation comprend en même temps des biens présens et à venir, le dépouillement pouvant avoir lieu par rapport aux biens présens, la donation vaut par rapport à ces biens, et elle se trouve seulement nulle par rapport aux biens à venir.

6. — Il faut bien se fixer sur ce que la loi entend par *biens à venir*; elle entend ces biens auxquels le

donateur n'a dans le moment de la donation aucune espèce de droit, pas même un droit conditionnel ; par exemple, une succession non ouverte est un bien à venir par rapport au donateur, quoique lors de la donation il fût héritier présomptif du défunt.

Je m'explique : un fils est bien appelé de droit à la succession de son père ; mais jusqu'à la mort du père il n'y a pas, à proprement parler, de succession ; le patrimoine du père forme donc, par rapport au fils, un bien à venir, parce que jusqu'au décès il n'a sur ce patrimoine aucune espèce de droit né et actuel ; le père, d'ailleurs, peut tout épuiser, et même survivre à son fils.

D'où nous devons conclure, que si je donne aujourd'hui tous mes biens présens, le donataire n'aura aucun droit aux successions, soit directes, soit collatérales, qui pourront m'échoir postérieurement à ma donation.

7. — Il ne faut pas considérer comme bien à venir celui auquel le donateur pourrait avoir, lors de la donation, un droit éventuel dépendant d'une condition quelconque. Ce droit conditionnel est toujours un droit ; il est la propriété du donateur : celui-ci peut donc valablement s'en dépouiller.

Par exemple : je suis appelé à la propriété d'un domaine, si telle chose arrive ; avant l'événement de cette condition, je donne tous mes biens présens à Jacques : celui-ci sera, du moment de la donation, investi de mon droit conditionnel au domaine ; et si la condition s'accomplit, il sera propriétaire dudit domaine, par ces deux raisons, 1.º que lors de ma donation j'avais un droit audit domaine, droit que j'ai transmis à Jacques ; 2.º parce que toute condition qui s'accomplit a un effet rétroactif au jour auquel l'engagement a été contracté, art. 1179 du code ; en sorte que, par l'effet de cette fiction de la loi, il faut considérer les choses, et raisonner tout comme si j'avais été réellement propriétaire dudit domaine lors de la donation de tous mes biens.

Supposons, pour second exemple, un cas qui peut se présenter très-souvent.

Pierre se marie; il stipule dans le contrat de mariage que, s'il survit à son épouse, il gagnera la propriété du domaine de Gironne, appartenant à cette dernière.

Postérieurement, Pierre, qui n'a pas d'enfans de son mariage, donne tous ses biens à Jacques.

Ledit Pierre survit à son épouse.

Question de savoir si ledit Jacques, donataire, doit avoir le domaine de Gironne.

D'après les principes ci-dessus, il faut nécessairement décider que ledit domaine appartient à Jacques; car Pierre, donateur, avait lors de la donation un droit conditionnel à ce domaine : ce droit était éventuel; mais il existait : il était suspendu; mais il était né : et comme ce droit a été transmis à Jacques, donataire, celui-ci peut seul profiter de l'accomplissement de la condition.

8. — Il faut donc tenir pour certain qu'un *droit* qui dépend d'une condition quelconque, soit suspensive, soit résolutoire, *existe* en faveur du donateur, du moment qu'il a été par lui stipulé, ou qu'il lui a été transmis par donation ou par testament; et qu'un tel droit n'est pas un bien *à venir* du donateur, quand il existe avant la donation par lui faite; d'où il résulte que la donation, par rapport à ce droit conditionnel, est valable, et profite au donataire, sans considérer l'époque de l'accomplissement de la condition.

9. — Le principe fondamental qui veut que le donateur se dépouille *actu* de l'objet donné a besoin d'une explication.

La loi exige bien un dépouillement; mais elle ne commande pas un dépouillement *actu* matériellement exécuté sur l'heure de la donation. Ainsi, l'on peut donner *ad certum tempus*, *vel ex certo tempore*, et sous une condition, soit suspensive, soit résolutoire. *Leg.* 1 *et* 2, ff *de donat.*; le titre du code *de donat. quæ sub. mod.*

Par exemple : je puis donner à Pierre l'usufruit de mes biens, pour commencer à telle époque, et finir à telle autre.

Je puis donner à Pierre, si tel vaisseau arrive.

Je puis donner à Jean ma maison de campagne, et stipuler que si mon fils revient de l'armée la donation sera résolue.

Je puis donner à Jean une somme payable après mon décès. Vid. l'arrêt de la cour de cassation, rapporté par M. *Sirey*, an 1818, pag. 52.

Dans tous ces cas la donation est valable, parce qu'il est toujours vrai de dire que lors et au moment de la donation j'ai transmis un droit au donataire.

En réduisant ce paragraphe à ses moindres termes, nous dirons que la donation est valable, quand le donateur s'est dépouillé *actu* d'un droit pur ou conditionnel.

§ II. *Le dépouillement du donateur doit être absolu et irrévocable.*

10. — De ce second principe, qui veut que le dépouillement du donateur soit irrévocable découlent deux conséquences remarquables.

1.° Que la donation est nulle si elle est faite sous une condition dont l'accomplissement dépendrait de la volonté du donateur;

2.° Que la donation est également nulle si le donateur s'est réservé le droit d'imposer au donataire une charge indéfinie, et non fixe dans sa quotité.

Ces deux conséquences vont faire la matière du chapitre suivant, où nous allons nous occuper des clauses qui vicient la volonté du donateur.

CHAPITRE II.

CLAUSES QUI VICIENT LA VOLONTÉ DU DONATEUR.

SECTION I.re

Le donateur ne peut donner sous une con-
dition qui dépendrait de sa volonté.

11. — DONNER et retenir ne vaut ; tel est le principe qu'il ne faut jamais perdre de vue quand on considère la volonté du donateur.

Si donc le donateur donne et retient, s'il s'exprime de manière à faire dépendre de sa seule volonté l'effet de la donation ; dans tous ces cas la donation est nulle, ou, pour mieux dire, il n'existe pas réellement de donation, parce que la volonté du donateur n'est pas conçue d'une manière irrévocable.

12. — Nous avons vu que le donateur peut donner sous une condition, soit suspensive, soit résolutoire ; donc la condition ne vicie pas par elle-même la donation ; il faut, de plus, pour que la donation conditionnelle soit nulle, que la condition dépende dans son accomplissement de la volonté du donateur.

13. — Posons plusieurs exemples :

Je donne à Jean si je vais à Paris ;

Je donne à Pierre si je me marie ;

Je donne à Pierre, et si je fais telle chose ma donation sera révoquée.

Dans ces cas, on voit qu'il ne dépend que de moi de rendre la donation sans effet.

Jean ne devant être investi que lorsque j'irai à

Paris, et le voyage de Paris dépendant de mon seul caprice, il est clair que je reste le maître d'anéantir ou de faire valoir la donation.

Dans le second exemple, l'on voit également que l'effet de la donation dépend de ma pure volonté, car je suis le maître de me marier, ou de ne pas me marier.

14. — Inutile d'observer que je ne reste pas absolument le maître d'anéantir la donation, puisque je ne puis l'anéantir dans le premier cas, qu'en me privant d'aller à Paris, et, dans le second, qu'en m'abstenant du mariage.

Ces considérations ne changent absolument rien à la nature de ma condition; il suffit que je sois le maître absolu de son accomplissement, pour que ma donation soit nulle; il suffit, en un mot, que je sois le maître de remplir ou de ne pas remplir la condition, pour que la donation qui en dépend soit sans effet, sans faire attention, d'ailleurs, ni à l'étendue, ni à l'importance des sacrifices que je dois faire pour opérer cette nullité.

15. — Je donne à Jean ma bibliothèque si j'épouse Sophie.

On voit également dans cet exemple, que restant le maître de ne pas épouser Sophie, il ne dépend que de moi de rendre ma donation sans effet.

16. — Je donne à Pierre mes livres de mathématiques, avec cette stipulation, que si je ne me marie pas la donation sera nulle.

On voit encore ici que je reste le maître d'anéantir ma donation, en ne me mariant pas.

17. — Je donne à Pierre si je n'épouse pas Marie.

Ici la donation ne devient nulle que par mon mariage avec Marie; mais comme ce mariage ne dépend pas de ma seule volonté, vu que Marie peut refuser de m'épouser, la donation faite sous une pareille condition sera valable.

18. — De ces exemples nous devons conclure, que pour que la donation soit viciée par une condition, il faut que ce soit une condition absolument dépendante dans son accomplissement de la volonté du donateur.

Le code, art. 1169, 1170 et 1171, distingue trois espèces de conditions : les conditions *casuelles*, les conditions *potestatives* et les conditions *mixtes*.

La condition *casuelle* est celle qui dépend du hasard.

La condition *potestative* est celle qui dépend d'un événement qu'il est au pouvoir du donateur de faire arriver ou d'empêcher.

La condition *mixte* est celle qui dépend tout à la fois, et de la volonté du donateur, et de la volonté d'un tiers.

19. — Applicant ces maximes aux exemples ci-dessus, nous serons conduits à cette dernière conséquence, 1.º que les conditions *casuelles* ou *mixtes* ne vicient pas les donations ; 2.º que toute donation est nulle quand elle est faite sous une condition *potestative* à l'égard du donateur.

Il faut observer cependant que si la condition, en apparence *potestative*, est contraire aux lois et aux mœurs, elle ne saurait vicier la donation ; par exemple, je donne à Pierre, si je fais telle action défendue par les lois, si je commets tel crime : dans ce cas la donation est valable, parce que cette condition est réputée non écrite par l'art. 900 du code.

D'ailleurs, aux yeux de la loi tout acte criminel, ou contre les mœurs, étant regardé comme impossible, l'on pourrait dire, sous ce rapport, que la susdite condition n'est pas purement *potestative*.

20. — Du principe que toute condition potestative vicie la donation découle cette conséquence, que si, dans une donation, le donateur s'est réservé le droit de disposer d'un effet compris dans la donation, même

avec la condition qu'en cas de non disposition cet effet appartiendra au donataire, la donation est radicalement nulle quant à l'objet réservé ; l'on sent, en effet, qu'il ne dépend que du donateur d'annuller la donation par rapport à la réserve.

21. — Du même principe résulte encore cette conséquence, que la donation d'une somme fixe, à prendre sur le plus clair des biens que laissera le donateur à son décès, est également de nul effet ; parce qu'il dépend du donateur de l'anéantir, en ne laissant rien à sa mort. La donation ci-dessus se réduit en substance à ces termes : « je donne telle somme à prendre sur mes biens, si j'en laisse à ma mort ». Donation dont la nullité est évidente, parce qu'elle est faite sous une condition purement potestative à l'égard du donateur.

22. — En approfondissant ce grand principe, nous en tirerons encore cette conséquence, que la donation des biens à venir est nulle ; nullité que nous avons déjà démontrée sous un autre point de vue.

En effet, les biens à venir du donateur se composent de l'actif et du passif postérieur à la donation, et comme le donateur reste le maître absolu de vendre les biens acquis postérieurement, et de grossir la masse de ses dettes à volonté, il en résulte qu'il ne dépend que de lui d'épuiser l'actif au fur et à mesure qu'il se forme. En d'autres termes, la donation des biens à venir se réduit à la clause suivante : « je donne tous les biens que je laisserai à ma mort, s'il me plaît d'en laisser ». Clause où nous trouvons la condition *potestative*, c'est-à-dire, le vice le plus essentiel de la donation.

SECTION II.

La donation est nulle si le donateur s'est réservé le droit d'imposer au donataire une charge indéfinie.

23. — Le bienfaiteur peut sans doute imposer à son bienfait les charges qu'il croit convenables; mais nous savons aussi qu'il ne doit pas rester le maître d'anéantir la libéralité.

La difficulté consiste dans la conciliation de ces deux principes.

Posons quelques exemples des charges permises.

Je donne à Pierre un immeuble, ou tels biens : je puis le charger de payer à Jean, ou de me payer, une somme fixe quelconque, mille écus, par exemple; cette charge est valable, car par là je n'ai fait que diminuer l'émolument de ma donation : faculté qui ne présente rien d'extraordinaire.

24. — Je puis, en faisant une donation, imposer à mon donataire une charge déterminée dans sa nature, quoique la valeur n'en soit pas fixée ; comme, par exemple, de construire une chaussée pour un moulin, d'élever tel monument, d'entretenir une usine. Dans ces exemples la charge est jusqu'à un certain point incertaine; mais elle ne peut être grossie par le donateur, et c'est là le point essentiel qui la rend valide.

25. — Je puis, en donnant un objet particulier, ou tous mes biens, ou une quote de tous mes biens, charger le donataire de payer toutes mes dettes existantes.

Je puis également charger mon donataire, non-seulement de toutes les dettes existantes, mais encore de payer celles que je ferai après la donation, jusques et à concurrence d'une somme déterminée : cette fixation valide la donation. Vid. *Furgole* sur l'art. 16 de l'ordonnance. Mais lors même que je n'aurais fait aucune dette postérieure, mon donataire sera toujours obligé de payer à mes héritiers jusques et à concurrence de ladite somme déterminée ; car le donataire ne peut jamais profiter de cette somme, puisqu'elle n'est pas irrévocablement donnée. Vid. *Pothier* sur la coutume d'Orléans, n.º 18.

26. — Je puis encore charger mon donataire de payer le reliquat d'un compte tutélaire que je puis devoir.

La raison de douter est qu'ici le reliquat est inconnu ; que le donataire, en acceptant, ne peut pas rigoureusement savoir ce à quoi il s'oblige.

Sans doute le reliquat d'un compte tutélaire présente, par rapport au donataire, une charge inconnue, mais non une dette ou charge indéterminée ; une charge quoiqu'inconnue n'en existe pas moins telle qu'elle est : dans notre espèce il est toujours vrai de dire que le reliquat se porte à telle somme fixe et certaine, et c'est là le point essentiel. La susdite charge de payer le reliquat serait donc valable.

D'ailleurs, cette clause se réduit à celle-ci : je charge mon donataire de payer toutes mes dettes existantes ; ou ce que je puis devoir à Jacques ; et certainement une pareille charge ne saurait vicier la donation.

Il en serait autrement si lors de la donation l'administration tutélaire n'avait pas pris fin, parce qu'alors je resterais le maître de grossir le reliquat.

27. — On voit par ces exemples que le donateur peut imposer toute charge connue ou inconnue, pourvu qu'elle soit *fixe* lors de la donation ; pourvu, en un mot, qu'il ne dépende pas du donateur de la grossir.

28. — Par la raison contraire, nous devons tenir pour nulle toute donation avec une charge indéfinie,

ou qui peut être augmentée selon le caprice du donateur.

Exemples : si je charge mon donataire de payer
les legs que je ferai, ou même les legs que je ferai
à une ou plusieurs personnes désignées ;

Si je le charge de payer ce que je devrai à Pierre
à telle époque, ou lors de mon décès ;

Si je le charge de construire tous les édifices que je
lui désignerai après la donation, ou de faire ce que
je voudrai lui prescrire après cette époque.

Dans tous ces cas la charge est indéfinie ; je reste le
maître d'épuiser ma libéralité, et la donation est radicalement nulle.

Nous verrons plus bas que les donations par contrat de mariage ne sont pas assujetties à ces règles.

29. — La donation qui serait faite avec charge de
payer les frais funéraires du donateur et de son
épouse serait valable. Cette charge religieuse ne
présente rien d'indéterminé ; la quotité de cette
charge est fixée par l'usage des lieux et la qualité des
personnes.

D'ailleurs, par rapport aux frais funéraires du
donateur qui ne laisserait rien, ne devrait-on pas les
considérer comme une charge inhérente et sacrée de
la donation ? le donataire qui ne remplirait pas cette
charge ne serait-il pas coupable de la plus noire
ingratitude ?

SECTION III.

La volonté du donateur, et, par suite, la
donation se trouvent viciées par une subs-
titution.

30. — Le but de la donation est, comme nous
l'avons déjà dit, de dépouiller le donateur et d'investir le donataire.

Il en résulte que du moment que la donation est

parfaite, il n'est plus permis au donateur de priver par un second acte le donataire de la chose donnée.

Mais en résulte-t-il que dans le moment même de la donation, et dans le même acte, le donateur ne puisse point appeler à l'émolument de la donation un second donataire, pour remplacer le premier, soit dans le cas de mort, soit dans toute autre circonstance ?

31. — Par plusieurs raisons, dont le détail serait ici inutile, la loi n'a pas voulu donner cette faculté au donateur ; en conséquence, elle a proclamé ce principe : « dans les donations, comme dans les tes- » tamens, les *substitutions* sont prohibées ».

32. — Dans une substitution il y a nécessairement trois personnes qui figurent,

Le donateur, qu'on appelle auteur de la substitution ;

Le premier donataire, qu'on appelle grevé, ou chargé de rendre ;

Le second donataire, qu'on appelle substitué, ou fidéicommissaire.

De la nullité de la substitution semblerait résulter seulement que le substitué ne peut réclamer aucun droit en vertu du fidéicommis ; mais ce n'est pas là toute l'intention du législateur. En proscrivant les substitutions, la loi les a anéanties, non-seulement à l'égard du second donataire ou substitué ; mais encore à l'égard du premier donataire chargé de rendre.

En d'autres termes, la donation infectée de *substitution* est radicalement et essentiellement nulle ; c'est tout comme si le donateur n'avait rien donné. Vid. l'arrêt de la cour de cassation rapporté par *Sirey*, an 1808, pag. 234, et l'avis du conseil-d'état du 31 octobre 1812, rapporté également par *Sirey*, an 1813, 2.e part., pag. 321.

Nous verrons plus bas que la substitution ne vicie

que la disposition à laquelle elle s'attache, sans vicier en aucune manière le surplus de la donation.

33. — Il est donc de la plus grande importance de bien se fixer sur ce que la loi entend par *substitution*.

1.º Aux yeux de la loi il y a substitution toutes les fois que, par une clause de la donation, *le donataire est obligé de conserver et de rendre à tout autre que le donateur;*

2.º Il n'y a pas de substitution dans la disposition par laquelle un tiers est appelé à recueillir le don dans le cas où le donataire ne le recueillerait pas;

3.º Il n'y a pas non plus de substitution quand on donne l'usufruit à une personne, et la nue propriété à une autre.

Tels sont les trois principes puisés dans la loi même. Ces principes sont féconds en conséquences, que nous allons essayer de développer dans les paragraphes suivans.

§ Ier *La charge de conserver et de rendre à un tiers constitue la substitution.*

34. — Celui qui ne connaît les substitutions que par leur nom, en reconnaîtra cependant une dans les exemples suivans :

« Je donne à Pierre ma maison, et je le charge de la laisser à l'aîné de ses enfans ».

« Je donne à Pierre ma maison, et, s'il meurt sans enfans, je lui substitue Jacques ».

Il remarquera dans les dispositions ci-dessus, 1.º les trois personnes que nous avons ci-dessus observées; savoir : le donateur, le premier donataire ou grevé, enfin, le second donataire ou substitué;

2.º Il y remarquera deux dispositions bien distinctes : la première en faveur de Pierre, premier donataire ; la seconde en faveur du second donataire ou substitué ;

3.º Il y remarquera que Pierre, premier donataire,

investi de l'objet donné, est obligé de le conserver, et de le rendre, dans le premier exemple, à son fils aîné, et, dans le second, à Jacques ;

4.° Il y remarquera, enfin, que le second donataire est appelé purement dans le premier cas, et conditionnellement dans le second.

35. — De ces observations le lecteur attentif pourra aisément tirer les conséquences suivantes :

Qu'il y a substitution toutes les fois que le donateur, après avoir laissé reposer un seul instant la propriété sur la tête du premier donataire, ordonne que cette propriété passe sur la tête d'un autre dans telle ou telle circonstance ;

Qu'il y a substitution toutes les fois que le second donataire ne parvient à la chose donnée, qu'après qu'elle aura appartenu pendant un temps quelconque au premier donataire :

En d'autres termes, qu'il y a substitution toutes les fois que le second donataire n'est investi que par le dépouillement du premier; toutes les fois, enfin, qu'il y a une double mutation successive ordonnée par le donateur.

36. — Nous avons remarqué qu'une substitution renferme deux dispositions distinctes : par la première le donataire est investi, par la seconde le substitué ou second donataire est appelé.

Or, pour ne laisser aucun doute sur cette matière, il faut observer que la seconde disposition, c'est-à-dire, celle qui a appelé le substitué peut être pure ou sous condition; que cette condition peut être potestative, casuelle ou mixte; qu'elle peut être potestative, tant à l'égard du donateur, qu'à l'égard du premier donataire et de l'appelé.

Ces observations faites, nous devons dire qu'il y a substitution dans les exemples suivans :

« Je donne ma maison à Pierre, et je le charge de

la rendre à ses enfans lors de son décès » : voilà une
substitution pure.

« Je donne ma maison à Pierre, et, s'il ne se marie
pas, je le charge de la rendre à Jacques » : voilà la
substitution conditionnelle, et sous une condition potestative à l'égard du donataire.

« Je donne ma maison à Pierre, et je le charge de
la rendre à Jacques, s'il se marie » : voilà la substitution sous condition potestative à l'égard de l'appelé.

« Je donne ma maison à Pierre, et s'il n'a pas d'enfans de son mariage, je le charge de la rendre à mon
frère » : voilà une substitution sous condition casuelle.

Ces exemples suffisent pour faire connaître la nature
des substitutions ; et de ce que nous avons dit, nous
pouvons tirer cette dernière conséquence, qu'il y a
substitution toutes les fois que le donataire est obligé
purement, ou sous une condition quelconque, potesta-
tive, casuelle ou mixte, de conserver et de rendre à
un tiers tout ou partie de la chose donnée.

Faisons-nous des idées justes. Le donateur peut
apposer à sa donation une condition résolutoire, cela
est permis ; mais s'il appelle un tiers pour recueillir
l'émolument de la donation révoquée, il y a une
substitution, et, par conséquent, nullité absolue.

Par exemple : « je donne à Pierre mon jardin, et
si ma sœur se marie la donation sera résolue » : cette
disposition sera valable ; mais si je dis : « je donne à
Pierre mon jardin, et si ma sœur se marie, la donation sera résolue, et le jardin appartiendra à madite
sœur », tout est nul, parce qu'il y a substitution.

37. — Il n'est pas, en effet, nécessaire, pour qu'il y
ait substitution, que l'on trouve dans la donation la
clause de conserver et de rendre ; ces mots ne sont
pas sacramentels : la substitution peut résulter de
toute autre expression du donateur, indiquant sa
volonté de substituer.

Mais, prenons-y garde, il n'est plus possible, comme
autrefois

autrefois de se fonder sur des présomptions ou des conjectures, pour établir la substitution ; il faut qu'elle résulte des expressions même du disposant, et ces dispositions doivent présenter en substance l'obligation de conserver et de rendre.

38. — Jacques se marie : je figure dans son contrat de mariage, et je donne audit Jacques *et aux enfans qui naîtront de son mariage* ma maison de Delie.

Les docteurs voyaient dans une pareille disposition une substitution fidéicommissaire en faveur des enfans. *Duperrier*, liv. 1.er, quest. 15 ; liv. 2, quest. 28 ; *Serres*, pag. 174 et 175 ; M. *Merlin*, questions de droit, *verbo* substitution.

De deux choses l'une : ou, par cette disposition, j'ai entendu appeler les enfans cumulativement avec leur père, et donner à chacun d'eux une portion virile ; ou bien j'ai voulu les appeler à recueillir après lui.

Or, dans ces deux hypothèses, il me semble qu'il y a également substitution.

En effet, si le père ne doit avoir, d'après l'intention supposée, qu'une portion virile, il est impossible de savoir en quoi consiste cette portion ; il faut nécessairement attendre la dissolution du mariage pour connaître cette portion virile.

En attendant cependant la propriété de l'entière maison réside sur la tête du père. S'il ne provient pas d'enfans du mariage, il restera propriétaire de la totalité ; mais s'il en provient, nous voyons qu'à la naissance de chaque enfant la propriété se partage, et passe, pour une portion virile, de la tête du père sur celle de son enfant ; et, sous ce rapport, il résulte de ladite clause l'obligation pour le père de conserver et de rendre une portion virile au fur et à mesure qu'il lui naît quelque enfant ; il y a donc rigoureusement fidéicommis.

Dira-t-on, que la donation aux enfans à naître étant nulle, il est impossible, ou bien difficile de croire que

Tom. I.er   2

j'aie voulu leur donner une portion virile; mais alors nous sommes forcément conduits à la seconde supposition, d'après laquelle je suis censé avoir appelé les enfans à recueillir après leur père; et l'on voit que, dans cette supposition, la substitution se découvre d'une manière évidente.

39. — Mais il n'y aurait pas de substitution, si, au lieu de donner *au père et aux enfans*, on donnait au père en contemplation du mariage et *des enfans à naître*. Dans cette espèce il n'y aurait pas de substitution; le père serait seul appelé, les enfans ne seraient ici que comme un motif de la donation; ils n'y auraient d'ailleurs aucun droit. Vid. *Serres*, pag. 174, et *Dolive*, liv. 4, chap. 5.

40. — La prohibition d'aliéner la chose donnée renferme-t-elle un fidéicommis?

Il faut, d'abord, faire une distinction : si la prohibition d'aliéner est pure et simple, sans que le donateur désigne la personne ou les personnes qu'il veut avantager par cette défense, alors la prohibition d'aliéner n'est qu'un simple conseil. *Leg.* 114, § 14, ff. *de leg.* 1. Par exemple : je donne à Jacques ma maison, et je lui défends de l'aliéner; il n'y a pas là de substitution. Nous examinerons plus bas quel serait l'effet de la condition de ne pas aliéner la chose donnée, dans le cas où le donataire viendrait à y contrevenir en aliénant. Vid. *la loi 3, cod. de condit. ob caus. dat.*

Mais si, par la prohibition d'aliéner, le donateur veut avantager les héritiers du donataire, alors l'on voit dans cette prohibition une véritable substitution. Susdite loi 114, § 15; et *leg.* 69, § 3, ff. *de leg.* 2. *Heineccius, Pandect., part.* 4, § 218, *in notis.*

Par exemple, un aïeul qui a un fils et des petits-fils donne à son fils un domaine, avec défense de l'aliéner, pour que ce fonds reste dans sa famille.

Dans cette espèce la défense d'aliéner n'est pas due au simple caprice du donateur; ce n'est pas un conseil qu'il donne au donataire, c'est un véritable avantage qu'il veut procurer aux héritiers de ce dernier ; il y a donc substitution.

Je crois même qu'une telle clause vicierait la donation, d'après les dispositions du code, si la donation n'était point faite par un ascendant ; ce qui sera expliqué dans la suite, car défendre d'aliéner n'est autre chose qu'ordonner de conserver ; défendre d'aliéner, pour que la chose donnée reste aux héritiers, c'est ordonner de conserver et de rendre aux héritiers.

Il faut donc reconnaître qu'il y a substitution dans les cas suivans et autres semblables.

Je donne à Jacques, et je lui défends d'aliéner le fonds donné, pour que ce fonds reste à ses enfans ; — pour que ses enfans puissent le faire valoir après sa mort ; — pour que ses enfans aient de quoi vivre honorablement.

41. — Y a-t-il substitution dans l'espèce suivante ? « Je donne ma métairie de Saint-Gratien à Pierre et à Jean, voulant que le survivant des deux ait l'entière propriété de ladite métairie ».

Une question semblable a été jugée par la cour de cassation le 26 juillet 1808. Vid. le recueil de M. *Sirey*, an 1808, pag. 382, avec cette différence cependant, que dans l'espèce jugée par cette cour il s'agissait d'un legs, et non d'une donation. La cour n'a pas vu une substitution dans les termes ci-dessus.

Nous examinerons plus particulièrement dans l'essai que nous nous proposons de faire sur les testamens le susdit arrêt de la cour de cassation ; il nous suffira de remarquer ici, que l'arrêt tel qu'il est rapporté par M. *Sirey* ne donne aucun considérant propre à nous faire connaître ce sur quoi la cour s'est principalement déterminée.

La cour d'appel qui avait statué sur l'espèce soumise ensuite à la cour de cassation, s'était principalement fondée sur ce que le testateur n'avait fait dans son legs qu'exprimer une chose qui se serait opérée de plein droit par l'effet *du droit d'accroissement entre légataires.*

On ne pense pas que la cour de cassation ait adopté un pareil motif ; mais l'eût-elle fait, le droit d'accroissement n'ayant pas lieu dans les donations, il en résulterait toujours que notre question se trouve sans préjugé.

Il faut donc tâcher de la résoudre : pour cela analisons la clause ci-dessus ; voyons ce qui en résulte. Il en résulte, que du moment de ma donation je cesse d'être propriétaire de ma métairie de Saint-Gratien.

La propriété n'est pas en suspens, elle passe sur la tête de Pierre et de Jean.

Mais deux personnes ne peuvent être propriétaires *in solidum* de la même chose. *Pothier,* droit de propriété, n.° 16.

Donc la propriété se divise en deux parties égales : la moitié de ladite métairie appartient à Jean, et l'autre moitié appartient à Pierre.

Arrêtons-nous-là : supposons que Pierre meure sans dispositions, que deviendra son droit à la moitié de ladite métairie ? S'il ne se trouve pas obligé de conserver et de rendre à un tiers, certainement son droit doit faire partie de sa succession ; il doit passer à ses héritiers légitimes.

Mais c'est précisément ce qui n'a pas lieu d'après les clauses ci-dessus ; le droit de Pierre ne passe pas à ses héritiers, c'est Jean qui s'en trouve investi : il y a donc obligation de conserver et de rendre.

La susdite clause présente donc une substitution réciproque, et la donation ne peut profiter ni à Jean, ni à Pierre.

42. — La charge de conserver et de rendre *à un tiers* constituant la substitution, il faut bien se fixer sur ce que la loi entend par tiers ; elle entend toutes les personnes absolument quelconques nées ou à

naître, excepté seulement *le donateur* : tout le monde, même les enfans du donateur, sont *tiers* par rapport à lui.

Ainsi, la charge de conserver et de rendre *au dona-teur* dans tel temps, ou dans telle circonstance, ne constitue pas la substitution ; c'est un droit de retour, ou, pour mieux dire, une condition résolutoire qui n'a rien de contraire à la loi.

D'où il résulte qu'il n'y a pas de substitution dans les exemples suivans.

« Je donne ma maison à Jacques, et s'il meurt avant moi la maison me reviendra ». — C'est un droit de retour proprement dit.

« Je donne ma maison à Jacques, et je le charge de me rendre la maison si mon fils se marie ». — C'est une clause résolutoire ; ma disposition se réduit à celle-ci : « je donne ma maison à Jacques, et si mon fils se marie, la donation sera résolue ».

43. — La substitution vicie la donation : tel est le principe ; mais il faut prendre garde à la nature de ce vice : ce n'est pas un vice général qui infecte toute la donation ; c'est un vice particulier, qui ne se réfère qu'à la disposition où il s'attache ; tout le reste conserve son effet.

Ainsi, par exemple, après avoir fait plusieurs dona-tions à Pierre, Jean et Jacques, j'ajoute que je donne à Joseph, avec charge de rendre à ses enfans ; il n'y aura que la donation faite à Joseph qui sera nulle.

Je donne à Pierre mon domaine de Perouse, ma maison de campagne et ma prairie de Lauroue, avec charge de rendre la prairie à son fils aîné : la donation pour le domaine de Perouse et pour la maison sera valable ; elle sera seulement nulle par rapport à la prairie. Vid. un arrêt de la cour de Bruxelles rapporté par *Sirey*, an 1809, 2.ᵉ part., pag. 7, et notamment l'arrêt de la cour de cassation du 3 août 1814, rapporté par M. *Sirey*, an 1815, pag. 7.

44. — Les clauses et les conditions des donations pouvant varier à l'infini, et les parties pouvant d'ailleurs s'expliquer d'une manière ambiguë, il est important d'avoir une règle pour interpréter les clauses obscures ; or, dans le doute, il faut interpréter un acte plutôt dans le sens qui le valide, que dans le sens qui l'annulle ; car il ne faut pas supposer que les parties aient voulu faire un acte nul, ou une disposition contraire à la loi : en suivant ce principe, il ne faut pas, quand la clause présente quelque doute, y voir une substitution.

45. — Nous avons déjà observé que, d'après l'art. 900, il faut, dans les donations, regarder comme non écrites toutes les conditions contraires aux lois et aux mœurs ; l'application de cet art. 900 peut, dans le cas d'une clause fidéicommissaire, présenter des difficultés.

Exemple. — « Je donne ma maison à Jacques, et si à sa mort il n'a pas fait divorce avec sa femme, je veux qu'il rende ladite maison à Pierre ».

Cette clause de faire divorce est contraire aux mœurs, en tant sur-tout qu'elle invite à le faire. *Leg.* 5, *cod. de instit. et substit.* Il faut donc la réputer non écrite ; mais alors n'y aura-t-il plus de substitution ? Il me semble que la substitution n'en subsiste pas moins ; car, en n'accordant aucun effet à la condition, il restera toujours une substitution, qui, au lieu d'être conditionnelle, sera pure et simple.

§ II. *La disposition par laquelle un tiers est appelé à recueillir le don dans le cas où le donataire ne le recueillerait pas, ne présente pas de substitution.*

46. — Ce principe n'est que la juste conséquence de ce que nous venons de dire dans le paragraphe précédent.

Pour qu'il y ait substitution, avons-nous dit, il faut que le donateur ait d'abord investi le premier donataire, et qu'ensuite il dépouille ce premier donataire pour investir le second.

Donc, toutes les fois que le premier donataire n'aura pas été saisi, toutes les fois que la propriété arrivera au second donataire, sans s'être reposée un seul instant sur la tête du premier, il n'y a point de substitution.

Exemple. — « Je donne ma maison à Pierre, et si Pierre ne peut, ou ne veut accepter, je la donne à Jacques ».

« Je donne ma maison à Pierre, s'il se marie ; et s'il ne se marie pas, je la donne à Jacques ».

On voit dans ces exemples que Jacques n'est appelé à la chose donnée, que parce que Pierre ne la reçoit pas : si Pierre la reçoit une fois, Jacques n'est plus appelé ; Pierre, une fois propriétaire, reste le maître absolu de la chose ; il n'est nullement grevé de la rendre, il n'y a donc pas de substitution.

47. — Le donateur, en donnant, peut envisager trois choses : 1.º que le donataire ne pourra pas recevoir ; 2.º qu'il ne voudra pas recevoir ; 3.º que la condition apposée à la donation ne s'accomplira pas, et, dans cette idée, il pourra appeler un second donataire pour recueillir la donation à défaut du premier.

Quand le premier donataire ne recueille pas, soit par l'effet de son incapacité, soit par son refus, alors il ne peut exister aucun doute, et ces deux cas n'ont pas besoin d'explication.

Pour le 3.ᵉ cas, c'est-à-dire, quand le second donataire est appelé dans le cas où la condition qui doit investir le premier ne se trouve pas accomplie, nous devons observer qu'il faut qu'il s'agisse d'une condition *purement suspensive* ; car si la condition était résolutoire, il y aurait substitution.

Deux exemples rendront cela sensible.

« Je donne les œuvres de Pothier et de Cujas à Pierre,

s'il est nommé juge ; et s'il n'est pas nommé juge , je les donne à Jacques ».

Voilà la condition *suspensive* , car Pierre ne sera saisi que lorsqu'il sera nommé juge ; mais une fois saisi , il ne doit pas rendre ; Jacques , au contraire , ne doit être saisi que dans le cas où Pierre n'aura pas été nommé juge , c'est-à-dire , dans le cas où Pierre n'aura pas recueilli.

Dans cette espèce il n'y a qu'une seule mutation , mutation sur la tête de Pierre , s'il est nommé juge ; et, dans le cas contraire , mutation sur la tête de Jacques ; il n'y a donc pas de substitution , car, il ne faut pas le perdre de vue , il est impossible qu'il y ait substitution *sans deux mutations successives ordonnées par le donateur.*

« Je donne ma maison à Pierre , à la charge par lui de faire telle chose ; et s'il ne le fait pas , je donne ma maison à Jacques ».

Dans cet exemple il s'agit , comme on le voit , d'une condition *résolutoire :* ici Pierre est saisi du moment de la donation , et cependant il peut être dépouillé dans le cas prévu ; la propriété de la maison ne parvient donc à Jacques qu'après avoir résidé sur la tête de Pierre ; il y a donc double mutation , et , par conséquent , substitution.

D'après les anciens principes , une condition dans le doute était réputée résolutoire , et non suspensive : il en est de même aujourd'hui ; mais quand il s'agira d'appliquer cette maxime à une clause présentant une substitution, il faudra la concilier avec le principe, qui veut qu'une clause s'interprète de manière à valider un acte , et non de manière à l'annuller ; donc , dans ce cas , il faudra adopter la maxime contraire, c'est-à-dire, que dans les clauses fidéicommissaires , il faudra , dans le doute , regarder la condition comme suspensive, et non comme résolutoire.

48. — Ce que nous avons dit nous conduit à cette dernière conséquence.

Qu'il n'y a point de substitution quand un tiers est appelé à recueillir le don, 1.° dans le cas d'incapacité du donataire ; 2.° dans le cas de refus de sa part ; 3.° enfin, dans le cas de non accomplissement de la condition *suspensive* sous laquelle le donataire était appelé.

49. — « Je donne à Pierre mon vignoble de Cardés, et je le charge de le rendre à Jacques ». Cette clause renferme bien une véritable substitution ; mais supposons que Pierre soit incapable de recevoir, alors Jacques ne doit-il pas profiter du don, comme sensé appelé dans le cas où Pierre ne recueillerait pas ?

Si l'on ne considère que mon affection, on voit bien que mon intention est d'avantager Pierre ; et puis l'on voit que je préfère Jacques à mes héritiers et à moi-même ; on voit ensuite que puisque Pierre est incapable, il n'y aurait en effet qu'une mutation en faveur de Jacques.

Néanmoins, il faut voir une substitution nulle dans la clause ci-dessus, la circonstance de l'incapacité de Pierre n'y change absolument rien ; il n'y a pas moins volonté réelle de substituer : l'incapacité de Jacques, appelé, ne détruirait pas certainement le fidéicommis ; l'incapacité du premier donataire ne saurait opérer un plus grand effet.

D'ailleurs, si l'incapacité du premier donataire détruisait le fidéicommis, il devrait en être de même de son refus d'accepter ; ce qui serait absurde, **car le premier donataire ne manquerait jamais de répudier** une donation qui, d'ailleurs, ne lui produirait rien ; et l'on sent qu'alors il répudierait, agissant collusoirement avec le second donataire.

En un mot, mon intention claire et évidente est que le vignoble ne parvienne à Jacques qu'après avoir été possédé par Pierre ; je veux que Jacques le reçoive de

Pierre, et non de moi; et c'est ce qui constitue la substitution.

§ III. *Les substitutions* de residuo *sont-elles abolies par le code ?*

50. — Par exemple : y-a-t-il substitution dans l'espèce suivante ?

Je donne à Pierre tel domaine, voulant qu'il en use et dispose entre-vifs comme il avisera; mais si à sa mort il n'a pas disposé entre-vifs de tout ou de partie de ce domaine, dans ce cas, je veux que ce tout ou cette partie appartienne à Jacques ».

Sans doute dans cette espèce il n'y a pas obligation de conserver et de rendre, puisque le donataire peut disposer *ad libitum* de la chose donnée, et qu'il peut l'aliéner entre-vifs comme il le juge à propos; nous remarquons seulement qu'il ne peut pas en disposer par acte de dernière volonté, et que les biens donnés ne font pas partie de sa succession.

Si nous consultons la loi romaine, pour connaître la nature et les effets de cette disposition, nous y reconnaîtrons une véritable substitution fidéicommissaire; car, d'après les lois 70, § 3, ff *de leg.* 2; 54, et 56, § 8, ff *ad trebell.*, le donataire n'a pas la faculté indéfinie de disposer de la chose donnée, mais seulement *arbitrio boni viri*; ce qui veut dire que le grevé peut bien aliéner pour les besoins réels, de bonne foi, et sans fraude; mais non pas à titre de don.

La Nov. 108 de *Justinien* fixe même des bornes à cette faculté d'aliéner de bonne foi; elle veut que le grevé soit obligé de laisser au substitué le quart des biens; la jurisprudence du ci-devant parlement de Toulouse était même plus sévère que cette Novelle. Vid. *Serres*, pag. 386.

Ainsi, nul doute : jugée d'après les lois romaines, la disposition ci-dessus présenterait une substitution véritable, et serait, par conséquent, nulle et de nulle valeur.

Mais la loi romaine peut-elle régler la nature, le caractère et les effets de la disposition ci-dessus ? non, la loi romaine a perdu son autorité législative ; le code traitant des dispositions à titre gratuit, la loi romaine se trouve abrogée pour tout ce qui a du rapport soit aux donations, soit aux substitutions.

51. — Il faut donc examiner la question d'après la lettre et l'esprit du code civil.

Pour l'abolition de la substitution *de residuo*, l'on peut dire que le code civil proscrit toutes les substitutions fidéicommissaires présentant l'obligation de conserver et de rendre ; que, dans notre espèce, il y a charge de conserver et de rendre, puisque le donataire ne peut disposer par testament de la chose donnée, et qu'il est un cas prévu où d'autres doivent recueillir après lui, non d'après sa volonté, mais d'après celle du donateur.

On peut ajouter : le législateur a voulu que le droit de propriété, une fois transmis, fût plein et absolu sur la tête du donataire ; il a voulu que le donateur ne pût user qu'une fois du droit de transmettre ses biens : d'où il résulte que la disposition qui nous occupe est proscrite par lui, puisque le donateur, après avoir laissé reposer la propriété sur la tête du grevé, la transporte dans un cas prévu sur la tête d'un tiers ; le donateur use donc deux fois du droit de disposer de ses biens, puisqu'il investit successivement deux personnes différentes.

D'ailleurs, dans les substitutions les plus évidentes, la substitution n'est pas dans la pensée du donateur absolue et indépendante des événemens ; le plus souvent elle n'est imposée que dans un cas prévu, par exemple : je donne à Pierre, et si tel vaisseau arrive, ou s'il n'a pas d'enfans, je lui substitue Jacques. A ne considérer que la volonté du donateur, la charge de conserver n'existe que par rapport aux deux cas prévus ;

hors ces deux cas, le donataire est investi d'une propriété absolue.

Il y a également substitution dans l'espèce suivante : « je donne à Pierre, et s'il ne se marie pas, je lui substitue Jacques ». Nous remarquons dans cette espèce, qu'à ne considérer que l'intention du donateur, Pierre est le maître de faire évanouir la substitution, en se mariant ; et cependant nous décidons que la susdite disposition est nulle dès sa naissance, sans qu'il soit besoin d'attendre l'accomplissement de la condition prévue.

En réfléchissant sur ce dernier exemple, nous y remarquons une substitution faite sous une condition purement potestative à l'égard du grevé ; or, la substitution *de residuo* présente également une substitution sous condition potestative, puisque cette substitution se réduit en substance à ces termes : « je donne » mes biens à Pierre, et s'il n'en dispose pas entre » vifs, je lui substitue Jacques pour tout ce dont il » n'aura pas disposé ». Ce qui paraît présenter tous les caractères d'une véritable substitution ; car, pour qu'il y ait substitution, il suffit qu'il existe un cas prévu d'après lequel le droit du grevé cesse, et celui du second donataire commence.

En un mot, dans la substitution *de residuo*, l'héritier du donataire ne lui succède qu'imparfaitement ; il n'a aucun droit au résidu de la donation : ce résidu appartient à l'appelé ; mais ce résidu ne lui appartient qu'après avoir reposé sur la tête du premier donataire, il ne lui parvient que par la volonté du donateur : donc le donateur, par l'effet de sa volonté, a fait promener la propriété d'une tête sur une autre ; donc il y a substitution.

Mais si la substitution existe dans le résultat de la clause qui nous occupe, pourra-t-on dire qu'elle n'existe pas dans la clause même ?

Dira-t-on que la clause dont il s'agit donne expressément au donataire la faculté de disposer de la chose donnée ; que cette faculté est précisément le contraire de l'obligation de conserver et de rendre, et que là où la faculté de disposer existe, il est impossible d'apercevoir une substitution ?

Sans doute la faculté de disposer, et l'obligation de conserver, sont deux contraires qui ne peuvent exister en même temps, et pour les mêmes cas ; mais il est possible que la faculté de disposer ne soit pas absolue, et qu'elle cesse d'exister dans telle ou telle circonstance prévue ; or, s'il est seulement un cas où cette faculté de disposer cesse, alors point de contradiction dans la clause qui présente à la fois la faculté de disposer, et la charge de rendre. La faculté de disposer sera, si l'on veut, générale, et l'obligation de conserver une pure exception ; la première s'étendra à tous les cas, sauf et excepté celui prévu par la seconde.

Or, la faculté de disposer ne s'étend pas dans notre espèce aux testamens ; donc il y a pour le cas où le donataire ne disposerait pas entre-vifs obligation de conserver et de rendre, et, par voie de suite, substitution.

Si l'on consulte l'esprit du code civil, on y trouvera également des motifs puissans pour proscrire la substitution *de residuo*.

Rappelons que l'intérêt du commerce, celui de l'agriculture, et le besoin de tarir une source abondante de procès, ont commandé l'abolition des substitutions fidéicommissaires.

On en convient, la substitution *de residuo* ne paralyse pas le commerce, puisque les biens donnés peuvent être vendus sans gêne, sans obstacle, et avec la plus grande sureté pour l'acheteur ; mais il faut convenir aussi que ces biens seront le plus souvent négligés par le possesseur, qui, ne voulant pas vendre, et se considérant comme usufruitier, n'aura aucun motif pour améliorer des biens qui ne passeront pas à sa famille.

Mais le troisième motif, celui de mettre fin à tant de discussions, en en tarissant la source, trouve ici son application dans toute son étendue.

Supposons, en effet, que le grevé vende tout ou partie des biens donnés ; que le prix lui en soit dû à sa mort, ou que l'argent se trouve dans son coffre, l'appelé pourra-t-il réclamer le prix dans le premier cas, et l'argent dans le second ?

Toutes les aliénations entre-vifs seront-elles inattaquables par rapport à l'appelé, même celles qui seraient faites *in extremis ?* ne faudrait-il pas distinguer celles qui auraient été faites par fraude, de celles qui sont l'ouvrage de la bonne foi ?

Le grevé vend aujourd'hui un immeuble compris dans la disposition ; dans quelque temps il en achète un autre : y aura-t-il subrogation du fonds nouvellement acheté ? Vid. *la loi* 70, § 3, ff *de leg.* 2.

Le grevé a une hypothèque soit légale, soit judiciaire, qui frappe tous ses biens ; le créancier agissant hypothécairement, soit sur les biens propres du grevé, soit sur les biens donnés, y aura-t-il en ces deux cas action en indemnité ? ou bien le créancier restera-t-il le maître de causer de la perte à celui qu'il voudra ?

Une hypothèque spéciale sur les biens substitués obligera-t-elle exclusivement les appelés, sans aucune indemnité proportionnelle sur les autres biens ? Vid. *la loi* 58, § 8, ff *ad senat. treb.*

Une simple dette chirographaire sera-t-elle supportée sur les biens propres du grevé, ou proportionnellement, tant sur les biens propres, que sur les biens substitués ? Vid. *la loi* 54, ff *ad senat. treb.* Mais, dans ce dernier cas, si fréquent, quel dédale ! quel embarras ! que d'opérations d'experts ! que de frais ! et, dans toutes les autres hypothèses, quelle hydre renaissante de procès ! !

Tous ces inconvéniens se font encore mieux sentir dans le cas d'un testament par lequel Jean laisse sa succession à Pierre, avec charge de rendre ce qui restera de cette succession à Jacques : comment, dans ce cas, distinguer, après un certain laps de temps, la succession de Jean de celle de Pierre.

52. — On peut répondre à tout cela, que l'obligation de conserver et de rendre constituant seule la substitution, il est impossible de reconnaître un fidéicommis là où cette obligation de conserver n'exista jamais. En effet, jusqu'à sa mort (car aucun délai de survie n'est exigé aujourd'hui pour la validité des actes) le donataire peut vendre et aliéner les biens donnés à sa fantaisie. Ce droit d'aliéner ne cesse qu'à son dernier soupir, ne finit qu'avec le donataire ; donc, pour ce dernier, il est impossible de fixer un instant, même indivisible, où la faculté de disposer ait cessé d'être ; donc, point d'instant où l'on puisse dire qu'il es tchargé de conserver et de rendre : en effet, que doit conserver et rendre celui qui peut tout aliéner ! !

Il est vrai que le donataire ne peut pas disposer des biens donnés par testament, il est vrai que la loi sur les successions reste sans application par rapport à ces biens ; mais cela ne constitue pas l'obligation de conserver et de rendre, qui se rapporte nécessairement aux momens où le donateur existe ; car le testament ne prenant vie qu'au décès, l'on peut toujours dire que le donataire n'a pas, pendant sa vie, éprouvé la moindre gêne dans l'aliénation des biens donnés.

De ce que le donataire ne peut tester par rapport à ces biens ; de ce que la loi sur les successions y est étrangère, puisque ces biens ne font pas partie de sa succession, il en résulte, au plus, que la propriété du donataire, pleine et absolue pendant sa vie, et par rapport à toutes les aliénations entre-vifs par lui faites, cesse et finit avec lui ; mais cette cessation du droit

de propriété ne constitue pas essentiellement un fidéicommis.

53. — Voilà ce que l'on peut dire pour et contre
dans une question aussi importante ; mais, en réfléchissant sur la nature de la substitution *de residuo*,
l'on voit qu'elle ne présente qu'une simple défense de
tester par rapport aux biens donnés, et que cette
défense a pour objet d'avantager un second donataire.
Or, cette défense de tester constitue-t-elle un fidéicommis? Oui, d'après la loi romaine, quand le testateur
désigne la personne ou les personnes qui doivent profiter de cette défense. *Leg.* 74, ff *ad senat. treb.* Vid.
cette loi. Il faut en convenir, cette loi ne résoud pas
entièrement cette question. L'empereur y décide seulement que la défense de tester présente un véritable
fidéicommis, et que cette disposition doit être interprétée comme si le testateur avait chargé sa fille par
fidéicommis de remettre la succession à son frère.

Cette loi décide donc seulement que la défense de
tester présente un véritable fidéicommis plein et
absolu, de manière que le grevé ne peut même disposer entre-vifs des biens légués.

Mais la question de savoir si la défense de tester
présente ou non un fidéicommis, *quand la faculté
d'aliéner entre-vifs subsiste*, n'est pas résolue par la
loi romaine. Et je pense que, d'après le code civil,
cette disposition renferme une véritable substitution
nulle et de nul effet ; car il est impossible de se dissimuler qu'il est un cas prévu, dans lequel le second
donataire devient propriétaire par le dépouillement
du premier ; car pouvoir disposer dans un cas, et
ne pouvoir pas disposer dans l'autre, c'est nécessairement, pour ce dernier cas, être obligé de conserver
et de rendre. Ainsi, les raisons invoquées pour établir
que les substitutions *de residuo* sont nulles me paraissent beaucoup plus fortes et plus pressantes ; d'ailleurs,
si l'on maintenait ce genre de dispositions, ce serait
ouvrir

ouvrir la porte à une foule de substitutions frauduleuses ;
l'on compterait sur la bonne foi du grevé, on lui im-
poserait verbalement l'obligation de ne pas aliéner
entre-vifs ; et comptant là-dessus, une foule de substitutions réelles seraient faites ; mais aussi une foule
d'espérances seraient trompées, et la loi doit proscrire
toutes les occasions de frauder et de faillir.

§ I V.   *La disposition par laquelle on donne la nue*
propriété à une personne, et l'usufruit à une autre,
ne renferme pas de substitution.

54. — Ainsi, je puis valablement donner la nue
propriété de ma maison à Pierre, et en donner l'usufruit à Jacques.

Dira-t-on que Jacques est obligé de conserver et
de rendre à Pierre, car telle est l'obligation de l'usufruitier ; et que, sous ce rapport, la susdite clause
semble présenter une substitution ?

Sans doute l'usufruitier est obligé de conserver la
chose, c'est-à-dire, de ne pas la détériorer ; mais il
n'est pas obligé de conserver la propriété, puisqu'il
ne l'a pas ; c'est Pierre qui du moment de la donation
se trouve propriétaire ; dès ce moment il peut vendre
son droit à la nue propriété. *Leg.* 2, *cod. de usuf.* Il
a donc ce droit du moment de l'acte ; il ne le reçoit
donc pas de la main de l'usufruitier : donc il n'existe
pas de substitution, ni la moindre contradiction dans
la loi, qui, en prohibant les substitutions, permet de
donner l'usufruit à l'un, et la nue propriété à l'autre.

55. — Remarquons cependant, qu'en donnant la
nue propriété à Pierre, et l'usufruit à Jacques, l'usufruit
pouvant être donné à temps, et sous condition, l'on
peut faire indirectement une substitution au premier
degré.

Exemple : « je donne ma maison à Jacques, et je
» le charge de la rendre au jour de son décès à Pierre ».
Voilà la substitution nulle.

*Tom. I.*ᵉʳ   3

Mais je remplirai également mon but, en disant :
« je donne l'usufruit de ma maison à Jacques, et j'en
donne la nue propriété à Pierre ». Disposition qui
ne présente rien de contraire à la loi.

56. — En approfondissant l'effet de ces deux clauses,
nous y trouverons cependant deux différences essentielles :

1.º Par la substitution fidéicommissaire le grevé
restait propriétaire, si la condition apposée au fidéicommis ne s'accomplissait pas, ou s'il survivait au
fidéicommissaire ;

Par le don d'usufruit, au contraire, l'usufruitier
ne peut jamais devenir propriétaire :

2.º Par la substitution fidéicommissaire on pouvait
appeler au fidéicommis les enfans à naître, soit du
grevé, soit de tout autre ;

Aujourd'hui nous ne pouvons gratifier que les enfans existans, ou du moins conçus.

A ces différences essentielles près, on peut, en
gratifiant l'un de la nue propriété, et l'autre de l'usufruit, faire, pour ainsi dire, une substitution fidéicommissaire au premier degré, ou en remplir à peu
près le but et l'objet.

57. — Dans le cas même où l'on n'entend donner
que l'usufruit à Pierre, et la nue propriété à Jacques,
il faut bien prendre garde à la manière dont on présente la disposition ; il ne faut pas qu'il en résulte
l'intention de donner la propriété à l'usufruitier : la
loi dernière, ff *de usufr. ear. rer. quæ usu consum.*,
nous en donne un exemple ; elle est ainsi conçue : « un
» testateur lègue une somme d'argent à Titius, et le
» charge de la rendre après sa mort à Marius ; quoique
» le testateur ait ensuite ajouté que Titius aurait
» l'usage de cette somme, il paraît néanmoins qu'il
» a eu l'intention de lui en léguer la propriété, et qu'il
» n'a parlé de l'usage, qu'en considération de ce qu'il

» devait rendre la somme après sa mort, suivant un
» rescrit des empereurs Sévère et Antonin ».

Ces empereurs avaient donc vu dans la clause ci-
dessus une véritable substitution en faveur de Marius.
Vid. la loi 15, ff *de auro*, *arg. merced. leg.*

Ainsi, pour qu'il n'y ait pas de difficulté, il faut
simplement donner l'usufruit à Titius, et la nue propriété à Marius.

58. — L'usufruit pouvant être donné à temps, et
sous condition, les dispositions suivantes seraient
valables :

« Je donne à Pierre l'usufruit de mes biens, et j'en
donne la nue propriété à mon épouse, si elle me
survit ».

« Je donne à Pierre la propriété de mes biens, et
j'en réserve l'usufruit tant pour moi, que pour mon
épouse, si elle me survit ; ou bien, je charge Pierre
d'en laisser l'usufruit à mon épouse, si elle me
survit ».

Dans ces clauses on ne trouve pas l'obligation de
conserver et de rendre. Dans le second exemple,
Pierre est toujours propriétaire de la nue propriété,
et il est propriétaire de l'usufruit jusqu'à un certain
temps.

59. — Avant de finir l'article important des substitutions, nous devons examiner si, d'après la rigueur
des termes, un simple droit d'usufruit peut être chargé
de substitution.

Par exemple : « je donne à Pierre l'usufruit de ma
maison, et si mon frère revient de l'armée, je le
charge de remettre ledit usufruit à mon frère ». Y
a-t-il une véritable substitution dans cette clause?

On peut dire : Pierre est bien obligé de conserver ;
mais c'est principalement en qualité d'usufruitier, et
non de grevé ; de plus, l'usufruit pouvant être donné
jusqu'à un certain temps, Pierre ne remet rien,
parce que lors de la remise son droit à l'usufruit se

trouve éteint ; donc la loi ne doit point voir une substitution dans cette clause.

· Je pense néanmoins qu'il existe une substitution dans la susdite clause. Vid. les lois 4 et 29, § 2, ff *quib. mod. usufr.; et leg.* 3, ff *si usufr. pet.* Il y a, en effet, substitution toutes les fois qu'un droit quelconque a été transmis à une personne, et transporté ensuite sur la tête d'une autre dans un temps fixe, ou sous une condition prévue.

60. — Cependant il me semble que quand l'usufruitier n'est chargé de rendre l'usufruit qu'à sa mort il n'y a pas une véritable substitution. Par exemple : « je donne à Pierre l'usufruit de mon verger, et après sa mort, je le donne à sa sœur ; je donne l'usufruit de mon verger à Pierre et à Jacques, voulant que le survivant d'eux profite de l'entier usufruit ».

Dans ces cas il n'y a pas de substitution, parce que Pierre n'est nullement gêné dans son droit ; il peut l'exercer dans toute sa plénitude. En effet, je ne dépouille pas Pierre pour investir sa sœur. Quand la sœur se trouve appelée, le droit de Pierre était éteint par sa mort ; il n'y a pas dans ces clauses charge de conserver et de rendre.

Examinons encore une question qui peut se présenter souvent :

Je donne à Pierre tels biens, à la charge par lui de payer ou donner mille écus à Jacques, ou à la charge de donner à Jacques telle portion des objets donnés.

Y a-t-il substitution dans cette disposition ? non, parce que Pierre est obligé de donner à Jacques dans le moment même où il se trouve investi ; il n'est pas chargé de conserver, mais seulement de remettre. Le droit des deux donataires naît et s'ouvre dans le même moment ; l'objet donné à Jacques lui parvient directement de la main du donateur ; la propriété de l'objet ou de la somme n'a pas reposé sur la tête de Pierre ; ainsi, point de substitution.

Supposons que la charge de donner à Jacques soit conditionnelle : je donne, par exemple, tels biens à Pierre, et je le charge d'en rendre ou donner la moitié, ou de donner un des objets à Jacques, si telle chose arrive. Dans ce cas y a-t-il substitution ?

La substitution s'y trouve, parce que la propriété de tous les objets donnés repose jusqu'à l'événement de la condition sur la tête de Pierre, et que, d'après la condition prévue, Pierre est dépouillé d'une partie des objets, et Jacques se trouve appelé à la recueillir ; il y a donc mutation successive sur deux têtes du même objet donné ; et cette double mutation étant ordonnée par le donateur, il faut reconnaître dans l'espèce ci-dessus une véritable substitution conditionnelle qui vicie la disposition.

Il existe un arrêt de la cour de cassation, du 8 juin 1812, dans une espèce bien remarquable.

Le 17 août 1807 le sieur Jean Mercudol fait son testament. — Il institue le sieur Joseph Mercudol pour son héritier général et universel. — Et après cette institution, il lègue 20,000 fr. aux sieurs Jean-Baptiste Carry et Alexandre Mercudol, *en cas de mort de Joseph Mercudol avant l'âge de ving-quatre ans.*

Le testateur meurt. — Ses héritiers légitimes soutiennent que la susdite institution universelle en faveur de Joseph est nulle, comme infectée de substitution.

Pour établir qu'il y a substitution, les héritiers légitimes observent que le testament commence par une institution générale et universelle au profit de Joseph ; qu'ensuite le testateur donne 20,000 fr. en cas de mort de Joseph ; or, disent-ils, le testateur, après avoir donné tous ses biens, n'a pu encore léguer 20,000 fr., qu'en les détachant de l'institution ; mais détacher 20,000 fr. d'une institution en cas de mort de l'institué, c'est bien créer un fidéicommis.

2 juin 1808, jugement du tribunal de Marseille qui annulle l'institution.

5 juin 1809, arrêt de la cour d'Aix qui confirme : « attendu que la disposition postérieure à l'institution, » et qui porte que dans le cas où l'héritier viendrait » à mourir avant sa vingt-quatrième année, les sieurs » Carry et Mercudol recueilleraient une somme de » 10,000 fr. chacun ; qu'une telle disposition présen- » tait une véritable substitution proscrite par l'art. » 896 du code civil : d'un côté, un héritier ayant charge » de rendre à sa mort les 20,000 fr. à d'autres, s'il » décède sans postérité, et avant qu'il ait atteint sa » vingt-quatrième année, et, de l'autre, deux léga- » taires chargés de recueillir cette somme dans le cas » prévu ; que le testateur n'a pas fait un simple legs » conditionnel, tel que l'autorise l'art. 1040 du code, » c'est-à-dire, une seule disposition soumise à une » condition éventuelle ; mais qu'il a fait, au contraire, » deux dispositions successives du même objet, puis- » qu'il donne d'abord 20,000 fr. au mineur Mercudol, » et que, prévoyant ensuite l'événement de son décès » avant sa vingt-quatrième année, il dispose lui-même » de cette même somme, et la transmet à telle ou telle » personne, établissant ainsi, de son autorité privée, » un ordre de successibilité ».

Pourvoi en cassation, pour violation de l'art. 1040 du code civil, et fausse application de l'art. 896.

Le demandeur en cassation observait principale- ment, que, d'après le système de l'arrêt attaqué, il serait impossible au testateur qui aurait fait un legs universel de faire ensuite un legs non vicié de substi- tution ; car tout étant compris dans le legs universel, les legs faits ensuite ne pourraient porter que sur des choses déjà léguées.

Le pourvoi a été rejeté, sur les motifs suivans :

« attendu que l'art. 896 du code civil a prononcé
» d'une manière absolue l'abolition des substitutions, ce
» qui comprend aussi bien celles faites conditionnelle-
» ment, que celles faites sans condition, et que le
» testament du 17 août renferme une institution d'héri-
» tier au profit de Joseph Mercudol, et une substitu-
» tion conditionnelle au profit de Carry et d'Alexandre
» Mercudol; d'où il suit que la cour d'appel d'Aix, en
» déclarant cette substitution nulle, a bien appliqué
» la disposition du susdit art. 896. — Rejette, etc. ».

Remarquons que l'arrêt de la cour de cassation est
fondé sur cette considération, que la disposition ci-
dessus présente une substitution conditionnelle : cette
cour n'a pas remarqué comme circonstance essentielle
que la condition prévue se rapportait au décès de l'institué.

Ainsi, cet arrêt confirme d'une manière bien sensible tout ce que nous avons dit relativement à la nullité
de toutes les substitutions pures ou conditionnelles.

La disposition sur laquelle la cour de cassation a
prononcé se réduisait en substance à celle-ci : j'institue tel pour mon héritier, et s'il meurt avant l'âge
de vingt-quatre ans, je le charge de donner 20,000
fr. à tel et à tel; or, il est impossible de méconnaître
une substitution dans une pareille disposition.

Sans doute de l'arrêt de la cour de cassation résulte
cette conséquence rigoureuse, que le testateur qui a
fait un legs universel ne peut plus faire un legs
conditionnel; cela est vrai. Ce second legs serait
une véritable substitution : comment donc devra faire
le testateur qui voudra instituer Pierre, et faire un
legs conditionnel à Jean? Avant de chercher les
moyens de rendre efficace cette volonté du testateur,
il faut examiner si elle ne blesse pas expressément
les dispositions de la loi; or, un peu de réflexion nous
découvre que la volonté de donner tout à Pierre, et
de donner ensuite quelque chose à Jean, dans un cas

prévu, est une volonté réprouvée par le législateur : cette volonté est une véritable substitution, elle ne peut donc sortir à effet ; et il est inutile de vouloir rendre valide et efficace une disposition essentiellement contraire à la loi.

Supposons un testament conçu de la manière suivante. — « Je lègue 3000 fr. à Pierre, si telle chose arrive ; j'institue Jean pour mon héritier ».

Dans ce testament y a-t-il substitution ? On voit que ce testament ne diffère de celui de *Mercudol*, qu'en ce que le legs conditionnel précède dans l'ordre de l'écriture l'institution universelle ; mais ces deux legs constituent ensemble la volonté du testateur : or, cette volonté présente une véritable substitution, car l'institution universelle comprend les 3000 fr. légués sous condition : d'où il résulte que le légataire universel, saisi de tout, se trouve, dans le cas prévu, obligé de rendre une partie ; ce qui constitue la substitution : d'ailleurs, valider la disposition ci-dessus, quand celle de *Mercudol* est annullée, ne serait-ce pas une pure subtilité, et donner à l'ordre de l'écriture et à l'arrangement des mêmes dispositions l'effet de valider ou d'annuller les testamens ?

La filiation des idées nous fait apercevoir une certaine difficulté à concilier les dispositions de l'art. 1040 du code, qui permet les legs conditionnels, et de l'art. 896, qui prohibe les substitutions.

En effet, un legs étant fait sous une condition suspensive, jusqu'à l'événement de la condition la propriété réside sur la tête de l'héritier ; elle ne passera sur la tête du légataire que lors de l'accomplissement de la condition prévue. Vid. *Ricard*, disposit. condit., pag. 144, et les lois qu'il cite ; vid. notamment la loi 12, § 5, ff *de usuf. et quemad*. Mais si jusqu'à l'événement de la condition l'héritier légitime est saisi ; si jusqu'à cette époque il peut vendre, sauf la résolution si la condition s'accomplit, il est vrai de dire que lorsqu'il existe un legs conditionnel, l'héritier légitime se trouve, par le fait, chargé de conserver et de rendre ; ce qui constitue la substitution.

Cependant le législateur permet les legs et les donations conditionnels (art. 900 et 1040 du cod.), et en même temps il proscrit les substitutions ; mais si tout legs conditionnel était une substitution, ou en présentait le caractère, le législateur serait tombé dans une contradiction évidente, en permettant, d'un côté, les legs conditionnels, et en défendant, de l'autre, les fidéicommis.

Une disposition peut donc être conditionnelle, sans présenter le caractère d'une substitution ; mais la grande difficulté consiste à bien distinguer la simple disposition conditionnelle du véritable fidéicommis : cette distinction est souvent délicate et difficile, parce qu'il y a une grande analogie et une ressemblance apparente entre les fidéicommis et les dispositions conditionnelles : cette analogie a été remarquée de tous les temps, et nous allons tâcher de donner quelques règles qui seront très-utiles dans l'application, pour distinguer les fidéicommis des dispositions conditionnelles.

Rappelons que dans une substitution il y a nécessairement trois personnes qui figurent : le donateur, le premier donataire, grevé de rendre, et le second donataire substitué ; en un mot, dans une substitution il y a deux donataires ou légataires successivement gratifiés ; de manière que la libéralité ne parvient sur la tête du second donataire ou légataire qu'après s'être reposée un certain temps sur celle du premier.

Dans une disposition conditionnelle, au contraire, il n'y a réellement qu'une seule personne gratifiée par le disposant : la propriété passe sur la tête du donataire sans intermédiaire ; il reçoit le don de la main même du donateur : ici il n'existe pas de tiers qui soit chargé de conserver et de rendre ; en un mot, le

donataire, d'après la condition prévue, est l'unique
objet de la libéralité du disposant.

En d'autres termes, il y a substitution, quand, par
l'ordre du disposant, la propriété de la chose donnée
passe successivement sur deux têtes, *ordine successivo;*
mais il y a simple disposition conditionnelle, quand
le donataire sous condition se trouve le seul expressément gratifié de la chose donnée.

Posons quelques exemples absolument nécessaires
dans une matière aussi abstraite, et prenons-en de
communs aux legs et aux donations.

Première espèce. — Pierre lègue sa maison à Joseph,
si telle chose arrive dans les dix ans de la mort du
testateur.

Dans cette espèce il n'y a pas de substitution, mais
un simple legs conditionnel en faveur de Joseph : ici
la maison léguée est l'objet de la libéralité; mais cette
maison n'est donnée qu'à Joseph : Pierre n'en dispose
qu'une seule fois; il n'y a donc pas de transmission
successive, qui seule constitue le fidéicommis.

On raisonnerait mal, si l'on disait : la loi sur les
successions est le testament présumé de tous ceux qui
n'en font point; donc, celui qui ne fait qu'un legs conditionnel d'une somme déterminée, ou d'un objet
de sa succession, est censé, en ne faisant pas d'autre
disposition, instituer ses héritiers légitimes en l'universalité de ses biens; donc il y a concours d'une
institution universelle avec un legs conditionnel; donc
il y a substitution. Ce raisonnement serait vicieux,
il est reprouvé par la loi même; car la conséquence
de ce raisonnement serait de proscrire tous les legs
conditionnels, legs que la loi permet; d'ailleurs, la
fiction d'une institution universelle en faveur des héritiers légitimes ne saurait opérer le même effet
que la réalité; de plus, il faut le répéter, pour qu'il
y ait substitution, il faut que le disposant gratifie
nommément et successivement deux personnes de la

même chose ; or , dans notre espèce, les héritiers de Pierre n'étant pas même nommés dans son testament, comment ce testament pourrait-il renfermer à leur égard la charge de conserver et de rendre ! !

Deuxième espèce. — Pierre n'a pour successeur légitime que Joseph , et dispose par testament de la manière suivante : « Si Joseph meurt après moi sans » enfans légitimes, je lègue telle chose à Antoine ».

Y a-t-il substitution dans cette espèce ? Sans doute , il y aurait substitution , si Joseph était nommé et institué héritier, et qu'ensuite le legs conditionnel fût fait à Antoine ; mais aucune institution n'est faite en faveur de Joseph , il n'est parlé de lui que relativement à la condition prévue. Le testateur ne lui donne expressément rien ; donc , point de substitution. Antoine dira : sans transmission expresse et successive point de substitution ; or, mon legs n'a pas été d'abord fait à Joseph, et puis à moi ; Joseph ne peut réclamer la succession en vertu du testament ; du testament il ne résulte aucun droit pour lui, il est donc impossible que ce testament le charge de rendre , puisqu'il ne donne rien , qu'il ne transmet rien à Joseph.

Il est vrai que l'espèce ci-dessus présente dans ses résultats une véritable substitution indirecte , et offre un moyen indirect d'éluder les dispositions de la loi ; mais ce moyen indirect est écrit dans la loi même, qui permet les legs conditionnels , sans distinguer la nature des conditions : l'on sait qu'en droit on peut souvent faire indirectement ce qu'on ne peut faire directement. *Leg.* 1 et 7, ff *de auct. tut.*

Troisième espèce. — Pierre dit : si Joseph survit à mes enfans , je lui lègue telle chose.

Cette espèce ne diffère de la précédente , qu'en ce que les héritiers du disposant sont ici plus particulièrement rappelés par lui : ici l'on voit que le testateur pense à ses enfans ; il ne peut ignorer qu'ils sont ses héritiers légitimes, et prévoyant leur prédécès avant Joseph, il gratifie ce dernier; mais cette gratification n'est-elle pas un dépouillement prévu, opéré au préjudice des enfans prédécédés; n'y a-t-il pas substitution évidente, et par le fait, et dans la pensée du testateur?

M. *Grenier* pense qu'il y a substitution dans cette espèce; car, dit-il, cette clause ne peut s'exécuter autrement que comme substitution : M. *Grenier* reconnaît cependant que cette question était controversée.

J'ose décider qu'il n'y a pas ici de substitution; car, de deux choses l'une : ou les legs conditionnels sont permis, ou ils ne le sont pas; s'ils sont permis, voyons ce qui en résulte : nous voyons que jusqu'à l'accomplissement de la condition les héritiers légitimes se trouvent saisis du legs conditionnel; ils ont seuls droit d'en jouir; le droit du légataire n'existe pas encore : supposons que la condition s'accomplisse, alors le légataire se présente, et la chose léguée lui parvient par une espèce de substitution, puisqu'elle a été possédée depuis le décès du testateur par les héritiers légitimes de ce dernier. Le legs existant, ces derniers n'ont pu disposer de la chose léguée; il existait donc pour eux, et par le seul fait du legs conditionnel, l'obligation de conserver et de rendre au légataire; donc l'obligation de fait, de conserver et de rendre, ne constitue pas seule le fidéicommis; il faut, de plus, que cette charge ait été expressément imposée à la personne gratifiée en premier degré : sans donation expresse, avec charge expresse de rendre, il ne peut exister de substitution; sans cela, je le répète, tout legs conditionnel serait une substitution imposée aux héritiers *ab intestat;* ce qui me paraît blesser tous les principes et l'esprit de la loi, qui permet les legs conditionnels, et prohibe les fidéicommis.

Dira-t-on : oui, les legs conditionnels sont permis; mais il faut distinguer les conditions subordonnées à la survie des héritiers légitimes des autres conditions. Mais sur quoi cette distinction serait-elle fondée? Toutes ces distinctions gratuites nous conduiraient à un arbitraire funeste, et nous verrions bientôt toute disposition conditionnelle passer pour fidéicommis, non d'après les clauses expresses de la disposition, mais d'après des conjectures et des présomptions, bien souvent trompeuses : d'ailleurs, les substitutions indirectes, et cachées sous la forme d'une disposition conditionnelle, ne présentent pas de graves inconvéniens ; la propriété n'est en suspens que pendant un temps déterminé, et qui ne peut être long ; cet inconvénient se rencontre, d'ailleurs, dans tout legs conditionnel ; enfin, cette substitution indirecte ne peut être faite qu'au profit d'une personne déjà existante, s'il s'agit d'une donation, ou qui existe lors du décès du disposant, s'il s'agit d'un legs : le sort de cette disposition est donc nécessairement circonscrit dans un temps très-court ; ainsi, les véritables inconvéniens de la substitution disparaissent.

En réfléchissant sur la nature des fidéicommis et des dispositions conditionnelles, nous serons conduits à la règle suivante : il n'y a pas de substitution quand la disposition conditionnelle ne se trouve qu'à la charge, soit du disposant, soit de ses héritiers *ab intestat ;* en d'autres termes, point de substitution sans deux dispositions expresses et successives de la même chose, de la part du donateur, sans, en un mot, une double mutation par lui expressément ordonnée.

Ces réflexions, et l'incertitude de la jurisprudence sur cette matière, avertissent les donateurs de la nécessité de s'expliquer avec clarté ; la prudence leur fait même un devoir d'éviter toutes ces conditions d'où l'on pourrait induire quelque substitution déguisée : je dois donner ce dernier conseil, quoique je pense que les substitutions expresses soient les seules proscrites par la loi.

Dans plusieurs circonstances les donateurs rempliront leurs vues, en donnant à l'un l'usufruit, et la nue propriété à l'autre; les dispositions de cette dernière espèce ne présentent aucune difficulté.

Nous avons déjà observé que la substitution ne vicie que la disposition à laquelle elle s'attache, que le surplus de la disposition doit sortir à effet; ainsi, si je donne mes biens meubles et immeubles à Jacques, avec charge de rendre mes meubles à Antoine, il n'y aura substitution que par rapport aux meubles; et, par voie de suite, la donation sera nulle pour les meubles; mais elle vaudra pour les immeubles, parce que la donation par rapport à ces derniers biens n'est pas grevée de substitution.

Ces principes, déjà posés, ont besoin d'un plus grand développement; posons l'espèce suivante: « je donne mon domaine de Tresbie à Pierre, et je le charge d'en rendre à sa mort la moitié à Antoine ».

Dans cette espèce nous trouvons bien une substitution en faveur d'Antoine; mais cette substitution n'affecte que la moitié des biens donnés; donc la donation doit être seulement nulle pour cette moitié; elle doit valoir pour le surplus, parce que la donation pour ce surplus se trouve pure et simple.

En d'autres termes, la donation ci-dessus en présente réellement deux; c'est tout comme si j'avais dit: je donne la moitié de mon domaine à Pierre; je lui donne, de plus, l'autre moitié dudit domaine, à la charge par lui de le rendre à Antoine; et l'on voit que la substitution n'affecte que la moitié du domaine, et qu'ainsi la donation ne se trouve nulle que pour cette moitié.

Deuxième espèce: je donne à Pierre mon domaine de Perouse, qui vaut soixante mille francs; et je le charge, s'il meurt sans enfans, de donner mille écus à Joseph. Dans cette espèce il y a encore substitution; mais comme elle ne porte que sur les mille écus, la donation doit sortir à effet pour le surplus ; de manière que Pierre conservera le domaine de Pérouse, moins mille écus, qu'il sera obligé de me compter, ou à mes héritiers.

Il faut en convenir, cette doctrine est en opposition avec le susdit arrêt rendu dans la cause Mercudol, car la cour de cassation a reconnu que l'institution entière était viciée par la charge de remettre une somme fixe ; mais cette interprétation me paraît ajouter à la sévérité de la loi, il me semble même qu'elle blesse son esprit.

La substitution, en effet, n'est pas un vice essentiel et radical qui infecte toutes les dispositions du donateur ; la loi dit : « toute disposition par laquelle le » donataire sera chargé de conserver et de rendre » sera nulle, même à son égard ».

Mais l'effet ne doit pas s'étendre au delà de sa cause : si dans une donation il y a charge de rendre une portion de la chose donnée, il n'y aura substitution, et, par conséquent, nullité, que par rapport à cette portion ; pourquoi annuller dans ce cas la disposition entière ? Quand je donne ma maison, avec charge d'en rendre le tiers, il y a bien donation de la totalité ; mais il n'y a substitution que pour le tiers : la donation pour ce tiers doit être nulle, parce que, par rapport à ce tiers, il y a obligation de rendre, et incertitude dans le droit de propriété : pour annuller ma donation pour le tout, il faudrait considérer ma volonté comme indivisible ; mais cette indivisibilité ne doit pas être présumée, vu sur-tout qu'elle tendrait à rendre l'acte nul et de nul effet.

D'ailleurs, le système de l'indivisibilité de la volonté du donateur a été proscrit par le législateur d'une manière bien formelle ; car, 1.º le législateur valide une donation hors contrat de mariage, pour les biens présens, quand elle est faite des biens présens et à venir ; 2.º quand il existe une réserve faite par le donateur dans une donation hors contrat de mariage, la donation n'est nulle que par rapport à la portion réservée : raisonnant par analogie, je pense que dans une donation, avec charge de rendre telle portion de la chose donnée, ou telle somme, il n'y a de substitution que relativement à la charge, et que, par voie de suite, il n'y a de nullité que par rapport à la charge même ; le donataire, en un mot, peut tout conserver, sauf la chose même qu'il est obligé de rendre, la donation étant nulle relativement à cette chose, qui seule est l'objet de la substitution.

A l'appui de mon opinion, je puis citer un arrêt de la cour de cassation, du 27 juin 1811, dont voici l'espèce.

15 septembre 1806, testament de Jacques-Joseph Drion ; il fait plusieurs legs à ses frères, et institue François Drion, l'un d'eux, pour son héritier universel et général.

Il le charge, 1.º de ne pas aliéner les biens immeubles de la succession, et *de les laisser à ses deux enfans ;*

2.º D'employer l'argent comptant en acquisition d'immeubles, le chargeant, par rapport à ces immeubles acquis, d'en laisser une moitié à ses deux enfans, et l'autre moitié aux enfans à marier d'André Drion, son frère.

Les héritiers naturels ont demandé la nullité de ce testament, comme infecté de substitution.

La cour de Bruxelles a déclaré nulle l'institution d'héritier, quant aux immeubles seulement, comme seuls compris dans la substitution ; et quant aux biens fonds à acquérir, elle n'a déclaré l'institution nulle qu'à l'égard des enfans d'André Drion.

Pourvoi en cassation : les demandeurs présentaient deux moyens ; le premier, fondé sur ce que la cour d'appel de Bruxelles avait maintenu à l'égard de

l'héritier

l'héritier et de ses enfans la disposition qu'elle avait déclarée nulle à l'égard d'André Drion.

Le second était fondé sur ce que la cour d'appel, en reconnaissant que l'institution de l'héritier était infectée d'une substitution prohibée, l'avait néanmoins maintenue pour les objets non grevés de substitution, et avait ainsi divisé la qualité d'héritier.

La cour de cassation n'a adopté que le premier moyen ; elle a gardé le silence sur le second, et, par là, elle est censée l'avoir proscrit.

Ainsi, la cour d'appel de Bruxelles a littéralement décidé qu'une institution universelle, avec charge de rendre les immeubles, n'était nulle que par rapport aux immeubles, et qu'elle valait pour les meubles, ne se trouvant pas frappée de substitution ; donc cette cour a scindé la disposition, en l'annullant seulement pour la chose expressément substituée ; et comme cette disposition de l'arrêt de la cour de Bruxelles a été vainement critiquée devant la cour de cassation, l'on peut dire que l'arrêt de cette cour consacre le système que nous osons embrasser. Vid. le recueil de M. *Sirey*, an 1811, pag. 316, et le répert. de jurisp. verbo *substitution fidéicommissaire*, sect. 1.re, § 14, n.º 3, et notamment l'arrêt de la cour de cassation rappelé n.º 43.

Dira-t-on qu'il y a une différence entre une donation de certains biens, avec charge d'en rendre une quote, ou de donner telle somme, et la donation de biens meubles et immeubles, avec charge de rendre les meubles ou les immeubles seulement, ou une quote d'iceux ? dira-t-on que dans la charge de rendre une quote des biens donnés, il se trouve une substitution qui affecte plus particulièrement l'émolument entier de la donation ? Cette différence ne me touche point : je vois toujours dans des dispositions de cette espèce deux donations bien distinctes, dont l'une est pure et simple, et l'autre avec charge ; et puisque ces deux

*Tom. 1.*er   4

donations distinctes ne peuvent être méconnues, il est impossible de les confondre, pour les annuller en entier ; en un mot, la loi ne frappe que la disposition qui, à raison de la charge de rendre, présente de l'incertitude dans le droit de propriété ; mais s'il n'y a incertitude que relativement à une fraction de la chose donnée, la nullité ne peut s'étendre au delà sans violer l'esprit de la loi.

SECTION IV.

La donation ne peut dépendre de la volonté absolue d'un tiers.

61. — La question de savoir si un legs pouvait dépendre, soit dans sa substance, soit dans sa quotité, de la pure volonté d'un tiers, a été regardée par les anciens jurisconsultes comme pleine de difficultés, et presque comme insoluble, à cause de la contrariété des lois sur cette matière. Vid. *Ricard*, des don., tit. 1.er, part. 1.re, chap. 3.e, sect. 12, et *Furgole*, quest. 46. Nous examinerons cette question, par rapport aux legs, dans notre traité des testamens.

Quant aux donations, il me semble que l'on peut hardiment soutenir que toute donation qui dépendrait de la volonté d'un tiers serait nulle ; par exemple : « je donne ma maison à Jacques, si Pierre le veut, ou le trouve à propos ».

62. — La donation peut dépendre de la volonté d'un tiers, sous trois rapports différens :

1.º Je donne, si Titius le veut ;

2.º Je donne ce que Titius voudra ;

3.º Je donne quand Titius voudra ; et dans tous ces cas la disposition est nulle.

La disposition serait également nulle, si je disais : je donne à celui que Titius voudra.

Dans tous ces cas la donation dépendrait absolument

d'un tiers ; ce qui serait contraire à l'essence même de la donation, car si la disposition était valide, ce serait le tiers qui serait le bienfaiteur, plutôt que le donateur lui-même ; et l'on voit qu'il en résulterait une confusion étrange dans les qualités des parties.

63. — La donation serait-elle nulle, si elle dépendait dans sa quotité de l'arbitrage d'un tiers, que le donateur désignerait comme le juge de la quotité donnée ? Cette disposition serait également nulle ; la volonté du donateur doit seule constituer la donation, et cette volonté doit porter sur la personne qui doit recevoir.

64. — La donation serait-elle valable, si elle était faite à celui que Titius voudra choisir parmi un certain nombre d'individus désignés ? non, elle serait également nulle : le droit d'élection est absolument proscrit par le code ; et, d'ailleurs, toute intervention d'un tiers pour former la donation la vicie dans son essence ; en un mot, entre le donateur et le donataire il ne faut aucun intermédiaire, ni pour fixer la chose donnée, ni pour choisir celui qui doit la recevoir.

65. — Cependant une donation peut valablement être faite sous une condition purement potestative à l'égard d'un tiers ; par exemple : « je donne à Pierre, si Jean monte au Capitole ».

Cette espèce, il est vrai, approche bien de celle-ci : « si Jean le veut, je donne à Pierre » ; car ne dépendant que de Jean de monter au Capitole, l'on peut dire que la susdite donation dépend de la volonté d'un tiers.

Sans doute, elle en dépend ; mais c'est par forme de condition ; de plus, la condition ne se rapporte point à une simple opération de l'ame, à ce mouvement interne qu'on appelle volonté ; elle se rattache à un fait matériel ; enfin, quand je dis que je donne si Pierre le veut, je soumets entièrement ma volonté à celle de Pierre ; je fais plus, je substitue la volonté de Pierre à ma propre volonté ; au lieu que quand je donne *si Pierre fait tel acte* , je ne fais que dépendre ma volonté d'un fait prévu ; la circonstance que Pierre reste le maître de le faire arriver ne change rien à la nature de la condition ; et, d'ailleurs, par mille circonstances ce fait potestatif peut devenir absolument casuel.

66. — Il faut donc tenir pour certain qu'une donation ne peut dépendre en aucune espèce de manière de la pure volonté d'un tiers ;

Mais qu'une donation peut être valablement faite sous une condition dépendante d'un fait qu'un tiers reste le maître de faire arriver ou d'empêcher.

CHAPITRE III.

CAPACITÉ DU DONATEUR.

67. — Tous ceux qui existent sont en général capables de tous les actes de la vie civile, et, par conséquent, de donner.

L'incapacité n'est donc qu'un accident, une exception.

Il en résulte que si nous connaissons une fois les personnes qui sont incapables de donner, nous connaîtrons en même temps les personnes qui ont la capacité de le faire.

Occupons-nous des incapables, et par rapport à ceux qui ne se trouveront pas dans cette liste, nous dirons qu'ils sont capables de donner.

68. — Sont incapables,

1.º Ceux qui ont perdu la qualité de français ;

2.º Les étrangers ;

3.º Ceux qui sont morts civilement ;

4.º Les interdits ;

5.º Ceux qui ont un conseil, soit par faiblesse d'esprit, soit à cause de leur prodigalité, lorsqu'ils agissent sans l'assistance de ce conseil ;

6.º Les sourds et muets, non *litteras scientes ;*

7.º Les mineurs ;

8.º Les femmes mariées non autorisées par leurs époux.

§ I.er *Les français qui ont perdu la qualité de français ne peuvent donner.*

69. — Les anciens jurisconsultes avaient placé la

donation au nombre des contrats du droit des gens, *Ricard*, part. 1.ᵣₑ, n.º 218 ; et de là ils tiraient cette juste conséquence, que les étrangers, frappés de mort civile, pouvaient disposer entre-vifs.

Le code civil ne voit dans une donation qu'un acte dérivant de la loi civile ; et de là cette conséquence, que pour pouvoir donner il faut jouir des droits civils.

70. — L'exercice des droits civils est attaché à la qualité de français, art. 9 du code, et doit se perdre avec elle, art. 17.

Or, la qualité de français se perd,

1.º Par la naturalisation en pays étranger ;

2.º Par l'acceptation non autorisée par le Roi de fonctions publiques conférées par un gouvernement étranger ;

3.º Par tout établissement non commercial fait en pays étranger sans esprit de retour ;

4.º Par l'acceptation de service militaire chez l'étranger, ou par l'affiliation à toute corporation militaire étrangère, dans le cas où lesdites acceptation ou affiliation auraient été faites sans autorisation du Roi ;

5.º Par le mariage qu'une française contracte avec un étranger.

Dans tous ces cas le français ayant perdu sa qualité de français, nous pouvons dire qu'il a également perdu la faculté de disposer entre-vifs, par donation, de tout, ou de partie de ses biens, soit meubles, soit immeubles qu'il possède en France.

71. — Si le français qui a perdu sa qualité de français la recouvre, il recouvrera aussi la faculté de donner ; mais seulement pour l'avenir : les donations par lui faites dans l'intervalle de la perte de ses droits à leur recouvrement demeureront de nul effet.

§ II. *Les étrangers ne peuvent donner* les biens
qu'ils possèdent en France.

72. — Le code civil a établi, par rapport à la faculté
de donner, compétant aux étrangers ou aux bannis,
le système absolu de la réciprocité; il a posé en principe,
« que l'étranger jouira en France des mêmes droits
» civils que ceux qui sont ou qui seront accordés
» aux français par les traités de la nation à laquelle
» cet étranger appartiendra ». art. 11 du code.

La capacité de l'étranger ne résulte donc que des
traités diplomatiques entre la nation à laquelle il
appartient et le gouvernement français ; nous avons
donc raison de dire, que l'étranger est, par cette seule
qualité, incapable de donner, puisque son incapacité
ne peut être levée que par un traité diplomatique.

73. — Du système absolu de la réciprocité, il
semble que l'on pourrait conclure, qu'à défaut de
traité diplomatique, la capacité de l'étranger pourrait
résulter d'une loi de sa nation, portant que le français
peut disposer des biens qu'il possède chez elle : l'on
pourrait invoquer, pour appuyer cette conséquence,
l'art. 912.

Je ne pense point ainsi : le texte de l'art. 11 est
clair et précis ; il nous dit, que l'étranger jouira de
tous les droits civils qui seront accordés aux français
par les traités de la nation à laquelle cet étranger
appartient.

Il faut donc un traité ; or, un traité est la convention
de deux parties ; mais une loi particulière de la nation
étrangère, établissant la capacité des français, n'est
que son propre ouvrage ; de plus, cette loi peut être
dictée par des circonstances extraordinaires, et particulièrement avantageuses à la nation étrangère ;
d'ailleurs, ce serait faire dépendre la capacité de
l'étranger du pur caprice de sa nation ; et, sous ce

rapport, il me semble que le système de la réciprocité serait essentiellement violé.

En effet, la nation étrangère pourrait dire au gouvernement français : « je jouirai en France des droits » civils quand je voudrai ; mais vous ne jouirez chez » moi des mêmes droits que quand il me plaira » : langage extraordinaire, et qui exclut toute idée d'égalité.

74. — Quoiqu'il n'y ait point de traité diplomatique entre la nation française et la nation à laquelle un étranger appartient, si cet étranger a été admis par le Roi à établir son domicile en France, il y jouira de tous les droits civils, et, par suite, de la faculté de faire une donation, tant qu'il continuera de résider en France (art. 13 du code).

75. — Tout ce que nous venons de dire par rapport à la capacité de l'étranger s'applique également au français qui s'est fait naturaliser en pays étranger : la loi française ne doit voir en lui qu'un membre de la nouvelle nation qu'il a adoptée, et le considérer comme tel.

Mais si à cette naturalisation du français chez une nation étrangère se joignait un délit, tel que celui résultant du service militaire chez la nation étrangère, sans autorisation du Roi, et lorsque cette nation est en guerre avec la France, alors je croirais ce français incapable en France des droits civils, lors même que la nation qu'il a adoptée fût capable de ces actes en vertu des traités ; s'il en était autrement, il suffirait de se faire naturaliser chez une nation ennemie, pour pouvoir ensuite venir combattre son Roi, sans compromettre ses droits civils ; ce qui serait extraordinaire, puisque la patrie a et conserve toujours le droit de punir les enfans qui portent leurs armes contr'elle.

76. — Dans ce paragrpahe et le précédent, nous avons fait voir que le français qui a perdu sa qualité de français ne peut pas disposer par donation des biens qu'il a en France.

Qu'il en est de même de l'étranger non autorisé
par les traités diplomatiques à disposer des biens qu'il
y possède.

Nous devons ajouter, pour ne laisser aucun doute,
que cette nullité est absolue, et regarde tant les
français donataires, que les étrangers donataires;
en un mot, la donation ne produit aucun effet:
les biens donnés restent dans la succession du donateur, et sont dévolus exclusivement à ses parens
français, et, à défaut de parens, au fisc.

77. — Une donation faite par un français qui a
abdiqué sa qualité ne pourrait-elle pas servir de fondement à la prescription en faveur d'un donataire
français?

La donation étant un juste titre pour fonder la
prescription, nul doute que le donataire ne puisse
prescrire, à moins qu'on ne prouve qu'il est de mauvaise foi, qu'il connaissait l'incapacité du donateur:
la maxime, *qui cum alio contrahit, vel non est,
vel non debet esse ignarus conditionis ejus,* ne paraît
pas devoir s'appliquer ici; car l'abdication de la
qualité de français, dépendant de faits passés en pays
étranger, il est impossible de présumer que le donataire en ait connaissance.

Il en est autrement par rapport à une donation
faite par un étranger incapable : le donataire ne pourrait prescrire, parce que la qualité d'étranger ne pouvant être par lui méconnue, il serait censé être de
mauvaise foi ; mais si l'incapacité de l'étranger prove-
nait d'un nouveau traité diplomatique portant abrogation du premier, alors ce traité pouvant être méconnu,
le donataire pourrait prescrire, si l'on ne prouvait pas
qu'il était de mauvaise foi : un traité diplomatique
n'est pas une loi que tout le monde doive connaître.

§ III.   *Ceux qui sont frappés de mort civile ne
peuvent pas faire une donation.*

78. — Par rapport à l'exercice des droits civils la
loi regarde ceux qui sont morts civilement comme si
réellement ils n'étaient plus de ce monde : la loi ne les
connaît plus ; ils ne participent plus à ses bienfaits,
les actes de droit civil par eux faits sont nuls à ses
yeux.

La loi dit même expressément, que ceux qui sont
en état de mort civile ne peuvent pas faire une donation (art. 25 du code).

La mort civile résulte des condamnations judiciaires,
dont l'effet est de priver le condamné de toute parti-
cipation aux droits civils.

Ainsi, la condamnation à la mort naturelle emporte la mort civile ;

Mais les autres peines afflictives n'emportent la
mort civile, qu'autant qu'elles sont perpétuelles, et
que la loi y aura attaché cet effet.

Le code criminel fait connaître ces peines : l'art.
18 de ce code porte, que les condamnations aux travaux forcés à perpétuité et à la déportation emportent
la mort civile.

79. — Il nous suffit de savoir que la mort civile
peut résulter de certaines condamnations judiciaires,
pour que nous sentions la nécessité de bien nous fixer
sur l'incapacité du mort civilement, par rapport à la
donation.

Le frappé de mort civile ne peut donner ; son incapacité est absolue et générale : voilà la règle.

80. — Mais de quelle époque date cette mort
civile et l'incapacité qu'elle produit ? Quand la condamnation est contradictoire, nul doute : la mort
civile date du jour de l'exécution du jugement, soit
réelle, soit par effigie.

Mais quand la condamnation est par contumace, il peut y avoir des difficultés ; l'art. 27 nous dit, que la condamnation par contumace n'emporte la mort civile qu'après les cinq années, à compter de l'exécution par effigie.

L'art. 29 ajoute, que si le condamné par contumace se présente, ou qu'il soit arrêté dans les cinq ans, le jugement sera anéanti de plein droit.

L'art. 31, enfin, nous apprend que si le condamné par contumace meurt dans le délai de cinq ans, il est réputé mort dans l'intégrité de ses droits.

M. le conseiller-d'état *Treilhard*, pag. 79 de son discours, nous dit, qu'il est plus convenable de ne fixer qu'à l'expiration des cinq années l'instant où la mort civile commence : le condamné a vécu civilement jusqu'à ce moment ; il a pu succéder, il a été époux et père ; mais à cet instant fatal commence sa mort civile.

De ces principes semble résulter cette conséquence rigoureuse, que pendant les cinq ans le condamné par contumace jouit de l'intégrité de ses droits ; et telle cependant n'est pas, ou ne paraît pas être la conséquence de la loi ; car l'art. 28 porte, que les condamnés par contumace seront pendant les cinq ans, et jusqu'à ce qu'ils se représentent, *privés des droits civils;* il est vrai que l'article ajoute, que leurs biens seront administrés, et leurs droits exercés de même que ceux des absens.

Mais cette dernière disposition de l'art. 28 ne sauve pas la contradiction, du moins apparente, qui se trouve entre cet article et le précédent, à moins qu'on ne veuille prétendre qu'il y a de la différence entre la privation de l'exercice des droits civils et la mort civile, différence qu'il n'est pas d'abord aisé de sentir.

Cependant la loi devant être interprétée de manière à ne pas présenter une contradiction, *ut vicio careat,* il faut tâcher d'expliquer par son esprit les expres-sions ambiguës dont elle s'est servie.

Or, il est dans son esprit, et il est impossible de le méconnaître, que la mort civile ne date que de l'expi-ration des cinq années.

Si c'est seulement après les cinq ans que le con-damné par contumace est mort civilement, il est clair qu'il ne l'était pas auparavant ; il est clair que jusques au terme fatal des cinq années il jouit de ses droits civils ; ainsi, si pendant ces cinq ans il s'ouvre une succession, le contumax la recueille ; c'est ce que nous dit, en termes exprès, le conseiller-d'état *Treilhard*.

Le droit de recueillir une succession est certaine-ment un droit civil ; or, le contumax recueille ; il n'est donc pas *privé des droits civils*.

Nous dira-t-on : oui, il recueille la succession ; mais il n'a pas le droit de la réclamer : en d'autres termes, d'après l'art. 28, il n'a que la capacité passive de re-cevoir par donation ou succession ; mais quant à la capacité active de disposer, le contumax ne l'a pas. Ainsi, par rapport au contumax, l'incapacité *active* datera du jour de l'exécution du jugement par effigie ; mais l'incapacité passive ne datera que de l'expiration des cinq années.

Je réponds que c'est là faire une distinction que la loi n'a pas faite :

Que de cette distinction résulterait la nullité du testament fait par le contumax, décédé, d'ailleurs, dans l'intégrité de ses droits ; ce qui serait absolument contraire aux anciens principes, qui déclaraient ces testamens valables. Vid. *Duperrier*, liv. 2, quest. 4, et *Ricard*, n.° 259, part. 1.re;

Que la nouvelle législation a voulu corriger l'an-cienne, en ce que celle-ci faisait dater la mort civile du contumax du jour de son exécution par effigie :

D'où il résulte que la distinction entre la capacité active et la capacité passive ne peut être admise.

Je crois que le législateur a voulu dire simplement, dans son art. 28, que le contumax, quoique jouissant de ses droits civils, ne pourra point les exercer devant les tribunaux; qu'ainsi, son incapacité se borne seulement aux actes judiciaires.

Ce qui me confirme dans mon opinion, c'est la suite de l'article, qui assimile le contumax à l'absent.

Or, l'absent peut donner entre-vifs et par testament, donc le contumax, qui lui est assimilé, doit pouvoir le faire.

Il me semble que c'est là la manière de concilier le plus aisément les dispositions du code civil.

Si le législateur n'a pas voulu que le contumax, quoique jouissant des droits civils, pût les exercer devant les tribunaux, c'est qu'il a senti qu'il y aurait une certaine inconvenance à voir figurer dans le sanctuaire de la justice, du moins en la personne de son avoué, celui que la loi ordonne de poursuivre; de plus, le législateur a pu penser que les droits du contumax pourraient souffrir si personne n'était là pour les faire valoir; et voilà pourquoi les héritiers présomptifs du contumax pourront le représenter en justice. Et l'on voit que ces motifs ne peuvent trouver leur application à une donation, que le contumax peut faire en sureté, et sans blesser les règles de la convenance.

Il faut donc tenir pour certain, que le contumax peut valablement donner pendant les cinq ans, et que sa donation sortira à effet, s'il meurt dans l'intégrité de ses droits.

Mais si le contumax meurt en état de mort civile, la donation faite durant la contumace pourra être de nul effet, d'après les principes ci-après, n.º 87.

84. — Le condamné à la mort civile ne peut donner, à dater de l'exécution par effigie du jugement contradictoire.

Supposons qu'un français ait été condamné par

un tribunal étranger à mort, ou à quelqu'autre peine emportant mort civile, ce jugement aura-t-il effet en France? non : malgré ce jugement le français jouit en France de ses droits civils; d'où il résulte que s'il y a des biens, il pourra en disposer par donation; et s'il a été condamné à mort, et exécuté en pays étranger, il sera censé mort dans l'intégrité de ses droits, par rapport à ses biens situés en France; et cela, parce que les jugemens tant criminels que civils rendus chez une nation étrangère n'ont pas en France l'effet de la chose jugée. *Ricard*, n.° 263, part. 1.re

85. — Supposons qu'après le crime commis, mais avant le jugement de condamnation, le prévenu ait fait une donation, quel sera son effet, si le jugement qui intervient condamne le donateur à une peine emportant mort civile?

La loi 15, ff. *de donat.*, nous dit, que les donations faites après le crime sont valables, si la condamnation ne s'ensuit pas : *post contractum capitale crimen donationes factæ valent, nisi condemnatio secuta sit*, quand même, dit *Ricard*, la donation aurait précédé l'accusation. Part. 1.re, n.° 242 du traité des donations.

Mais *Godefroi*, sur ladite loi 15, pense autrement: il n'annulle que les donations qui seraient faites après le jugement de condamnation : *nisi jam condemnatio secuta sit.*

Cujas, sur la même loi, ajoute ces mots : *vel accusatio cæpta ;* en sorte que, d'après l'opinion de ce savant jurisconsulte, la donation est nulle, quand elle est postérieure à l'accusation et aux poursuites.

Il me paraît facile de concilier l'opinion de ces jurisconsultes par une distinction.

86. — En effet, si l'on considérait la nullité dont il s'agit comme une nullité radicale et essentielle, résultant du défaut de capacité de la part du donateur, l'on se tromperait; la mort civile ne datant que du

jour de l'exécution du jugement, il faut dire que
jusqu'à ce moment il a eu la capacité de faire une
donation ; et je crois qu'à quelqu'époque qu'elle ait
été faite, pourvu que ce soit avant le jugement de
condamnation, la donation doit sortir à effet à l'égard
des héritiers du donateur, sauf le cas de fraude que
ceux-ci pourraient prouver ; et telle paraît être l'opinion de *Godefroi*.

87. — Mais si, par l'effet de cette donation, le
trésor public, ou la partie civile qui a des dommages
à répéter contre l'accusé, se trouvaient en perte, alors
je croirais la donation nulle, si elle avait été faite postérieurement au mandat d'arrêt, dans le cas où il y
en aurait eu, ou postérieurement à la condamnation
dans les autres cas. Vid., par induction, l'art. 4, n.º 3
de la loi du 15 septembre 1807. La donation faite
après le crime commis, et même avant les poursuites,
pourrait être annullée à la requête du trésor public,
ou de la partie civile, qui se trouveraient en perte ;
et cela, parce que toute donation faite au préjudice
des créanciers est révocable, lors même que le donataire serait de bonne foi ; or, dans le cas de crime,
la créance du trésor public et de la partie civile
datent du crime même.

88. — Le frappé de mort civile, avons-nous dit,
est absolument incapable de donner : au moment de
sa mort civile, sa succession s'ouvre, ses héritiers
recueillent ses biens tout comme s'il était mort naturellement.

Mais existant encore, jouissant du droit des gens,
le frappé de mort civile peut acquérir quelques biens
par son industrie ; car il peut acheter, vendre,
échanger, etc. : ce sont ces biens acquis depuis la
mort civile dont il ne peut disposer par donation.

Supposons néanmoins qu'il en ait disposé de cette
manière, pourra-t-il lui-même demander la nullité
de la donation ? Non, il n'a plus le droit de paraître

en justice, ni en demandant, ni en défendant : art. 25 du code.

Son curateur pourra-t-il demander cette nullité ? Je ne le crois pas : quand l'incapacité provient d'un crime, l'incapable ne peut lui-même invoquer son incapacité.

Le gouvernement, saisi de sa succession par droit de déshérence (art. 33 du code), sera seul intéressé à faire comprendre les biens donnés dans la succession ; lui seul aussi pourra agir pour faire déclarer la donation nulle, et le donataire ne pourra lui opposer que la prescription de dix ans, à compter du décès du donateur, parce qu'avant ce décès le droit du fisc n'était pas ouvert.

§ IV. *Les interdits pour cause de démence ne peuvent pas faire une donation.*

89. — La loi romaine regardait l'insensé comme un homme qui n'est plus de ce monde, comme un homme plongé dans un profond sommeil : *in omnibus absentis vel quiescentis loco habetur. Leg. 2 , § 3 , ff de jur., cod. , et leg. 124, ff de reg. jur.*

Il faut être sain d'esprit pour donner, dit notre code civil.

De là il résulte que celui dont l'interdiction a été prononcée à cause de son imbécillité, de sa démence ou de sa fureur, est absolument incapable de donner.

Il est au moins superflu d'invoquer, pour établir cette incapacité, les dispositions de l'art. 502 , qui porte, que tous les actes passés par l'interdit sont nuls.

Cette incapacité de l'interdit est absolue ; il ne peut donner, ni à ses parens en ligne directe ou collatérale, ni à des étrangers ; il ne peut donner ni des meubles, ni des immeubles.

90. — Cette incapacité absolue date du jugement qui prononce l'interdiction ; depuis ce moment l'interdit est incapable de donner, eût-il même des intervalles

intervalles lucides. En conséquence, il ne sera pas permis de distinguer ces intervalles, et de prouver que la donation a été faite dans un de ces momens. La loi 6, au cod. *de cur. sus.*, qui validait les actes faits dans les intervalles lucides ne doit plus être suivie. Vid. le discours de M. *Jaubert*, p. 299. La démence cause l'interdiction ; mais quand l'interdiction est prononcée, l'incapacité de l'interdit ne résulte pas à proprement parler de sa démence, mais de son interdiction, et doit durer autant qu'elle.

91. — Quel est l'effet de l'incapacité de l'interdit ? La loi nous l'apprend : l'art. 502 nous dit virtuellement, que la donation faite par l'interdit est nulle *de droit.*

Prenons garde que la loi ne dit pas nulle de *plein droit ;* il y a entre ces deux expressions, *nulle de droit,* et *nulle de plein droit,* une grande différence.

Si la donation de l'interdit était nulle de plein droit, il ne serait pas nécessaire de se pourvoir devant les juges, pour faire déclarer nulle une donation que la loi aurait déjà déclarée telle : cette donation ne pourrait servir de fondement à aucune prescription ; le donataire ne pourrait jamais invoquer que la prescription trentenaire, et jamais son titre.

Or, d'après l'art. 1304 du code, il faut non-seulement se pourvoir en déclaration de nullité des actes faits par les interdits, mais encore le faire dans les dix ans de la levée de l'interdiction ; ce qui prouve bien qu'aux yeux de la loi il y a une grande différence entre la nullité *de droit* et la nullité de *plein droit.*

Mais que veut donc dire le législateur, quand il déclare que les actes faits par l'interdit sont nuls de droit ? Il veut dire que cette nullité doit être prononcée sans autre examen, que celui de savoir si réellement lors de l'acte litigieux il y avait ou n'y avait pas interdiction ; en d'autres termes, que l'office du juge doit se réduire à rapprocher la date de l'acte attaqué de la date du jugement en interdiction.

Quoique cette nullité résultant de l'interdiction soit de droit, elle ne peut cependant être invoquée que par l'interdit, ou ses héritiers et ayans cause : celui qui a traité avec l'interdit ne saurait invoquer ladite nullité ; en un mot, l'interdit, comme le mineur, peut faire sa condition meilleure. On n'insère ici cette observation, que pour mieux faire connaître la nature de la nullité dont il s'agit.

Quand la donation est annullée, le donataire doit-il rendre les fruits depuis sa jouissance, ou seulement depuis la demande ? Je crois qu'il doit rendre tous les fruits. En vain invoquerait-il son titre, comme fondement de sa bonne foi ; on lui opposerait la maxime : *qui cum alio contrahit, vel non est, vel non debet esse ignarus conditionis ejus ;* et cela avec d'autant plus de raison, que le jugement d'interdiction a une grande publicité.

Mais si le donataire avait transmis les objets donnés à un tiers, je pense que ce tiers ne devrait les fruits que du jour de la demande, à moins qu'on ne prouvât qu'il était de mauvaise foi.

Quant à la prescription, jamais elle n'a couru contre les interdits. Vid. la loi 12, ff *de usurp. et usucap. ; d'Antoine,* règles de droit civil, pag. 166, et la loi 8, ff *pro empt.* D'ailleurs, l'art. 2252 le dit d'une manière expresse ; d'où il résulte que l'action en nullité ne se prescrivant que par dix ans, le donataire, ni celui qui aurait acquis de lui, ne pourront prescrire contre l'interdit que par dix ans, à compter de la levée de l'interdiction. Vid. l'art. 1304 du code, qui est rédigé d'après ces principes.

92. — L'interdit étant dans l'impossibilité absolue de faire une donation, il a bien fallu pourvoir aux dots et avancemens d'hoirie en faveur de ses enfans qui voudraient s'établir par mariage ; c'est ce qu'a

fait l'art. 511. Cet article donne pouvoir au conseil de famille de fixer cette dot et ces avancemens ; et quand cette fixation a été homologuée par le tribunal, l'enfant qui se marie peut se constituer les objets déterminés par le conseil, et agir, en vertu de l'homologation, contre le tuteur de son père, pour obtenir la délivrance de la somme ou des objets fixés. Vid. la loi 28, cod. *de episcop. aud.* Elle est touchante et pleine d'intérêt.

On sent que cette fixation, commandée par l'intérêt des enfans, de la population et des mœurs, n'est pas une donation proprement dite : le père seul peut donner ses biens ; ainsi, cette fixation ne peut jamais porter préjudice aux autres enfans :

En un mot, à la mort du père, les objets fixés sont essentiellement, et, dans tous les cas, rapportables ; ou, pour mieux dire, il n'a été cédé à l'enfant qu'un droit d'usufruit qui doit finir à la mort de son père.

§ V. *Ceux à qui il a été nommé un conseil, soit à cause de la faiblesse de leur esprit, soit à cause de leur prodigalité, ne peuvent pas faire une donation sans l'assistance de ce conseil.*

93. — Que celui à qui il a été donné judiciairement un conseil, à cause de la faiblesse de son esprit, ne puisse pas donner sans son assistance, c'est ce qui résulte de l'art. 900, qui nous dit, que pour pouvoir donner, il faut être sain d'esprit ; et de l'art. 502, qui annulle tous les actes faits par ceux qui ont un conseil, quand ils ont agi sans l'assistance de ce conseil.

Si nous ajoutons que l'assisté, pour cause de prodigalité, se trouve également incapable de donner sans l'assistance de son conseil, c'est que nous trouvons cette défense littéralement écrite dans l'art. 513.

94. — Lorsque les assistés agissent sans l'assistance de leur conseil, ils sont aussi incapables que les in-

terdits ; ainsi , tout ce que nous venons de dire par rapport à l'interdit s'applique à l'assisté agissant seul : cette identité parfaite résulte de l'art. 502 ; cet article assimile les interdits aux assistés, et prononce également que leurs actes sont nuls de droit.

Dira-t-on que cet article ne parle que des assistés pour cause de démence ? Cela est vrai ; mais le code ne met cependant aucune différence entre l'assisté pour cause de démence et l'assisté pour cause de prodigalité.

Si l'art. 502 ne parle que du premier , c'est que le législateur ne s'était pas encore occupé des prodigues ; et si, s'occupant ensuite des prodigues , il ne dit rien par rapport à la nullité des actes par eux faits sans l'assistance de leur conseil , c'est parce qu'il s'en réfère aux dispositions du susdit art. 502.

D'ailleurs, quant à l'administration de leurs biens , la loi romaine ne met aucune différence entre le prodigue et l'interdit ; à ses yeux ils sont également incapables de volonté. Vid. la loi 4 , ff *de reg. jur.* ; *d'Antoine,* sur cette règle, pag. 166 ; la loi première, ff *de cur. et fur.* , et *Ricard* , part. 1.re , n.° 144.

Enfin , l'art. 513 , défendant au prodigue d'aliéner ses biens sans l'assistance du conseil , il en résulte qu'il prononce indirectement la nullité de l'aliénation faite par le prodigue seul.

Il faut donc tenir pour certain , que l'art. 502 s'applique également aux actes faits par les prodigues , comme aux actes faits par les faibles d'esprit ; et de là nous devons tirer cette conséquence , que tout ce que nous avons dit par rapport aux interdits s'applique aux assistés pour cause de démence ou de prodigalité, quand ils agissent seuls.

95. — Mais la donation faite par l'assisté ou le prodigue seul peut-elle être validée par le consentement postérieurement donné par leur conseil ?

Du texte de l'art. 502 semble résulter que le

consentement postérieur ne valide pas la donation ; il semble exiger une volonté simultanée de la part de l'assisté et de son conseil, et ne donner aucun effet à leur volonté quand elle est successivement manifestée.

On pourra dire : si l'acte était nul de plein droit, alors sans doute le consentement postérieur du conseil ne pourrait rien opérer ; la donation étant nulle dans le principe, le conseil se trouverait tout au plus approuver le néant.

Mais la donation dont s'agit n'est pas nulle de plein droit, puisqu'il faut un jugement pour l'annuller, et qu'il faut l'attaquer dans les dix ans de la levée de l'interdiction ; donc, lorsque le consentement du conseil intervient, il s'applique à une chose qui se trouve avoir une existence.

Je réponds, que quoique la donation soit nulle, et forcément nulle, si on ne l'attaque pas dans les dix ans, elle sortira à effet ; mais, prenons garde, ce n'est pas au silence du conseil pendant dix ans que la loi donne le pouvoir de valider la donation ; ces dix ans ne courent qu'après l'interdiction : d'où je conclus, que puisque le conseil ne peut par son silence pendant dix ans valider tacitement l'acte, il ne saurait le faire d'une manière expresse postérieurement à sa confection. Tel me parait être l'esprit de la loi ; il pourrait, d'ailleurs, résulter des inconvéniens graves du système contraire.

96. — Mais ceux qui ont un conseil peuvent, avec son assistance, faire une donation, même par préciput, à leurs enfans ou collatéraux ; ils peuvent également donner à des étrangers. On sent cependant que le conseil ne devrait consentir à une donation en faveur d'un étranger, que dans le cas où cette donation serait commandée par le sentiment d'une juste reconnaissance ; il faut néanmoins convenir, que si une donation était faite à un étranger avec l'assistance du conseil, il serait impossible de la faire annuller par le motif

seul que le donataire n'aurait rendu aucun service au donateur; car le donateur, assisté de son conseil, doit être considéré comme majeur, et jouissant de l'intégrité de ses droits, et nullement obligé de rendre compte du motif de ses bienfaits.

97. — Nous venons de dire que l'interdit ne peut faire une donation, et qu'il en est de même de tout assisté agissant seul; qu'enfin, leur incapacité date du jugement qui prononce l'interdiction, ou qui nomme le conseil.

Mais supposons qu'il s'agisse d'une donation faite par un homme qu'on prétend insensé : .... quel sera le sort de cette donation ?

La loi a prévu deux cas : elle décide, que si l'interdiction du donateur est prononcée ou provoquée avant sa mort, ou si l'acte lui-même décèle la démence, alors la donation est nulle, si les causes de l'interdiction existaient lorsque la donation a été faite: art. 504.

Mais supposons que le donateur soit mort sans que son interdiction ait été provoquée, et sans que l'acte décèle la démence, la question est, dans ce cas, de savoir si les héritiers du donateur pourront attaquer la donation pour cause de démence.

La difficulté de cette question résulte des dispositions de l'art 901, qui semblent en opposition avec les dispositions de l'art. 504.

Le 1.er art. dit, que pour pouvoir faire une donation, il faut être sain d'esprit; donc l'insensé ne peut pas donner, donc je puis prouver l'incapacité qui fait crouler la donation.

L'art. 504 nous dit, au contraire, qu'après la mort d'un individu les actes par lui faits ne pourront être attaqués pour cause de démence, que dans le cas de l'interdiction, ou prononcée, ou provoquée, ou lorsque les actes décèleront eux-mêmes la démence.

Certainement il existe une opposition entre ces deux articles ; et de là il faut nécessairement conclure, non qu'il existe une antinomie, mais une modification de l'un de ces articles par l'autre.

Et je crois que l'art. 901 modifie l'art. 504, 1.° parce qu'il est postérieur dans la pensée du législateur ;

2.° Parce que dans une donation il faut, pour ainsi dire, une surabondance de volonté ;

3.° Parce que la cupidité tente plus souvent de dépouiller quelqu'un par une donation, que par un contrat intéressé de part et d'autre, qui exige un juste retour ;

4.° Parce que, dans les lois, comme dans les contrats, il ne faut rien voir d'inutile, et qu'il faut faire opérer un effet à chaque clause ; or, ce serait ne faire opérer aucun effet à l'art. 901, si on le considérait comme ne présentant pas une exception à l'art. 504 ;

5.° Parce qu'à la suite de l'art. 901 il y avait dans le projet un § ainsi conçu : « les testamens et les « donations ne pourront être attaqués pour cause de « démence, que dans le cas et de la manière prescrite « par l'art. 504 », et que ce § fut supprimé lors de la discussion, *dans la vue de laisser plus de latitude aux juges :* c'est dans ce sens que s'expliquent M. *Bigot,* pag. 181, et M. *Jaubert,* pag. 297 ;

6.° Parce que dans l'art. 1111 la loi, s'occupant des contrats, dit que l'interdit ne peut *pas contracter*, tandis que dans l'art. 901 elle dit, qu'il faut être sain d'esprit pour donner : expressions absolument différentes, qui prouvent que, par rapport à la capacité, la loi n'a pas assimilé les donations aux contrats ; si elle avait entendu le faire, elle aurait dit simplement : l'interdit ne peut pas donner ;

7.° Parce qu'enfin, *in toto jure generi per speciem derogatur, et illud potissimùm quod ad speciem directum est :* or, l'art. 504 présente la règle générale, et l'art. 901 présente la règle particulière pour les donations ; ce dernier doit donc être principalement considéré.

98. — De tout cela nous devons conclure, que l'on peut attaquer, pour cause de démence, une donation faite par un homme qui n'est plus, lors même que pendant sa vie son interdiction n'aurait été ni prononcée, ni provoquée ; lors même, enfin, que sa donation ne présenterait d'ailleurs aucun indice de faiblesse d'esprit ; en d'autres termes, une donation peut dans tous les cas être attaquée pour cause de démence. Vid. l'arrêt de la cour de cassation, du 22 novembre 1810, qui consacre ce principe ; il est rapporté dans le recueil de M. *Sirey*, an 1811, pag. 75 ; *vid.* un second arrêt, an 1813, pag. 393.

99. — On sent que les héritiers et les créanciers du donateur peuvent seuls attaquer cette donation ; le donateur ne peut pas le faire lui-même : l'allégation de démence serait dans sa bouche le comble du ridicule ; son tuteur ne saurait agir, puisque, dans la supposition, n'y ayant pas d'interdiction, il ne saurait exister de tuteur : l'action compète donc seulement aux héritiers et aux créanciers ; et je crois qu'ils doivent agir dans les dix ans, non de la mort du donateur, mais à compter de l'acte ; en sorte que s'il s'est écoulé six ans depuis la donation jusqu'au décès, les héritiers devront se pourvoir dans les quatre ans de la mort.

De ce que nous venons de dire, que le donateur n'a pas pu agir par lui-même, il semble qu'on devrait conclure que le droit des héritiers n'étant ouvert qu'à la mort, ils devraient pouvoir agir dans les dix ans du décès ; je ne le pense pas : il est vrai que le droit des héritiers ne s'ouvre qu'au décès par rapport à la succession ; mais pendant la vie ils pouvaient provoquer l'interdiction du donateur, et, par ce moyen, la prescription aurait été interrompue ; mais puisqu'ils ne l'ont pas fait, je les trouve coupables d'une grande négligence ; et le donataire qui jouit ne doit pas être exposé à une incertitude trop longue.

Quant aux créanciers, nul doute que la prescription ne coure contr'eux à compter de l'acte, parce qu'ils peuvent agir pendant la vie du donateur.

100. — En supposant que les héritiers parviennent à faire casser la donation, l'on peut demander si le donataire sera tenu de la restitution des fruits. Je le crois ainsi ; le donataire ne saurait invoquer son titre, comme constituant sa bonne foi : ce principe général doit recevoir ici une exception, car la donation étant cassée pour cause de démence, il en résulte qu'il a été jugé en même temps, non-seulement que le donataire a eu connaissance de cette démence, mais encore qu'il en a abusé.

On sent que si le donataire avait vendu ou donné à un tiers qui fût de bonne foi, ce tiers pourrait profiter des fruits jusqu'à la demande.

101. — Quant à la donation faite par un prodigue, il est impossible de la faire déclarer nulle pour cause de prodigalité, si elle est antérieure au jugement qui lui nomme un conseil ; car, selon les anciens principes, le prodigue pouvait aliéner pendant le procès, et même après le jugement d'interdiction, jusqu'à la publication de ce jugement. Vid. *Brisson*, verbo *interdict.*, n.º 14.

Je pense néanmoins que les juges pourraient annuller une donation faite pendant l'instance relative à la prodigalité, si le donataire avait abusé du funeste penchant du donateur, et si les circonstances décelaient la surprise à l'égard de ce dernier : *in omnibus excipitur dolus.*

§ VI. *Les sourds muets*, non litteras scientes, *ne peuvent pas faire une donation.*

102. — D'après la législation romaine le muet pouvait donner ;

Le sourd pouvait également donner : *mutus et surdus donare non prohibentur. Leg.* 33 , § 2 , ff *de donat.*

Ils pouvaient également s'obliger. *Leg.* 4 , § 1 , ff *de pact.* , *et leg.* 48 , ff *de oblig. et act.*

La loi romaine entendait parler des sourds et des muets *litteras scientes* , c'est-à-dire , capables des affaires ordinaires de la vie.

Quant à celui qui était en même temps sourd et muet , ladite loi faisait une distinction : s'il était sourd et muet de naissance il ne pouvait faire, ni un testament, ni un codicille, ni une donation à cause de mort, ni même laisser la liberté ; s'il était devenu sourd et muet par accident , il pouvait tester et faire une donation à cause de mort , *leg.* 10 , cod. *qui testament. facere possunt ,* pourvu qu'il fût capable de discerner ce qu'il faisait , *litteras sciens.*

Cette loi , il est vrai , ne parle pas des donations entre-vifs; mais il en résulte virtuellement, que ceux qui était en même temps sourds et muets de naissance ne pouvaient pas faire une donation à ce titre, vid. *Accurse,* sur ladite loi 33 , § 2 , ff *de donat.*, et que ceux qui l'étaient devenus par accident pouvaient donner.

103. — Ainsi fixés sur la législation romaine , voyons ce que le code civil a décidé par rapport à la capacité des sourds et muets.

L'art. 979 du code nous apprend bien que le muet peut tester , puisqu'il indique ou trace la forme de son testament ;

Mais quant à la capacité du sourd et du muet , et de celui qui est l'un et l'autre, pour faire une donation , le code n'en dit rien.

104. — Dans le silence du code pouvons-nous prendre pour guide la loi romaine ? Non , une observation le rendra sensible ; c'est que , d'après la législation romaine , la donation pouvait être faite sous signature privée, *leg.* 25 , cod. *de donat. ,* par billet et

lettre missive, *leg.* 13 *eod.* ; l'écriture n'était pas même nécessaire pour la validité de la donation, *leg.* 29 et 31 *eod.* ; tandis qu'aujourd'hui il faut nécessairement un acte public.

105. — De ce qu'il faut un acte public pour la validité de la donation, faut-il conclure que le muet de naissance ou par accident, lettré ou non lettré, ne saurait faire une donation, parce qu'il ne peut pas manifester ses intentions au notaire?

Je crois qu'il peut donner : pour cela il doit écrire ses intentions sur un papier, présenter ce papier au notaire, et écrire en sa présence, au bas du papier, qu'il lui demande acte de la donation qu'il veut faire.

Dira-t-on que cela n'est pas suffisant, que le notaire sera obligé de conserver ledit papier, comme fondement de la donation? Or, cette conservation du papier, sa transcription même sur le registre, ne peuvent constituer qu'un acte de dépôt; ce qui ne remplit pas le vœu de la loi.

Je réponds, que si le muet, père de famille, était dans l'impossibilité de donner à ses enfans, pour leur procurer un établissement par mariage, ces enfans seraient dans une position plus malheureuse que si leur père était interdit, car dans ce cas la loi a pourvu à leur établissement ; et puisqu'elle ne l'a pas fait dans le cas où leur père est muet, c'est qu'elle a entendu que celui-ci pourrait y satisfaire lui-même.

De plus, il me semble qu'au malheur qu'éprouve le muet, il ne faut pas en ajouter un second, en le privant du doux commerce des bienfaits, de la jouissance de contribuer au mariage de ses enfans. Faut-il mettre ces derniers dans la dure nécessité de faire interdire leur père? faut-il que celui-ci supporte la honte de cette dégradation? Je ne le crois pas : le but de la loi se trouve rempli quand il conste de la volonté du donateur ; et lorsque cette volonté se trouve inscrite

sur le registre du notaire, il serait bien dur de ne pas
y reconnaître une véritable donation, attendu d'ailleurs qu'il est impossible de faire autrement.

En un mot, la loi n'a pas déclaré le muet incapable
de donner ; il doit donc pouvoir le faire.

106. — Quant au sourd de naissance, ou par
accident, il faut également décider qu'il peut donner
entre-vifs, s'il sait lire l'écriture de main : le doute est
ici, qu'il faut, pour la validité de l'acte notarié, qu'il
en soit fait lecture au donateur ; or, il serait par trop
ridicule de dire qu'on a lu à un sourd, et de prétendre
que cette lecture a satisfait à la loi ; il faut alors que
le notaire dise, qu'attendu que le donateur est sourd,
il n'a pu lui lire l'acte ; qu'en conséquence il l'a prié
de le lire lui-même, ce qu'il a fait.

107. — De ce que nous venons de dire, il résulte
que celui qui est en même temps sourd et muet,
soit de naissance, ou autrement, peut faire une
donation ; à cet effet, il doit écrire ses dispositions,
les présenter au notaire, écrire, en sa présence et celle
des témoins, qu'il entend faire la donation comme
il est indiqué dans son écrit, et puis lire l'acte dressé
par le notaire.

Qu'on ne dise pas qu'il est bien rare de trouver des
sourds et muets de naissance qui soient capables des
affaires ordinaires de la vie : je conviens que cela
était rare autrefois ; mais de nos jours cela peut arriver
plus souvent, attendu l'établissement des sourds et
muets. Vid., d'ailleurs, *Catellan*, liv. 2, chap. 49,
qui parle d'un sourd et muet de naissance qui com-
posait des prières, les écrivait, ainsi que différentes
requêtes, et dont le testament fut maintenu.

De plus, il peut exister des sourds et muets par
accident.

Enfin, par rapport à celui qui est sourd et muet
de naissance, si c'est par un long et pénible effort
qu'il est parvenu à s'instruire, c'est une raison de

plus pour le faire participer à tous les avantages de la vie civile.

108. — Ainsi, par rapport à la capacité des sourds et des muets, nous sommes conduits à cette dernière conséquence :

1.º Que le muet de naissance, ou par accident, peut donner entre-vifs, s'il sait écrire ;

2.º Que le sourd de naissance, ou par accident, peut également donner, s'il sait lire l'écriture de main;

3.º Enfin, que celui qui est en même temps sourd et muet de naissance, ou par accident, peut donner, s'il sait non-seulement lire l'écriture de main, mais encore écrire lui-même.

Par sourds et par muets nous entendons ceux qui le sont d'une manière complète ; car quant à ceux qui ont seulement les organes de l'ouïe blessés, ou embarrassés, nul doute qu'ils ne puissent donner, pourvu d'ailleurs qu'ils soient sains d'esprit. Vid. *Ricard*, part. 1.ʳᵉ, n.º 139.

§ VII. *Les mineurs ne peuvent pas faire une donation.*

109. — La loi entend par mineur l'individu de l'un ou de l'autre sexe qui n'a pas accompli sa vingt-unième année.

Ainsi, l'homme ou la femme qui n'est pas âgé de vingt-un ans accomplis ne peut pas donner ; il est également incapable, qu'il soit émancipé, ou qu'il ne le soit pas.

Cette incapacité du mineur est absolue ; en sorte qu'il ne peut rien donner à qui que ce soit, il ne peut donner ni meubles, ni immeubles.

Cette incapacité est encore absolue en ce sens, que le mineur ne peut point donner, même avec l'assistance de son tuteur, ni par avis du conseil de famille, homologué par le tribunal. Vid. la loi 3, cod. *si maj. fact. alien.*

110. — Quoique la donation faite par le mineur soit nulle, et que le juge doive en prononcer la nullité, sans examiner autre chose que ce point de fait : le donateur était-il, ou n'était-il pas mineur ? cependant cette nullité n'ayant pas lieu de plein droit, il est nécessaire de la faire prononcer par les juges.

A cet effet, le mineur devra agir en nullité, ou restitution, dans les dix ans de sa majorité, art. 1304 du code civil. Vid. la susdite loi 3, cod. *si maj. fact. alien.*, et les lois 13, § 1 et 14, ff *de min. vig. ann.*; l'art. 134 de l'ordonnance de 1539, et *Sirey*, an 1814, pag. 201.

Le tuteur du mineur, et le mineur lui-même émancipé, agissant avec l'assistance de son curateur (art. 482), pourront avant la majorité demander la déclaration de nullité de la donation. *Argum.* de la loi 5, cod. *de integ. restit.*

111. — Si le mineur, devenu majeur, ratifie la donation, il ne pourra pas dans la suite en demander la déclaration de nullité.

Or, la ratification résulterait,

1.° Du silence pendant dix ans depuis la majorité;

2.° De l'exécution volontaire de la donation par le mineur devenu majeur, comme, par exemple, en délivrant les objets donnés, en recevant tout ou partie des sommes que le donataire aurait été chargé par la donation de lui payer; mais il faut que l'exécution soit volontaire, car si le mineur n'avait exécuté que d'après les poursuites dirigées contre lui, il serait à temps de se faire restituer malgré cette exécution. Vid. la loi *denique* 3, § *scio* 2, ff *de minor.*; *Dunod*, pag. 165; *Catellan* et *Vedel*, livre 5, chap. 13; la *Glose* sur ladite loi 3, § 2, ff *de minor.*; la loi 2, cod. *de his quæ vi metûsve causâ*; et l'arrêt de la cour de cassation rapporté par *Sirey*, an 1815, pag. 293.

En vain observerait-on, que le mineur n'a besoin que de prouver sa minorité, pour faire annuller la donation, et qu'ainsi, puisqu'il n'en excipe pas sur les poursuites, il est censé avoir ratifié. Je ne le pense pas ainsi, parce que le code ne dit pas que la donation soit nulle de plein droit. Vid. *Faber*, liv. 5, tit. 39, def. 1.re

3.° D'un acte contenant ratification de la donation ; et, d'après l'art. 1338, il suffit que cet acte contienne la substance de la donation, la mention qu'elle avait été faite par un mineur, et que la déclaration est due à l'intention de réparer le vice de la donation résultant de ladite minorité du donateur.

Je pense qu'un écrit sous seing-privé contenant ladite ratification suffirait. L'art. 1339, qui porte qu'aucun acte confirmatif ne peut réparer les vices d'une donation, n'entend parler que des vices de forme ; c'est ce qui résulte de la fin de cet article.

D'ailleurs, si la ratification tacite résultant de l'exécution de la donation suffit pour rendre le donateur irrecevable à la quereller dans la suite, il doit en être de même de la ratification expresse contenue dans un acte privé. Ce n'est pas la donation elle-même qu'on fait résulter de cet écrit privé, mais seulement une fin de non-recevoir contre la demande en déclaration de nullité de cette même donation.

En un mot, la donation faite par un mineur existe quand elle est revêtue des formes légales ; le mineur, il est vrai, a une action pour faire déclarer la donation nulle ; mais il peut renoncer à cette action tacitement ou expressément, par acte public, comme sous seing-privé ; et sa renonciation aux moyens de nullité ne peut être considérée comme une nouvelle donation, ni, par conséquent, être assujettie aux formalités rigoureuses de cet acte.

112. — Le mineur ayant fait prononcer la nullité de sa donation, le donataire doit rendre la chose et les fruits depuis sa mise en possession ; en vain observerait-il que sa jouissance était fondée sur un titre ;

que, sous ce rapport, il est réputé être de bonne foi : ces raisons ne me paraissent pas concluantes ; la maxime, *qui cum alio contrahit, vel non est, vel non debet esse ignarus conditionis ejus*, s'oppose à cette présomption de bonne foi ; d'ailleurs, les actes faits par les mineurs ne doivent leur porter aucun préjudice, et certainement la rétention des fruits serait un préjudice considérable.

Catellan et *Vedel*, liv. 5, chap. 69, traitent cette question de la restitution des fruits ; mais, il est vrai, dans le cas d'une vente de biens de mineurs sans autorité de justice, et ils décident que le mineur ne peut réclamer la restitution des fruits, qu'en prouvant que l'acquéreur était de mauvaise foi.

Mais *Vedel* et *Catellan* se fondent sur la loi 2, cod. *si quis ign. rem* ; or, cette loi ne dit pas que le mineur soit tenu de prouver la mauvaise foi de l'acheteur : *si non boná fide emptorem fuisse, qui emit, constiterit.*

De plus, il faut considérer que dans l'espèce de cette loi, il ne s'agit pas d'une vente faite par le mineur lui-même, mais d'une vente faite par son tuteur ; ce qui le prouve, c'est que cette loi s'explique ainsi : « *si contrà amplissimi ordinis decretum possessiones tuæ distractæ sunt, etc.* » ; ce qui prouve que ce n'était pas le mineur lui-même qui avait vendu, comme *Catellan* le remarque ; et alors on ne pouvait pas opposer à l'acheteur la susdite maxime, *qui cum alio contrahit, etc.* : achetant du tuteur, l'acquéreur pouvait le croire légitime propriétaire.

D'ailleurs, par rapport à la restitution des fruits de la chose donnée, le mineur *certat de damno vitando*, et le donataire *de lucro servando ;* différence essentielle, qui fait que, dans le doute, il faut le décider pour celui qui demande de ne pas perdre.

113. — Mais si le donataire a vendu ou donné à un tiers, sans doute le mineur pourra agir contre ce tiers, tout comme contre le donataire lui-même ; mais

mais il ne pourra exiger du tiers la restitution des fruits, qu'en prouvant qu'il a acquis de mauvaise foi ; car ici le tiers ne tient pas la chose du mineur, dont tout le monde est présumé connaître l'incapacité ; et c'est là la différence de ce cas au précédent.

S'il ne peut pas agir contre le tiers en restitution des fruits, il pourra la demander au donataire lui-même : en vain celui-ci observera-t-il, qu'il n'a pas joui, qu'il s'est dépouillé de la chose donnée ; on lui répondra qu'il connaissait, ou était censé connaître les vices de sa donation ; que c'est donc avec mauvaise foi qu'il s'est dépouillé de la chose donnée, et on lui opposera la maxime, *qui dolo desiit possidere, pro possessore damnatur, quia pro possessione dolus est;* le principe est que le mineur ne soit pas en perte.

114. — La donation du mineur est nulle, l'action en nullité dure dix ans ; mais comme la prescription ne court pas contre les mineurs (art. 2252 du code civil), il en résulte que ni le donataire, ni les tiers acquéreurs ne peuvent opposer au mineur que la prescription de dix ans, à compter de sa majorité.

Mais je pense qu'après les dix ans, à compter de sa majorité, le mineur n'est plus recevable à attaquer la donation par lui faite, cette donation portât-elle même sur des immeubles : en vain observerait-on, que l'aliénation des immeubles des mineurs sans les formalités de justice est essentiellement nulle ; et qu'ainsi la prescription de trente ans peut seule rendre le mineur irrecevable à réclamer ses biens. Vid. *Duperrier,* liv. 4, quest. 17, et liv. 5 de ses maximes, pag. 568.

Je ne le pense point : le code ne dit point que la donation faite par le mineur de ses immeubles sera nulle de plein droit, et nous ne pouvons pas ajouter cette disposition à la loi ; de plus, le code a fixé a dix ans le terme de toutes les actions en nullité ou en rescision, sans distinguer les ventes ou aliénations

d'immeubles des autres contrats; et puisque la loi n'a
pas distingué, il est impossible que nous puissions
distinguer nous-mêmes.

Enfin, la loi romaine ne laissait aucun doute sur
cette question. Vid. les lois 3 et 4, cod. *si quis ignor.
rem*, et notamment la loi dernière, cod. *si maj. fact.
alien*. Il en résulte que le donataire d'un immeuble
appartenant à un mineur peut prescrire par dix ans
entre présens, et vingt ans entre absens.

115. — Pour avoir des idées justes sur la nature de
cette prescription, nous devons observer que la donation même d'un immeuble faite par un mineur n'est
pas nulle de plein droit; que le mineur a seulement
une action pour la faire casser, et que cette action
dure dix ans; mais cette action ne dure que dix ans,
soit que le possesseur des biens donnés soit absent,
soit qu'il soit présent; car cette prescription de
vingt ans entre absens, et de dix entre présens, ne
s'applique qu'au cas où le propriétaire n'a passé aucun
acte translatif de propriété, dans le cas, en un mot,
où le possesseur n'a pas reçu la chose médiatement ou
immédiatement du véritable propriétaire, mais d'un
tiers.

Quand le propriétaire s'est dépouillé par acte de sa
propriété, il ne peut la recouvrer qu'en faisant annuller cet acte; et alors l'on voit que son action en
revendication ne saurait durer plus long-temps que
son action en nullité; l'on voit, enfin, qu'alors le donataire peut opposer au mineur la prescription de dix
ans, lors même que la loi le suppose de mauvaise
foi; car dans le for externe la bonne foi n'est
nécessaire que quand on veut prescrire contre le véritable propriétaire, qui n'a souscrit aucun acte translatif de sa propriété, et non quand on ne fait que
repousser par la prescription de dix ans une action
en nullité ou en rescision.

En un mot, celui qui a un titre, l'eût-il arraché

par dol et par violence (ce qui prouverait bien sa mauvaise foi), n'a cependant rien à craindre, si celui qui est intéressé à faire renverser cet acte ne l'a pas attaqué dans les dix ans, à compter de sa majorité ; ce qui fait voir qu'il n'existe pas de contradiction entre ce que nous avons dit, que celui qui reçoit du mineur est censé être de mauvaise foi, et ce que nous disons ensuite, que celui qui a contracté avec le mineur peut prescrire par dix ans l'action en nullité du contrat.

116. — Supposons que le mineur ait fait donation d'un immeuble, qu'il en ait toujours conservé la jouissance malgré la donation ; que le donataire, après les dix ans de la majorité, attaque le donateur en délivrance de l'immeuble, celui-ci pourra-t-il opposer la nullité de la donation ? le donataire ne pourra-t-il pas lui répliquer que la donation a été validée par le silence de dix années, et qu'ainsi la demande en nullité se trouve prescrite ?

Cette question, comme l'on voit, se réduit au fait de savoir, si la nullité résultant de la minorité peut être opposée en tout temps par *exception ?*

Je le crois ainsi ; cela me paraît résulter de la loi 5 ; § 6, ff *de dol. mal. et metûs except.* ; il est ainsi conçu : « *non sicut de dolo actio certo tempore fini-* » *tur, ita etiam exceptio eodem tempore danda est,* » *nam hæc perpetuò competit. Cùm actor quidem in* » *suâ potestate habeat quandò utatur suo jure, is* » *autem cum quo agitur non habeat potestatem* » *quandò conveniatur* ».

Vid. les lois 5 et 6, cod. *de except. succ. prescrip.* ; cette dernière loi est ainsi conçue : « *si pactum inter-* » *cesserit in exceptione sine temporis præfinitione, de* » *dolo replicare potes* ».

Ces lois doivent s'appliquer aux mineurs par plusieurs considérations :

1.º Il est possible que la donation du mineur ait

été faite en bas âge, il est possible qu'on l'ait surpris ; en sorte qu'à sa majorité le mineur ignore absolument la donation par lui faite.

2.° La continuation de jouissance de la part du mineur, la non diminution apparente de ses biens pouvait le laisser, ainsi que son tuteur et ses amis, dans une fausse sécurité.

3.° La prescription de dix ans, par rapport aux actions en nullité ou en rescision, est fondée sur ces deux présomptions : la première, que celui qui ne s'est pas plaint dans les dix ans n'a pas juste raison de le faire ; la deuxième, qu'au moins il a tout ratifié par son silence.

Mais la première présomption est ici combattue par celle qui résulte de la conduite du donataire, qui, pendant les dix ans de la majorité, s'est bien gardé d'invoquer sa donation, d'en demander l'exécution ; ce qui est une reconnaissance formelle de sa nullité : d'ailleurs, dans une donation, la lésion du mineur donateur étant *re ipsâ*, le laps du temps ne peut pas faire qu'une donation du mineur ne soit une lésion pour lui.

La deuxième présomption, relative à la ratification tacite, ne peut être admise, 1.° parce que le donateur a toujours joui ; 2.° parce qu'il est très-possible que, parvenu à sa majorité, le mineur ignorât sa donation. Or, il est impossible d'approuver ce qu'on ne connaît pas, *quia nec tacitè consentire videri potest qui ignorat, quandò neque videtur habere experiendi facultatem. Leg.* 55, ff *de ædilit. act.*

Le mineur peut donc dans tous les temps opposer, par exception, la nullité de la donation par lui faite en minorité. Vid. *Dunod*, pag. 78, 90 et 207.

117. — Si le mineur qui a fait une donation meurt en minorité, ou dans les dix ans de sa majorité, sans avoir approuvé ou ratifié ladite donation, son droit passe à ses héritiers, qui pourront attaquer la

donation, tout comme le mineur aurait pu le faire
lui-même, et les héritiers auront pour former leur
demande le temps qu'aurait eu le mineur ; en sorte
que s'il est mort mineur, les héritiers auront dix ans,
à compter du décès ; si le donateur est mort deux ans
après sa majorité, les héritiers devront se pourvoir dans
la huitième année. Vid. *Catellan,* liv. 5, chap. 14.

§ VIII. *La femme mariée ne peut pas faire une
donation sans l'autorisation de son mari.*

118. — L'art. 217 du code civil dit expressément
que la femme, même non commune ou séparée de
biens, ne peut donner sans le concours du mari dans
l'acte, ou son consentement par écrit.

Il suffit donc, pour la validité de la donation, que
le mari figure dans l'acte, sans qu'il soit nécessaire
qu'il y déclare expressément qu'il autorise sa femme.

Si le mari ne figure pas dans la donation faite par
sa femme, il suffit, dit le susdit article, de son consentement par écrit.

Mais comment ce consentement devra-t-il être donné ?
un écrit sous seing-privé suffira-t-il pour valider une
donation qui doit être par acte public ? Je crois qu'un
écrit sous seing-privé serait suffisant, car le consentement du mari ne constitue point la donation faite par
l'épouse ; il couvre seulement la nullité qui résulterait du défaut d'autorisation, et la renonciation au
moyen de nullité peut être faite tant par acte public
que sous signature privée.

Insistera-t-on pour dire que l'autorisation du mari
étant nécessaire à la validité de la donation, il faut
qu'elle soit constatée de la même manière ? Je réponds
que l'autorisation du mari n'est pas de l'essence de
la donation, et qu'il est bien difficile de croire qu'un
mari absent doive, pour autoriser une donation de
son épouse, consentir une procuration notariée dont
il devra rester minute.

119. — Mais, lors même que la donation de l'épouse n'excéderait pas 150 fr., il sera impossible de prouver par témoins le consentement du mari ; le susdit art. 217 exige absolument un consentement par écrit.

120. — Si le mari est mineur, interdit, absent, condamné à une peine afflictive et infamante, ou s'il refuse d'autoriser son épouse, celle-ci ne pourra donner qu'avec l'autorisation de la justice.

Pour obtenir cette autorisation, elle devra se conformer aux dispositions du code civil, art. 219 et suiv., et du cod. de procéd., art. 861 et suiv.

121. — La nullité fondée sur le défaut d'autorisation ne peut être opposée que par la femme, par le mari ou par les héritiers.

Pothier, obligations, n.° 52, et plusieurs autres auteurs pensaient que la nullité résultant du défaut d'autorisation était une nullité radicale, qui pouvait être opposée par celui même qui avait contracté avec la femme non autorisée ; et de là ils tiraient cette conséquence, que le mari ne pouvait pas donner son autorisation postérieurement à l'acte.

Le code n'ayant pas consacré l'opinion de *Pothier*, il faut aussi en rejeter la conséquence, et dire que le mari qui n'a pas figuré dans l'acte de donation consenti par sa femme peut postérieurement donner son consentement à la dernière donation ; et, comme la donation n'était pas nulle de plein droit, ce consentement aura un effet rétroactif au moment où elle a été faite. *Leprêtre*, art. 2, chap. 16, rapporte deux arrêts qui l'ont ainsi jugé. Vid. *Roussille*, donations, n.° 64.

Ce que nous venons de dire jette un nouveau jour sur le principe ci-dessus posé, que le consentement du mari à la donation pouvait être par acte public ou sous seing-privé.

Dira-t-on qu'il y a une espèce de contradiction à soutenir que le mari peut autoriser sa femme postérieurement à l'acte, et que le conseil de l'assisté ne le peut point ? Non, il n'y a pas là de contradiction ; il suffit de rapprocher les art. 217 et 502, pour voir qu'ils sont basés sur des principes différens.

D'après l'art. 217, il suffit que le mari figure dans l'acte, ou bien qu'il donne son consentement ; il est vrai, la loi n'ajoute point qu'il puisse le donner postérieurement ; mais il en résulte qu'il peut le donner par acte séparé.

D'après l'art. 502, le conseil ne peut qu'assister ; la loi ne dit point qu'il puisse consentir, encore moins qu'il puisse le faire séparément.

L'art. 217 et l'art. 224 disent bien que l'acte fait par la femme non autorisée est nul ; mais l'art. 512 fait plus, il assimile l'assisté à l'interdit, et déclare leurs actes nuls *de droit*.

De plus, la femme majeure est capable de contracter ; le mariage ne peut lui ôter cette capacité. Si l'autorisation est exigée, c'est à cause de l'association de biens qui résulte du mariage, et de l'intérêt qu'a le mari, comme chef de la société, de surveiller l'administration de ces biens ; mais il reste toujours à la femme une volonté suffisante pour constituer le contrat.

Cette considération ne peut s'appliquer à l'assisté, qui, envisagé seul, est censé n'avoir aucune volonté, ou ne connaître que des inspirations désordonnées.

122. — On sent que si la femme, même non autorisée, donne une procuration au mari pour faire une donation, cette donation, faite par le mari en qualité de procureur-fondé, sera valable, quand même il ne déclarerait pas dans l'acte qu'il autorise son épouse ; car, en figurant dans l'acte de donation, en exécutant le mandat de son épouse, le mari figure sous la double qualité de mandataire et de mari ; et, sous ce dernier rapport, l'on voit que le mari a concouru dans l'acte ; ce qui remplit le vœu de l'art. 217 du code.

123. — Si dans le contrat de mariage le mari a donné à son épouse pouvoir d'aliéner ses biens meubles et immeubles à titre gratuit ou onéreux, l'autorisant d'hors et déjà à passer tous actes d'aliénation qu'elle jugera à propos, faut-il, dans ce cas, décider que la femme pourra donner sans une nouvelle autorisation ? Non, cette autorisation générale n'est valable que quant à l'administration des biens, art. 223 ; ainsi, une autorisation nouvelle et spéciale est nécessaire.

124. — Nous avons dit, avec l'art. 217, que la femme, même non commune ou séparée de biens, ne peut donner sans le consentement de son mari ; nous venons de dire que toute autorisation générale ne vaut que quant à l'administration, cependant il est difficile de concilier ces principes avec les dispositions de l'art. 1538 : il semble, en effet, résulter de cet article, que la femme qui a stipulé la séparation de biens dans son contrat de mariage peut aliéner ses meubles sans nouvelle autorisation, quand elle y a été autorisée d'une manière générale dans son contrat de mariage.

Pour moi, je crois que l'art. 1538 présente une modification aux art. 217 et 223, et qu'ainsi une femme mariée peut, sans le consentement spécial de son mari, donner ses meubles et effets mobiliers quand il y a concours de ces deux circonstances, 1.º que dans son contrat de mariage elle ait stipulé la séparation de biens ; 2.º qu'elle ait été autorisée d'une manière générale à disposer de ses biens meubles, soit dans le contrat de mariage, soit postérieurement.

125. — Il résulte de l'art. 1449 du code, que la femme séparée judiciairement, soit de corps et de biens, ou de biens seulement, peut disposer de son mobilier sans le consentement de son mari ; car cet article n'exige l'autorisation que pour l'aliénation des immeubles : ainsi, cet art. 1449 présente une nouvelle modification aux dispositions de l'art. 217.

Il faut donc dire, que la femme séparée, soit de

corps et de biens, soit de biens seulement, peut, sans autorisation de son mari, disposer de ses biens meubles. Mais peut-elle le faire par donation ? Je ne vois point de raison pour l'en empêcher en thèse générale ; mais si, par l'effet d'une donation excessive, la femme ne pouvait plus contribuer aux frais du ménage, les juges pourraient, selon les circonstances, annuller cette donation, non par défaut de consentement du mari, mais comme l'ouvrage de la surprise.

126. — Revenons à la règle générale : il en résulte que la donation faite par la femme non autorisée est nulle, et que la femme, le mari et leurs héritiers peuvent opposer ce défaut d'autorisation, pour faire annuller la dernière donation.

Or, dans quel délai cette action en nullité doit-elle être intentée ? Nul doute que la femme ou ses héritiers ne puissent agir dans les dix ans de la dissolution du mariage : art. 1304.

Mais le mari n'est-il pas tenu de se pourvoir dans les dix ans de l'acte ? D'après l'art. 224 du code, le mari et ses héritiers peuvent demander la déclaration de nullité ; mais cet article ne fixe aucun délai à leur action. Il faut donc recourir à l'art. 1304, qui fixe ce délai à dix années, et qui ne fait courir ces dix années que depuis la dissolution du mariage.

On pourra dire que cette dernière disposition de l'article ne s'applique qu'à la femme ou à ses héritiers ; qu'elle est une conséquence de la maxime, *contrà non valentem agere non currit præscriptio;* que ce motif ne peut s'appliquer au mari.

Je réponds, que ces raisons sont spécieuses ; mais elles tendent cependant à distinguer là où la loi ne distingue pas : le législateur savait bien que le mari pouvaient demander la déclaration de nullité de l'acte, tout aussi bien que la femme ; et de là je conclus, que si la disposition du § 1.er de l'art. 1304 n'avait dû s'appliquer qu'aux femmes, on y aurait trouvé cette restriction à la fin, par cette expression, ou toute autre équivalente, *quand ce sont elles-mêmes ou leurs héritiers qui agissent.*

D'ailleurs, il est certainement dans l'esprit du législateur, de ne pas exposer la paix et la tranquillité des ménages ; or, ce serait les compromettre, que de les mettre en opposition avec l'intérêt. La cassation d'un acte fait par l'épouse peut aigrir celle-ci, un mari peut croire qu'il est avantageux pour lui et ses enfans de ne pas donner de désagrément à leur mère ; et, dans ces motifs, il peut rester tranquille ; le législateur ne saurait punir son silence.

Le mari doit donc pouvoir, tout comme la femme, agir pendant les dix ans, à compter de la dissolution du mariage ; mais il faut, pour cela, qu'il y ait pour lui et ses enfans un intérêt réel résultant de l'annullation.

127. — Les règles que nous avons posées pour les mineurs, par rapport à la restitution des fruits et à la prescription, s'appliquent également aux actes passés par les femmes mariées non autorisées.

128. — Dans tout ce que nous avons dit, par rapport à la femme mariée non autorisée, nous n'avons considéré que sa capacité de disposer pure et simple, abstraction faite de la nature des biens qui pourraient être l'objet de sa disposition ; nous verrons plus bas que les biens dotaux sont en général inaliénables, sous les exceptions que nous ferons connaître.

CHAPITRE IV.

Capacité du Donataire.

---

129. — Nous avons dit, qu'en général tous les hommes sont capables de donner ; nous pouvons ajouter, qu'ils sont tous en général capables de recevoir par donation.

Ainsi, l'incapacité de recevoir n'est qu'une exception : si nous connaissons les incapables de recevoir, nous connaîtrons ceux qui peuvent le faire.

Il existe des incapacités *absolues* et des incapacités *relatives*.

130. — On dit qu'une personne est frappée d'une incapacité *absolue*, quand elle ne peut recevoir de qui que se soit, et qu'elle ne peut recevoir aucune espèce de biens.

Une personne est frappée d'une incapacité *relative*, quand cette personne, capable d'ailleurs en général, ne se trouve incapable de recevoir que par rapport au donateur, ou par rapport aux circonstances où elle se trouve, ou par rapport à l'espèce ou à la qualité des biens qu'on veut lui transmettre.

SECTION I.re

Incapacités absolues.

131. — Sont incapables de recevoir,

1.º Ceux qui n'existent pas lors de la donation, ou qui du moins ne sont pas conçus à cette époque ;

2.º Ceux qui ont abdiqué la qualité de français ;

3.º Les étrangers ;

4.º Les morts civilement.

§ I.ᵉʳ *Ceux qui n'existent pas lors de la donation, ou qui du moins ne sont pas conçus à cette époque, sont absolument incapables de recevoir.*

132. — On a dit lors de la rédaction du code : le caprice, la sotte vanité, l'orgueil, peuvent avoir l'intention d'avantager un être qui n'est pas encore, et qui ne sera peut-être jamais.

Un homme, fier de ses aïeux ou de lui-même, enflé de sa fortune, n'a pas encore de descendans ; il craint de ne pas laisser sur la terre une marque de ce qu'il a vécu ; en conséquence, il anticipe sur l'avenir, il donne tous ses biens à un être qui n'a pas encore reçu l'existence, mais qu'il espère, qu'il regarde dans le lointain comme le représentant de sa famille, comme l'être recommandable destiné à perpétuer, pour ainsi dire, les grandeurs d'une race privilégiée.

La loi n'a pas consacré ces fertiles inspirations de la vanité ; elle a dit : celui qui n'existe pas encore ne peut rien recevoir, parce qu'il n'a pu rien mériter.

133. — Mais des considérations profondes, et d'un tout autre genre, ont engagé le législateur à ne pas placer celui qui est conçu au nombre des personnes qui n'existent pas encore.

Ainsi, celui qui est conçu au moment de la donation peut valablement recevoir ; ses yeux, il est vrai, ne se sont pas ouverts à la lumière, il n'a pas souri à son bienfaiteur ; mais son existence est un bien pour ce dernier, et la satisfaction qui en résulte pour lui sert de fondement à sa bienfaisance.

134. — Les premiers et les derniers momens de la vie sont également cachés pour l'homme ; comment donc connaîtrons-nous l'époque précise de la concep-

tion, pour pouvoir en conclure que la capacité de recevoir date de telle ou de telle époque.

La loi a déterminé à trois cents jours le temps de la gestation la plus longue, et à cent quatre-vingts jours le temps de la gestation la plus courte ; ainsi, par rapport à la validité de la donation, il suffit que l'enfant donataire naisse dans les trois cents jours de la donation, pour qu'il soit censé avoir existé lors de sa confection.

En effet, la donation peut avoir été faite le jour même de la conception ; et comme entre la conception et la naissance il peut se trouver trois cents jours, il en résulte que, pourvu que l'enfant naisse dans les trois cents jours de la donation, il recueillera avec effet ; car la faveur de l'enfant doit faire adopter pour lui la supposition la plus favorable de la loi.

135. — Il peut arriver une infinité de cas où il sera nécessaire d'examiner si l'enfant qui vient de naître était ou n'était pas conçu lors de cette donation.

Exemples :

Une femme est mariée, elle a des enfans ; on lui donne et à ses enfans un objet : postérieurement, et dans les dix mois, il naît un nouvel enfant à cette femme ; la question sera alors de savoir si ce nouvel enfant doit avoir une portion dans l'objet donné ? On voit que pour résoudre cette question, il suffira de savoir si entre la donation et la naissance il s'est écoulé plus de trois cents jours ; car si l'enfant est né le trois centième jour de la donation, ou plutôt, il recueillera avec effet, parce que la loi lui permet d'invoquer le terme le plus long de la gestation, et de rapporter l'époque de sa conception à ce terme le plus éloigné.

136. — On peut donner à l'enfant dont Jeanne est enceinte, et si cet enfant naît dans les trois cents jours, il profitera de la donation.

On peut en général donner à l'enfant de Titia ; or, si Titia n'a pas d'enfant existant lors de la donation, et qu'il lui en naisse un dans les trois cents jours, cet enfant sera appelé à la libéralité.

137. — Je donne ma maison à l'enfant de Titia : Titia n'a pas d'enfant vivant ; elle se marie, et accouche dans les trois cents jours de la donation, et après cent quatre-vingts jours de mariage.

Dans cette espèce la loi se prête à cette double supposition, que l'enfant a été conçu avant le mariage, et qu'il l'a été depuis ; mais l'enfant pourra-t-il invoquer la première supposition ? nul doute qu'il ne puisse le faire, quand c'est le donateur lui-même qui a épousé la mère de l'enfant.

Mais quand le donateur est un étranger, je pense que l'enfant ne peut invoquer la supposition d'après laquelle il se trouverait conçu avant le mariage, quand cette supposition pourrait compromettre sa légitimité.

Ainsi, si dans la susdite espèce il était notoire que celui qui a depuis épousé Titia était dans l'impossibilité physique de cohabiter avec la future, et qu'il fût encore dans le délai de désavouer sa paternité à raison de la naissance de cet enfant, alors il faudrait rejeter l'action de l'enfant, qui ne craindrait pas de sacrifier à un vil intérêt l'honneur de sa mère, et de compromettre sa légitimité.

Je dis : si le mari de Titia était encore dans le cas de pouvoir désavouer l'enfant donataire, car s'il n'était plus recevable dans l'action en désaveu ; s'il agissait lui-même pour réclamer le don au nom de son fils, alors le donateur ne saurait opposer l'absence du père lors de la donation : on sent les motifs puissans qui imposent dans ce cas au donateur un absolu silence.

138. — Une donation est faite à Titia et à son fils : Titia n'a pas d'enfant vivant ; elle se marie, et accouche d'un fils dans les trois cents jours de la donation et dans les cent quatre-vingts jours du mariage.

Dans cette espèce, nous voyons que la loi suppose nécessairement que l'enfant était conçu avant le mariage, car la gestation la plus courte étant de cent quatre-vingts jours, l'enfant qui naît dans les cent quatre-vingts jours du mariage est censé conçu auparavant ; aussi faut-il dire que, dans ce cas, l'enfant peut réclamer le don ; car il n'y a pas d'inconvénient (puisque la conception est antérieure au mariage) de la faire remonter à l'époque la plus favorable à l'enfant.

139. — L'enfant peut donc invoquer le terme de la gestation la plus longue, à moins qu'en le faisant, il ne compromette sa légitimité, ou que la supposition de la gestation de trois cents jours ne soit impossible dans l'ordre de la nature, à cause d'un accouchement ou de fausses couches arrivées dans l'intervalle de ces trois cents jours ; car il est possible qu'une femme accouche deux fois dans dix mois.

140. — Une donation est faite à l'enfant dont Titia est enceinte : supposons qu'il naisse deux enfans ; l'on sent qu'ils doivent partager l'émolument de la donation. Vid. *Duperier*, tit. 2, pag. 179, décisions n.° 268 : nul doute du moins quand la donation porte sur un objet fixe ; mais *quid* si la donation était d'une somme d'argent, comme de cent livres : en supposant qu'il naisse deux enfans, chacun de ces enfans pourra-t-il réclamer la somme de cent livres ? Je ne le pense point, car le donateur n'a voulu donner que la somme de cent livres à l'enfant dont Titia se trouve enceinte ; s'il naît deux enfans, il est impossible d'ajouter à la libéralité, à cause de cette circonstance ; tout ce que peut faire la loi, c'est de diviser la libéralité entre les deux enfans, parce que le donateur est censé avoir pour eux la même affection : il serait inutile d'invoquer la loi 17, ff *de leg.* 1.°, parce que cette loi est absolument étrangère à l'espèce ci-dessus ; il suffit de la lire, pour en être convaincu : *si quis ita legaverit: si qua filia mihi genitur, ei heres meus centum dato ;*

*pluribus natis , videtur singulis tantundem legasse ;
quod ita accipiendum est , nisi evidens sit contraria
sententia testatoris ;* car l'on voit ici que le testateur
avait légué cent livres à la fille qui pourrait lui survenir, et il était naturel de croire que son intention
était également de donner cent livres à toutes les filles
qu'il pourrait avoir dans la suite ; d'ailleurs, dans les
testamens l'on peut interpréter d'une manière ample
et libérale les volontés du testateur.

141. — Titia a un fils : Marius croit Titia enceinte ;
en conséquence , il donne une maison au fils de Titia
et à l'enfant dont elle se trouve enceinte.

Supposons qu'il ne naisse pas d'enfant, ou qu'il en
naisse trois cents jours après la donation , le fils existant
de Titia pourra-t-il profiter de l'intégrité de la donation ? aura-t-il la maison entière ? Non , il n'en aura
que la moitié, 1.º parce que le donateur n'a entendu
lui donner que cela ; 2.º parce que le droit d'accroissement n'a pas lieu dans les contrats. Vid. , par argument , la loi 16 , ff *de leg.* 1.

142. — Mœvius a sa femme enceinte, et dit : si ma
femme accouche d'un enfant mâle , je donne à cet
enfant mâle les deux tiers de mes biens , et j'en donne
le tiers à mon épouse ; si, au contraire , mon épouse
accouche d'une fille , je donne à cette fille le tiers de
mes biens , et j'en donne les deux tiers à mon épouse.

Supposons que la femme accouche d'un fils et d'une
fille , comment alors exécuter la volonté du donateur ?

Cette espèce est précisément celle de la loi *si ita ,*
ff *de lib. et posth.*

Pour résoudre cette question , le jurisconsulte
Julien remarque, qu'il est impossible d'exécuter ponc-
tuellement la volonté du donateur ; car, d'après cette
volonté, le fils devant avoir les deux tiers , et la fille
un tiers , il ne resterait rien pour la mère ; cependant elle doit avoir quelque chose , la justice et l'hu-
manité l'exigent : comment serait-elle absolument
privée

privée de la libéralité par l'effet de l'événement imprévu et inattendu de la naissance simultanée d'un fils et d'une fille ? Cette double naissance, qui a doublement exposé ses jours, qui lui demande de plus grands soins, ne saurait lui causer ce préjudice extrême de la priver absolument de la libéralité de son époux. La femme doit donc avoir quelque chose, le fils et la fille doivent éprouver une réduction ; et pour déterminer la portion de chacun d'eux le jurisconsulte *Julien* dit, qu'il faut consulter l'affection du donateur, et graduer la portion des enfans et de l'épouse d'après cette même affection.

Or, dans l'ordre de l'affection du donateur la femme doit avoir le double de sa fille, et le fils le double de l'épouse : ainsi, supposons la portion de la fille x, celle de la mère sera $2x$, et celle du fils sera $4x$: ces trois portions doivent égaler la chose donnée A ; ainsi, nous aurons $x + 2x + 4x = A$; nous aurons $7x = A$, et $x = \frac{A}{7}$; donc la fille devra avoir le 7.me de la chose donnée, la mère les $\frac{2}{7}$, et le fils les $\frac{4}{7}$.

Observons que M. l'abbé *Bossut*, dans son discours préliminaire du traité des mathématiques, qu'on trouve dans l'encyclopédie, se sert du susdit exemple, pour faire voir l'utilité des mathématiques, et leur application à la jurisprudence.

Mais remarquons, en même temps, que le célèbre *Dumoulin* s'est fortement élevé contre cette décision du jurisconsulte *Julien* ; il prétend que, d'après la rigueur des principes, la femme ne doit rien avoir, parce qu'elle n'est pas nommément appelée dans le cas de la naissance simultanée d'un fils et d'une fille ; il prétend ensuite, que la distribution faite par ce jurisconsulte n'est pas conforme à la volonté du donateur ; puisque, d'après cette volonté, le fils ne devrait avoir que le double de la fille, tandis qu'il en a le quadruple ; en conséquence, il présente la

distribution suivante : *Dumoulin* veut que la fille ait un quart, la mère un quart, et le fils deux quarts; ainsi, la chose donnée étant 700, le fils aura 350, la fille 175 et la mère 175.

Enfin, *Dumoulin* observe que la susdite loi *si ita* du jurisconsulte *Julien* se trouve rigoureusement abrogée par la novelle de *Justinien*, fixant le nouveau droit de légitime. Cette dernière observation est juste; car la fille devrait avoir le 6.e pour son droit de légitime, et cependant *Julien* ne lui donne que le 7.e.

Il me paraît facile de concilier la décision de *Julien* avec les observations de *Dumoulin :* s'il s'agit d'une donation faite par un homme qui a tout disponible, ou par un père qui dispose d'un objet certain, non excédant sa quotité disponible, dans ce cas, la décision du jurisconsulte *Julien*, sa manière de procéder doivent être suivies;

S'il s'agit, au contraire, d'une disposition universelle, de manière que la réserve ne se trouve pas intacte, alors la susdite décision devra être suivie; mais avec une modification que nous allons faire connaître.

Par exemple, un père dit : s'il me naît un fils, je lui donne les deux tiers de ma maison par préciput, et j'en donne le tiers à mon épouse; et s'il me naît une fille, je lui donne par préciput le tiers de ma maison, et j'en donne les deux tiers à mon épouse. Dans ce cas, si la valeur de ladite maison n'excède pas la quotité disponible, et s'il naît un garçon et une fille la computation de *Julien* doit être suivie; ainsi, la fille aura le $\frac{1}{7}$ de la maison, la femme en aura les $\frac{2}{7}$ et le fils les $\frac{4}{7}$.

En vain observerait-on, avec *Dumoulin*, que le fils a quatre fois plus que la fille, tandis qu'il ne devrait avoir que le double, le donateur lui ayant donné deux tiers et à la fille un tiers : cette objection tombe, en observant que le donateur n'a jamais comparé le fils avec la fille, mais seulement l'un et l'autre avec la mère ; il faut donc suivre cette comparaison : or, d'après cette comparaison, le fils doit avoir quatre fois plus que la fille.

2.e exemple ; un père dit : s'il me naît un enfant mâle, je lui donne le tiers de tous mes biens, et le tiers à mon épouse ; si, au contraire, il me naît une fille, je lui donne le tiers de mes biens, et j'en donne les deux tiers à mon épouse. Dans ce cas, s'il naît un fils et une fille, et que le donateur ne laisse que les biens donnés, voici comment il faut raisonner : la fille doit nécessairement avoir le tiers pour sa réserve, et le fils doit également avoir le tiers pour sa réserve ; il ne reste donc plus qu'un tiers dans la libre disposition du donateur, et c'est ce tiers qu'il faut distribuer entre l'enfant mâle et l'épouse : or, comme l'enfant mâle doit avoir le double de la femme, il faudra distribuer le tiers disponible entre le fils et l'épouse, de manière qu'avec sa réserve le fils ait le double de la mère ; ainsi, soit x la portion de la mère, la portion du fils doit être double ; or, la portion du fils est, 1.° $\frac{1}{3}$; 2.° un autre tiers, quotité disponible, moins la portion de la mère, moins x ; ainsi, nous avons la portion du fils égale $\frac{1}{3} + \frac{1}{3}$, moins x ; et comme cette portion doit égaler deux fois celle de la mère, nous aurons $\frac{1}{3} + \frac{1}{3} - x = 2x$, $\frac{1}{3} = 3x$, et $x = \frac{1}{9}$; ainsi, le patrimoine étant 900, la mère aura 200, le fils 400, et la fille 300.

143. — Nous avons dit, que l'enfant qui naissait dans les trois cents jours de la donation était capable de recevoir, parce que la loi le réputait conçu à cette époque ;

Mais il ne suffit pas à l'enfant d'être conçu lors de la donation, il faut encore, pour qu'il puisse recueillir le don, qu'il naisse viable.

Cette condition de viabilité est essentielle ; l'enfant mort-né, l'avorton, ne peuvent rien recevoir ; ils ne sont pas sortis du néant : la capacité de recevoir n'est pas attachée à la matière ; mais au souffle de vie qui constitue notre existence.

144. — A quelle époque ce souffle de vie vient-il animer l'enfant dans le sein de sa mère ? ce souffle n'arrive-t-il que lorsque les organes de l'enfant sont formés pour le recevoir ? où ce souffle se forme-t-il successivement selon la croissance du fœtus ? Ce sont là des questions qu'il nous est impossible de résoudre ; la Providence les a placées hors de notre portée.

Le législateur en est convaincu ; aussi ne s'occupe-t-il que de cette idée, que pour recevoir, pour être compté comme membre de la société civile, il faut être : c'est cette existence qui constitue notre capacité pendant sa durée.

Tant que l'enfant est dans le sein de sa mère, son existence est un problème pour nous ; il nous faut attendre, pour juger cette question, que l'enfant paraisse à nos yeux, qu'il fasse, en un mot, son entrée dans le monde.

145. — Mais, à la naissance de l'enfant, comment connaîtrons-nous qu'il existe, qu'il est viable?

Quant au fait de savoir si l'enfant est mort-né, il ne peut y avoir de doute : la mort a des signes frappans qu'il est impossible de méconnaître, et qu'on voudra en vain dissimuler.

Quant à la question de savoir si l'enfant qui est né se trouve viable, c'est toute autre chose : cette question est extrêmement difficile ; sa solution est embarrassante, parce que les données ne sont pas certaines, mais pleines de doute et d'ambiguïté.

Il serait à souhaiter que les physiologistes eussent pu nous donner une règle certaine, fondée sur l'intervalle de la naissance à la mort ; en sorte que l'on eût pu dire : celui qui a vécu tant de jours ou tant d'heures était viable ; mais la difficulté de déterminer l'heure précise de la mort, de distinguer la mort d'avec l'agonie, et d'autres raisons que je suis bien loin de connaître, ont sans doute empêché les médecins de nous présenter pour preuve de la viabilité un certain intervalle entre la naissance et la mort : disons mieux peut-être; n'ayant jamais senti, comme les jurisconsultes, l'importance de cette question, les médecins ne l'ont pas examinée avec l'attention qu'elle mérite. Une loi de *Théodoric* déclarait l'enfant viable quand il avait vécu une heure. *Leg. aliment., tit.* 93. Une loi des Visigoths exigeait que l'enfant vécût dix jours, liv. 4, tit. 2, loi 18.

146. — Les jurisconsultes n'ont pas fondé la viabilité sur la durée de la vie ; ils appellent viable l'enfant qui est parvenu au terme le plus court de la gestation ; celui, en un mot, qui a demeuré assez long-temps dans le sein de sa mère, pour y recevoir la plénitude de la vie.

Ainsi, tout enfant qui aurait resté six mois (cent quatre-vingts jours) dans le sein de sa mère serait viable, lors même qu'il mourrait un instant après sa naissance, entre les mains de la sage-femme qui vient de le recevoir du sein de sa mère.

Si donc nous connaissions l'époque précise de la conception, nous aurions là une règle certaine pour déterminer la viabilité.

Mais comment en général connaître l'époque de la conception ? La chose est impossible ; il ne faut cependant pas rejeter la susdite règle, car elle pourra nous servir dans plusieurs cas.

Par exemple : une femme accouche dans les cent quatre-vingts jours d'un accouchement antérieur ; alors s'il est question de savoir si l'enfant du second accouchement est viable, d'après la susdite règle, nous dirons que l'enfant n'est pas viable, parce qu'il n'a pas resté assez long-temps dans le sein de sa mère : en vain des chirurgiens, des sages-femmes, des témoins viendraient déposer le contraire ; le législateur doit croire plutôt à l'erreur ou à la faiblesse des hommes, qu'aux

écarts extraordinaires de la nature. Vid. *Ricard*. disposit. cond. n.º 507.

Quand la femme accouche dans les cent quatre-vingts
jours du mariage ou du retour du mari absent depuis
plus de trois cents jours, dans ce cas la susdite règle ne
devient qu'une présomption morale, qu'on peut faire
valoir selon les circonstances.

147. — Comment donc déterminerons-nous la viabilité de l'enfant qui vient de naître?

Nous devons dire, que tout enfant qui naît est
réputé viable; car la naissance est le principe et la
conséquence de la vie : d'où il est naturel de conclure
que celui qui vient au monde naît pour vivre, et avec
la capacité de le faire;

Mais ce n'est là qu'une présomption, et toute présomption doit le céder à la vérité; ainsi, les personnes
intéressées pourront être admises à prouver que l'enfant
dont s'agit n'est pas né viable.

148. — Comment se fera la preuve de la non viabilité? Ici nous devons plier toutes les règles à l'impérieuse loi de la nécessité. Des témoins ne peuvent pas
prouver un contrat, et cependant ils vont décider
de la chose la plus importante, de l'état civil d'un
individu; car c'est décider une question d'état, que de
dire que tel appartient à une telle famille, ou qu'il
n'est jamais sorti du néant.

149. — Certains médecins indiquent comme caractères de la non viabilité l'imperfection des membres,
le défaut de cheveux, la confusion des doigts, la
cécité, la clôture de la bouche et des narines. Vid.
l'arrêt de la cour de Limoges, rapporté par M. *Sirey*,
an 1813, 2.ᵉ part., pag. 261.

150. — Puisque des témoins peuvent être entendus,
toute notre tâche doit se réduire à présenter quelques
principes propres à fixer le juge sur la force ou la
conséquence de leur dépositions.

Avant que le témoin ne soit entendu, l'enfant a pour lui la présomption de viabilité, qui résulte d'une naissance naturelle : cette présomption est forte, et j'aurais bien de la peine à donner la préférence à la présomption qui résulte de la déposition d'un seul témoin sur cette première présomption qui milite en faveur de l'enfant.

Ainsi, dans le cas d'une naissance naturelle, quand il n'y a pas de présomption que l'enfant n'a pas resté six mois dans le sein de sa mère, je crois qu'un seul témoin, comme le chirurgien, la sage-femme, ou tout autre, ne sauraient prouver suffisamment la non viabilité; car, aux yeux du magistrat, la déposition d'un témoin n'est qu'une présomption; or, une présomption n'est pas suffisante, sur-tout quand elle est combattue par une autre.

151. — Les présomptions étant reçues là où la preuve par témoins est admise, le magistrat doit-il voir une présomption forte dans cette circonstance, que l'enfant est décédé un instant après sa naissance? La loi 3, cod. *de posth. hæred. instit.* nous dit bien qu'il suffit que l'enfant soit né vivant, quand même il serait mort dès aussitôt après sa naissance, pour être réputé viable, et capable de rompre le testament où il aurait été prétérit : *sancimus si vivus perfectè natus est, licèt illicò postquàm in terrà cecidit, vel in manibus obstetricis decessit, nihilominùs testamentum rumpi, hoc tantummodò requirendo si vivus ad orbem totus processit ad nullum declinas monstrum vel prodigium.*

Quoique, d'après les termes de cette loi, la mort qui survient dans le moment de la naissance ne suffise pas pour faire déclarer l'enfant non viable, néanmoins si cette mort est naturelle, il en résulte une forte présomption que l'enfant n'avait pas encore reçu la plénitude de la vie; mais cette présomption n'est pas suffisante.

152. — *Quid*, si, par une opération chirurgicale, l'enfant est arraché du sein de sa mère même morte ? Les romains étaient tellement convaincus que l'enfant pouvait conserver la vie dans le sein même de sa mère morte, qu'ils regardaient comme homicides ceux qui enterraient une femme enceinte, sans en tirer le port par incision. *Leg. si ego emi.*, § 5, ff *de public. in rem act.*, et *leg.* 2, ff *de mort. infer.* Aussi les lois *posthumis*, § *simil.*, ff *de inof.*; et la loi *quod dicitur*, ff *de lib. et posth.*, déclaraient-elles le testament du père nul, par la prétérition d'un posthume né par incision. Vid. *Furgole*, testamens, chap. 7, section 6, n.º 144, et l'élégant plaidoyer de *Duperrier*, t. 2, pag. 223, où l'on trouve plusieurs choses intéressantes sur cette matière. Nous devons seulement observer que sur ce plaidoyer il fut jugé que la fille née par incision du sein de sa mère morte avait recueilli sa succession, quoiqu'elle fût décédée deux heures après.

Ainsi, de la double circonstance de l'arrachement de l'enfant du sein de sa mère morte, et du décès de cet enfant quelques instans après, il ne résulte point une présomption suffisante pour faire déclarer l'enfant non viable. Vid. un arrêt remarquable de la cour de Bordeaux, rapporté par M. *Sirey*, an 1813, 2.ᵉ part., pag. 261.

153. — Les témoins qui seront entendus sur la viabilité doivent expliquer en détail tous les mouvemens et autres signes de vie donnés par l'enfant; ils doivent parler principalement de ces mouvemens et signes qui ne peuvent être donnés que par un être vivant, tels que les pleurs, les vagissemens, et les autres fonctions naturelles du corps organisé.

154. — Sur une matière aussi importante les juges ne doivent rien négliger, si la chose est possible; ils doivent ordonner que l'enfant décédé sera visité par des gens de l'art, et le rapport de ces derniers doit principalement porter sur ce point de fait, si, d'après

l'inspection de l'enfant, ils croient ou ne croient pas qu'il ait resté cent quatre-vingts jours dans le sein de sa mère.

Toutes ces preuves rassemblées, s'il reste du doute dans l'ame du magistrat, il doit se décider en faveur de la vie.

155. — Mœvius donne à l'enfant dont Titia est enceinte ; Titia accouche cent quatre-vingts jours après la donation.

Il me semble que dans cette espèce il faut déclarer l'enfant viable, s'il a donné le plus léger signe de vie ; parce que des termes de la donation il résulte pour lui une présomption très-forte qu'il était conçu à cette époque, et qu'ainsi il a resté cent quatre-vingts jours dans le sein de sa mère ; car, il ne faut pas le perdre de vue, par *viable* l'on entend *qui est en âge de vivre,* et l'on est supposé capable de vie, quand on a resté cent quatre-vingts jours dans le sein de sa mère : *vitalis, id est natus tempore legitimo, ut secundùm naturam possit vivere.* *Tiraqueau,* sur la loi *si unquàm,* n.º 205 ; *Serres,* pag. 251, et *Furgole,* sur l'art. 39 de l'ordonnance.

§ II. *Les français qui ont abdiqué leur qualité de français ne peuvent pas recevoir par donation.*

156. — Celui qui a abdiqué la qualité de français ne jouit plus des droits civils ; il ne peut donc recevoir par donation.

Au parag. I.er du chap. III nous avons succinctement posé les cas et les circonstances qui font présumer aux yeux de la loi l'abdication de la qualité de français ; il suffit d'y renvoyer pour éviter les répétitions. Vid. n.º 67 et suiv.

Dès aussitôt que cette abdication sera constante, le français qui aura perdu sa qualité ne pourra point recevoir d'un autre français, soit parent, ou étranger.

157. — Je pense néanmoins que l'on peut donner

une pension alimentaire à celui qui a perdu sa qualité de français; et je me fonde sur l'art. 25, § 2, qui permet ce genre de dispositions en faveur de celui qui est privé des droits civils par suite de condamnations judiciaires ; dans les deux cas, il y a également privation des droits civils, et les conséquences de cette privation doivent être les mêmes.

On sait que les juges restent les maîtres de réduire les pensions alimentaires, s'ils les trouvent trop fortes; tout comme de réduire le capital donné à titre d'alimens en une pension annuelle et viagère.

§ III. *Les étrangers sont incapables de recevoir par donation.*

158. — La capacité des étrangers par rapport aux droits civils ne dérive et ne date que des traités diplomatiques entre le gouvernement français et la nation à laquelle l'étranger dont on considère les droits se trouve appartenir ; il faut donc dire, que l'étranger est incapable, à moins qu'un traité diplomatique ne fasse cesser son incapacité. Vid. les discours de MM. *Treilhard* et *Gary*.

Une loi de la nation étrangère qui rendrait le français capable de recevoir ne suffirait pas pour lever l'incapacité de l'étranger. Vid. le n.° 73 ; et d'après les raisons qui y sont ramenées, nous devons soutenir qu'il faut un véritable arrangement entre les deux nations, un traité diplomatique; en un mot, un traité réglant la capacité respective de leurs membres.

159. — Par les articles 11, 726 et 912 du code, le législateur a établi que dans les traités diplomatiques il existera nécessairement une réciprocité absolue de droits entre le français et l'étranger ; la capacité de l'un sera la juste mesure de la capacité de l'autre.

Mais dans ces articles s'agit-il d'une réciprocité

générale de nation à nation, ou bien d'une réciprocité particulière d'individu à individu ?

La cour de cassation a jugé cette question le 24 août 1808, dans la cause Husseman et Vonthyssen. Vid. *Sirey*, an 1809, pag. 332.

Georges-Guillaume Vonthyssen avait quatre filles, deux religieuses en Prusse, et les deux autres religieuses dans le pays de Hesse-Darmstadt.

Le 27 germinal an 10 il fait son testament, par lequel il institue ses quatre filles ses héritières générales.

Il meurt postérieurement à la publication du code civil.

Ses quatre filles se présentent pour recueillir sa succession ouverte en France.

Le sieur Husseman, neveu et seul parent français de feu Georges-Guillaume Vonthyssen, s'y oppose ; il soutient qu'elles sont sans qualité, attendu leur qualité de religieuses.

Le système de Husseman est adopté en première instance ; mais, sur l'appel, la succession de leur père est déférée auxdites religieuses : 1.º parce qu'en cette qualité, elles ne sont pas incapables de recevoir ; 2.º parce qu'elles ne sont pas mortes civilement ; 3.º enfin, parce que la réciprocité dont parle le code civil est une réciprocité générale et indéfinie de nation à nation, et non une réciprocité particulière et individuelle.

Pourvoi en cassation, fondé, 1.º sur ce que la mort civile établie en Prusse contre un religieux doit le suivre en France ;

2.º Sur ce que les religieuses étant incapables de disposer à titre universel en faveur d'un français, elles ne pouvaient, par conséquent, en recevoir aucune disposition universelle, n'importe d'ailleurs que les prussiens fussent capables de recueillir toute espèce de libéralité.

La cour de cassation, sur les conclusions conformes de M. *Merlin,* a adopté le système du demandeur, et cassé l'arrêt de la cour d'appel de Liège, sur le motif que, « des articles 726 et 912 il résulte, qu'une » parfaite réciprocité est une condition nécessaire des » droits qu'un étranger peut exercer en France pour » recueillir ou transmettre une succession ; que cette » réciprocité est exigée non-seulement de nation à » nation, mais même de particulier à particulier..... ; » qu'un religieux prussien n'a aucune succession » dont il puisse disposer..... ; qu'il ne peut, par con- » séquent, disposer en faveur d'un français ; d'où la » conséquence ultérieure qu'un français ne peut dis- » poser au profit d'un religieux prussien, etc. ».

160. — J'en conviens, avant la lecture de cet arrêt, je croyais, d'après les articles 11 et 912, que le légis- lateur ne s'était occupé que d'une réciprocité de nation à nation ; il me paraissait que l'idée de réciprocité d'individu à individu était comme sans objet. Par exemple : je donne à Jacques russe, qu'importe à la nation française que Jacques ne puisse pas donner ? n'est-il pas très-probable que Jacques ne rendra pas bienfait pour bienfait ? mais ce don fait à Jacques peut néanmoins me procurer, ou à quelqu'autre français, de très-grands avantages ; il ne faut souvent qu'un exemple pour déterminer des actes qui, sans cet exemple, n'auraient pas eu lieu.

Cette réciprocité d'individu à individu me parais- sait avoir quelque chose de mesquin, peu digne du législateur, qui voulait détruire, ou du moins inviter les autres nations à détruire le droit d'aubaine ; il me semblait que le législateur ne devait considérer la faculté réciproque de se donner entre nationaux et étrangers que comme une série de chances de pertes et de profits, où les individus donataires ou donateurs devaient être considérés pour peu de choses, pourvu que l'état en masse n'y perdît pas ; d'ailleurs, si les

chances par leur résultat étaient désavantageuses au
gouvernement français, il restait le maître de tout
arrêter par un nouveau traité diplomatique.

161. — Il m'en coûte peu de reconnaître que j'étais
dans l'erreur ; ainsi, quand une donation est faite à
un étranger, il faut non-seulement examiner le traité
diplomatique qui règle la capacité de la nation à laquelle l'étranger appartient ; mais encore examiner
la capacité de l'individu étranger.

En sorte que par rapport à l'étranger, pour pouvoir dire qu'il est capable de recevoir une donation,
il lui faut, pour ainsi dire, deux capacités : 1.º la capacité générale, comme membre de telle nation ; 2.º
la capacité particulière, comme individu pouvant donner à un français.

162. — Il ne faut pas cependant étendre cette
réciprocité individuelle au delà de ses bornes ; par
exemple : je donne à un prussien ; il suffit, pour que
la donation soit valable, que le prussien puisse donner
aux français en général : quand même, par une circonstance particulière, il ne pourrait pas me faire
une donation, celle que je lui aurai faite sera bonne ;
c'est ce qui résulte de l'art. 912, ainsi conçu ; « on
» ne pourra disposer au profit d'un étranger, que
» dans le cas où cet étranger pourrait disposer en fa-
» veur d'un français » ; or, cet article ne dit pas:....
dans le cas où cet étranger pourrait disposer en faveur
du français qui veut faire la disposition.

163. — La réciprocité d'individu à individu n'est
pas une réciprocité qu'on pourrait appeler numéri-
que, consistant *in quantitate pondere et mensurâ*,
exigeant, en un mot, une égalité parfaite dans le pouvoir de disposer et dans la valeur des choses disponibles.

Par exemple, supposons que l'étranger que je veux
gratifier ne puisse disposer que du quart de ses biens,
tandis que je puis disposer de la moitié, serai-je gêné

dans ma disposition? ne pourrai-je lui donner que le quart de mes biens, attendu que l'étranger ne peut, par la supposition, donner que le quart à un francais?

Nous devons observer que la quotité disponible, soit du français, soit de l'étranger, se gradue sur la force des liens qui attachent le disposant à sa famille; ainsi, celui qui a des descendans ou des ascendans doit avoir une quotité disponible moins forte que celui qui n'a que des collatéraux; mais nous devons remarquer que tout cela n'est qu'accidentel : le père de famille peut survivre à sa descendance, et ne laisser que des collatéraux éloignés ; ainsi, la différence dans la quotité disponible du français et de l'étranger ne saurait vicier la disposition, ni la faire réduire à la quotité la plus petite; en d'autres termes, si je n'ai ni ascendant, ni descendant, je puis tout donner à un étranger, qui, ayant des enfans ou des ascendans, ou même des frères, n'aurait pas tout disponible.

S'il en était autrement, il faudrait dire que la capacité de l'étranger se détermine d'après la quotité, ou, pour mieux dire, d'après la somme qu'il pourrait donner lui-même à un français; système ridicule et d'une exécution impossible, car à chaque libéralité faite à un étranger il faudrait recourir à un état des biens de l'étranger, pour savoir s'il pouvait donner autant qu'il a reçu ; ce qui est impossible dans l'exécution.

164. — Si l'étranger à qui l'on a fait une donation se trouve, par jugement de son pays, condamné à la mort civile, et que, par suite de ce jugement, il soit dans l'impossibilité de donner entre-vifs, il en résultera que la donation faite à l'étranger sera de nul effet, non par la raison que la loi française le regarde comme mort civilement, et incapable, sous ce rapport, de recueillir des biens en France ; mais parce que cet étranger se trouve dans l'impossibilité de donner

à un français ; son incapacité, en un mot, n'est que
la juste conséquence du système de la réciprocité.

165. — Si l'étranger donataire se trouve mineur
ou interdit, et, par conséquent, incapable de donner,
la donation à lui faite sera-t-elle nulle ? Non, car ici
l'incapacité de l'étranger de donner n'est que momen-
tanée et purement accidentelle ; elle n'est qu'une privation passagère de la faculté générale qu'il aura,
quand il sera majeur, ou lorsque son interdiction
sera levée, de disposer de ses biens ; disons mieux : ici
la capacité de donner ne manque pas à l'étranger,
il est seulement privé de la faculté de manifester une
volonté efficace ; en un mot, il est censé pouvoir
et non vouloir. Vid. les conclusions de M. *Merlin*
dans la susdite affaire Husseman. *Sirey*, an 1809,
page 336.

166. — Les règles que nous avons posées doivent
être suivies, à moins qu'elles n'aient été modifiées
par les traités diplomatiques ; car ce sont ces traités
qu'il faut d'abord voir, pour juger les questions relatives à la capacité des étrangers. Et, par rapport aux
cas non prévus ou non réglés par lesdits traités, il
faudra recourir aux principes ci-dessus, et concilier
toujours les traités avec ces principes.

§ IV. *Ceux qui sont morts civilement ne peuvent
pas recevoir par donation.*

167. — Il est ici question de la mort civile résultant des condamnations judiciaires. Aux n.ᵒˢ 78 et
suivans nous nous sommes occupés de la mort civile
du moment où elle est encourue, et de ses conséquences par rapport à la faculté de disposer par donation :
nous avons dit que le frappé de mort civile ne peut
donner ; nous disons à présent qu'il ne peut recevoir
par donation. Vid. l'art. 25, § II du code.

L'incapacité de recevoir ne résultant que de la mort
civile, et l'effet ne pouvant pas précéder la cause,

nous devons en conclure, que jusqu'à la mort civile encourue le prévenu est capable de recevoir : or, comme dans les condamnations contradictoires la mort civile n'est encourue que du moment de l'exécution du jugement, soit réelle, soit par effigie, nous sommes conduits à cette rigoureuse conséquence, que jusqu'à cette exécution, soit réelle, soit par effigie, le condamné se trouve capable de recevoir. Cela est vrai en principe; mais l'application de ce principe à l'égard d'un condamné, non encore exécuté, sera sans doute bien rare.

168. — Quand la condamnation est par contumace, nous devons également dire que jusqu'à l'expiration des cinq ans, à compter de l'exécution du jugement par effigie, le contumax se trouve capable de recevoir, parce que ce n'est qu'à ce terme fatal qu'il se trouve privé des droits civils. Vid. le n.° 80.

169. — Quand c'était le prévenu qui avait donné, nous avons été obligé d'examiner quel effet conservait la donation quand le donateur se trouvait ensuite condamné à la mort civile. Vid. le n.° 85. Mais quand la donation est faite au prévenu, soit après le mandat d'arrêt, soit après même le jugement, la mort civile encourue ensuite par l'exécution ne saurait porter atteinte à la donation, parce que, dans ce cas, la présomption de dol est impossible.

170. — Quoique le frappé de mort civile soit censé ne plus être aux yeux de la loi, il conserve néanmoins son existence naturelle, et jouit, en conséquence, du droit des gens; il est homme, et, sous ce rapport, il a encore des droits à la commisération et à la bienfaisance; d'où il faut conclure que le frappé de mort civile peut recevoir par donation à titre d'alimens. Art. 25 du code.

Mais si la donation, même faite pour cause d'alimens, était trop considérable, le juge pourrait la réduire,

réduire, en ayant égard aux facultés du donateur, aux habitudes et aux besoins du donataire.

SECTION II.

Incapacités relatives.

171. — Sont relativement incapables,

1.º Le tuteur dont le compte n'est point rendu et apuré ;

2.º Les médecin, chirurgien et confesseur qui ont donné leurs soins ou leurs secours au donateur dans la maladie dont il est décédé ;

3.º Les juges, suppléans et avoués par rapport aux droits litigieux pendans à leur tribunal ;

4.º Les enfans incestueux et adultérins.

§ I.ᵉʳ *Le tuteur dont le compte n'est pas rendu et apuré ne peut recevoir, par donation, de celui dont il a géré la tutelle.*

172. — La volonté de celui qui donne doit être pleine, spontanée, entière. Dans cet acte important le donateur doit agir dégagé de toute gêne et de tout empire.

A la fin de la tutelle, quand le mineur est devenu majeur, il semble que l'ascendant du tuteur a cessé avec ses fonctions ; cependant si nous observons que jusqu'après l'apurement du compte tutélaire les biens, les papiers, l'état même du mineur sont dans les mains du tuteur ; si nous observons que l'habitude de la soumission rend le mineur plus susceptible d'une obéissance aveugle, nous trouverons que la dépendance de ce dernier est encore bien grande, que l'ascendant du tuteur dure encore après la tutelle.

Le législateur a été frappé de ces considérations ; de plus, il n'a pas voulu qu'on pût éluder la reddition du compte tutélaire par le don du reliquat ;

Tom. I.ᵉʳ 8

en conséquence, il a déclaré que le mineur, devenu majeur, ne pourrait donner à celui qui a été son tuteur, que lorsque le compte de tutelle serait rendu et apuré.

Quand ce compte est rendu et apuré, la position des parties est connue, leurs droits sont fixés, la bonne ou mauvaise administration du tuteur est à découvert : le mineur n'a plus rien à craindre par rapport à ses biens ; il cesse d'être sous la dépendance de son tuteur, et dès ce moment aussi il peut lui donner comme à tout autre.

173. — Il faut donc, pour que le tuteur puisse recevoir, non-seulement qu'il ait rendu son compte, mais encore que ce compte soit apuré.

Mais que veut dire le législateur par le mot *apuré?* Dans sa pensée le compte est-il apuré, quand il est clos, arrêté, convenu ; ou bien faut-il, de plus, que le reliquat de ce compte arrêté, s'il y en a, soit payé par le tuteur? en d'autres termes, par compte apuré entend-on un compte non-seulement arrêté, mais soldé en entier ?

Ferrière, dans son dictionnaire de pratique, *verb.* apurer, nous dit, qu'apurer un compte, « c'est le » faire clorre, et payer le reliquat ; en sorte qu'il soit » évident que le comptable en est entièrement déchargé, » sans qu'il reste aucun doute pour raison de ce ».

Ainsi, selon *Ferrière*, le mot *apuré* veut dire arrêté et soldé.

C'est aussi dans ce sens que *d'Olive*, liv. 5, chap. 20 ; que *Catellan*, liv. 2, chap. 78, et que *Ricard*, n.º 454, ont entendu et expliqué les ordonnances de François I.er et de Henri II. D'après ces ordonnances, les tuteurs et autres administrateurs étaient incapables de recevoir, à titre de donation, de ceux dont ils administraient les biens ; et leur incapacité durait non-seulement pendant l'administration, mais encore jusqu'après la reddition du compte et le payement du reliquat : telle était la jurisprudence attestée par les susdits auteurs. Vid. , par induction , la loi 4 , cod. *de testament. manumiss.* : la loi 32, ff *de condit. et demonst.*, dit textuellement : *quamvis rationes reddere nihil aliud sit quàm reliqua solvere;* vid. , enfin , la loi 31 , ff *de statuliberis.*

Mais *Furgole* , dans sa question 36 , s'est élevé contre cette jurisprudence ; il s'est fondé sur ce que l'empire du tuteur et autres administrateurs cessait à la clôture du compte ; que depuis cette clôture le tuteur et le mineur étaient étrangers l'un à l'autre ; qu'ils n'avaient plus que les qualités de créancier et de débiteur , qualités qui ne pouvaient constituer l'incapacité de s'avantager.

Ces raisons de *Furgole* me paraissent plus concluantes que celles des premiers , car *Catellan* convient lui-même que l'empire du tuteur cesse à la clôture du compte ; que même, s'il se trouve reliquataire, il est, comme débiteur, sous la dépendance du mineur, son créancier ; mais il défend la jurisprudence qui exigeait le payement du reliquat , par cette considération , qu'il importe au public que les tuteurs négligens rendent leur compte et soldent leur reliquat avec promptitude ; motif qui n'est pas suffisant pour constituer une incapacité.

174. — Telle était l'ancienne jurisprudence, et l'on voit qu'elle était incertaine et douteuse ; sur quoi nous pouvons remarquer qu'il est étonnant que le législateur , instruit de ces contrariétés et de ces doutes, ne se soit pas servi dans son art. 907 d'une expression simple , propre à lever toutes les difficultés. Le mot *arrêté*, par exemple, mis à la place du mot *apuré*, aurait rempli son objet , si telle eût été son intention.

Quoique le législateur ne se soit pas servi de cette expression , je crois néanmoins que dans sa pensée le mot *apuré* est synonyme du mot *arrêté*, et qu'ainsi le tuteur est capable de recevoir , pourvu que son compte soit arrêté, quand même il n'aurait pas soldé le reliquat. Telle est aussi l'opinion de M. *Grenier*, n.º 119 ; aux raisons qu'il en donne il faut en joindre deux : la première, que, d'après l'art. 276 de la coutume de Paris, le mineur pouvait donner au tuteur, pourvu qu'il eût rendu son compte ; la seconde, et celle-ci est plus concluante, relativement à l'intention du législateur sur cet objet, résulte du rapport de M. *Jaubert* sur les donations, pag. 300, où il nous dit textuellement, que le tuteur peut recevoir quand le compte définitif de la tutelle est rendu et apuré, *quoique le reliquat n'eût pas encore été payé.*

175. — L'incapacité du tuteur, dont le compte n'est pas arrêté étant fondée sur la présomption légale d'une autorité trop grande, il est impossible d'opposer à cette présomption de la loi d'autres présomptions tirées des circonstances, telles que l'éloignement du mineur devenu majeur, son service à l'armée, son autorité, son grade, son caractère, sa puissance, etc. : toutes ces présomptions doivent se taire devant celles de la loi, et la donation est, dans tous les cas, nulle. Vid. l'art. 1352 du code civil.

176. — Cette incapacité du tuteur est absolue ; il ne peut rien recevoir de celui dont il a géré la tutelle directement, ni indirectement, ni à titre universel, ni à titre particulier, ni des meubles, ni des immeubles.

177. — Que le tuteur ait ou n'ait pas administré, qu'il se soit ou qu'il ne se soit pas immiscé dans la gestion tutélaire, il est également incapable de recevoir, car il doit également rendre compte. *Leg. 2, cod. de hæred. tut., et leg. 1.º, cod. si tutor vel curator non gesserit :* on sent, en effet, qu'une négligence coupable, et qui approche du dol, ne saurait profiter à son auteur.

178. — La prescription de l'action en reddition de compte tutélaire suffit pour rendre le ci-devant tuteur

capable de recevoir ; en effet, après dix ans, à compter
de la fin de la tutelle, le mineur, devenu majeur, n'a
plus d'action à exercer contre son ci-devant tuteur :
aux yeux de la loi tout étant fini, non-seulement
le compte est supposé rendu ; mais il est, de plus,
supposé arrêté et soldé : disons mieux ; après dix ans
n'existant plus d'action tutélaire, tout est anéanti, la
qualité de tuteur, et, par conséquent, son empire ;
donc, après dix ans, à compter de la fin de la tutelle, le
ci-devant tuteur peut recevoir, quand même il n'ap-
paraîtrait d'aucune reddition de compte.

179. — Le tuteur de l'interdit est-il également
incapable de recevoir de celui-ci, lorsque l'interdiction est levée, à moins que le compte de tutelle ne fût
arrêté ?

Le doute sur cette question vient de ce que l'art.
907 ne parle que de l'incapacité du tuteur à l'égard
du mineur qui a été sous sa tutelle ; mais l'art. 509
nous dit, que l'interdit est assimilé au mineur pour sa
personne et pour ses biens, et que les lois sur la
tutelle des mineurs s'appliqueront à la tutelle des
interdits.

De là il résulte bien que le tuteur de l'interdit est
assimilé au tuteur du mineur pour l'administration
des biens, pour ses obligations de rendre compte ; mais
en résulte-t-il qu'aux yeux de la loi le tuteur de l'interdit conserve sur l'esprit de la personne qui a été
interdit cet empire que le tuteur exerce sur le mineur
devenu majeur ?

Pour nous fixer sur ce doute, il nous faut observer
l'origine de la cause de cet empire : cet empire prend,
il est vrai, sa source dans l'administration tutélaire ;
mais à la fin de la tutelle, il cesserait avec sa cause, si la
tutelle était son unique base : cet empire a donc un
autre fondement ; et je crois le trouver dans la détention
absolue de tous les papiers, de la fortune entière de
celui qui était en tutelle ; ce qui nous le prouve,

c'est qu'aussitôt que le compte est clôturé, cet empire cesse, ou du moins dès ce moment il n'est plus censé opérer aucun effet.

D'après ces considérations, je pense que le tuteur de l'interdit ne peut rien recevoir de lui, s'il n'a préalablement rendu son compte, et si ce compte n'est pas clôturé.

En vain observerait-on que le susdit article 907 ne parle nommément que des mineurs, que les incapacités ne peuvent être suppléées, que toutes les exceptions doivent être littéralement écrites : je conviens des derniers principes; mais puisque l'interdit est assimilé pour sa personne et pour ses biens au mineur, quand la loi parle du mineur, elle est censée parler également de l'interdit, qui est son image, qui lui est *assimilé* pour sa *personne* et pour ses *biens*; *expression* qui comprend tout, et qui établit une ressemblance de droits et de pouvoirs entière et parfaite.

D'ailleurs, les mêmes raisons de décider se trouvent dans les deux cas : l'interdit qui obtient mainlevée de son interdiction a également son bien, sa fortune entre les mains du tuteur; l'empire de ce dernier peut même paraître plus considérable, à raison de la sévérité et des traitemens qui ont pu être employés durant la démence, et dont l'impression peut bien n'être pas effacée.

180. — Les curateurs des mineurs émancipés, les tuteurs *ad hoc*, les subrogés-tuteurs, les conseils des prodigues ou des faibles d'esprit, ne sont pas incapables de recevoir par donation; car la loi ne prononce pas leur incapacité. Vid. *Roussille*, n.° 103 : on sent que leur capacité de recevoir ne date que de la fin de leur fonction; ou, pour mieux dire, ils sont toujours capables de recevoir; mais le mineur ne peut leur donner qu'après sa majorité, le prodigue et le faible d'esprit ne peut disposer en leur faveur qu'après le jugement qui rapporte celui par lequel le conseil a été donné.

181. — Si le tuteur est mort sans rendre compte, et si ses enfans ne l'ont pas rendu, ces enfans pourront-ils recevoir par donation du ci-devant mineur ? Ceux qui soutiennent la négative disent : l'empire personnel est détruit ; mais l'empire résultant de la détention des titres est toujours le même, d'ailleurs, on éluderait les dispositions de l'art. 507, qui veut que tout traité sur le compte tutélaire soit précédé d'un récépissé antérieur de dix jours ; on éluderait, disent-ils, les dispositions de cet article, en donnant le reliquat. A l'appui de cette opinion nous pourrions invoquer *Henrys*, tom. 1.er, liv. 5, quest. 39 ; *Claude Ferriere*, sur l'art. 276 de la coutume de Paris ; mais nous devons observer que *Ricard* et *Furgole*, quest. 33, sont d'un avis différent.

Les raisons que donnent ces savans auteurs, pour défendre leur opinion, peuvent sans doute éclaircir notre question ; mais elles ne sauraient la résoudre d'une manière rigoureuse : on sent, d'ailleurs, qu'elle doit être décidée d'après les termes et l'esprit d'une loi qu'ils n'ont pas connue.

Or, d'après l'art. 419, la *tutelle* ne passe pas aux héritiers du tuteur ; mais ceux-ci sont responsables de la gestion, ils sont même tenus de la continuer jusqu'à la nomination d'un nouveau tuteur : voilà donc les héritiers tenus dans certains cas de s'immiscer dans la gestion tutélaire.

L'article 472 proscrit tout traité entre le tuteur et le mineur devenu majeur, s'il n'a été précédé d'un compte détaillé et de la remise des pièces justificatives ; le tout constaté par le récépissé de l'oyant dix jours au moins avant le traité, et cet article doit certainement s'appliquer aux héritiers du tuteur.

Cela posé, écoutons ce que nous dit M. *Bigot-Préameneu* dans son discours sur les donations, pag. 183 : nous y verrons toute l'intention du législateur ; il s'exprime ainsi : « on n'a pas voulu que les tuteurs

» pussent concevoir l'espérance qu'au moyen des dis-
» positions qu'ils obtiendraient de leurs mineurs par-
» venus à la majorité, ils pourraient *se dispenser* du
» compte d. finitif de tutelle...... L'expérience a prouvé
» qu'il était nécessaire d'interdire au mineur, devenu
» majeur, la faculté de *renoncer* à ce compte : cette
» règle serait facilement éludée, si des donations
» entre-vifs ou testamentaires *acquittaient* le tuteur,
» ou rendaient ses comptes inutiles ».

L'intention de la loi est donc que l'obligation de
rendre le compte tutélaire ne puisse être éludée en
aucune espèce de manière ; et comme la donation est
un des moyens indirects d'éluder, ou de rendre vaine
ladite obligation, le législateur a proscrit les donations qui seraient faites aux tuteurs, par cette double
raison, de la dépendance du mineur, et de la nécessité absolue de rendre compte.

Or, cette charge de rendre compte compète tant
aux héritiers du tuteur, qu'au tuteur lui-même ; ils
ont le même intérêt de l'éluder : première raison qui
engage à étendre l'incapacité du tuteur à ses héritiers.

Deuxième raison, les biens, la fortune du mineur
sont également dans les mains des héritiers.

Troisième raison, l'ignorance absolue où se trouve
le mineur, devenu majeur, de l'état de sa fortune, et
sur-tout de la bonne ou mauvaise administration du
tuteur ; d'où il semble résulter qu'il ne peut donner,
parce qu'en donnant, il ne sait s'il récompense dans
les enfans la bonne ou mauvaise conduite de leur
père.

Quatrième raison, enfin, les héritiers du tuteur ne
paraissent pas devoir avoir plus de droits que lui.

Ces raisons, j'en conviens, sont fortes et pressantes, elles pourraient même faire la plus vive impression
sur l'esprit du législateur ; mais par rapport au magistrat, c'est toute autre chose : celui-ci à des règles dont
il ne peut s'écarter ; il sait que les incapacités doivent

être littéralement écrites, et qu'il n'est pas possible de les étendre d'un cas à l'autre par induction ; or, la loi déclare le tuteur seul incapable, elle garde un absolu silence par rapport aux héritiers ; donc ceux-ci demeurent compris dans la règle générale d'après laquelle tous les hommes sont capables de recevoir ; les enfans et autres héritiers du tuteur ne peuvent pas même être considérés comme personnes interposées par rapport à lui, puisque lors de la donation le tuteur a cessé d'être ; ce qui résiste à toute supposition de libéralité indirecte en sa faveur.

J'avoue néanmoins que les dispositions du susdit article 472, qui prohibe tout traité sur le compte tutélaire, *non visis tabulis*, me laisse des grands doutes : cet article ne s'applique-t-il qu'au tuteur lui-même, en sorte que tout traité fait avec ses héritiers soit valable ? S'il en était ainsi, je déciderais sans difficulté, que les héritiers du tuteur peuvent recevoir du ci-devant mineur ; mais il est difficile de croire que le susdit article ne s'applique qu'aux traités faits avec le tuteur lui-même.

Par rapport à la donation on pourrait faire une distinction ; on pourrait dire que les enfans et les autres héritiers du tuteur sont capables de recevoir par dona-tion, lors même que le compte ne serait pas clôturé ; mais que toute donation du reliquat, ainsi que toute dispense de rendre compte serait nulle, parce qu'on y verrait l'intention précise et expresse d'éluder les dispositions du susdit article 472.

Il est vrai, la loi ne fait pas cette distinction d'une manière explicite et expresse ; mais elle paraît résulter de son esprit, et de l'ensemble de ses dispositions ; je pense donc qu'il faut s'en tenir à cette distinction, d'après laquelle la donation du reliquat fait aux héritiers du tuteur se trouve de nul effet.

La donation de tous les biens comprendrait, sans doute, le reliquat du compte tutélaire, et cependant je pense que la donation serait valable pour le tout, parce que la donation ne porterait sur le reliquat que d'une manière indirecte ; parce qu'enfin l'on verrait que cette donation générale n'est pas due au motif direct d'éluder la reddition du compte.

Mais, tout en déclarant que ladite donation serait valable, même pour le reliquat, il faut aussi décider que les donataires n'en sont pas moins tenus de rendre compte ; non qu'ils doivent payer le reliquat, mais pour fixer la valeur ou l'émolument de la donation, et pour savoir si cette valeur excède ou n'excède pas la quotité disponible ; d'où il résulte que si le donateur avait tout disponible, et qu'il eût tout donné, ladite reddition de compte se trouverait sans objet.

182. — Nous avons dit que le tuteur est incapable de recevoir du mineur lorsque le compte de tutelle n'est pas clôturé : l'incapacité du tuteur dure donc jusqu'à la clôture du compte ; d'où résulte la nécessité de bien se fixer sur ce que la loi entend par compte clôturé.

Quand le mineur est devenu majeur, il peut recevoir le compte de tutelle, et le clôturer, en souscrivant au bas du compte qu'il l'approuve et le reconnaît juste : cette approbation, cette reconnaissance constituent la clôture du compte ; et dès ce moment le tuteur devient capable de recevoir : telle est la première manière de clôturer un compte.

Si le mineur, devenu majeur, traite sur la reddition du compte et sur l'administration tutélaire, cette transaction présentera la clôture du compte ; et c'est ce qui constitue la seconde manière de clôturer un compte. La clôture résultant ici de la transaction, il faut que cette transaction soit valable pour constituer la clôture.

Or, pour la validité de la transaction, il faut qu'elle soit précédée de la remise du compte tutélaire, avec les pièces justificatives faite dix jours avant la transaction ; je crois même que la date de cette remise doit être fixée, ou par l'enregistrement, ou par un acte public : en d'autres termes, il faut que la date du récépissé de l'oyant, constatant la remise du compte détaillé et des pièces, soit certaine, et que dix jours après cette date fixe et certaine la transaction intervienne, art. 472 : on sent que si le récépissé n'avait pas de fixité de date, l'on éluderait la loi, en faisant signer en même temps le récépissé et la transaction. Mais vid. un arrêt de la cour de Paris, rapporté par M. *Sirey*, an 1812, 2.e part., pag. 48.

La transaction une fois signée, le tuteur devient capable de recevoir ; il semble même que dix jours après le récépissé du compte et des pièces justificatives le mineur, devenu majeur, peut donner le reliquat au tuteur ; car puisqu'il peut traiter sur le compte, il il n'y a pas de raison pour l'empêcher de disposer du reliquat à titre gratuit ; nous devons néanmoins décider le contraire, parce que l'incapacité du tuteur dure jusqu'à la *clôture* du compte, et que cette clôture ne peut résulter, dans ce cas, que de la transaction. Dans ces espèces l'on ne saurait trop s'en tenir aux termes précis de la loi, de peur de donner prise aux manœuvres de la mauvaise foi.

183. — Quand l'approbation du compte se trouve au bas du compte lui-même, cette approbation seule constitue la clôture, sans qu'il soit nécessaire de faire précéder cette approbation d'une remise antérieure de dix jours, soit du compte lui-même, soit des pièces justificatives, conformément au susdit art. 472.

Je me fonde, 1.° sur ce que la loi n'ordonne cette remise antérieure que dans la vue de proscrire les transactions qui pourraient être faites, *non visis tabulis ;*

2.° Sur ce que la loi ne parle dans le susdit art. 472 que des *traités;* ce qui ne peut comprendre les arrêtés de compte mis au bas du compte lui-même;

3.° Sur ce que, dans la supposition, la clôture se trouvant au bas du compte, le ci-devant tuteur ne peut en exciper, sans montrer ce compte; et cette exhibition mettra le mineur à même de se pourvoir contre ce compte, pour en faire corriger les erreurs, omissions, faux ou doubles emplois, d'après l'art. 541 du code de procédure.

184. — Si le tuteur est un ascendant du mineur, il pourra recevoir de lui par donation, lors même que le compte de tutelle ne serait ni rendu, ni apuré. On en sait la raison : la loi, d'accord avec la charité, ne suppose le mal qu'à regret et avec peine, et dans le cas où toute autre supposition ne peut être admise. Pourquoi, en effet, attribuer à l'empire des ascendans, à leur surprise, à leur dol même, ce qui ne doit être que l'effet de l'amour et de la reconnaissance.

Mais le législateur borne son exception aux ascendans; les frères et les autres collatéraux, même successibles, sont incapables de recevoir. Les auteurs étaient partagés sur cette question, et le code a suivi l'opinion de ceux qui, comme *Ricard*, ont déclaré les collatéraux incapables de recevoir.

Les tuteurs des interdits étant assimilés aux autres tuteurs, nous devons observer que, par rapport à cette espèce de tutelle, la loi doit placer également dans l'exception les tuteurs, descendans ou ascendans; en sorte qu'il faut dire, que les tuteurs ascendans ou descendans d'un interdit peuvent recevoir de lui, lorsque l'interdiction est levée, lors même que les comptes ne seraient ni rendus, ni apurés.

§ II. *Les médecins, chirurgiens, pharmaciens sont incapables de recevoir de leurs malades.*

185. — Pour constituer l'incapacité des médecins, chirurgiens, etc., il faut trois circonstances :

La première, que le donateur soit malade;

La deuxième, que le donataire ait traité le donateur ;

La troisième, que le donateur soit décédé de la maladie qu'il avait lors de la donation.

Première circonstance, *maladie du donateur.* L'état de maladie est jusqu'à un certain point incertain et équivoque, soit aux yeux du malade lui-même, soit aux yeux de ceux qui l'entourent ; une incommodité, légère en apparence, renferme souvent le germe d'une destruction rapide et prochaine : aussi la loi n'exige-t-elle aucune circonstance de gravité, ni dans la nature, ni dans les périodes de la maladie à l'époque de la donation ; il suffit, en un mot, que le donateur soit atteint d'une maladie quelconque qui le soumette aux ordonnances d'un médecin.

Deuxième circonstance, *soins donnés au donateur.* On sent, en effet, que si le donataire n'a pas traité le donateur, c'est-à-dire, s'il ne lui a pas donné ses conseils et ses soins, il est impossible de le considérer comme incapable de recevoir le don.

Est-il nécessaire, pour constituer l'incapacité du donataire, qu'il ait traité seul le malade? non : la loi n'exige pas cette circonstance ; il suffit que le donataire ait traité le donateur, et le concours d'autres médecins au traitement ne change rien à l'incapacité. La donation faite à l'un d'eux est également nulle.

Les raisons en sont faciles à saisir : la loi annulle la donation faite par le malade à son médecin, non comme l'ouvrage de la surprise, mais comme l'effet d'un empire absolu : or, le concours d'autres médecins, loin de diminuer cet empire, ne pourrait que l'augmenter, soit par la déférence des autres médecins en faveur du médecin donataire, soit par les contradictions de ce dernier, et par son attention de présenter sans cesse au malade l'espoir d'une guérison prochaine et de flatteuses espérancees, s'il suit ses conseils ; tandis qu'il l'effraie par les suites les plus funestes de sa maladie, dans le cas où ses conseils ne seraient pas suivis ; d'ailleurs, la loi serait bientôt éludée, si, pour lever l'incapacité des médecins, il suffisait d'en appeler deux ; on ouvrirait la porte à toute espèce de fraude et de collusion.

Ajoutons une autre raison. Deux médecins traitent un malade, nul doute que la donation faite à tous les deux ne fût nulle ; or, pourquoi la donation serait-elle valable étant faite à l'un d'eux ? comment l'incapacité du médecin cesserait-elle dans cette circonstance ? Osera-t-on dire que la loi considère le médecin non donataire comme le surveillant de l'autre, comme un obstacle invincible à ce qu'il s'empare de l'esprit du malade, et qu'il exerce sur lui son empire ? Mais cette surveillance serait plus aisément et plus surement présumée de la part des ascendans, descendans ou collatéraux des malades ; or, on ne voit pas que leur présence, que leurs soins envers le malade valident la donation qu'il ferait au médecin.

D'ailleurs, valider la donation dans le cas où le donataire n'aurait pas traité seul le malade, c'est distinguer là où la loi ne distingue pas ; et cette distinction doit être proscrite. Une foule d'autres raisons pourraient être données à l'appui de ce principe, pour justifier sa juste application à notre espèce.

Troisième circonstance, *il faut que le donateur meure de la maladie qu'il avait* lors de la donation.

Pour valider ou annuller la donation, la loi ne prescrit aucun laps de temps entre cette donation et le décès du donateur ; elle exige seulement que le donateur meure de la maladie ou par suite de la maladie existante lors du don : nous sentirons aisément le motif de cette disposition de la loi, si nous faisons attention que la loi n'annulle le don fait au médecin, que parce qu'elle le suppose l'effet de l'empire et de la dépendance. Or, pour que cette supposition soit raisonnable, il faut, 1.º que lors de la donation le donateur soit, par l'effet de sa faiblesse, de ses douleurs ou de ses craintes, susceptible d'un assujettissement absolu aux volontés de son médecin ; 2.º que cet assujettissement, ainsi que sa cause, durent jusqu'au décès ; car on sait que si le donateur, guéri de ses infirmités ou de ses craintes, ne se plaignait pas de la donation, il résulterait de son silence une approbation tacite et efficace de cette donation ; ou, pour mieux dire, il en résulterait que cette donation a été l'ouvrage de son entière liberté. Il faut donc, pour que la troisième circonstance se vérifie, que l'état maladif qui causait l'assujettissement du donateur ait duré jusqu'à sa mort ; parce qu'alors l'effet étant censé durer autant que la cause, il sera prouvé aux yeux de la loi que le donateur n'a jamais pu se plaindre lui-même de ce qu'il avait fait.

186. — Mais qui sera tenu de prouver que le donateur est décédé de la maladie dont il était atteint lors de la donation ? Je crois que si le donateur a toujours été depuis la donation dans un état valétudinaire ; si, en un mot, son médecin lui a toujours continué ses soins, quoique moins assidus, la présomption est qu'il est décédé de cette maladie ; et si le médecin prétend que le donateur est décédé d'une maladie survenue depuis, il devra le prouver.

De plus, je pense que dans le cas même où le médecin prouverait que le donateur est décédé d'une autre maladie, si cette maladie est la suite de la précédente, ou s'il n'y a eu aucun intervalle entre ces deux maladies, la donation est nulle ; il faut voir, en un mot, s'il y a eu ou non continuation d'assujettissement.

Selon M. l'avocat-général *Talon*, la condition du décès par l'effet de la maladie existante lors de la donation se vérifie en ceux qui donnent sur le déclin de l'âge et dans les dernières années de la vie. Vid. le journal du palais, tom. 1.er, pag. 324 ; *Boutaric*, instit., pag. 367. Cette maxime est vraie, et le magis-

trat doit la prendre pour guide dans les espèces dou-
teuses. L'empire se mesure sur la faiblesse, et la faiblesse augmente avec les années : plus l'homme approche du tombeau, et plus il regrette la vie ; et il ferait
plus de sacrifices pour prolonger sa décrépitude que
pour la conservation de ses beaux jours.

187. — Il est une juste exception à la règle générale
qui constitue l'incapacité des médecins Cette exception
est en faveur des parens ; car la loi ne suppose le
mal qu'à regret et avec peine, et lorsque toute autre
supposition ne peut être admise ; ainsi, le médecin
parent du malade jusqu'au quatrième degré inclusivement pourra recevoir de son parent, pourvu
que celui-ci n'ait pas d'héritiers en ligne directe. Ici
devant les sentimens d'intérêt et d'amitié qui doivent
exister entre parens toutes suppositions de dol et
d'empire disparaissent.

Ainsi, si le malade n'a pas d'héritiers en ligne
directe, ce qui comprend la ligne ascendante et
descendante, il pourra donner à son parent médecin,
comme à tout autre, pourvu qu'il soit parent au
moins au quatrième degré.

Mais si le malade a un héritier ascendant ou descendant, il ne pourra donner à son parent médecin,
à moins qu'il ne soit lui-même du nombre de ses
cohéritiers, art. 909 du code civil ; c'est-à-dire, à
moins que le médecin ne soit lui-même ou ascendant
ou descendant.

Par le mot *héritier* employé dans cet article, la loi
entend tous les héritiers, tant au premier qu'au
second degré. *Leg.* 65, ff *de verb. signific.* D'où
il résulte que le petit-fils médecin pourra recevoir
de son grand-père, comme parent en ligne directe,
quoique, à cause de l'existence de son père, le petit-fils
ne se trouve pas héritier successible du donateur ; de
même l'ascendant médecin pourra recevoir de son
petit-fils, quoiqu'il ne soit pas son successible.

188.

188. — Nous avons dit, que le malade qui a des *héritiers* en ligne directe, ascendante ou descendante, ne peut rien donner à son médecin, quoique parent, s'il n'est lui-même ascendant ou descendant.

Suffit-il, pour que le malade soit incapable, qu'il ait un ascendant, ou faut-il, de plus, que cet ascendant soit successible ? Ce cas peut se présenter dans l'espèce suivante : Paul a un ascendant paternel et des frères; il dispose en faveur de son médecin, son parent au quatrième degré. On demande si cette disposition est valable.

Nous voyons bien que Paul a un ascendant ; mais à cause du concours des frères, cet ascendant n'a rien à voir sur sa succession (cela sera prouvé plus bas) : cet ascendant n'est donc pas son successible ; et si l'existence de cet ascendant annullait la donation, il en résulterait que l'ascendant opérerait un effet dont il ne profiterait pas. Cela est vrai ; mais on doit observer qu'il ne s'agit pas ici de déterminer la quotité disponible de Paul, mais de juger seulement s'il est naturel de penser qu'il ait sans suggestion donné la préférence à un collatéral éloigné sur son ascendant : voilà le point ; et cette préférence ne peut être naturellement présumée.

D'ailleurs, de deux choses l'une : ou par les mots *héritiers en ligne directe* la loi a entendu parler de tous les héritiers successibles ou non successibles, ou bien elle n'a entendu parler que des héritiers successibles seulement; si elle n'a entendu parler que des héritiers successibles, nous sommes conduits à cette conséquence rigoureuse, que l'ascendant médecin ne peut rien recevoir de son petit-fils, lorsqu'il n'est pas son successible, et que le petit-fils médecin ne peut rien recevoir de son aïeul, lorsqu'il n'est pas appelé de droit à sa succession, attendu la survivance du père ; en effet, on dirait à l'ascendant et au petit-fils : le testateur ou donateur a des héritiers en ligne directe;

Tom. I.ᵉʳ 9

mais vous n'êtes pas du nombre de *ces héritiers.* Ce système me paraît inadmissible.

Il faut donc décider que, par les mots *héritiers en ligne directe*, la loi a entendu parler tant des successibles, que des non-successibles ; et pour lever toute équivoque, il faut substituer dans la lecture du n.° 2 du susdit article 909, le mot *parens* au mot *héritiers.*

189. — Nous disons qu'un médecin, parent du malade jusqu'au quatrième degré inclusivement, peut recevoir de lui ; mais un allié au même degré pourrait-il recevoir ?

La cour de cassation a décidé, le 12 octobre 1812, que l'exception de l'art. 909 en faveur des parens ne s'étend pas aux alliés ; en d'autres termes, la cour a jugé que le médecin allié était relativement à la capacité considéré comme étranger.

Il s'agissait, dans l'espèce, d'un legs fait par le nommé Garda aux sieurs Joachim et Jean Allara, l'un et l'autre pharmaciens, et neveux par alliance du testateur.

Il était prouvé que les légataires avaient traité Garda pendant sa dernière maladie.

Attendu cette circonstance du traitement de la part des légataires en qualité de pharmaciens, les héritiers légitimes du testateur demandent la nullité du legs.

Les légataires répondent qu'ils sont capables de recevoir, étant neveux par alliance du testateur.

Cette exception est rejetée, et le legs est déclaré nul en première instance et par la cour d'appel de Turin.

Pourvoi en cassation. Les demandeurs soutiennent, que les *alliés* jusqu'au quatrième degré inclusivement se trouvent tout aussi bien que les parens dans l'exception du n.° 2 de l'art. 909 ; mais le pourvoi est rejeté sur les motifs suivans : « considérant que » l'art. 909 du code civil, et dans l'incapacité qu'il » prononce, et dans l'exception qu'il établit en faveur

» des parens, s'occupe de la transmission et de la
» conservation des biens dans les familles ; que les
» alliés, qui n'ont aucun droit à ces biens, sont aussi
» étrangers à cet article qu'à tous les autres qui règlent
» la même matière, et qu'ainsi, en refusant d'étendre
» aux alliés l'exception faite en faveur des parens,
» la cour de Turin a fait une juste application dudit
» art. 909 ». Vid. *Sirey*, an 13, pag. 38.

Cette doctrine est conforme au texte de la loi : on
peut remarquer le mot *héritiers* employé dans le susdit art. 909, expression qui ne peut jamais désigner
les *alliés* ; mais cette doctrine doit être sainement
entendue et restreinte dans des justes bornes. Par
exemple : Jean est malade, il n'a que des frères et
une sœur vivante ; l'époux de cette sœur est médecin,
en cette qualité il donne ses soins à son beau-frère,
celui-ci lui fait un legs : ce legs sera-t-il nul ? Je le
crois valable.

Car pour annuller la disposition de Jean, il faut
nécessairement la supposer l'ouvrage de l'empire de
la suggestion, du dol même ; mais cette supposition
ne peut être faite, parce qu'en fait de donation, le
mari et la femme sont censés n'être qu'une seule et
même personne : ce qui est donné à l'un est censé
donné à l'autre, et en considération de celui-ci ; et
puisque la sœur du testateur pouvait recevoir de lui,
son mari le peut également : si le mari avait agi par
un esprit de fraude, il aurait tout couvert en faisant
disposer en faveur de son épouse.

Je reconnais que le texte rigoureux de la loi, et
notamment le mot *héritiers*, résistent à cette décision ;
mais il faut principalement envisager le but et l'esprit
de la loi, pour résoudre les questions sur lesquelles
le législateur ne s'est pas expliqué d'une manière
expresse ; et il me semble que cet esprit valide le
susdit legs, sur-tout si le légataire a des enfans, véritables neveux du testateur. Quant à l'époux médecin,

il peut recevoir de son épouse, lors même qu'il lui aurait donné ses soins pendant la dernière maladie. Vid. l'arrêt de la cour de cassation qui l'a décidé ainsi ; il est rapporté par M. *Sirey*, an 1808, pag. 482.

190. — Le médecin n'est pas absolument incapable de recevoir de son malade. Les dispositions rémunératoires faites à titre particulier, eu égard aux facultés du disposant et aux services rendus, seraient valables, susdit art. 909, n.º 1.

Il n'est pas nécessaire, pour la validité de la donation, qu'elle soit expressément qualifiée rémunératoire, ou faite en récompense de services rendus.

Mais il importe qu'elle soit faite à titre particulier ; et, même dans ce cas, le juge reste le maître de la restreindre au véritable prix des services, et de faire l'évaluation de ces services d'après leur nature et les facultés du disposant.

191. — Si la donation ou disposition était universelle, ou à titre universel, elle serait nulle, sans en examiner la valeur ou l'émolument : le médecin ne serait pas même autorisé à faire réduire cet émolument au prix de ses services ; cette réduction exigerait un détail des dettes actives et passives, un calcul immense, un ambarras extrême ; la donation ou disposition serait donc nulle pour le tout, le médecin n'aurait d'action que pour obtenir le payement de ses soins : c'est encore ce qui résulte du susdit art. 909, qui ne valide que les dispositions à titre particulier.

193. — Tout ce que nous venons de dire s'applique aux chirurgiens et pharmaciens.

Cependant, par rapport au pharmacien, il faut oberver que s'il n'a fait que fournir des remèdes sur l'ordonnance d'un docteur, il ne peut et ne doit être considéré que comme un marchand ; et, sous ce rapport, il ne peut être déclaré incapable de recevoir du malade à qui il a vendu des remèdes ; car vendre un remède, ou préparer un remède pour Jean, n'est pas *traiter* Jean ; le pharmacien n'est donc incapable, que quand il a traité le malade, c'est-à-dire, quand il l'a visité, quand il lui a donné ses conseils et ses soins.

194. — Les charlatans, les empiriques, possesseurs de secrets, et autres personnes non graduées qui traitent les malades, sont compris dans les dispositions du code ; ce n'est pas la profession qui constitue l'incapacité, c'est son exercice et l'empire qui en résulte : toute personne, quelle que soit sa profession ou son sexe, qui traite un malade, est donc, par cela seul, généralement incapable de recevoir de lui, et cela est fondé sur une juste connaissance du cœur humain ; car l'homme, naturellement ami du merveilleux, a bien plus de confiance aux dons gratuits de la nature ou du hasard, qu'aux lentes connaissances d'une étude suivie ; aux yeux du malade, l'empirique peut être et sera souvent un être favorisé de Dieu, tandis que le médecin ne sera pour lui qu'un homme ordinaire, un disciple de l'école. La cour d'appel de Paris vient de rendre un arrêt remarquable relatif à l'incapacité des médecins : elle a décidé que la prohibition s'applique au médecin qui épouse sa malade ; et qu'ainsi la donation faite par contrat de mariage entre le médecin et sa malade était nulle. Vid. l'arrêt rapporté par M. *Sirey*, an 1817, pag. 354, 2.e part.

195. — Ce que nous venons de dire par rapport à l'incapacité de ceux qui ont traité un malade s'applique également aux ministres de tous les cultes ; l'on en sent les motifs : de tous les temps le pouvoir des ministres sur l'esprit des malades a été reconnu immense ; de tous les temps aussi l'on s'est aperçu que certains ministres en abusaient. Vid. *Furgole*, testamens, chap. 6, sect. 1.re, n.o 50 et suiv.; il y rapporte les lois qui défendaient aux ecclésiastiques et religieux d'approcher des femmes et des filles.

Pour constituer l'incapacité des ministres des cultes, il faut également le concours de trois circonstances : 1.º maladie lors du don ; 2.º exercice des fonctions du culte auprès du donateur ; 3.º décès du donateur.

Première circonstance, maladie du donateur ou testateur.

L'empire d'un prêtre, d'un directeur de conscience, est sans doute grand dans tous les cas ; mais aux yeux de la loi cet empire n'est pas suffisant : ainsi, une donation faite au confesseur par son pénitent en santé serait valable, sauf la preuve d'une captation criminelle.

Mais quand l'homme est malade, les craintes de la mort, le souvenir de ses faiblesses, l'approche de cette éternité terrible, parce qu'elle est inconnue, donnent au ministre du culte un ascendant extraordinaire ; le malade voit en lui un être surnaturel qui peut dissiper toutes ses craintes, effacer d'un seul mot toutes ses fautes, l'endormir, pour ainsi dire, dans la paix et la félicité ; sous ce rapport le malade ne saurait payer trop cher la bienveillance de celui qu'il regarde comme son libérateur.

Deuxième circonstance, il faut que le prêtre ait exercé les fonctions de son culte auprès du malade.

Ainsi, les visites journalières du ministre d'un culte, sa cohabitation même avec le malade, ne constitueraient pas son incapacité légale : tant qu'il n'exerce pas ses fonctions, il n'est qu'un homme ordinaire, et n'a que l'ascendant d'un homme ordinaire ; mais quand il remplit ses fonctions augustes, ce n'est plus lui, c'est le ministre du Dieu de justice et de miséricorde, investi du droit de délier les pécheurs ; revêtu de ce caractère sacré, il commande en maître, et on lui obéit sans murmure.

Mais qu'entend-on par remplir les fonctions de son culte ? Le prêtre, par exemple, qui n'a pas confessé le malade, qui seulement lui a administré les sacremens, tels que l'extrême-onction, l'eucharistie, est-il incapable? non; celui qui a fait au malade des exhortations, des prières? non; l'incapacité légale n'existe que par rapport aux confesseurs et directeurs de conscience, sauf, dans les autres cas, les moyens de suggestion et de captation. Il paraît que la cour de cassation a adopté ces principes dans son arrêt du 18 mai 1807, dont voici l'espèce :

En l'an 12 le sieur Gaillard fait son testament ; il institue pour son héritier le sieur Louis Saint-Genies, mineur, et charge le sieur Saint-Genies, curé de Manas, oncle du mineur, d'administrer sa succession, le dispensant de toute faction d'inventaire et de toute reddition de compte.

Les héritiers légitimes du testateur voient dans cette double dispense un avantage indirect en faveur du curé ; en conséquence, ils demandent la déclaration de nullité du testament, prétendant que le curé était incapable de recevoir, parce qu'il avait donné ses soins assidus au testateur, décédé deux jours après le testament ; parce qu'il lui avait donné l'extrême-onction.

Le curé répond, qu'il n'avait pas assisté le testateur en qualité de confesseur.

Sur le jugement de première instance, qui déboute les héritiers légitimes ;

Sur l'appel, arrêt confirmatif, 1.º parce que l'avantage pour le curé n'était que modique, et que, sous ce rapport, il pouvait être considéré comme rémunératoire ; 2.º parce que le code ne s'applique qu'aux ministres du culte qui auraient dirigé la conscience du testateur dans sadite maladie et au tribunal de la pénitence.

Pourvoi en cassation, fondé sur la violation de l'art. 909 du code : selon le demandeur l'incapacité prononcée par cet article est absolue, et contre tout ministre d'un culte quelconque, et pour quelques fonctions de son ministère qu'il ait remplies auprès du malade.

Le demandeur observe, que, dans l'espèce, le curé avait donné l'extrême-onction au testateur.

La cour de cassation a rejeté le pourvoi, « attendu » que l'incapacité résultante de l'art. 909, en ce qui » concerne les ministres des cultes, n'est pas absolue, » et qu'elle ne s'applique qu'à ceux de ces ministres » qui ont rempli les fonctions de leur culte auprès » du testateur; attendu que l'arrêt attaqué décide » en fait que le curé de Manas n'a rempli aucune » fonction de cette espèce auprès du sieur Montlovier, » rejette, etc. ».

Ce dernier considérant prouve que la cour de cassation ne s'est pas explicitement expliquée sur le fait de savoir si l'incapacité légale ne regarde que le confesseur; mais telle paraît bien être son intention.

196. — Quoique la nullité de la disposition en faveur du confesseur soit fondée sur l'empire absolu qu'il est supposé avoir sur l'esprit du donateur, en sorte que cette disposition soit supposée captée, néanmoins la nullité de cette disposition ne s'étend pas aux autres dispositions de la donation ou testament : *vitiatur, et non vitiat ;* la preuve en est que l'art. 909 dit simplement, que les médecins *ne pourront profiter des dispositions à eux faites ;* ce qui prouve, non une nullité radicale de la donation ou testament, mais un simple défaut de capacité de recevoir de la part du donataire; d'ailleurs, si la disposition était à titre particulier et rémunératoire, elle sortirait à effet; tout au plus serait-elle réductible.

197. — Il arrivera très-souvent dans les testamens que le testateur léguera à son confesseur une certaine somme pour messes et pour prières; cette disposition, qui peut également se trouver dans une donation, est valable, parce qu'elle est rémunératoire; elle est moins une donation, qu'une récompense des prières exigées.

Vid., par induction, un arrêt de la cour de cassation, du 11 septembre 1809, dans *Sirey*, an 1809, pag. 417. Mais l'on sent que le juge reste le maître de réduire la susdite disposition eu égard aux facultés du disposant et aux services exigés.

Par rapport à la troisième circonstance, qui exige que le donateur meure de la maladie existante lors du don, vid. tout ce que nous avons dit ci-dessus, lorsque nous avons traité de cette troisième circonstance par rapport aux médecins, n.° 185.

§ III. *Les enfans adultérins et incestueux sont incapables de recevoir par donation.*

198. — L'incapacité des enfans adultérins ou incestueux résulte de l'art. 908 et de l'art. 672 du code civil.

Ils ne peuvent recevoir que des alimens, et le juge reste le maître de les régler d'après les facultés du père ou de la mère, et d'après le nombre et la qualité des héritiers légitimes : susdit art. 762.

199. — D'après l'art. 336 la reconnaissance ne pouvant avoir lieu au profit des enfans adultérins ou incestueux, l'on peut demander comment il sera possible de prouver que tel enfant est adultérin ou incestueux, pour pouvoir en conclure son incapacité ?

M. le tribun *Jaubert*, dans son discours sur les donations, pag. 301, se propose la même difficulté ; et il observe, avec raison, que l'état d'enfant incestueux ou adultérin peut résulter d'un mariage nul, d'un désaveu de la paternité, enfin, d'une reconnaissance illégale.

En effet, un mariage entre personnes prohibées donnerait naissance à des enfans incestueux, et l'inceste serait prouvé par le jugement qui annullerait le mariage, et même par l'acte de mariage lui-même.

Un second mariage contracté avant la dissolution

du premier produirait des enfans adultérins, si les
deux parties contractantes étaient de mauvaise foi.

Un désaveu de la paternité prouverait également
l'adultère, si, par le jugement, l'enfant désavoué était
déclaré ne pas appartenir au mari de la mère.

Enfin, l'inceste et l'adultère pourraient résulter
d'une reconnaissance illégale faite par la passion aveu-
glée, et reçue par l'erreur ou l'irréflexion.

200. — Mais si l'état d'enfant adultérin ou incestueux n'est pas prouvé par un des moyens ci-dessus,
pourrait-on, dans la vue de réduire le don à des simples alimens, prouver par témoins que le donataire
est l'enfant adultérin ou incestueux du donateur ?
Cette question est de la plus grande importance, et
présente beaucoup de difficultés : pour la simplifier
il faut présenter d'abord plusieurs hypothèses.

Supposons que l'acte de naissance du donataire lui
donne la qualité d'enfant légitime de Pierre et de
Marie, et qu'il ait de plus une possession d'état conforme à ce titre ; certainement il est impossible alors
de quereller l'état du donataire, et de le faire passer
pour incestueux ou adultérin, art. 322.

Si la légitimité de cet enfant pouvait être querellée ;
si, pour annuller le don, on pouvait prouver que le
donataire est l'enfant du donateur, ce serait ébranler
la société jusques dans ses fondemens ; ce serait fou-
ler aux pieds la plus sainte des unions ; ce serait la
prostituer à un vil intérêt ; ce serait exposer la foi
conjugale aux funestes excès de toutes les passions :
cela ne peut être.

D'ailleurs, quelle preuve, quels témoins pourrait-on
opposer pour ébranler, pour détruire ce double fondement de l'état des hommes, l'acte de naissance, la
possession conforme à ce titre !! quelles présomptions
pourraient être opposées à celles qui résultent de
l'union des époux, de leur aveu de la paternité,
de leurs soins pour l'enfant commun !!

Quoi ! des tiers pourraient troubler un ménage tranquille ? dans la vue d'obtenir un accommodement, ils pourraient faire planer sur la tête d'une mère de famille les soupçons les plus injurieux ! ils pourraient faire descendre dans le cœur d'un époux, heureux jusques-là, les soupçons déchirans de la défiance ! quoi ! cet époux ne pourrait pas désavouer cet enfant, et le faire déclarer adultérin, et des tiers aurait ce privilége ! de manière que cet enfant serait en même temps légitime à l'égard du père, et adultérin à l'égard du donateur !

Ce n'est pas tout ; pour exclure un frère de la succession maternelle, les enfans de la cupidité pourraient outrager les cendres de leur mère, jusqu'à signaler dans leur frère le fruit de ses écarts et de ses faiblesses !

Il était temps d'arrêter ces scandales. La société ne gagnait rien à ces débats honteux ; on se familiarisait avec l'idée du crime, et les mœurs publiques se corrompaient par la contagion de l'exemple : *Larroche* nous parle d'une fille impie qui ne craignit pas d'accuser sa mère d'inceste ; et, je le demande, les magistrats d'alors n'auraient-ils pas béni la loi qui eût condamné la cupidité de la fille à un absolu silence, et le crime de la mère à un éternel oubli ! !

201. — Supposons que l'enfant donataire n'ait pour lui que l'acte de naissance, sans possession d'état conforme à ce titre, pourra-t-on contester cet acte, et prouver par témoins qu'il est enfant adultérin ou incestueux du donateur ?

Je n'en crois rien. La filiation de cet enfant est prouvée par l'acte de naissance, art. 319 du code ; il est aux yeux de la loi l'enfant de ses père et mère désignés dans l'acte ; il est donc impossible de lui donner un autre père ou une autre mère : contre cette preuve écrite dans l'acte de naissance, et contre la présomption de la loi qui en résulte, que pourraient opérer d'autres présomptions ou les dépositions des témoins ?

202. — Supposons que l'enfant donataire ait la possession d'état d'enfant légitime de Pierre et de Marie ; mais qu'il ne puisse représenter son acte de naissance , ou que dans cet acte il y ait équivoque, erreur ou fraude : dans cette hypothèse l'état de cet enfant pourra-t-il être contesté ?

Non , l'art. 320 du code nous dit textuellement , qu'à *défaut* de l'acte de naissance , la possession constante de l'état d'enfant légitime *suffit*.

Remarquons que l'expression , à défaut de l'acte de naissance , ne se rapporte pas exclusivement au cas de la perte des registres , mais encore au cas d'omission, fraude ou erreur. Écoutons M. le tribun *Duverrier* dans son rapport sur la paternité et la filiation , pag. 642; il rapporte le texte du susdit art. 320 , et ajoute : « ce » qui veut dire , que si les registres publics n'ont pas » existé , s'ils sont perdus , si on a omis d'y insérer » l'acte de naissance , *la possession seule prouvera* » *l'état* , pourvu qu'elle soit publique , et non inter- » rompue ; d'où il suit , par une conséquence égale , » que s'il y a erreur ou fraude dans les registres , la » possession d'état suffit encore pour conduire à la » réformation nécessaire ».

Il faut donc tenir pour certain , que celui qui a la possession constante de l'état d'enfant légitime n'a rien à craindre sur sa filiation ; son état est fondé sur la plus ancienne et la moins équivoque de toutes les preuves , la possession non interrompue.

Dira-t-on que l'art. 322 ne prohibe la contestation qu'à l'égard de celui qui a une possession conforme à son titre de naissance ? Qu'ainsi , il faut deux choses : titre et possession pour être à l'abri de toute contestation ; d'où il résulte que dans les autres cas la contestation peut avoir lieu.

Je réponds que c'est là un argument à *contrario*

sensu; c'est-à-dire, le moins concluant de tous, et
le plus sujet à erreur; de plus, cet argument ne peut
être admis, parce qu'il est en opposition avec le susdit
art. 320, qui nous dit, qu'à défaut de l'acte de naissance la possession constante de l'état d'enfant légitime suffit; remarquons le mot *suffit* : la loi ne dit
pas *pourra suffire*, mais *suffit;* ce qui constitue une
preuve complète, qui ne laisse aucun doute, ni aucune
prise à l'arbitraire; enfin, cet argument tendrait à
faire reconnaître une contradiction entre les susdits
articles 320 et 322; ce qui seul suffit pour le faire
proscrire, car les vices dans les lois ne doivent jamais
être présumés par induction.

203. — Supposons que l'enfant donataire n'ait pas
d'acte de naissance, ou que son acte prouve qu'il a
été baptisé sous le nom de père et mère inconnus,
et qu'enfin cet enfant n'ait aucune possession d'état
qui puisse prouver sa filiation; dans cette hypothèse
pourra-t-on être admis à prouver qu'il est l'enfant
adultérin ou incestueux du donateur?

On voit qu'ici l'état de l'enfant est dans la plus
grande incertitude; il n'appartient à personne : en
prouvant qu'il est l'enfant du donateur, on ne le
prive pas d'un état, puisqu'il n'en a pas encore; on
ne fait que fixer son rang dans la société, et l'éclairer
sur son sort : les preuves offertes ne sont combattues
par aucune considération; elles ne sont pas en opposition avec l'acte de naissance, puisqu'il n'y en a pas,
ou que celui qui existe fait désirer un éclaircissement
ultérieur; elles ne sont pas en opposition avec la
possession d'état, puisque cette possession n'existe pas :
tout semble donc commander l'admission des preuves.

A l'appui de cet argument on peut invoquer l'ancienne jurisprudence, d'après laquelle les personnes
intéressées pouvaient prouver par témoins le mauvais
commerce du donateur avec la donataire, même
l'adultère; sans faire attention si cette preuve pouvait

apporter le trouble dans un ménage tranquille. Vid.
Catellan, liv. 2, chap. 84 ; *Boutaric*, pag. 270, et
Serres, pag. 261. D'après cette même jurisprudence,
l'état d'enfant adultérin pouvait être prouvé par
témoins selon certains auteurs. Vid. *Boutaric*, pag.
404.

On pourrait répondre, que cette jurisprudence,
attestée par *Boutaric* et *Serres*, n'est pas constante,
et qu'elle n'est pas générale. *Furgole* rapporte un
arrêt du 12 avril 1712, qui admit la preuve du
mauvais commerce du testateur avec son héritière
pour le temps qui avait précédé le mariage de l'héritière et pour le temps postérieur à sa dissolution ;
mais qui la refusa pour le temps que le mariage avait
duré. *Furgole* observe bien sur cet arrêt, que la preuve
de l'adultère était superflu, puisque la preuve du
concubinage suffisait ; mais c'est là supposer en fait
ce qui n'était encore qu'une allégation, car il aurait
été très-possible que le concubinage n'aurait pas été
prouvé, tandis que l'adultère aurait pu l'être ; ainsi,
cet arrêt, ne réservant pas la preuve de l'adultère, me
paraît l'avoir rejetée. Vid. *Furgole*, testamens, chap.
6, sect. 3, n.º 195 et suivans.

Un arrêt du ci-devant parlement de Bordeaux, du
mois de décembre 1665, rejette également la preuve
de l'adultère dans l'espèce suivante : le curé Arpensec
fut loger chez une femme mariée ; il y demeura plusieurs années, et institua cette femme pour son héritière. Le neveu du curé attaqua le testament ; il offrit
de prouver le mauvais commerce de son oncle avec
l'instituée, et même qu'il en était provenu une fille :
jugement du sénéchal, qui admet la preuve de ces faits :
sur l'appel, le mari de l'instituée intervient ; il oppose
la fin de non-recevoir, fondée sur ce que l'accusation
d'adultère ne compétait qu'à lui ; et sur cela, arrêt
infirmatif, qui rejeta la preuve de l'adultère. Vid.
Lapeyrère, let. J, n.º 5.

Arrêt semblable du ci-devant parlement de Paris, rapporté par *Bardet*, tom. 2, pag. 137. Cet arrêt fut rendu sur les conclusions conformes de M. l'avocat-général Talon ; il débouta les héritiers légitimes de Perrault de leur offre de preuve du commerce adultérin dudit Perrault avec Catherine de Latour ; M. Talon observait même, que si le parlement a admis quelquefois la preuve de l'impudicité, c'est qu'il s'agissait de dons faits à des personnes notoirement impudiques.

Le parlement de Paris a rendu depuis plusieurs arrêts semblables, le 19 août 1758 et le 19 mai 1722. Vid. *Denisart*, *verb.* adultère.

Ainsi, l'on voit que la jurisprudence n'était pas certaine sur le fait de savoir si l'on pouvait prouver le commerce adultérin du bienfaiteur avec la personne avantagée ; mais elle l'était encore moins par rapport aux enfans qu'on voulait dépouiller sous le prétexte qu'ils étaient adultérins ou incestueux : certains auteurs pensait même, que la simple bâtardise ne pouvait être prouvée par témoins, que lorsqu'il y avait un commencement de preuve par écrit.

Cette jurisprudence vague et incertaine ne saurait donc être invoquée pour éclaircir ce que le code civil peut laisser de douteux sur la question proposée.

Il faut donc tâcher de la résoudre d'après les principes de ce code.

Nous voyons, d'abord, que les concubinaires, que les adultères même peuvent se donner respectivement, car la loi ne les place pas au nombre des personnes incapables. Pourquoi ce silence ? pourquoi cette dérogation aux anciens principes ? Dira-t-on que le moderne législateur a vu avec une indifférence coupable ces écarts de la faiblesse ? dira-t-on qu'il diminue l'horreur que l'on doit avoir pour le vice, puisqu'il en permet la récompense ?

Non, une telle injure ne peut lui être faite : s'il

garde le silence sur les concubinaires et les adultères, ce n'est pas par indifférence pour les mœurs ; c'est, au contraire, pour qu'on ne vienne pas chaque jour les outrager par le tableau de ces scènes extraordinaires passées dans le mystère et les ténèbres ; c'est au nom de la pudeur qu'il n'a pas voulu qu'on rendît public les outrages qui lui sont faits, et qu'on déroulât aux yeux de tous les hommes les faiblesses de certains hommes ; parce qu'ici la découverte du mal est toujours un grand mal, et devient souvent plus funeste que son impunité.

Le législateur a donc dû sacrifier l'intérêt particulier de quelques individus à l'intérêt public : en conséquence, jettant un voile sur les motifs et les causes plus ou moins apparentes des libéralités qui seraient faites, il n'a pas placé les concubinaires et les adultères au nombre des personnes incapables de recueillir ; disons-le hautement, ce silence du législateur sur l'adultère et le concubinage est la preuve forte et irrésistible du silence absolu qu'il veut que tout le monde garde à cet égard ; disons plus : si le législateur ne parle point des adultères et des concubinaires, ce n'est pas qu'il entende les rendre directement capables de recevoir ; mais c'est seulement qu'au fond de sa pensée la preuve de ces crimes ne doit pas être admise pour un intérêt pécuniaire.

Il faut donc tenir pour certain qu'une donation étant faite, il sera impossible de dépouiller le donataire, sous le prétexte de son concubinage ou de son adultère avec le donateur, parce que la preuve n'en peut être admise.

Mais de là ne devons-nous pas tirer cette conséquence, que puisqu'on ne peut pas prouver l'adultère contre l'auteur et le complice de ce crime, il ne faut pas non plus qu'on puisse le prouver contre son innocente victime, contre l'enfant à qui l'on ne peut

peut reprocher que la faute de ses pères ? Cette conséquence me paraît forte.

Tant que ce commerce honteux n'est pas prouvé , tant qu'il n'est pas constant aux yeux de la loi que l'enfant donataire est le fruit du crime , tout doit rester dans l'état d'incertitude , afin d'éviter le scandale et ses funestes effets; mais quand, par suite d'un d saveu de paternité, d'un mariage nul , d'une reconnaissance illégale, la qualité d'enfant adultérin ou incestueux est constante , alors il n'y a pas à rechercher l'état ; il est établi , et la dignité du mariage exige que l'enfant adultérin ou incestueux soit traité avec rigueur : s'il en était autrement , ce serait sacrifier à la pitié envers quelques individus le fondement de la société civile.

A ces raisons que nous avons données , pour établir qu'on ne peut être admis à prouver que le donataire est l'enfant adultérin ou incestueux du donateur, viennent s'en joindre beaucoup d'autres.

M. *Jaubert*, dans son rapport sur les donations , pag. 3o1 , s'exprime ainsi , après avoir rappelé que les enfans naturels ne peuvent rien recevoir au delà de ce qui leur est assuré au titre des successions : « quant aux enfans adultérins ou incestueux , dans » ces *cas rares et extraordinaires* où il pourra s'en » découvrir par la suite , ou de la nullité d'un ma- » riage, ou d'un désaveu de la paternité , ou d'une » reconnaissance illégale , ils ne pourront recevoir » que des alimens ».

Dans *ces cas rares et extraordinaires où il pourra s'en découvrir par la suite ,* le tribun annonce que la découverte de l'état d'enfant adultérin ou incestueux ne résultera que de ces cas rares et extraordinaires : cela seul suffirait pour nous prouver que les témoins ne pourraient point nous découvrir cet état ; mais la suite nous le prouve encore d'une manière plus expresse, car M. *Jaubert* détaille ces cas extraordinaires qui établissent l'adultère et l'inceste;

mais il ne fait aucune mention, ni de la preuve par témoins, ni des écrits privés.

A ces raisons ajoutons celles qui résultent des art. 342 et 335 du code civil. L'art. 342 est ainsi conçu : « un enfant ne sera jamais admis à la recherche, soit » de la paternité, soit de la maternité, dans le cas où, » suivant l'art. 335, la reconnaissance n'est pas admise ».

L'art. 335 porte, que « la reconnaisance ne peut » avoir lieu au profit d'un enfant adultérin ou inces- » tueux ».

Ainsi, un enfant qui aurait même un commencement de preuve par écrit de sa qualité de fils adultérin ne pourrait pas invoquer des témoins pour compléter cette preuve ; les tribunaux refuseraient de l'entendre, s'il venait à ce titre réclamer des alimens ; et pour dépouiller cet enfant d'une libéralité qui lui aurait été faite, sans ménagement pour la mémoire d'un parent décédé, sans respect pour une union tranquille, des parens pourraient prouver par témoins que cet enfant est le fruit d'un crime caché, d'un crime que ses auteurs ont laissé enseveli dans l'ombre !

Pourquoi ne peut-on pas reconnaître un fils adultérin ? pourquoi la recherche de la paternité est-elle interdite ? Parce que l'aveu d'un grand crime est un second crime, parce que la recherche de la paternité entraîne après elle des scènes scandaleuses ; or, ces mêmes motifs ou considérations s'élèvent contre ceux qui, pour un simple intérêt pécuniaire, voudraient être admis à prouver une chose rigoureusement improuvable par rapport au père, extrêmement difficile par rapport à la mère, mais toujours funeste à la pudeur publique. Je n'ai jamais pu lire sans horreur certains factums ou mémoires contre les adultères, et j'ose assurer que la lecture de ces mémoires, l'éclat des audiences, les commentaires dans les sociétés particulières, ont fait plus de mal aux mœurs, que la punition d'un crime privé n'a pu opérer de bien.

A toutes ces raisons on peut opposer que la loi déclare les enfans adultérins ou incestueux incapables de recevoir; or, il serait ridicule de dire qu'ils sont incapables, si leur incapacité ne pouvait être prouvée; que la loi, qui veut la fin, veut et doit nécessairement vouloir les moyens.

Je réponds, que de ce principe résulterait la conséquence rigoureuse, que l'état d'adultérin pourrait être opposé même à celui à qui son acte de naissance donne le titre d'enfant légitime, et qui a une possession d'état conforme à ce titre; et je suis bien loin d'approuver cette conséquence : donc le principe d'où elle découle n'est pas vrai en général.

D'ailleurs, ce principe serait rigoureux, si la loi ne nous indiquait pas certains cas où l'état d'enfant adultérin est reconnu et prouvé; mais il suffit qu'il y ait un de ces cas, comme celui du désaveu, d'une reconnaissance illégale, pour faire voir qu'il n'y a pas de contradiction à déclarer les enfans adultérins incapables de recevoir, et à défendre de prouver que tel enfant est le fruit de l'adultère : en un mot, le législateur frappe les enfans adultérins, et qui sont tels à ses yeux; mais il ne donne cette qualification qu'à ceux qui sont reconnus adultérins, ou par suite d'un désaveu de paternité, d'un mariage nul, ou d'une reconnaissance illégale : alors le scandale existe, le mal est fait; et ce serait un second scandale et un second mal, que de ne pas punir l'enfant de la faute même de ses pères.

On peut opposer, enfin, les dispositions de l'art. 339, ainsi conçu : « toute reconnaissance de la part » du père ou de la mère, de même que toute récla- » mation de la part de l'enfant, pourra être con- » testée par tous ceux qui y auront intérêt ».

Cet article, dit-on, permet de contester la recon-

*

naissance faite par un père, ainsi que toute réclamation faite par l'enfant ; et de là on tire deux conséquences : 1.º que la loi permet d'établir qu'un enfant
a pour père un autre individu que celui qui l'a reconnu ; 2.º que puisqu'on peut contester la réclamation de l'enfant, on doit également pouvoir lui opposer, comme moyen de contestation, qu'il est enfant
adultérin ou incestueux.

Je réponds, 1.º que cet article s'occupe de la reconnaissance des enfans naturels et de leur réclamation
en vertu de cette reconnaissance ; ce qui fait voir
que cet article est étranger aux enfans adultérins et
incestueux, en faveur desquels la loi prohibe toute
reconnaissance ;

2.º Qu'il paraît ridicule de vouloir prouver que
tel enfant n'appartient point à celui qui l'a reconnu,
mais à Jacques, et de vouloir prouver cette paternité de Jacques sans son intervention dans la cause,
sans que Jacques soit admis à se défendre et à repousser l'allégation. Dira-t-on que Jacques, et ses héritiers, s'il n'est plus, seront mis en cause?.... Mais
alors, s'il est jugé que l'enfant est celui de Jacques,
et jugé contre ce dernier, voilà la recherche de la
paternité permise contre les dispositions du code.

Ce n'est pas tout : la reconnaissance de l'enfant
naturel ne sera contestée que pour le priver de sa
portion dans les biens de celui qui l'a reconnu ; mais
supposons qu'il soit jugé que cet enfant est celui de
Jacques, qui oserait dire que cet enfant aura sur la
succession de Jacques les droits d'un enfant naturel ?

Il est donc impossible de prétendre que la reconnaissance puisse être contestée dans ce sens, que le
but de la contestation soit de prouver que l'enfant
reconnu appartient à un autre ; donc cet article ne
permet pas la recherche de la paternité.

Que la reconnaissance soit contestée dans la forme ;
qu'on l'attaque comme arrachée par violence, ou

comme surprise par dol; qu'un individu, se prétendant père de l'enfant, querelle cette reconnaissance,
pour pouvoir y substituer la sienne avec effet, cela
peut être permis : ici point de recherche de la paternité ; mais dire à un enfant, que tel qui l'a reconnu
n'est pas son père, c'est mettre en avant un fait négatif,
de sa nature improuvable, et qu'on ne peut prouver,
qu'en disant que tel autre est précisément son père ;
ce qui nous ramène toujours à cette recherche de la
paternité, absolument interdite par l'art. 340, sous
une seule exception, celle relative au cas d'enlèvement.
Vid. le discours de M. *Duverrier*, pag. 663, où il
dit textuellement, que la règle qui prohibe la recherche de la paternité n'aura que cette exception.

De ce que le susdit article 339 ajoute, que la réclamation de l'enfant naturel pourra être contestée, on
conclut qu'on peut également lui opposer qu'il est
l'enfant adultérin ou incestueux de celui qui l'a reconnu.

Mais cette conséquence n'est pas rigoureuse ; elle
ne s'évince point du texte du code, et elle est en
opposition avec son esprit : si la qualification d'enfant
adultérin ou incestueux était le seul et unique moyen
de contestation, la conséquence serait juste ; mais la
réclamation de l'enfant peut être contestée de tant
d'autres manières, soit parce que l'acte de naissance
est nul dans la forme, soit parce que cette reconnaissance aura été faite pendant le mariage de celui qui a
reconnu contre les dispositions de l'art. 337, soit parce
que pendant la vie du père il aura reçu la moitié de
ce qui doit lui revenir.

En un mot, la recherche de la paternité est interdite : voilà le principe littéralement écrit dans la loi.

Le législateur, inflexible, refuse d'entendre l'enfant
qui se prétend le fils de tel père, lors même que
celui-ci l'aurait reconnu dans mille écrits privés :
est-ce en haine de l'enfant? non ; mais il sacrifie les

intérêts de cet enfant à l'honneur du mariage, à cette pudeur publique qu'il ne faut jamais flétrir par le détail de scènes scandaleuses.

Il doit en être de même par rapport aux personnes intéressées qui voudraient prouver que tel enfant donataire est l'enfant adultérin ou incestueux du bienfaiteur : ici les mêmes motifs ordonnent le même sacrifice, la balance doit être la même ; aucune preuve de l'adultère ne doit être admise.

Sur cette question importante je ne connais que trois arrêts : le premier est de la cour d'appel de Limoges, du 31 mars 1808.

François Dubois avait institué pour ses héritiers les enfans de la femme Lemur, sa servante, qu'il qualifie dans son testament *d'enfans nés de père inconnu, et qui ont perdu leur père.*

Les héritiers collatéraux attaquent le legs universel ; ils offrent de prouver que les enfans de la Lemur sont adultérins, comme nés pendant le mariage dudit Dubois ; ils invoquent la cohabitation et les soins.

La cour d'appel admit la preuve qu'ils étaient adultérins : l'on observe que la femme de Dubois était morte depuis long-temps. Vid. *Sirey,* an 1808, pag. 162, 2.e part.

Le second arrêt est de la cour de Paris, du 6 juin 1809 : cette cour a, au contraire, décidé que les collatéraux ne pouvaient être admis à la preuve que le légataire institué était l'enfant adultérin du testateur, lors même qu'il était qualifié dans son acte de naissance, *enfant de père inconnu.*

Le troisième est de la cour d'appel d'Aix ; il a jugé que des collatéraux ne pouvaient être admis à prouver qu'un enfant qui avait la possession d'état d'enfant légitime était adultérin, pour le faire déchoir de la succession paternelle.

On observe que l'enfant avait la possession d'état d'enfant légitime ; mais que son acte de naissance était équivoque. Vid. *Sirey*, an 1809, 2.ᵉ part., pag. 310.

Ces deux derniers arrêts me paraissent conformes aux vrais principes : l'arrêt de la cour de Limoges a été rédigé avec soin ; mais je ne crois pas devoir en adopter, ni les motifs, ni le prononcé.

204. — En dernière analise, quand il s'agit d'adultère et d'inceste, la recherche, tant de la paternité, que de la maternité, est interdite ; de là la conséquence rigoureuse, que dans la vue d'établir l'incapacité d'un enfant donataire, l'on ne peut pas être admis à prouver, soit directement, soit par exception, que le donataire est l'enfant adultérin ou incestueux du donateur : tels étaient mes principes, et ils ont été depuis confirmés par la cour de cassation, le 14 mai 1810 et 14 mai 1811 : ces arrêts sont rapportés par *Sirey*, an 1810 pag. 272, et an 1814, pag. 111. La cour de cassation vient de rendre un troisième arrêt conforme. Vid. M. *Sirey*, an 1817, pag. 191.

En un mot, la loi ne voit, et ne peut voir des adultérins ou incestueux, que dans les enfans qui lui sont signalés comme tels par des reconnaissances illégales, des jugemens sur des désaveux de la paternité, ou par suite de nullité de mariages.

Je pense même qu'il faut une reconnaissance authentique ; qu'une reconnaissance privée ne suffirait pas, puisqu'aux yeux de la loi toute reconnaissance non authentique n'est pas une reconnaissance.

Depuis la cour de cassation a rendu un arrêt, le 28 juin 1815, par lequel elle a décidé que la reconnaissance même authentique d'un enfant adultérin devait être considérée comme de nul effet ; et a, en conséquence, validé une donation d'immeubles valant 85,000 fr., faite par un père à ses enfans adultérins, le motif pris de ce que la reconnaissance étant nulle, la qualité d'enfant adultérin n'existait pas aux yeux de la loi.

Je sens toute l'importance de cet arrêt, rendu après deux délibérés ; mais j'ose dire, que la reconnaissance étant authentique, et, par conséquent, ineffaçable, le scandale étant causé, il paraît plus conforme à l'esprit du code d'annuller la donation, que de la valider.

Une reconnaissance en faveur de l'enfant naturel diminue la quotité disponible à son égard, et la reconnaissance de l'enfant adultérin ne lui causerait aucun préjudice ! le crime serait avoué, et le coupable pourrait avantager les malheureux fruits de ses désordres ! ! Vid. M. *Sirey*, an 1815, pag. 329.

205. — Supposons que Jean ait la possession d'état d'enfant légitime de *Pierre*, et un acte de naissance conforme à cette possession ; que Jacques reconnaisse authentiquement ledit Jean pour son fils, et qu'ensuite il lui fasse une donation : Jean pourra-t-il recueillir ?

Je le crois, l'état des hommes est indivisible : Jean a pour lui deux titres incontestables qui établissent sa légitimité ; la réunion de ces deux titres forme la plus complète de toutes les preuves : la reconnaissance illégale faite ensuite par Jacques ne saurait porter préjudice à l'enfant ; car si les juges venaient à annuller la donation, sur le fondement de l'adultère, il serait jugé que l'enfant est en même temps adultérin et légitime ; ce qui ne peut être.

206. — Supposons que Jean n'ait pour lui que son acte de naissance qui justifie qu'il est fils de Pierre, mais sans possession d'état conforme à ce titre ; supposons, de plus, que Jacques le reconnaisse pour son fils adultérin, et lui fasse une donation ; cette donation sera-t-elle valable ? Je le crois, parce que la filiation de Pierre est prouvée par son acte de naissance, et que la reconnaissance postérieure ne peut la détruire.

207. — *Quid*, si Jean, sans acte de naissance, ou inscrit comme né de père et de mère inconnus, a la possession constante d'état d'enfant légitime de Pierre ; Jacques le reconnaissant ensuite, et lui faisant une

donation, cette donation aura-t-elle son effet? Je le crois, parce que Jean a, pour établir sa filiation, la plus sûre et la moins équivoque de toutes les preuves.

208. — L'incapacité des enfans adultérins ou incestueux n'est que relative à leurs père et mère ; ils peuvent recevoir de tous les autres, sauf et excepté de ceux qui leur ont donné le jour.

Cette incapacité des enfans adultérins et incestueux n'est pas même absolue relativement à leurs père ou mère, puisqu'ils peuvent en recevoir des alimens ; mais l'on sent que pour valider en entier la donation qui leur est faite, il ne suffit pas de la qualifier d'alimentaire ; le juge reste toujours le maître de réduire la libéralité aux alimens eu égard aux facultés du donateur.

Nous disons que l'enfant adultérin ne peut rien recevoir de ses père ou mère, si ce n'est pour alimens : il est nécessaire de se faire là-dessus des idées justes ; un enfant né d'une conjonction illicite peut être adultérin de trois manières : 1.º comme né d'une mère libre et d'un père marié ; 2.º comme né d'une mère mariée et d'un père libre ; 3.º comme né d'un père et d'une mère qui sont l'un et l'autre mariés : dans les premier et second cas l'on pourrait demander si l'enfant adultérin n'est pas au moins capable de recevoir de la part de son père libre? Non, il ne peut recevoir : le législateur n'a pas fait de distinction ; il suffit que l'enfant soit adultérin, pour qu'il ne puisse recevoir de ses père et mère, sans distinguer entre l'adultère simple et l'adultère double.

Quant aux enfans naturels reconnus, on ne peut pas rigoureusement les placer au nombre des personnes relativement incapables, car leurs père et mère peuvent leur faire des libéralités ; et ces libéralités, à quelque titre qu'elles soient faites, sortiront à effet jusques et à concurrence d'une certaine quotité que nous ferons connaître dans la suite.

Ainsi, les enfans naturels reconnus sont capables de recevoir de leurs père et mère, sauf qu'à leur égard la quotité disponible se trouve soumise à différentes modifications.

§ I V. *Les juges, leurs suppléans, les procureurs généraux et royaux, les greffiers, huissiers, avoués, défenseurs officieux, et notaires, sont incapables de recevoir les droits et actions litigieux qui sont de la compétence du tribunal dans le ressort duquel ils exercent leurs fonctions.*

209. — C'est ce qui résulte, par induction, de l'article 1597 du code, qui leur défend, à peine de nullité, de devenir cessionnaires desdits droits ; car puisque ces personnes ne peuvent pas devenir cessionnaires à titre onéreux, comment pourraient-elles le devenir à titre gratuit ? d'ailleurs, les dispositions de cet article sont dues à l'amour de la justice et à la crainte d'une trop grande influence de la part des personnes ci-dessus dénommées ; et, sous ce rapport, nous devons sans crainte les étendre d'un cas à l'autre.

Par la loi romaine il était défendu aux puissans, *potentioribus*, de se charger de la défense des procès, ou de se faire céder les actions litigieuses : la loi 1.re, au cod. *ne liceat potent. patro.*, dit expressément que les plaideurs qui chargent de leur défense les hommes en autorité doivent perdre leur cause, à titre de punition ; d'après la loi 2, cod. *hoc tit.*, le créancier cédant était puni par la perte de sa créance, sa voracité étant pleinement prouvée par la cession de son action : *si cujuscumque modi actiones ad potentiorum fuerint delatæ personas, debiti creditores jacturâ multentur, aperta enim credentium videtur esse voracitas qui alios actionum suarum redimunt exactores.*

D'après les lois 2 et 4, cod. *de litig.*, la vente et la donation de choses litigieuses étaient non-seulement nulles ; mais elles exposaient, de plus, le cédant ou donateur à une amende envers le fisc égale à la valeur de la chose donnée, dans le cas où il aurait été de mauvaise foi.

Je sais bien que, d'après les fameuses lois *per diversas* et *ab Anasthasio*, 22 et 23, cod. *mandat.*, la donation de choses litigieuses était permise, lorsqu'elle était faite sans intention d'éluder lesdites lois ; mais ces lois ne sont relatives qu'à la faculté donnée au débiteur de faire taire le cessionnaire, en lui remboursant le véritable prix de la cession ; elles ne s'occupent des cessions des actions litigieuses que sous ce rapport, abstraction faite du crédit ou de la puissance des cessionnaires : il faut donc s'en tenir aux autres lois expresses sur ce sujet, avec d'autant plus de raison, que les art. 1699 et 1700, étant basés sur lesdites lois *per diversas* et *ab Anasthasio*, ne présentent pas d'exception dans le cas où la cession du droit litigieux aurait été faite par donation.

D'ailleurs, les ordonnances de François I.er et de Charles IX, des années 1535 et 1560, ont expressément défendu les ventes et donations en faveur de tous officiers de justice de choses litigieuses pendantes en leur cour ou juridiction. Vid. *Ricard*, n.º 524 et suivans.

En un mot, d'après la loi romaine, l'ancienne jurisprudence, ainsi que d'après le code civil, les hommes en autorité, ou qui sont réputés tels, sont incapables de recevoir par donation des choses litigieuses : la loi a désigné elle-même les personnes qui sont censées à ses yeux exercer ou pouvoir exercer une trop grande influence, et ce sont les personnes ci-dessus dénommées.

La loi a également défini ce qu'elle entend par chose litigieuse dans son article 1700, ainsi conçu : « la chose est censée litigieuse dès qu'il y a procès et » contestation sur le fond du droit » : en sorte que la chose est litigieuse dès qu'elle est en litige ; ce qui est conforme à la loi 1.re, cod. *de litigiosis in auth., novelle* 112, chap. 1.er

§ V. *Simulation des actes, interposition des personnes, suggestion et captation.*

210. — Ce serait en vain que la loi aurait désigné certaines personnes comme incapables de recevoir par donation, si l'on pouvait éluder ses dispositions, soit en simulant un contrat onéreux, soit en donnant à une personne interposée, c'est-à-dire, à une personne chargée de transmettre la libéralité à la personne incapable.

Le législateur l'a prévu; et sachant que toute gêne est non-seulement pénible à l'homme, mais encore que l'esprit de fraude et de cupidité médite sans cesse la violation des lois prohibitives, il a déclaré, dans l'art. 911, que toute disposition au profit d'un incapable sera nulle, soit qu'on la déguise sous la forme d'un contrat onéreux, soit qu'on la fasse sous le nom de personnes interposées.

211. — Mais la loi entend-elle que tout contrat onéreux, passé au profit d'une personne incapable, doive être considéré comme une donation? en d'autres termes, tout contrat, même onéreux, est-il nul, parce qu'une personne incapable de recevoir par donation y figure?

Non, la loi ne prohibe que les donations; en conséquence, elle n'entend frapper que les actes qui ne seraient qu'une donation déguisée; or, le fait de cette simulation dépend des circonstances : le juge reste le maître d'apprécier si l'acte onéreux est ou n'est pas sincère; la loi s'en rapporte sur cet objet au témoignage de sa conscience : c'est ce que nous dit expressément M. *Bigot* dans son discours sur les donations, pag. 184 : « ce sera aux juges à déchirer le voile », dit M. *Jaubert*, pag. 302.

212. — Si, au lieu de donner à la personne incapable, l'on a donné à une personne interposée, la dona-

tion est nulle, susdit art. 911 ; or, quelles sont
les personnes que la loi regarde comme interposées :
ce sont les pères et mères, les enfans et descendans,
et l'époux de la personne incapable, susdit art.
911.

Ainsi, les pères et mères, les descendans et l'époux
de la personne incapable, sont frappés de la même
incapacité qu'elle.

213. — En considérant que les enfans adultérins
ou incestueux ne peuvent rien recevoir de leurs père
ou mère, ni par succession, ni autrement, on peut
soutenir que les père et mère de l'enfant adultérin
ne devraient pas être mis au nombre des personnes
interposées ; car ici tout motif d'interposition cesse,
l'objet donné ne pouvant parvenir en aucune espèce
de manière à la personne incapable.

Je réponds que le droit de successibilité respective,
ou la faculté réciproque de s'avantager ne constituent
pas seul l'interposition ; car, 1.º l'époux de l'incapable est réputé personne interposée, quoiqu'il n'existe
entr'eux aucun droit de successibilité, sauf dans le
cas extrêmement rare, et de défaut de parens successibles, et de défaut de dernière disposition.

Dira-t-on que l'époux peut donner à l'autre ?... J'en
conviens ; mais c'est là une faculté générale qui compète au premier venu, et on ne peut pas sur une simple
possibilité, sur une chance absolument éventuelle,
baser le système de l'interposition ; d'ailleurs, si l'époux
a des enfans, il est extrêmement gêné dans sa faculté
de disposer.

Dira-t-on que, par l'effet, soit de la communauté,
soit des clauses du mariage, l'époux incapable a du
moins la jouissance des objets donnés à l'autre époux ?
Cela est vrai ; mais cela ne s'applique qu'à des cas
particuliers ; et, d'ailleurs, qui empêcherait la mère
de l'enfant adultérin de laisser jouir celui-ci de la libéralité à elle faite par le père de l'enfant ?

2.º Si la successibilité ou la capacité de s'avantager entre deux personnes constituaient leur interposition, cette dernière devrait, dans les règles d'une exacte justice, se graduer sur les premières ; de manière que si l'incapable ne succédait que pour un tiers, pour un quart, etc., l'interposition ne devrait être supposée que pour ce tiers, que pour ce quart ; un exemple le fera sentir : Jean est au lit de la mort ; ne pouvant donner à son médecin, il donne au père de celui-ci, qui a quatre enfans : il semble, dans cette espèce, que le médecin ne devant recueillir dans la succession paternelle que le quart des objets donnés, la donation de Jean doit sortir à effet pour les autres trois quarts ; pourquoi, en effet, l'incapacité du docteur nuirait-elle à son père et à ses frères !!

Cependant le législateur n'a pas fait cette distinction : il annulle pour le tout la donation de Jean, 1.º parce qu'elle est supposée l'ouvrage de l'assujettissement ; 2.º parce que la quotité successive du médecin ne pouvant être fixée qu'à la mort de son père, il serait ridicule de laisser jusqu'à cette époque la donation de Jean flottante et incertaine ; 3.º parce que, outre l'usufruit que le père pourrait laisser à son fils, il pourrait encore vendre les biens donnés, et lui en transmettre le prix de la main à la main.

D'après ces considérations, il me semble que l'interposition entre deux personnes n'est pas essentiellement basée, ni sur leur successibilité respective, ni sur leur capacité réciproque de s'avantager ; que le système de l'interposition est principalement fondé sur cette considération morale, qu'aux yeux du fils et de l'époux, le bien qui est fait au père ou au conjoint est censé fait à eux-mêmes, abstraction faite de tout événement ultérieur ; d'ailleurs, la loi ne fait aucune distinction.

214. — Quoique nous n'ayons pas placé les enfans naturels reconnus au nombre des personnes relativement incapables, cependant, comme leurs père et mère

ne peuvent disposer en leur faveur que d'une certaine portion de leurs biens, il faut décider que les règles relatives à la simulation des actes et à l'interposition des personnes s'appliquent également aux enfans naturels, par rapport à ce qui excède la quotité disponible à leur égard.

Cette matière a cependant besoin d'explication ; un exemple rendra les choses plus sensibles : Pierre, père d'un enfant naturel par lui reconnu, ne peut lui donner que la moitié de ses biens ; il donne, par acte entre-vifs, à la mère de cet enfant la moitié de ses biens, et fait un testament par lequel il lègue le quart de ses biens à son fils naturel : question de savoir comment les dispositions ci-dessus doivent sortir à effet ?

Dans l'espèce, si nous nous arrêtons à la donation, nous devons décider qu'elle est valable ; car, 1.º la mère est par elle-même capable de recevoir ; 2.º la considérât-on comme personne interposée, la donation devrait également sortir à effet, puisqu'elle n'excède pas la quotité disponible envers l'enfant ; mais si nous décidons que ladite donation est valable, voyons quelles vont en être les conséquences : le legs du quart ne remplissant pas l'enfant de ses droits, se portant à la moitié, il répudiera le legs, et réclamera l'autre moitié des biens de son père ; et voilà les entiers biens de Pierre passés sur la tête de son enfant naturel et de sa mère.

Cette conséquence nous avertit que la manière dont nous avons raisonné n'est pas dans l'esprit de la loi ; revenons donc à ladite donation, et la considérant comme faite au fils naturel lui-même, nous dirons qu'elle est valable ; mais que le fils doit en imputer l'émolument sur ses droits : et comme cette donation le remplit précisément de ses droits, il ne pourra rien réclamer en vertu dudit legs, ni autrement.

On peut observer que la mère donataire a pu dissiper les biens donnés; qu'elle a pu les aliéner sans aucun profit pour son fils; que, même en cas de non disposition, le fils ne peut recueillir le tout dans la succession de sa mère, et qu'alors il paraît injuste d'imputer l'émolument de la donation sur la portion du fils : je conviens de cet inconvénient; mais il est la conséquence nécessaire du système de l'interposition, sans cela la loi serait à tous les instans éludée par des ventes dont la sincérité ne serait jamais rigoureusement prouvée, et qui le plus souvent seraient frauduleuses.

215. — En résumant nos idées sur cet objet, nous sommes conduits à ces maximes :

1.º Que quoique les concubinaires et les adultères soient par eux-mêmes capables de recevoir, néanmoins s'il existe des enfans résultant du concubinage ou de l'adultère, et que l'état de ces enfans soit légalement prouvé, les concubinaires et les adultères sont soumis, par rapport à la capacité de recevoir, aux mêmes règles que leurs enfans;

2.º Que tout ce que les pères, mères, descendans et époux des enfans naturels, adultérins ou incestueux ont reçu, doit être rapporté par ces derniers, et imputé sur leurs droits, comme si la chose leur avait été directement donnée.

216. — Le père qui a donné entre-vifs à son fils naturel ou adultérin peut-il demander lui-même la nullité ou réduction de sa libéralité? non, ce droit ne compète qu'à ses héritiers. Quant à la réduction, l'on voit qu'elle ne peut avoir lieu qu'au décès, attendu que la masse d'après laquelle les droits doivent être fixés ne peut être connue qu'à cette époque; or, si le père ne peut pas demander la réduction de son don, comment pourra-t-il en demander la nullité? Quant à la donation faite à l'enfant adultérin, je pense également que son père ne peut pas en demander

la

la nullité, comment pourrait-il invoquer une loi par lui-même violée ?

217. — Les adultères étant capables de recevoir de leur chef, supposons qu'après la donation faite à l'adultère, l'enfant adultérin meure avant le donateur, la donation sortira-t-elle à effet ?

Le droit de demander la nullité de cette donation ne compétant qu'aux héritiers du donateur, il en résulte que la susdite donation est valable. Sur quel motif, en effet, annullerait-on la donation ? sur la présomption d'interposition ? Mais cette supposition ne peut plus être faite, puisque, par son prédécès, la personne incapable ne peut plus recueillir. Vid. la loi dernière, § 1.er, ff *de h's quæ ut indig. auf.*, qui valide une disposition chargée de fidéicommis, nulle dans le principe, à cause de l'incapacité du fidéicommissaire, si ce dernier meurt avant l'auteur de la disposition : si, *vivo testatore, discesserit is cui illicitè legatum relictum erat, non fisco hoc vendicatur, sed apud eum à quo relictum est remanet.*

Dans tout ce que nous avons dit, nous avons supposé, comme une volonté constante, que les concubinaires et les adultères sont par eux-mêmes capables de recevoir.

Leur capacité est généralement reconnue ; et il est impossible de la contester, puisque, d'un côté, la loi déclare (art. 902) « que toutes personnes peuvent » recevoir par donation entre-vifs et par testament, » excepté celles que la loi en déclare incapables »; et que, de l'autre, le code ne place pas les adultères, ni les concubinaires au nombre des personnes incapables ; en un mot, l'incapacité est une exception : or, cette exception doit être écrite ; mais, on le répète, la loi garde le silence sur l'incapacité des concubinaires ; donc ils sont capables de recevoir.

Telle est l'opinion de M. *Merlin.* Vid. le répertoire de jurisprudence, *verb.* concubinage, et ses questions de droit, *eodem verb.*

Telle est aussi la jurisprudence des cours d'appel ; l'on peut citer l'arrêt de la cour d'appel de Nimes, du 29 thermidor an 12 : « considérant, y est-il dit, que l'art. 132 de l'ordonnance de 1629 n'a pas » été constamment suivi par les anciens tribunaux ; » que la jurisprudence a varié sur l'admissibilité de » la preuve vocale du concubinage ; qu'on a quel- » quefois exigé un commencement de preuve par » écrit ; qu'on a été sur-tout beaucoup plus réservé » à l'admettre, lorsque les concubins ou l'un d'eux » étaient engagés dans les liens du mariage, et que » la preuve tendait, par conséquent, à constituer un » adultère et à troubler la paix du mariage » ;

« Que le code civil traite de la capacité de disposer » et de recevoir, et que dans l'énumération des per- » sonnes à qui cette capacité est refusée, on ne trouve » pas celles qui vivent en concubinage ».

L'arrêt de la cour d'appel de Turin, du 7 juin 1809, rendu dans une espèce très-favorable aux héri- tiers légitimes, et qui néanmoins furent déboutés de leur demande en nullité du legs fait à Antoinette Elma, quoique son adultère fût reconnu.

On peut opposer à ces arrêts, 1.º celui de la cour d'appel de Besançon, du 25 mars 1808 ; 2.º celui de la cour d'appel de Grenoble du mois de janvier 1812 : le premier est rapporté par M. *Sirey*, an 1809, 2.ᵉ part., pag. 14, et le second, an 1813, 2.ᵉ part., pag. 11.

Voici l'espèce de l'arrêt de la cour de Besançon : le sieur Ebaudy, nonobstant les liens du mariage, avait eu des liaisons intimes pendant quatre ans avec la femme divorcée Haspel, née Verchot : celle-ci engage Ebaudy à souscrire en sa faveur des obliga- tions privées pour 30,000 fr. à diverses échéances ; les obligations furent souscrites au profit de personnes interposées ; et notamment de la demoiselle Jeaunon.

Ebaudy se plaint d'escroquerie ; la Verchot et la demoiselle Jeaunon sont arrêtées : elles nient l'escroquerie ; mais le concubinage est avoué comme réel, et comme ayant été la cause des billets.

Ebaudy fait des sacrifices, certains billets lui sont rendus, et les poursuites sont assoupies.

Restaient deux billets de 5000 fr. entre les mains de la demoiselle Jeaunon : Ebaudy réclame ces deux billets par action civile ; la demoiselle Jeaunon répond qu'elle en a fourni la valeur à la Verchot, au profit de qui ils avaient été faits ; elle se prévaut, d'ailleurs, de ce que les billets exprimaient qu'Ebaudy en avait reçu la valeur de la Verchot.

Jugement de première instance, qui condamne la demoiselle Jeaunon à rendre les deux billets à Ebaudy.

Sur l'appel, arrêt confirmatif......; les motifs de l'arrêt sont en substance :.... « que ces billets ont été ᴉ le prix des faveurs accordées par la Verchot au ᴉ sieur Ebaudy ; qu'une semblable cause était illicite, ᴉ comme contraire aux mœurs, et d'autant plus contraire, qu'Ebaudy était engagé dans les liens du ma- ᴉ riage ; que conséquemment les billets fondés sur ᴉ cette cause sont sans effet, suivant les dispositions ᴉ des art. 1131 et 1133 du code civil ».

Cet arrêt a jugé deux choses bien essentielles : 1.º qu'une donation déguisée faite à une concubine était nulle ; 2.º que l'auteur du don était recevable à alléguer sa propre turpitude pour faire annuller ses obligations.

Remarquons que la cour d'appel ne s'est pas fondée sur l'incapacité générale des concubinaires et des adultères ; elle a seulement invoqué deux articles du code relatifs aux obligations, qui portent qu'une obligation sur une cause *illicite* est nulle, et que la cause est *illicite* quand elle est contraire aux lois ou aux mœurs.

Mais observons que si tout don entre concubinaires était considéré aux yeux de la loi comme dû à une cause illicite, le législateur serait tombé dans une contradiction évidente, en permettant les dons exprès entre concubinaires, et en annullant les dons déguisés : sans doute, si une obligation était expressément causée sur le concubinage ; si un écrit portait d'une part l'obligation de consentir ou de faire une action honteuse, et de l'autre de payer cette funeste complaisance, l'acte serait nul ; la cause d'une pareille obligation serait illicite, et l'on devrait lui appliquer les dispositions des susdits articles 1131 et 1133 du code ; mais si la cause honteuse n'est pas mentionnée dans l'obligation ; si elle est seulement présumée d'après des présomptions plus ou moins pressantes, l'acte doit sortir à effet, lors même que le concubinage serait prouvé ; car si le concubinaire est capable de recevoir de son complice, il faut considérer les actes souscrits entre concubinaires comme entre toutes autres personnes, et la nullité de ces actes ne peut être prononcée que d'après les règles générales relatives à la validité des obligations.

Si l'on attaque l'acte souscrit comme l'ouvrage du dol et de la fraude, comme le résultat d'une captation criminelle : dans ce cas la circonstance du concubinage pourrait ajouter aux moyens de captation ; mais il faudrait toujours que ce concubinage fût constant, car pour corroborer des moyens de suggestion, l'on ne peut être admis à prouver, ni le concubinage, ni l'adultère.

L'arrêt de la cour de Besançon peut être juste, d'après les circonstances de la cause ; mais n'en tirons pas cette conséquence, qu'une obligation faite à une concubine soit nulle du moment que sa simulation est reconnue : cette obligation doit être jugée comme une donation faite à la concubine, et l'une et l'autre doivent valoir, parce que les concubinaires peuvent mutuellement s'avantager.

Passons à l'arrêt de la cour d'appel de Grenoble : en voici l'espèce.

Le sieur Barbier, marié, et père de sept enfans, vivait notoirement en concubinage avec la femme Rouquette.

En 1807 il souscrivit trois billets de 1000 fr. au profit de la concubine ; il fit son testament, et chargea son fils aîné, son légataire en la portion disponible, de lui servir une rente viagère de 400 fr.

Barbier meurt : ses enfans demandent la nullité du legs et des billets.

Jugement de première instance qui prononce la nullité ; arrêt confirmatif. « La cour, considérant » qu'il est établi en fait que Jeanne Rouquette, à » peine sortie du dépôt de mendicité, est venue habi-» ter avec le sieur Barbier ; qu'il est également établi » en fait que Jeanne Rouquette a successivement » accouché de quatre enfans chez le sieur Barbier, » suivant les déclarations qu'il a faites lui-même à » l'officier de l'état civil ; qu'il est constant en fait » que Barbier était marié, et père de sept enfans ; que » son épouse et ses enfans ont été obligés de quitter » le domicile du sieur Barbier » ;

« Que dans ces circonstances il ne s'agit pas d'or-» donner des preuves qui se trouvent acquises au » procès » ;

« Qu'il est de même établi que Jeanne Rouquette » n'avait pas les moyens de fournir la valeur des trois » billets dont s'agit ; que ces billets sont évidemment » simulés » ;

« Considérant, d'ailleurs, qu'ils auraient une cause » illicite et contraire aux mœurs, de l'aveu même » de Jeanne Rouquette, qui voudrait les faire consi-» dérer comme une donation, et qu'ils doivent être

» annullés, conformément aux art. 1131 et 1133 du
» code » ;

« Considérant, à l'égard du testament, que la con-
» dition imposée par le sieur Barbier à son fils aîné,
» de payer à la fille Rouquette une pension annuelle
» et viagère de 400 fr., est une condition contraire
» aux bonnes mœurs et à l'ordre public; qu'elle doit
» alors être réputée non écrite, conformément à l'art.
» 1172 du code; considérant, au surplus, que la
» succession du sieur Barbier est peu considérable;
» qu'il n'est pas possible de se dissimuler combien
» la fille Rouquette a outragé les mœurs ».

Il serait difficile de ne pas applaudir à l'esprit de
décence qui a dicté cet arrêt; mais, dominés par des
intentions pures, influencés peut-être par les anciens
principes, les magistrats qui ont rendu cet arrêt n'ont-
ils pas, jusqu'à un certain point, excédé les bornes
du pouvoir judiciaire? Que la femme Rouquette ait
outragé les mœurs, qu'elle soit coupable, il est impossible de le contester; mais son adultère étant
constant, est-elle incapable de recevoir une donation
expresse ou simulée de la part de son malheureux complice? voilà le point à décider. Mais si cette question
a été décidée par le législateur lui-même; si le législateur a dit que les concubinaires, que les adultères
peuvent s'avantager; si cette volonté du législateur
est claire, et résulte sans équivoque du texte de la
loi, il faut se taire; il faut que le magistrat imite le
législateur, et que, comme lui, il jette un voile sur
les faiblesses des hommes et sur les motifs de leurs
libéralités.

Il faut donc décider que les concubinaires peuvent
s'avantager, soit par donation expresse, soit par donation simulée; mais, répétons-le, s'il existe des enfans
résultant du concubinage ou de l'adultère, et que
l'état de ces enfans soit prouvé d'après les règles que
nous avons établies, les adultères et les concubinaires

sont soumis, par rapport à la capacité de recevoir, aux mêmes règles que leurs enfans; parce qu'alors les père et mère sont, relativement à l'enfant, considérés comme personnes interposées. Telle est aussi l'opinion de M. *Grenier*, n.º 148 de son traité des donations; et c'est ce que la cour de cassation a textuellement décidé dans son arrêt rapporté par M. *Sirey*, an 1813, pag. 361. Vid. cet arrêt.

218. — L'incapacité des personnes réputées interposées est-elle fondée sur une présomption légale contre laquelle on ne puisse opposer aucune espèce de preuves ?

L'art. 911 du code dit : *seront réputées*; il ne dit pas, *pourront être réputées*; ce qui aurait été facultatif : d'où il semble résulter que le juge doit toujours, et dans tous les cas, réputer lesdites personnes comme interposées.

Cependant les orateurs du gouvernement et du tribunat disent à peu près le contraire. M. *Bigot*, pag. 184, s'explique ainsi : « on a désigné les personnes » que les juges *pourront toujours* regarder comme » interposées, ce sont les pères et mères, etc. ». M. *Bigot* dit *pourront*, et non *devront*; ce qui est bien différent, et qui induit à conclure que c'est facultatif par rapport au juge.

M. *Jaubert* s'exprime ainsi, pag. 303 : « seront » réputées ,...... c'est-à-dire, qu'alors la nullité de la » disposition devra être prononcée, sans que les héri- » tiers aient besoin de faire aucune autre preuve ; cette » présomption légale ne pourra être renversée que » par des preuves positives, directes et irrécusables ».

Ainsi, l'on voit que M. *Jaubert*, tout en disant que c'est par une présomption légale que certaines personnes sont réputées interposées, permet néanmoins de détruire l'effet de cette présomption par des preuves positives et irrécusables.

Mais quelles seraient ces preuves ? Des services

rendus par les donataires qu'on présente comme personnes interposées pourraient faire croire que la donation est plutôt due à un motif de reconnaissance qu'à un esprit de fraude ; mais ce n'est encore là qu'une présomption, et nullement une preuve irrécusable : cette dernière preuve serait bien difficile à trouver.

Je crois donc qu'il faut s'en tenir au texte de l'art. 911 ; et puisque cet article nous dit que telles personnes *seront* réputées interposées, nous devons soutenir que la loi ne laisse sur cet objet aucune latitude au juge, qu'aucune preuve de la non-interposition ne peut être admise ; qu'en un mot, l'interposition est ici prouvée par une présomption de la loi contre laquelle aucune preuve ne peut être reçue, d'après les termes précis de l'art. 1352 du code civil. Vid. cet article, et l'arrêt de la cour de cassation rapporté par M. *Sirey*, an 1813, pag. 361.

Cette conséquence, j'en conviens, est contraire aux dispositions des lois romaines ; mais elle est conforme à la jurisprudence attestée par *Ricard*. Vid. ce savant auteur, part. 1.re, chap. 3, sect. 16, et notamment n.° 745, avec lui n.° 741 ; nous devons également observer que les déclarations ou renonciations que pourrait faire la personne incapable pour répudier la libéralité ne sauraient la valider à l'égard de la personne réputée interposée.

Je conviens, de plus, que le système d'après lequel le juge resterait le maître de réputer l'interposition pourrait servir à corriger ce que la loi peut présenter de sévère dans ses résultats, d'après les exemples posés dans les n.ºs 214 et 215 ; mais la loi me paraît proscrire ce système d'une manière si claire, qu'il est impossible de l'adopter.

219. — En disant que telles personnes doivent être réputées interposées, la loi n'entend pas exclure la preuve de l'interposition d'autres personnes ; mais par rapport à cette interposition non présumée par la loi,

les personnes intéressées doivent la prouver, soit par titres, soit par témoins, soit par les présomptions résultant des faits, qui peuvent varier à l'infini : des indices d'interposition résulteraient de la parenté entre le donataire et la personne incapable, de leur grande intimité, de la remise faite à l'incapable de la chose donnée, de l'aveu du donataire sur la vérité de l'interposition ; cet aveu serait même une preuve suffisante. Vid. *Furgole*, testamens, part. 1.re, n.º 257.

Si ces indices n'étaient pas suffisans pour prouver l'interposition, les personnes intéressées pourraient faire entendre catégoriquement le donataire, et lui déférer même le serment décisoire. Vid. *Furgole*, testamens, n.º 262.

220. — Les fruits et les intérêts des choses données par interposition à une personne incapable sont dus avant la demande. *Leg.* 18, ff *de his quæ ut indig. auf.* Cette décision, basée sur l'équité, doit être encore suivie : le possesseur ne fait les fruits siens que quand il est de bonne foi ; or, la bonne foi ne se trouve pas là où la fraude préside. Vid. l'arrêt de la cour de cassation rapporté par M. *Sirey*, an 1817, pag. 372.

221. — Ce que nous avons dit par rapport à la simulation des actes et à l'interposition des personnes s'applique principalement aux incapacités relatives.

Quant aux incapacités absolues, nous devons observer que la fraude par interposition de personnes ne peut être présumée, parce que l'incapable ne peut pas plus recevoir de Pierre que de Jacques ; ainsi, les pères, mères, les descendans et l'époux du mort civilement et de l'étranger peuvent recevoir, quoique le mort civilement et l'étranger en soient incapables ; l'interposition ne peut être ici présumée, parce qu'aucun motif de la loi ne peut s'y rencontrer.

La filiation des idées nous conduit à parler de la suggestion et de la captation : l'on sait que rien n'était plus commun dans l'ancienne jurisprudence que les procès sur cette matière; il faut en convenir, le testament étant l'expression solennelle de la volonté du testateur, la suggestion et la captation vicient cette volonté, et, sous ce rapport, le vice de captation est le plus essentiel et le plus radical de tous les vices, puisque son résultat est de substituer une volonté étrangère à celle du testateur.

Le vice de captation se rencontre le plus souvent dans les testamens faits dans les derniers momens de la vie; alors l'empire de ceux qui entourent le vieillard ou le malade augmente avec sa faiblesse; alors l'homme ne peut plus, il n'ordonne plus, il est trop souvent le jouet des passions de ceux qui l'entourent.

La donation entre-vifs pouvant être faite *in extremis*, et aucun délai de survie n'étant exigé pour la validité de cet acte, l'on sent qu'aujourd'hui une donation peut, comme un testament, être l'ouvrage de la suggestion et de la captation : la chose est possible, et l'expérience nous apprend que la trompeuse cupidité n'entoure les mourans que pour s'enrichir de leurs dépouilles.

Sur cette matière il est deux questions : la première relative au fait de savoir si le nouveau code permet d'arguer une donation de nullité sur le fondement de la suggestion et de la captation ; la deuxième consiste à bien définir ce que la loi entend par suggestion capable de vicier l'acte auquel elle donne naissance.

Sur la première question nous devons dire, que le moyen de nullité résultant de la captation est consacré par le code civil : l'orateur du gouvernement, dans son discours sur les donations et testamens, le dit d'une manière textuelle; d'ailleurs, dans un testament, comme dans une donation, il faut, pour ainsi dire, dans la personne qui donne une surabondance de volonté ; or, l'art. 1109 du code, relatif aux contrats, où il faut une moindre volonté, nous apprend qu'il n'y a pas de consentement s'il est surpris par dol.

Tenons donc pour certain, que l'action en nullité fondée sur la captation subsiste encore ; telle est l'opinion de M. *Merlin*, dans son répertoire de jurisprudence, *verb. ab irato* ; de M. *Grenier*, n.º 143 de son traité des donations et des testamens : ce dernier auteur rappelle trois arrêts des cours de Grenoble et de Bruxelles, qui ont admis la preuve des faits de suggestion et de captation.

La jurisprudence est constante sur ce point.

Passons à la deuxième question, et examinons le caractère que doit avoir la captation pour opérer la nullité de l'acte : avec un peu de réflexion l'on s'aperçoit que la volonté de l'homme est toujours déterminée par quelque motif ; ainsi, celui qui donne a ou croit avoir de justes raisons qui déterminent son bienfait ou sa préférence : quels motifs ont le plus souvent déterminé sa volonté ? Ces motifs sont souvent cachés, imperceptibles, particuliers à celui qui en a été touché ; souvent même le donateur ne peut se définir à lui-même les motifs de sa bienveillance. Dira-t-on que le donateur, en donnant, agit par amitié ? mais je demanderai compte à mon tour des causes et des motifs de cette amitié ; je chercherai, enfin, cette cause première du bienfait ; mais le plus souvent mes recherches seront vaines et inutiles.

Quand je vois le bienfaiteur et la personne avantagée ; quand je rappelle, ou leur parenté, ou leur ancienne et constante liaison, je vois en même temps, et le bienfait, et la cause du bienfait ; mais cet aperçu peut encore me tromper : la personne avantagée peut avoir employé auprès du donateur certains moyens pour s'attirer les effets de sa bienveillance.

Ces moyens employés par le donataire peuvent être de deux espèces : ils peuvent consister en offices, en caresses, en présens, ou démonstrations d'amitié envers le donateur ; ils peuvent consister encore en moyens artificieux, en calomnies, soit contre les héritiers légitimes, soit contre un ami.

Si les premiers moyens seuls ont été employés ; si, aux caresses, aux services, aux présens, l'on a même ajouté les invitations, les prières, pour obtenir le don, la captation peut être honteuse, horrible aux yeux du philosophe et du moraliste ; mais elle ne peut vicier le bienfait aux yeux du législateur. Le législateur dirait : je ne puis descendre au fond de la pensée de celui qui fait des présens, et qui rend des services : je ne puis deviner les motifs qui le déterminent ; mais je vois l'action, jugée par elle-même cette action n'est pas criminelle, personne ne peut se plaindre d'un bienfait ; qu'importe que cette action ait été au fond déterminée par l'intérêt : ce motif ne peut dénaturer l'action, et les passions des hommes ne pouvant être ni changées, ni détruites, ce serait une grande faute que de ne pas diriger l'esprit de cupidité et d'ambition vers des actions louables en elles-mêmes, et utiles à celui qui a besoin d'appui ou de secours.

En faveur de ces principes l'on peut invoquer la loi 5, ff *si quis aliquem testari prohibuerit.*

« Un mari, dit cette loi, n'avait employé ni dol,
» ni violence pour empêcher sa femme, qui avait
» changé de volonté, de faire un codicille à son dés-
» avantage ; mais il avait, comme d'ordinaire, employé
» des démonstrations de tendresse pour calmer son
» épouse : j'ai répondu qu'il n'avait fait en cela aucun
» crime, et qu'on ne pouvait le priver de la libéra-
» lité qui lui avait été faite dans le testament ». On peut encore invoquer la loi dernière, cod. *eodem titulo*, qui porte, que ce n'est pas un crime de provoquer la dernière volonté d'une femme par des discours où règne la tendresse maritale : *uxoris judicium postremum in se provocare, maritali sermone, non est criminosum.*

Mais si le donataire a employé auprès du donateur des moyens illicites par eux-mêmes, indépendamment du motif qui les a suggérés ; s'il s'est permis,
par exemple, des calomnies contre les héritiers légitimes du donateur ; s'il a fait à ce dernier des faux
rapports sur leur compte ; s'il les a éloignés de sa
maison ; s'il a tenu le donateur comme en chartre
privée, alors il y a captation, et captation criminelle,
qui opère la nullité de la donation.

Si un mari, dit *Dumoulin*, tient sa femme enfermée
chez lui, et ne laisse pas approcher d'elle ses parens et
ses amis pour être présens lorsqu'elle fait son testament, et que, profitant de cet éloignement, il emploie
toutes sortes de caresses et de flatteries auprès de son
épouse pour l'engager à le nommer héritier, dans ce
cas, dit *Dumoulin*, ces discours et actions du mari
sont infectés de dol. Vid. *Dumoulin*, sur le titre du
code *si quis aliquem testari prohibuerit*.

Furgole, dans son traité des testamens, chap. 5, sect.
3 ; s'exprime en ces termes : « les présens, les affections
» vraies ou simulées, les services, les complaisances,
» les caresses, les prières, dans la vue d'attirer les libé-
» ralités, n'ont pas, à la vérité, toute la pureté d'inten-
» tion, et ne sont pas louables, à cause du motif d'in-
» térêt sordide qui en est le mobile ; mais ces voies
» ne sont pourtant pas déclarées illicites, parce qu'elles
» n'ont pas une liaison nécessaire avec le dol et la
» fraude ; ce sera tout au plus ce qu'on appelle *dolus*
» *bonus*, qui ne doit pas nuire à celui qui le met en
» usage.

« D'où il suit, ajoute *Furgole*, que la suggestion
» n'est un moyen de cassation des dispositions, qu'autant
» qu'elle rend la disposition involontaire, qu'elle est
» fondée sur le dol ; et que la preuve des faits de sug-
» gestion n'est recevable que quand ils tendent à la
» preuve du dol, c'est-à-dire, que les dispositions ont
» été surprises par des inspirations et des suggestions

» artificieuses et frauduleuses : *falsæ et dolosæ sug-*
» *gestiones* ».

Tenons donc pour certain, comme le disent les
auteurs du répertoire de jurisprudence, que la seule
suggestion capable de vicier un acte de libéralité est
celle qui porte un caractère de dol et de fraude.

On peut voir sur cette question *Ricard*, part. 3,
chap. 1.er ; *Furgole*, des testamens, chap. 5, sect. 3,
et *Danti* sur *Boisseau*, chap. 16, n.º 78 et suivans.

Par quels moyens pourra-t-on prouver la suggestion frauduleuse? suffira-t-il d'articuler des faits bien
précisés, et d'en offrir la preuve par témoins? ou la
preuve par témoins ne sera-t-elle admise que dans le
cas d'un commencement de preuve par écrit, ou de
présomptions graves résultant de faits déjà constans?
Sur ces points l'ancienne jurisprudence était incertaine et vacillante. Vid. le répertoire de jurisprudence, *verb.* suggestion. Je pense que, d'après le code, il
suffit d'articuler les faits, et d'en offrir la preuve par
témoins ; en effet, la preuve par témoins est admise
toutes les fois qu'il n'a pas été possible de se procurer
une preuve écrite de la chose que l'on veut prouver
(article 1348 du code.); or, comment le donateur ou
ses héritiers pourraient-ils se procurer une preuve écrite
de ces machinations frauduleuses, de ces discours calom-
nieux, de cette suggestion, enfin, qui n'est telle que
parce qu'elle n'a pas été aperçue? « La loi, dit M.
» *Daguesseau*, dans son 58.e plaidoyer, n'a jamais
» prétendu réduire les hommes à l'impossible ; or,
» comme celui qui se plaint de la suggestion n'a pu
» obliger celui qu'il accuse de lui en fournir une preuve
» par écrit, il est absolument hors de l'esprit de l'or-
» donnance de *Moulins*.

» Par-tout, ajoute-t-il, où il y a du crime *cessat*
» *lex, non est malitiæ hominum indulgendum*, et la
» loi n'a garde de favoriser les crimes, en retranchant
» de la société la seule voie par laquelle ils peuvent

» être connus » ; je pense cependant que les juges restent les maîtres, d'après les circonstances, de rejeter
ou d'admettre la preuve vocale de la suggestion.

Une grande preuve de suggestion résulterait de
l'habitude où serait le donataire de visiter les malades
et les vieillards, et de capter leur confiance par des
misérables services et par des soins qui annoncent
moins la charité, que la bassesse et la cupidité de
celui qui les prodigue ; il faut cependant distinguer le
sexe du donataire : tel soin qui, de la part d'une femme,
ne sera que l'effet de la charité et de la bienfaisance,
serait de la part d'un homme une grande preuve de
bassesse ; or, si à ces services se joignent des machinations frauduleuses, la caption sera prouvée.

CHAPITRE V.

DE L'ÉPOQUE OU L'ON CONSIDÈRE LA CAPACITÉ DU DONATEUR ET DU DONATAIRE.

§ I.er *Époque de la capacité du donateur.*

222. — Nous avons dit qu'une donation peut être faite ,

Ou purement ,

Ou sous une condition suspensive ,

Ou sous une condition résolutoire.

Quant à la donation pure, l'on voit par la seule définition de la donation , qu'il suffit que le donateur soit capable de disposer lors de la donation : comment un consentement valide et efficace lors de l'acte pourrait-il cesser de l'être !

Il en est de même par rapport à une donation sous condition résolutoire ; car cette donation produisant son effet du moment même de sa confection , il suffit que le donateur soit capable dans ce moment ; qu'importerait , d'ailleurs , la capacité ou l'incapacité du donateur lors de l'accomplissement de la condition résolutoire ? rien absolument, rien : la condition prévue s'accomplissant , la résolution de la donation aurait également lieu , quelle que soit la capacité du donateur.

223. — Si nous faisons attention que toute condition qui s'accomplit a un effet rétroactif au moment de l'acte , nous déciderons également , que par rapport à la donation sous condition suspensive, il suffit que le donateur soit capable lors de la donation ; et que la

donation

donation n'en serait pas moins valable, lors même que le donateur, capable lors de l'acte, aurait cessé de l'être lors de l'accomplissement de la condition.

224. — Le concours de la volonté du donateur et du donataire constituant la donation, il faut observer que s'il s'agit d'une donation hors contrat de mariage, qui ne peut valoir sans acceptation expresse, et que cette donation n'ait pas été acceptée par le donataire, il faut, dans cette hypothèse, non-seulement que le donateur soit capable lors de la donation par lui faite, mais encore lors de l'acceptation du donataire; ce qui prouve, d'ailleurs, cette vérité, c'est que l'acceptation ne peut pas être faite après le décès du donateur.

225. — L'acceptation étant faite par un acte séparé, et hors la présence du donateur, faut-il que celui-ci soit capable, non-seulement lors de l'acceptation, mais encore lors de la notification qui lui est faite de la donation?

Il semble, au premier coup d'œil, qu'il suffit que le donateur soit capable, et lors de la donation, et lors de l'acceptation séparée; car le contrat de donation s'est formé par le concours du consentement du donateur et du donataire, n'importe que le consentement de celui-ci fût encore inconnu au donateur.

On peut invoquer l'article 932, qui porte : « l'acceptation pourra être faite, du vivant du donateur, par » acte postérieur et authentique, dont il restera minute; » mais alors la donataion n'aura d'effet *à l'égard du* » *donateur* que du jour où l'acte qui constatera *cette* » *acceptation lui aura été notifié* ».

Ces mots, *à l'égard du donateur*, semblent prouver que la notification n'est pas nécessaire pour valider la donation à l'égard des héritiers du donateur ou de tous autres qui auraient traité avec lui à titre gratuit; cela me paraît encore résulter de ce que dit M. *Jaubert* dans son discours sur les donations, pag. 317 : « la

*Tom. I.*er 12

» notification, dit-il, est une précaution sage, qu'on ne
» retrouve pas dans les anciennes lois ; mais qui néan-
» moins est bien nécessaire, pour empêcher que le dona-
» teur ne soit personnellement victime des transactions
» qu'il aurait faites dans la croyance qu'il n'était pas
» engagé ».

La notification ne tient donc pas à l'essence de la
donation ; elle est seulement un avertissement nécessaire, pour empêcher le donateur ou ses héritiers de
disposer de la chose donnée.

Donc, toutes les fois que, par le défaut de notification,
le donateur ne se trouve pas en perte ; toutes les fois,
en un mot, que dans l'intervalle de l'acceptation à la
notification il n'a pas disposé de la chose donnée à titre
emportant garantie contre lui, le défaut de notification ne saurait vicier la donation ; car les termes d'une
loi, et sur-tout ses dispositions pénales, ne doivent pas
être étendues au delà de son esprit.

D'ailleurs, *posteriores leges ad priores conveniunt,
nisi contrariæ sint ;* or, d'après les anciens principes,
l'acceptation séparée produisait son effet dès son
existence, et à l'insçu même du donateur: il doit en être
de même aujourd'hui ; la notification n'est ordonnée
que pour prévenir le préjudice que le donateur pourrait éprouver, en disposant avant la notification de la
chose donnée ; donc, toutes les fois qu'il n'y a pas de
disposition emportant garantie contre lui, les effets
de la notification doivent cesser ; l'on peut même dire
que, sous ce rapport, elle n'est plus nécessaire.

On peut répondre que les termes de l'art. 932 sont
clairs ; qu'il en résulte qu'avant la notification il n'y
a pas *de donation à l'égard du donateur :* donc, s'il
n'y a pas de *donation* par rapport à *lui*, il n'est pas
dépouillé, il demeure propriétaire ; or, s'il n'est pas
dépouillé, son droit passe à ses héritiers quels qu'ils
soyent ; s'il n'est pas dépouillé, enfin, avant la *notification*, il faut nécessairement que lors de cette notifica-

tion, le donateur soit capable de disposer ; car le dépouillement qui s'opère alors n'est que le résultat du concours de la volonté du donateur et du donataire.

S'il en était autrement, il en résulterait que la notification pourrait être faite avec effet aux héritiers du donateur jusqu'à ce qu'eux-mêmes eussent disposé à titre onéreux de la chose donnée ; mais le texte du susdit article nous dit expressément, que l'acceptation doit être faite du vivant du donateur, et que la notification de l'acceptation séparée doit être faite au donateur lui-même. Cet article prouve qu'il n'était pas dans la pensée du législateur que la notification de l'acceptation pût être faite utilement aux héritiers ; car si le législateur avait eu cette pensée, il faudrait dire que le susdit article aurait été rédigé avec peu de soin.

Les mots, *à l'égard du donateur,* qu'on trouve dans le susdit article, repoussent absolument le premier système ; car s'il eût été dans l'intention du législateur d'ordonner la notification dans l'intérêt seulement de ceux qui pourraient traiter avec le donateur, l'article aurait été ainsi conçu : « l'acceptation pourra être faite » du vivant du donateur par un acte postérieur et » authentique, dont il restera minute ; mais alors la » donation n'aura d'effet à l'égard des tiers qui auraient » *traité avec le donateur* que du jour où l'acte qui » constatera cette acceptation lui aura été notifié ».

Mais c'est *à l'égard du donateur,* et non *à l'égard des tiers,* que la donation ne produit pas d'effet ; et il le fallait ainsi, parce que la notification est un acte pour ainsi dire clandestin, qui ne peut être connu que de celui à qui on l'adresse.

Forcé par ces raisons, je crois que le donateur doit être capable lors de la donation, lors de l'acceptation par acte séparé, et lors de la notification qui lui est faite.

Il ne suffirait pas d'être capable, et lors de la donation , et lors de la notification ; car la notification ne constitue pas l'acceptation , elle n'est pas par acte authentique dont il reste minute ; il faut donc encore la capacité du donateur lors de l'acceptation par acte séparé : en un mot , la capacité doit exister en trois temps , lors de la donation , lors de l'acceptation , et lors de la notification de l'acceptation.

226. — Ce que nous venons de dire par rapport au temps de la capacité ne doit pas être entendu d'une manière stricte et absolue ; il faut le concilier avec ce que nous avons exposé dans le chapitre relatif à la capacité du donateur.

§ II. *De l'époque où l'on considère la capacité du donataire.*

227. — Dans la donation pure ou sous condition résolutoire, il suffit que le donataire soit capable lors du don.

Il en est de même dans le cas d'une donation sous condition suspensive ; la capacité lors de l'acte suffit.

Tout cela résulte des principes ci-dessus posés , et de cette règle de droit, *non est novum ut quæ semel constituta sunt durent , quamvis iste casus stiteret à quo initium capere non potuerint.*

228. — Dans le cas d'une acceptation par acte séparé , faut-il que le donataire soit non-seulement capable lors de la donation et de l'acceptation , mais encore lors de la notification de l'acceptation ?

Je crois qu'il doit être capable dans ces trois temps ; car si jusqu'à cette notification le donateur demeure saisi, il en résulte que le donataire ne l'est pas encore ; donc, s'il meurt dans l'intervalle de l'acceptation à la notification , il ne transmet aucun droit à ses héritiers : ceux-ci ne pourront pas faire notifier son acceptation avec effet, parce que, pour que le dépouillement du donateur s'opère , il faut que le donataire se trouve là pour recevoir.

Cette conséquence est rude ; mais elle est rigoureuse : elle découle de ce principe , qu'il n'y a pas
d'acceptation valable sans notification ; or, sans acceptation point de donation.

Ainsi, nulle différence entre le donateur et le donataire par rapport aux époques relatives à leur capacité.

CHAPITRE VI.

QUELLES CHOSES PEUVENT ÊTRE DONNÉES.

229. — Tout ce qui est dans le commerce peut être donné, argument des art. 1128 et 1598 du code.

Ainsi, l'on peut donner,

Des meubles,

Des immeubles,

Des droits purs ou conditionnels, soit sous une condition suspensive, soit sous une condition résolutoire;

Les droits actuels à une chose future;

Des obligations publiques ou privées, civiles ou commerciales;

Les choses aléatoires, *jactus retis*;

Les choses litigieuses, *leg.* 22 et 23, cod. *mandat.*;

Les biens à venir, mais seulement par contrat de mariage.

Ce que nous venons de dire est purement démonstratif, *exempli gratiæ*, et nullement limitatif.

On ne peut pas donner nommément les droits qu'on peut avoir à une succession non ouverte, du consentement même de celui de la succession duquel il s'agit.

230. — On peut donner par rapport aux meubles et immeubles, ou la propriété entière, ou la nue propriété, ou l'usufruit, ou l'usage.

Et par rapport aux immeubles, l'on peut, de plus, établir par donation une servitude en faveur du propriétaire d'un autre immeuble.

CHAPITRE VII.

DE LA QUOTITÉ DISPONIBLE.

---

231. — PARLER d'une quotité disponible, c'est annoncer que tout ne l'est point, et qu'il y a une réserve.

Ainsi, les biens de tout individu sont divisés en deux portions : la première comprend les biens disponibles ; la seconde comprend les biens qui ne le sont pas, et qui forment la réserve : ces deux portions varient selon les circonstances ; tantôt la quotité disponible égale ou excède la réserve, et tantôt elle est plus petite ; mais ces deux portions comprennent tout les biens : ce qui n'est pas disponible est essentiellement réserve ; donc, quand on connaît la réserve on connaît nécessairement la quotité disponible, *et vice versâ*, parce que tout ce qui n'est pas l'un est nécessairement l'autre.

232. — A ne considérer que les droits respectifs du donateur et du donataire, il faut dire, qu'il n'y a pas à proprement parler de quotité disponible, ni de réserve ; entr'eux tout est disponible : en d'autres termes, le donateur ne peut jamais se plaindre de sa libéralité comme excessive ; il n'a aucune action pour la faire réduire, ce droit appartient seulement à ses héritiers.

Les héritiers du donateur pouvant seuls se plaindre de l'excès de la donation, il fallait bien que la quotité disponible fût graduée sur le degré et la qualité de ces héritiers, et qu'elle fût d'autant plus grande que ces héritiers étaient plus éloignés.

Sur tout cela le législateur nous a donné des règles positives dont il est impossible de s'écarter : nous allons tâcher de les tracer avec ordre ; et comme les expressions précises ajoutent beaucoup à la clarté, nous observons que par le mot *ascendans* nous entendons tous les parens en ligne ascendante, y compris les père et mère ; et par le mot *aïeuls* nous entendons les mêmes parens en ligne directe ascendante, non compris les père et mère.

233. — Règle première : *celui qui n'a ni ascendans, ni descendans peut disposer de tout*, art. 916 du code.

Ainsi, si le donateur n'a pas de parens en ligne directe ascendante ou descendante ; c'est-à-dire, s'il n'a ni père, ni mère, ni aïeuls, ni enfans, ni petits-enfans, ou autres descendans plus éloignés, il peut tout donner.

De cette règle il résulte, 1.º que celui qui a un enfant, ou un petit-enfant ou arrière-petit-enfant, ne peut pas disposer de tout ;

2.º Que celui qui a un ascendant ne peut pas également disposer de tout.

La première conséquence est rigoureuse et absolue.

Mais la seconde n'est vraie qu'avec la modification que l'on trouve à la règle suivante :

234. — Règle seconde : *celui qui a en même temps un aïeul, et un frère ou une sœur germains, consanguins ou utérins, ou quelque descendant d'un frère ou sœur germains, consanguins ou utérins, peut également disposer de tout.*

Exemple : Pierre a son grand-père et sa grand'mère ; mais il a en même temps un frère utérin, ou un neveu ou petit-neveu, ou arrière-petit-neveu descendant de ce frère ; et bien, dans cette supposition, Pierre a tout disponible.

235. — Il faut en convenir, cette décision présente quelque chose de bien extraordinaire dans ses résultats ; en effet, si Pierre n'avait que son aïeul ou son aïeule,

il serait nécessairement obligé de lui laisser le quart ; et parce qu'il a en même temps un frère germain, consanguin ou utérin, ou quelque neveu enfant de ce frère, il pourra disposer de tout ! ! Plus il existe de liens de parenté, et moins il est obligé envers ses parens ! ! comment l'existence de ce frère peut-elle nuire à l'aïeul, et le priver de sa réserve ! ! ne faudrait-il pas un texte précis pour pouvoir adopter un pareil système !

A ces raisons spécieuses, et même pressantes, l'on répond, 1.º que dans la succession *ab intestat* (art. 750 du code) le frère ou sœur, même d'un seul côté, ou les descendans d'eux, excluent les aïeux ; ainsi, si Pierre meurt, laissant un grand-père et un frère utérin, ou un neveu enfant de ce frère, sa succession appartiedra en entier à ce frère ou à ce neveu ; le grand-père n'aura rien : c'est ainsi que la loi règle l'ordre des successions.

Cela posé, remarquons que la loi sur les successions n'est que le testament présumé de celui qui n'en fait aucun ; en réglant l'ordre des successions la loi ne fait, en un mot, que suppléer au silence de l'homme, et investir ceux qu'il est censé le plus chérir.

Mais si, dans l'espèce dont il s'agit, le grand-père avait une réserve, il en résulterait cette conséquence absurde, que la loi, en tant qu'elle supplée au silence de l'homme, ferait ce que l'homme ne pourrait pas faire lui-même. Pierre dirait au législateur : si je disposais de mes biens, je serais obligé d'en laisser le quart à mon ascendant ; et parce que je n'ai pas fait de disposition, vous, législateur, qui ne devez que suppléer à mon silence, vous ne lui laissez rien ! ! Tout est disponible pour vous, et il y aurait une réserve pour moi ! Comment mon ascendant peut-il souffrir de ce que je n'ai pas disposé en faveur d'un étranger ! comment peut-il souffrir de ce que je m'en suis rapporté à la loi, pour faire le partage de mes biens !!

L'effet de la réduction d'une donation est de faire rentrer la portion réservée dans la succession du donateur ; or, le droit de demander la réduction n'appartient qu'à ceux qui ont une réserve, art. 921. Cela posé, supposons que Pierre, qui a une grand'mère et un frère consanguin, ait disposé de tous ses biens, qui pourrait demander la réduction de la donation ? Sera-ce la grand'mère ? mais l'intérêt étant la mesure des actions, pourquoi demanderait-elle une réduction dont elle ne profiterait pas !! La portion réservée rentrant dans la succession, la grand'mère n'y aurait rien à voir, puisqu'elle est exclue de cette succession.

Sera-ce le frère ? mais, par rapport à lui, tout est disponible, la réserve n'étant qu'en faveur des parens de la ligne directe.

Ainsi, nous sommes forcément conduits à cette conséquence, que celui-là a tout disponible qui a en même temps un aïeul et un frère, même d'un seul côté, ou un neveu, ou petit-neveu, ou arrière-petit-neveu, descendant de ce frère.

L'art. 915 du code civil, 2.e alinéa, vient à l'appui de cette conséquence, puisqu'il dit, « que les biens » réservés au profit des ascendans seront par eux » recueillis *dans l'ordre où la loi les appelle à suc-* » *céder* ». Donc toutes les fois qu'ils ne succèdent pas, ils ne recueillent pas la réserve.

Je conviens que les mots, *dans l'ordre*, peuvent donner lieu à différens commentaires ; je conviens même que ces mots reçoivent naturellement une interprétation qui ne conduit pas à la conséquence que nous en tirons ; mais néanmoins, nous osons le dire, cette conséquence est dans l'esprit de la loi. Vid. le discours de M. *Jaubert*, pag. 305, et celui de M. *Chabot*, pag. 69, *in notis*.

Nous pouvons donc observer que le susdit art. 915

présente une petite incorrection dans sa rédaction, et qu'au lieu de ces mots : « les biens ainsi réservés » au profit des ascendans seront par eux recueillis » *dans l'ordre où la loi* les appelle à succéder », il faut lire : « les biens ainsi réservés au profit des ascen- » dans ne seront par eux recueillis que *dans le cas* » et dans l'ordre où la loi les appelle à succéder ».

Par la même raison, dans l'art. 916, il faut ajouter *successibles*, et lire : « *à défaut d'ascendans succes-* » *sibles* et de descendans, les libéralités par actes » entre-vifs et testamentaires pourront épuiser la tota- » lité des biens ».

236. — Tout ce que nous venons de dire se réduit à ces deux maximes :

1.º Les parens en ligne directe, ascendante ou des- cendante, ont seuls une réserve ;

2.º Les aïeuls non successibles n'ont pas de réserve.

On pourrait dire, en d'autres termes :

Les parens en ligne directe descendante ont tou- jours une réserve ;

Mais les parens en ligne directe ascendante n'ont une réserve que lorsqu'ils sont successibles de celui qui a disposé.

TITRE I.er

Quotité disponible lorsqu'il y a des parens en ligne directe descendante.

237. — Lorsque celui qui a disposé a des enfans, ou des descendans d'eux, il ne faut considérer que ces enfans, sans faire aucune attention aux ascendans qu'il pourrait avoir : l'existence ou la non existence de ces ascendans ne change absolument rien à la quotité disponible ; en un mot, quand il y a des descendans, on ne considère qu'eux pour fixer cette quotité.

Nous ne parlons ici que d'enfans ou de descendans légitimes.

238. — Si le donateur n'a qu'un fils, il pourra disposer de la moitié de ses biens en faveur de qui il jugera à propos, sauf en faveur de son épouse, comme nous le dirons plus bas.

Si le donateur a perdu son fils, et qu'il ait deux, trois, ou un plus grand nombre de petits-enfans ou d'arrière-petits-enfans, il pourra également disposer de la moitié, parce que, par l'effet de la représentation, tous les petits-enfans et leurs descendans ne représentent que leur père, et ne peuvent avoir tous ensemble plus de droit que lui.

239. — Si le donateur a deux enfans, soit d'un seul, soit de deux mariages, il pourra disposer du tiers.

S'il a un enfant et des descendans d'un autre enfant prédécédé, il pourra également disposer du tiers, parce qu'en général les petits-enfans ne représentent que leur père, pour fixer la quotité disponible.

240. — Si le donateur a trois enfans, soit du même, soit de deux ou de trois mariages, vivans ou représentés par leurs descendans, il pourra disposer du quart.

Il pourra également disposer du quart, s'il a quatre enfans ou un plus grand nombre vivans ou représentés.

Il faut toujours rappeler que s'il existe des petits-enfans, tous ces petits-enfans, quel que soit leur nombre, ne sont comptés que pour leur père, qu'ils représentent.

241. — Faisons-nous des idées justes : pour fixer la quotité disponible, il ne faut pas considérer le nombre des enfans existans lors du don, mais le nombre des enfans vivans ou représentés qui se trouvent lors du décès du donateur ; en un mot, il faut toujours attendre cette époque, pour savoir si la donation excède ou non la quotité disponible.

Nous rapportant donc au décès du donateur, l'on

peut demander si l'enfant qui renonce à sa succession doit être compté pour fixer la quotité disponible.

Avant de traiter cette question, nous devons observer qu'il n'y a de renonciation proprement dite, que celle qui est faite purement et simplement au greffe du tribunal dans l'arrondissement duquel la succession s'est ouverte ;

Car, 1.º la renonciation qui est faite pour un prix est une cession ou une vente, le prétendu renonçant n'en est pas moins héritier ;

2.º La renonciation gratuite qui est faite en faveur d'un ou de plusieurs cohéritiers est une véritable donation ; or, puisque le prétendu renonçant donne ses droits, il faut dire qu'il n'y renonce pas ;

Disons mieux : il y a dans tous ces cas acceptation expresse de la succession, aux termes de l'art. 780 du code.

242. — Examinons donc le cas de la véritable renonciation, c'est-à-dire, de la renonciation expresse à la qualité d'héritier, et voyons si le renonçant doit être compté pour fixer la quotité disponible.

Je ne pense pas qu'il faille chercher la solution de cette question dans les anciens principes relatifs à la légitime, les auteurs étaient même discordans sur ces principes. Vid. *Ricard*, 3.ᵉ part., n.º 1056, et *Furgole*, des testamens, chap. 8, sect. 2, n.º 144 et suiv. ; vid. M. *Grenier*, n.º 564.

En effet, le code civil ne connaît plus que deux espèces d'héritiers : les uns ont une réserve, et les autres n'en ont pas ; mais ils sont également héritiers par rapport à la portion qu'ils recueillent. Ainsi, nous ne devons pas chercher, comme autrefois, si la légitime d'aujourd'hui, que nous appelons réserve, est *quota bonorum aut hœreditatis* ; si, enfin, l'héritier à réserve est ou n'est pas saisi, soit de la propriété, soit de la possession de ce qui doit lui revenir : toutes ces questions sont expressément résolues par la loi.

L'art. 724 nous dit, que les héritiers légitimes sont *saisis de plein droit* des biens du défunt.

Donc dès le moment du décès, et dans le même instant, et sans intervalle, les héritiers sont saisis de leur portion ; la loi les en investit, même à leur insçu : donc la portion d'un chacun est dès ce moment déterminée, et, par voie de suite, la quotité disponible se trouve fixée d'une manière certaine.

Cela posé, supposons qu'un des héritiers renonce : que deviendra la portion dont la loi l'avait saisi ? Écoutons le législateur.

L'art. 785 nous dit, « que l'héritier qui renonce » est censé n'avoir jamais été héritier ».

L'art. 786 ajoute : « la part du renonçant accroît » à ses cohéritiers ; s'il est seul, *elle* est dévolue au de- » gré subséquent ».

Par le premier de ces articles le législateur règle les effets de la renonciation par rapport au renonçant ; il veut qu'on considère le renonçant comme s'il n'avait jamais été héritier ; ainsi, il ne pourra être poursuivi par rapport aux dettes de l'hérédité.

Dans le second article le législateur s'occupe de l'effet de la renonciation par rapport aux cohéritiers du renonçant ; et le législateur nous dit, que sa *part* accroît à ses cohéritiers : d'où il résulte que le renonçant a une *part* ; or, s'il a une part, il a donc nécessairement été compté pour fixer la quotité disponible ; d'ailleurs, si le législateur avait voulu qu'on considérât le renonçant comme s'il n'avait jamais été ; s'il avait voulu, en un mot, qu'on n'en fît aucun compte, il aurait supprimé en entier le susdit art. 786, et l'art. 785 aurait été rédigé dans cette pensée : « l'héritier qui renonce est censé n'avoir jamais été héritier ; *il ne sera pas compté dans le partage de la succession* ».

De plus, la renonciation n'étant pas, comme autrefois, irrévocable, et le renonçant pouvant reprendre la succession tant qu'elle n'a pas été acceptée par d'autres, art. 790, il résulterait du système contraire à celui que nous adoptons, que la quotité disponible serait incertaine pendant trente années ; ce qui ne doit pas être.

Ainsi, l'enfant qui renonce doit être compté pour la fixation de la quotité disponible.

La part du renonçant accroît à ses cohéritiers, et, à défaut, elle passe au degré subséquent.

243. — Ces principes peuvent néanmoins faire naître des doutes dans leur application.

Exemple premier : Pierre avait fait une donation valant 36 à un étranger ; il meurt, laissant un fils et des collatéraux éloignés : le fils répudie sa succession, qui ne présente que des dettes.

Le fils étant compté malgré sa répudiation, la quotité disponible égale la moitié de 36, égale 18 : l'étranger éprouvera donc une réduction de 18 ; mais qui profitera de cette réduction ? D'après le second principe, il faudrait décider que les collatéraux en profiteront ; car la part du renonçant passe, à défaut de cohéritiers, au degré subséquent ; ce qui comprend tous les degrés successibles.

Cette décision n'est pas juste : l'enfant, malgré sa renonciation à la succession, recueille les 18 retranchés de la donation ; car il a droit à cette portion, non comme héritier, mais comme coportionnaire, comme codonataire futif de l'étranger.

Le principe qui veut que la part du renonçant accroisse à ses cohéritiers, ou passe au degré subséquent, n'est pas violé ; car ce principe n'est relatif qu'à la part dans la succession, qu'à la part des biens qui en font partie ; il est étranger aux biens qui reviennent aux enfans par voie de réduction.

Dans la solution de cette question j'ai mis en avant, que l'enfant qui renonce à la succession peut néanmoins demander la réduction des donations, et en profiter : je crois ce principe juste ; le droit de réduction et le droit à la succession sont deux droits, la renonciation à l'un n'emporte point renonciation à l'autre ; d'ailleurs, les renonciations doivent être interprétées d'une manière stricte ; de plus, *nemo præsumitur jactare suum*, et l'interprétation qui tend à ne pas priver un enfant de ses droits ne doit-elle pas être préférée ? Nous traiterons de nouveau cet objet.

244. — Deuxième exemple : Pierre a deux enfans, Jean et Joseph ; il donne 36 à Jean, et meurt sans laisser d'autres biens : Joseph renonce.

Les deux enfans étant comptés pour fixer la quotité disponible, elle sera du tiers de 36, égale 12 ; la réserve sera donc de 24 : la part du renonçant sera de 12, dont il profitera, parce que sa renonciation ne s'étend pas à ses droits comme codonataire futif.

245. — Troisième exemple : même supposition, et un enfant de plus appelé Jacques, qui accepte la succession.

Ici quotité disponible égale au quart de 36, égale 9 : réserve égale 27 ; la portion de chaque enfant égale $^{27}/_3 = 9$.

La portion du renonçant est donc 9, qu'il recueillera, et la donation sera diminuée à concurrence.

Quant au donataire qui renonce à la succession, pour s'en tenir à son don, nul doute qu'il ne doive être compté pour la fixation de la quotité disponible.

Pour fixer la quotité disponible, nous avons dit qu'il faut compter tous les enfans qui se trouvent vivans ou représentés lors du décès du donateur ; mais supposons qu'à la mort du donateur un des enfans se trouve loin de son domicile, et supposons qu'il n'ait donné aucune nouvelle dans l'intervalle du décès à l'époque où l'on veut procéder, soit au partage, soit à la réduction des donations ; cet enfant sera-t-il compté pour fixer la quotité disponible ? en d'autres termes, l'enfant dont l'existence n'est pas reconnue lors

du

du décès de son père fait-il nombre pour la fixation de cette quotité?

Non, il ne fait pas nombre, fût-il disparu la veille même du décès de son père : cette décision est rigoureuse ; mais il faut absolument l'admettre, elle est la conséquence du principe consacré dans l'art. 136 du code, ainsi conçu : « s'il s'ouvre une succession à laquel- » le soit appelé un individu *dont l'existence n'est pas* » *reconnue*, elle sera dévolue exclusivement à ceux » avec lesquels il aurait eu le droit de concourir ou à » ceux qui l'auraient recueillie à son défaut ».

Cette conséquence résulte encore des dispositions de l'art. 120, qui ne donne aux héritiers présomptifs que l'administration des biens que l'absent avait *au jour de sa disparition ;* donc, dans la pensée du législateur, depuis la disparition l'absent ne peut rien recueillir.

Il serait inutile d'objecter, que les susdits art. 120 et 136 sont placés sous le titre *des effets de l'absence,* et qu'ainsi ils s'appliquent seulement aux individus dont l'absence est déclarée : sans détailler ici toutes les raisons qui repoussent cette objection, il suffit de rappeler qu'il est généralement reconnu, et qu'il est même consacré par un arrêt de la cour de cassation, que les susdits articles s'appliquent aux simples disparus, comme à ceux dont l'absence est déclarée. Vid. M. *Denevers,* an 1808, pag. 129; le répertoire de jurisprudence, *verbo* absens.

Ecoutons, d'ailleurs, M. *Bigot,* pag. 237: «il ne faut » pas considérer, dit-il, la présomption de vie ou celle » de mort de l'absent ; mais s'en tenir à son égard à » la règle suivant laquelle quiconque réclame un » droit échu à *l'individu dont l'existence* n'est pas « reconnue, doit prouver que cet individu existait, » etc., etc. ».

Ce qui fait bien sentir que l'époque plus ou moins longue de la disparition ne change rien au fait, et qu'il faut toujours prouver la survie de celui qu'on veut faire succéder.

Sans doute, ces principes présentent dans leur application des résultats rudes et extraordinaires au premier aspect : quoi! dira-t-on, un fils part aujourd'hui pour l'armée ; il part pour faire un voyage nécessaire et connu ; il laisse une procuration : son père meurt le lendemain, et cet enfant ne sera pas compté pour fixer la quotité disponible! Non, il ne le sera que du moment où l'on justifiera qu'il a survécu à son père ; car ce n'est pas par l'effet de la disparition plus ou moins longue que l'enfant ne succède pas, mais seulement parce qu'il ne conste pas de son existence lors de l'ouverture de la succession.

Insistera-t-on pour dire, que puisque cet enfant ne succède pas, il n'y aura pas de notaire pour le représenter dans le partage ? et de là quelle source de fraude! quel préjudice éminent pour le disparu!!

Quelque préjudice peut exister ; mais on peut le prévenir, car, par rapport aux meubles, le scellé devra toujours être apposé, d'après l'art. 819 : je pense que pour cette apposition des scellés, qui n'est qu'un acte conservatoire, il ne faut pas prouver l'existence du disparu ; je crois même qu'il doit être procédé à la levée des scellés et à l'inventaire en présence d'un notaire commis ; mais cela fait, si la survie du disparu n'est pas prouvée, le partage se fera sans le notaire et sans avoir égard au disparu.

Quant aux immeubles, l'on sent que la vente du bien d'autrui étant nulle, le disparu les recouvrera par son action en pétition d'hérédité.

Il faut le dire avec peine : si les anciens principes sur les effets de l'absence étaient pleins d'incertitude, de contrariété et de confusion, les dispositions du code sur cette matière importante sont une nouvelle preuve que tout ce qui sort de la main des hommes participe nécessairement de leur faiblesse.

Il faut donc tenir pour certain, que l'enfant dont le survie n'est pas reconnue ne doit pas être compté pour la fixation de la quotité disponible.

Mais l'on sent que du moment que la survie sera prouvée la quotité disponible sera de nouveau calculée, en ayant égard au disparu.

On sent, enfin, que si celui dont l'existence n'est pas reconnue laisse des enfans, ceux-ci représenteront leur père pour la fixation du disponible.

Nous avons dit que l'enfant prédécédé n'est pas compté pour la fixation de la quotité disponible ; et cela est vrai, quand même cet enfant aurait reçu quelque donation du défunt. Vid. *Pothier*, donat. § 3, art. 5, sect. 3.

L'enfant mort civilement n'est pas non plus compté pour la fixation de la quotité disponible ; mais si cet enfant laisse des descendans, ceux-ci, représentant leur père, seront comptés pour cette fixation (art. 744 du code civil). Vid la loi *si quâ pœnâ*, ff *de his qui sunt sui vel alieni juris. Lebrun*, traité des successions, liv. 1.er, chap. 4, sect. 6.

TITRE II.

Quotité disponible lorsque le donateur a des ascendans.

246. — L'homme, par sa double origine, appartient à son père et à sa mère.

Au premier degré, en ligne directe ascendante, il a deux ascendans, son père et sa mère ;

Au deuxième degré il en a quatre, les père et mère de son père, et les père et mère de sa mère ;

Au troisième degré il a huit ascendans, et ainsi de suite, en doublant toujours.

Formé de tous ces sangs qui se sont réunis en lui, l'homme est censé chérir autant ses ascendans paternels que ses ascendans maternels ; et de là la nécessité de diviser mentalement les biens du donateur en deux portions égales : l'une pour la ligne paternelle , et l'autre pour la ligne maternelle , et de fixer la quotité disponible par rapport à chaque ligne.

Ainsi, si le donateur a son père, il faudra dire que sur la moitié déférée à la ligne paternelle , il peut disposer de la moitié ; ce qui fait un quart de tout , la moitié de la moitié étant un quart.

Et il pourra également disposer de la moitié de ce qui est dévolu à la ligne maternelle, c'est-à-dire, qu'il pourra disposer de la moitié de la moitié, ou d'un autre quart.

Ainsi, ne perdons pas de vue ce principe simple : quand il y a des ascendans , il faut diviser la succession en deux portions , et dire que le donateur a pu disposer, au préjudice des ascendans , de la moitié de ce qui est dévolu à leur ligne.

247. — Si le donateur ne laisse que son père ou un autre ascendant paternel et des collatéraux dans la ligne maternelle, quelle sera la quotité disponible?

La question est facile à résoudre , d'après la division de la succession en deux portions , l'une pour la ligne paternelle , et l'autre pour la ligne maternelle.

La division mentalement faite , nous dirons : sur la moitié dévolue à la ligne paternelle, il a pu disposer de la moitié, ce qui fait un quart du tout;

Et par rapport à la moitié dévolue à la ligne maternelle, il a pu disposer du tout, attendu que les héritiers de cette ligne n'ont pas de réserve.

Ainsi, dans cette espèce, la quotité disponible sera des trois quarts : un quart à prendre sur la moitié dévolue à la ligne paternelle, et la moitié ou les deux quarts à prendre sur l'autre ligne ; c'est ce qui résulte de l'art. 915 du code.

248. — *Quid,* si le donateur a son grand-père et

sa grand'mère paternels, et son grand-père et sa grand'
mère maternels?

Dans cette hypothèse il pourra également disposer
du quart à prendre sur la ligne paternelle, et du
quart sur la ligne maternelle; car tous les ascendans,
quels qu'ils soient, quels que soient leur nombre et
leur degré, n'ont pour réserve que la moitié de ce qui
est affecté à leur ligne, c'est-à-dire, la moitié de la
moitié, ou un quart.

249. — *Quid*, si le donateur laisse son père, son
grand-père maternels, et un frère utérin, ou un neveu
enfant de ce frère?

En supposant les parens en deux lignes, nous trouvons dans la ligne paternelle le père, et dans la ligne
maternelle nous trouvons un aïeul, et un frère ou
neveu.

Dans cette hypothèse la quotité disponible est des
trois quarts : 1.° un quart à prendre sur la moitié
déférée à la ligne paternelle, et la totalité de ce qui
est déféré à la ligne maternelle, vu le concours du
frère ou neveu avec l'aïeul; concours qui, par rapport à cet aïeul, rend tout disponible.

250. — En un mot, pour connaître la quotité disponible, quand il existe des ascendans, il faut diviser
mentalement la succession en deux portions, l'une
pour chaque ligne, et faire un raisonnement par
rapport à chaque ligne.

Cette division faite, il faudra dire s'il existe un,
deux, ou un plus grand nombre d'ascendans en
degrés égaux ou inégaux, dans la ligne paternelle,
la quotité disponible sera de la moitié de ce qui est
dévolu à cette ligne, c'est-à-dire, la moitié de la
moitié, ou un quart : telle est la règle générale.

Mais si dans cette ligne il se trouve en même temps,
non le père, mais un aïeul plus éloigné, c'est-à-dire,
si dans cette ligne il se trouve un ascendant qui ne
soit pas successible, alors tout est disponible.

Il faudra faire le même raisonnement par rapport à la ligne maternelle, et y appliquer les mêmes principes.

Ces règles une fois saisies, il est comme impossible de se tromper dans leur application; ainsi, Pierre qui a des ascendans paternels et maternels peut disposer de la moitié de ses biens. Supposons qu'il ait fait une donation à un étranger valant 10,000 fr., et qu'il ne laisse rien dans sa succession : dans cette hypothèse la donation sera réduite à 5000 fr.; les 5000 fr. retranchés seront partagés en deux portions égales entre les deux lignes des ascendans.

251. — Avant de finir cet article important de la quotité disponible, il est nécessaire que nous fassions quelques observations dont l'application sera fréquente. Ces observations ont pour but d'expliquer le mot *disponible* employé dans les art. 845, 920 et 921 du code civil.

252. — Observons que les pères contractent, par le fait seul du mariage, l'obligation de nourrir et d'entretenir leurs enfans;

Que cette obligation ne cesse pas à la mort du père, et de là l'origine de la réserve légale.

Ainsi, quand les père et mère donnent entre-vifs, sans préciput, ils s'acquittent d'avance de cette obligation naturelle; ils ne donnent rien, quand ils ne se dessaisissent que de la portion héréditaire : ils ne font que renoncer à leur droit de jouissance sur cette portion; d'où il résulte que la donation proprement dite ne commence que lorsque la libéralité excède la portion héréditaire, *et n'existe que par rapport à cet excédant.*

Un exemple fera sentir l'utilité de ces observations.

Pierre a quatre enfans : Jean, Joseph, Jacques et François.

Il donne à Jean, entre-vifs, un immeuble valant 12,000 fr.

Puis il fait une seconde donation, en faveur de

Joseph, du quart de ses biens par préciput et avantage.

Il meurt, et sa masse héréditaire vaut 48,000 fr.

Ici la quotité disponible est du quart, égalant 12,000 fr.

La réserve est de 36,000 fr.; ce qui fait 9000 fr. pour chaque enfant.

Ainsi, l'on voit que Jean, premier donataire, voudra garder son immeuble valant 12,000 fr., et il le pourra (art. 845 du code). Nul doute sur ce point.

Mais, en le gardant, épuise-t-il absolument la quotité disponible, qui est de 12,000 fr.? ou bien cette quotité n'est-elle usée que jusques et à concurrence de l'excédant de 12,000 fr. sur 9000 fr., c'est-à-dire, jusques et à concurrence de 3000 fr.? en sorte que la seconde donation sortira à effet jusques et à concurrence de 9000 fr.

D'après les observations ci-dessus, nous devons dire que le père, en donnant 12,000 fr. à Jean, n'a réellement donné que 3000 fr., attendu la réserve légale, qui est de 9000 fr.; ainsi, la quotité disponible n'est usée que par rapport à cette dernière somme, et Joseph profitera du reste.

S'il en était autrement, quelle source de fraude et de collusion!! Jacques et François engageraient Jean à ne pas rapporter l'émolument de sa donation; ils le payeraient pour cela.

D'ailleurs, la faculté de disposer serait presque chimérique dans les mains du père, si la première dot qu'il constituerait à quelqu'une de ses filles diminuait d'autant sa quotité disponible, dans le cas où cette fille renoncerait à sa succession.

De plus, quel préjudice éprouvent les enfans? aucun; ils ont toujours la réserve légale, et le disponible se trouve divisé sur plusieurs têtes.

Ainsi, il y a toujours quelque chose de disponible pour Pierre, quand, distraction faite de l'émolument des donations par lui consenties, il laisse au delà de ce qu'il faut pour remplir ses enfans de leur réserve ; et sa quotité disponible est précisément cet excédant.

253. — Jusqu'à présent nous n'avons considéré la quotité disponible que d'une manière générale, et sans attention particulière à la qualité, soit de donateur, soit de donataire ; cependant certaines qualités respectives changent ou modifient la quotité disponible.

Ainsi, par rapport au donateur, la qualité du mineur modifie sa quotité disponible (art. 904 du code). Nous n'en parlerons pas ici, parce que le mineur ne pouvant disposer par donation, les règles sur la quotité disponible du mineur se trouveront mieux placés dans le traité des testamens.

Par rapport au donataire, sa qualité d'époux du donateur, ou sa qualité d'enfant naturel, adultérin ou incestueux du donateur, modifient également la quotité disponible ; nous allons traiter de ces quotités disponibles aux deux chapitres suivans.

TITRE III.

Quotité disponible entre époux.

CHAPITRE I.er

Quotité disponible entre époux, quand le donateur n'a pas d'enfans d'un précédent mariage.

254. — Si le donateur ne laisse pas d'enfans ou descendans, il pourra donner à son épouse, en propriété, tout ce qu'il peut donner à un étranger ; il peut, de plus, lui donner en usufruit toute la réserve, art. 1094 du code.

255. — Si le donateur laisse des enfans ou descendans, il pourra donner à son épouse un quart en propriété et un quart en usufruit ; à plus forte raison

pourra-t-il lui donner l'usufruit de la moitié de ses biens, susdit art. 1094.

256. — Ainsi, si le donateur a ses père et mère il pourra donner à son conjoint la moitié de ses biens en toute propriété, et l'usufruit de l'autre moitié.

S'il n'a que son père ou autre ascendant, il pourra donner à son conjoint les trois quarts en propriété, et l'usufruit de l'autre quart.

Cela ne présente pas de difficulté ; mais lorsque le donateur dispose, et en faveur de son conjoint, et en faveur d'un étranger, alors la question se complique, et devient même embarrassante.

257. — Pour avoir des idées justes sur cette matière, et avant de traiter cette question, il faut d'abord examiner si l'on peut cumuler la quotité disponible envers l'étranger et la quotité disponible envers l'épouse ; si l'on peut, en d'autres termes, après avoir donné à son épouse tout ce qu'on peut lui donner d'après l'art. 1094, avantager encore un tiers d'après les quotités fixées par les art. 913 et 915.

Le cumul était permis par les lois du 17 nivôse et du 4 germinal ; mais il ne peut avoir lieu d'après le code : une seule observation le prouve. Supposons que l'époux n'ait qu'un enfant, la quotité disponible envers des tiers est de la moitié, et la quotité en faveur de l'épouse est d'un quart en propriété et d'un autre quart en usufruit : si le donateur pouvait user cumulativement de cette double quotité disponible, son enfant n'aurait rien durant la vie de sa mère, et n'aurait qu'un quart après sa mort ; ce qui présenterait une monstrueuse absurdité : or, le principe qui conduit à une pareille conséquence ne peut être admis ; donc le cumul ne peut avoir lieu : la proscription du cumul résulte encore des dispositions des art. 920 et 922 du code ; il suffit de lire ces articles avec attention pour en être convaincu.

258. — Le cumul ne pouvant avoir lieu, il en

résulte que toute donation diminue ou use la quotité
disponible, tant à l'égard de l'épouse, qu'à l'égard de
l'étranger (sous le mot étranger, employé respectivement à l'épouse, nous comprenons également les enfans du donateur).

L'homme, en un mot, n'a qu'une quotité disponible :
cette quotité varie d'après la qualité des personnes
qu'il avantage ; mais le premier don l'use toujours
jusques et à concurrence de sa valeur : la difficulté
consiste à savoir ce qui, après un premier don,
reste encore de disponible, tant en faveur de l'épouse,
qu'en faveur de l'étranger.

259. — Avant de résoudre cette question, dont les
exemples suivans feront sentir l'importance, il faut
encore faire une observation ; c'est que la quotité
disponible est tantôt plus forte en faveur de l'épouse
qu'en faveur de l'étranger, et que tantôt elle est plus
faible.

Quand il n'y a pas d'enfans, elle est toujours plus
forte ;

Quand il y en a, cela dépend de leur nombre et
de la valeur qu'on peut donner au quart en usufruit.

Par exemple, dans le cas d'un seul enfant, la quotité envers l'étranger est plus forte, puisqu'elle est
de la moitié ; quand il y a deux enfans, la quotité
envers l'étranger se trouve plus forte, quand un quart
en propriété, plus un quart en jouissance ne valent
pas le tiers ; quand il y a trois, ou un plus grand
nombre d'enfans, la quotité disponible envers l'épouse
est toujours plus forte d'une valeur égale à l'usufruit
du quart.

260. — Ces observations faites, et dont l'utilité se
fera sentir, examinons la question relative à la quotité disponible dans le cas de concours d'avantages
faits à l'époux et d'avantages faits à l'étranger.

Pour plus grande simplicité, nous diviserons cette
matière en deux paragraphes : dans le premier nous

traiterons du concours d'avantages faits successivement, c'est-à-dire, par deux actes de date différente ; dans le deuxième nous nous occuperons des avantages faits simultanément à l'époux et à l'étranger par le même acte, ou par des actes qui sont censés n'en faire qu'un.

§ I.er *Concours d'avantages par actes séparés.*

261. — Pour l'intelligence de cette matière, qui demande une grande attention, il faut poser des exemples, et en grand nombre ; ils ajoutent beaucoup à la clarté, parce que la pratique se joint à la théorie.

Pierre a un fils ;

Il a donné le quart de ses biens à un étranger ;

Il veut avantager son épouse, que pourra-t-il lui donner ?

Ici la quotité disponible envers l'étranger est de la moitié, égalant $4/8$.

La quotité disponible envers l'épouse est d'un quart en propriété et d'un quart en usufruit.

Estimant l'usufruit la moitié de la propriété (pour ne comparer que des quantités homogènes), nous aurons : quotité disponible envers l'épouse égale un quart, plus, la moitié d'un autre quart, égale $1/4$, plus $1/8$, égale $3/8$.

Cela posé, observons que le don fait à l'étranger étant antérieur, ne peut être réduit, puisqu'il n'excède pas la quotité disponible à son égard ; l'étranger aura donc $1/4$ ou $2/8$.

Et comme la quotité disponible du donateur est diminuée par ce quart, il ne reste plus qu'à savoir si l'épouse aura ce qui manque pour compléter la plus grande quotité disponible, égalant $4/8$, ou bien si elle doit se contenter de ce qui manque pour compléter la quotité disponible par rapport à elle, égalant $3/8$; ce qui, dans l'espèce, se réduit au fait de savoir si l'épouse peut, dans l'hypothèse, avoir ou un quart en propriété, ou un quart en usufruit seulement.

Je crois qu'elle peut avoir le quart en propriété ; en effet, et il ne faut jamais le perdre de vue, toutes dispositions doivent sortir à effet, pourvu, 1.º que la réserve demeure intacte ; 2.º pourvu que la personne avantagée ne reçoive pas au delà de ce qui est disponible à son égard.

Or, dans notre espèce l'étranger, qui peut recevoir la moitié ou $\frac{4}{8}$, ne reçoit qu'un quart ou $\frac{2}{8}$.

L'épouse, qui peut recevoir $\frac{3}{8}$, n'en reçoit que deux.

Toutes les dispositions s'élevant à $\frac{4}{8}$, deux huitièmes pour l'étranger, et deux huitièmes pour la femme, la réserve se trouve intacte ; personne donc ne peut se plaindre, le donateur a usé de la plénitude de ses droits, et n'a pas causé de préjudice.

262. — Deuxième exemple : Pierre a un ascendant successible ; il a donné la moitié de ses biens à un étranger : que peut-il encore donner à son épouse ?

Il peut encore donner à son épouse un quart en propriété, et l'usufruit de l'autre quart réservé pour l'ascendant.

263. — Troisième exemple : Pierre a un enfant ;

Il a donné à son épouse un quart en propriété, et un quart en usufruit :

Que peut-il donner à l'étranger ?

En supposant toujours que l'usufruit vaille la moitié de la propriété, la femme a reçu $\frac{1}{4}$, plus $\frac{1}{8}$, égalant $\frac{3}{8}$; l'étranger pourra donc recevoir $\frac{1}{8}$, car $\frac{1}{8}$, plus $\frac{3}{8}$, font $\frac{4}{8}$, quotité disponible.

264. — Cinquième exemple : Pierre a un enfant ; il a donné la moitié de ses biens à son épouse :

Peut-il donner quelque chose à l'étranger ?

Il le peut, parce que la donation faite à l'épouse doit être réduite : la femme, en effet, ne peut recevoir qu'un quart en propriété et un autre quart en usufruit ; elle a donc reçu de trop la nue propriété du quart, et c'est cette nue propriété du quart que l'étranger pourra recevoir.

265. — Sixième exemple : Pierre a deux enfans ; il a donné à l'aîné le tiers de ses biens par préciput, il veut ensuite avantager son épouse en usufruit : que pourra-t-il lui donner ?

Ici la quotité disponible envers l'enfant peut être du tiers.

Ne pouvant comparer que des quantités homogènes, cherchons ce que la femme pourrait avoir en propriété ; cette quotité trouvée, nous la doublerons, et nous aurons la quotité en usufruit.

L'épouse peut avoir $1/4$ en propriété et $1/4$ en usufruit, égalant $1/8$ en propriété ; elle peut donc avoir $1/4$, plus $1/8$, égalant en tout $3/8$.

En comparant cette quotité disponible envers l'épouse avec la quotité disponible envers l'enfant, c'est-à-dire, en comparant $3/8$ à $1/3$, nous verrons que la quotité disponible envers l'épouse est plus forte d'un vingt-quatrième.

Et comme la quotité disponible est toujours diminuée par le premier don, il en résulte que la femme ne pourra avoir que $1/24$ en propriété, ou $1/12$ en usufruit, vu que la propriété, dans la supposition, vaut le double de l'usufruit.

Ainsi, l'enfant aura son tiers, et l'épouse aura, ou $1/24$ en propriété, ou $1/12$ en usufruit.

266. — Septième exemple : Pierre a deux enfans ; il a donné à son épouse l'usufruit de la moitié de ses biens : que peut-il donner à l'étranger ?

La quotité disponible en faveur de l'épouse est de $1/4$, plus $1/8$, égalant $3/8$;

Celle en faveur de l'étranger est de $1/3$.

Or, dans l'espèce, l'usufruit de la moitié ne valant que le quart, la femme n'a reçu que le quart.

Si de la plus grande quotité disponible nous tirons

ce que la femme a reçu, nous aurons $3/8$ moins $1/4$, égalant $1/8$, qui est ce dont Pierre peut disposer en faveur
de l'étranger.

L'étranger aura donc $1/8$, et la femme aura la
moitié en usufruit.

Mais, peut-on nous dire, si le premier don use la
quotité disponible, la quotité envers l'étranger étant du
tiers, et la femme ayant reçu un quart, ce tiers se trouve
diminué jusques et à concurrence du quart; or, tirant
$1/4$ de $1/3$, nous aurons $1/12$; ainsi, l'étranger ne devrait
avoir que $1/12$, et non $1/8$, parce qu'il ne devrait jamais
avoir que ce qui manque pour compléter la quotité
disponible par rapport à lui.

J'avais déjà combattu cette objection dans l'exemple
premier; je dis : rien que le premier don use la quotité disponible; mais cela s'entend en ce sens, que le
donateur ne peut pas user cumulativement des deux
quotités; mais cela n'empêche pas qu'il ne puisse disposer jusques et à concurrence de la plus grande
quotité en faveur de qui il lui plaît, pourvu cependant
que l'avantagé ne reçoive pas au delà de ce qui est
disponible par rapport à lui : un exemple très-fré-
quent fera sentir la justice de cette interprétation.

Pierre a trois enfans, ou un plus grand nombre :
par contrat de mariage il a donné l'usufruit de la
moitié de ses biens à son épouse; l'usufruit de la
moitié vaut un quart, la quotité envers l'étranger est
d'un quart; mais si cette quotité est usée et absorbée
complétement par le don fait à l'épouse, Pierre ne
pourra rien donner à ses enfans, d'après ce système;
au lieu que, d'après le mien, Pierre pourra encore
donner, soit à l'un de ses enfans, soit à un étranger, la
nue propriété d'un quart. Vid. l'arrêt de la cour de
Turin, rapporté par *Sirey*, an 1810, 2.ᵉ part., pag.
109.

Ma manière d'opérer me paraît la plus juste; elle
mène à des résultats plus naturels, plus simples, plus

;onformes à la volonté du disposant : cette manière
surtout donne à la volonté de l'homme la plus grande
extension , sans que la réserve soit jamais diminuée.

267. — Huitième exemple : Pierre a trois enfans,
ou un plus grand nombre ; il a donné à son épouse la
vingt-quatrième partie de ses biens en propriété : que
pourra-t-il donner à un étranger ?

La quotité disponible envers l'épouse peut être
de $^3/_8$.

Elle peut être envers l'étranger du quart, égalant $^2/_8$.

La plus grande quotité est donc en faveur de l'é-
pouse ; si de cette plus grande quotité nous tirons ce
que la femme a reçu, nous aurons $^3/_8$ moins $^1/_{24}$, égale
$^9/_{24}$ moins $^1/_{24}$, égale $^8/_{24}$, égale $^1/_3$.

Ainsi, l'étranger pourrait avoir un tiers ; mais comme
ce tiers excède la quotité disponible à son égard, il
ne pourra avoir qu'un quart.

268. — Ce que nous venons d'exécuter nous conduit à la règle suivante.

Pour connaître la quotité disponible, soit envers
l'épouse, soit envers l'étranger, quand il existe déjà une
première disposition, il faut,

1.º Si le premier don est en usufruit, le réduire à
la moitié, ou au tiers, pour avoir sa valeur en propriété,
ou, pour mieux dire, consulter la table n.º 418 ;

2.º Comparer cette valeur du premier don à la totalité des biens, pour pouvoir dire qu'elle est la $^1/_2$, le
$^1/_3$ ou le $^1/_4$ de la totalité des biens ;

3.º Voir ce que le donateur pourrait donner à l'é-
pouse, savoir $^1/_3$, $^1/_4$, et l'exprimer en fractions de
l'unité ;

4.º Voir ce qu'il pourrait donner à l'étranger, et
l'exprimer également en fractions ;

5.º Comparer ces deux fractions, et prendre celle
qui est la plus grande, ou qui exprime la plus grande
quantité ;

6.º Soustraire de cette fraction ce qui a été donné

par le premier acte, le reste sera précisément la quotité dont il sera encore permis de disposer ; .

Mais si ce reste excède la quotité disponible envers le second donataire, il faudra réduire ce reste à cette quotité, exemple sixième.

Nota. Si ce qui a été donné excède la plus grande quotité disponible, alors il faut voir si le premier donataire peut recevoir la plus grande quotité disponible ; s'il peut la recevoir, il faut réduire le don à cette quotité, et dire que le second donataire ne peut rien recevoir.

Si c'est, au contraire, le second donataire qui peut recevoir la plus grande quotité disponible, alors il faudra réduire le premier don à la plus petite quotité disponible, et dire que le second donataire aura ce qui manque à cette plus petite quotité disponible pour égaler la plus grande. Mes principes sont confirmés, par induction, par l'arrêt de la cour de cassation, du 21 juillet 1813, rapporté par M. *Sirey*, an 1813, pag. 441 : dans l'espèce de cet arrêt la dame Cazes, veuve, et mère de deux enfans, passe à un second mariage avec le sieur Hocquart ; dans le contrat de mariage elle donne à son second époux l'usufruit de la moitié de ses biens : il naît un enfant du second mariage ; la dame Hocquart meurt en 1809, laissant un testament par lequel elle lègue le quart par préciput à sa fille du second lit : dans cette espèce la cour de cassation a décidé que le legs du quart était nul, parce que l'épouse binube ne pouvait disposer que du quart, et que cette quotité se trouvait épuisée par la donation de l'usufruit de la moitié en faveur du second époux.

Je l'avoue, cette matière est très-abstraite ; j'ai fait ce que j'ai pu pour être clair, et je ne le serai que pour ceux qui voudront me prêter une grande attention.

Je n'ignore pas que plusieurs jurisconsultes professent une autre doctrine : voici quel est leur système.

Ils

Ils disent, comme moi, que le donateur ne peut user cumulativement de la quotité disponible envers l'étranger, et de la quotité disponible envers l'épouse ; mais ils ajoutent, que lorsque le donateur dispose, soit par le même acte, soit par deux actes différens, en faveur de l'étranger et en faveur de l'épouse, il n'y a alors qu'une seule quotité disponible à considérer, celle en faveur de l'étranger ; en un mot, ils veulent que le donateur ne puisse disposer, et du quart en propriété, et du quart en usufruit, disponible à l'égard de l'épouse, que lorsqu'elle profite seule et exclusivement de cette quotité disponible.

Voici les conséquences de ce système : Pierre, en se mariant avec Sophie, lui a donné, à titre de gain de survie, l'usufruit de la moitié de ses biens ; peut-il encore donner quelque chose à l'étranger ? Ces jurisconsultes répondent : si Pierre ne laisse qu'un enfant, il pourra encore donner la nue propriété de la moitié de ses biens, parce que, dans cette hypothèse, il peut donner la moitié à l'étranger ; mais si Pierre a trois ou un plus grand nombre d'enfans, il ne pourra leur faire aucun avantage, ni rien donner à l'étranger ; sans doute, disent-ils, le père qui a trois enfans peut donner à son épouse, et le quart en propriété, et le quart en usufruit ; mais cette augmentation dans la quotité disponible est due à cette considération, que les enfans retrouveront les biens donnés dans la succession de la mère ; mais lorsque la mère ne profite pas de l'entière quotité disponible, alors il ne faut considérer que la quotité disponible envers l'étranger ; et comme le père qui a trois enfans ne peut disposer que du quart, ayant donné la moitié de ses biens en usufruit à l'épouse, qui vaut le quart en propriété, il se trouve que Pierre n'a plus rien de disponible.

Deuxième exemple : Pierre, père de trois enfans, a donné à son fils aîné le quart de ses biens par préci-

put; que peut-il donner à son épouse? Rien, répond-
on, parce que la quotité disponible se trouve usée.

Tel est le système de ces jurisconsultes; et l'on voit
les conséquences rigoureuses où il conduit, conséquences injustes, et qui ne peuvent être adoptées.

Ce système est fondé sur cette considération, que
la quotité disponible envers l'épouse est plus forte,
parce que les enfans retrouvent les biens donnés dans
la succession maternelle, ce qui les dédommage du
préjudice résultant de l'augmentation de la quotité
disponible; mais je réponds, 1.º que si le motif du
législateur eût été tel, la quotité disponible envers
l'épouse aurait toujours été plus forte que celle en
faveur de l'étranger; or, cela n'a pas lieu quand le
donateur ne laisse qu'un enfant, ni lorsque, laissant
deux enfans, le quart en propriété, plus le quart en
usufruit, valent moins que le tiers eu égard à l'âge de
l'épouse usufruitière; 2.º le *minimum* de la quotité
disponible en faveur de l'étranger est du quart en
propriété; le *maximum* de la quotité disponible envers
l'épouse est également du quart en propriété et du
quart en usufruit : donc l'augmentation de la quotité
disponible envers l'épouse, dans le cas où elle a lieu,
est seulement en usufruit; or, si cette augmentation
était due à la considération que les enfans peuvent
retrouver les biens donnés dans la succession maternelle, ladite augmentation aurait eu lieu en propriété;
mais puisque le législateur ne la permet qu'en usufruit, il énonce bien clairement que l'avantage éventuel des enfans n'est pas la cause de cette augmentation dans la quotité disponible; d'où il résulte que
le système que je combats manque dans sa base
essentielle, et doit, par conséquent, être rejeté.

Non-seulement ce système se trouve basé sur un faux
motif; mais il est encore singulier, bizarre et injuste
dans ses résultats.

En effet, le père qui a donné par contrat de ma-

riage à son épouse la moitié de ses biens ne pourrait
rien donner à ses enfans, il n'aurait plus rien de disponible ; mais une telle conséquence est-elle dans la
pensée du donateur ? pouvait-il se croire lié par ce
gain de survie donné à son épouse ? Le donateur ne
pourrait-il pas dire : j'ai donné à mon épouse l'usufruit
de la moitié de mes biens ; mais j'ai encore la nue propriété du quart, dont je puis disposer : s'il en était autrement, mon intention serait violée ; si j'avais pu prévoir une telle conséquence, je n'aurais jamais consenti de gain de survie, et sans doute le mariage
n'aurait pas eu lieu ? Ce langage du père me paraît
pressant, et ses plaintes seraient bien légitimes.

Ce n'est pas tout : un père a trois enfans ; il est
riche de 100,000 fr. : il peut donner à son épouse
25,000 fr. en propriété et 25,000 fr. en usufruit ;
mais s'il a seulement donné antérieurement à un tiers
la somme de 100 fr., la femme ne pourrait recevoir
que 25,000 fr., moins 100 fr. : cette donation antérieure causerait ce préjudice énorme à l'épouse, de
la priver de l'usufruit de 25,000 fr. ! Certainement
un système qui conduit à de pareilles conséquences
ne peut être celui du législateur.

J'ose le dire : l'adoption d'un pareil système aurait
dans l'état social la plus funeste influence, car point
de mariage sans un établissement, sans une donation ;
or, le père, qui craindrait toujours de donner au
delà de la portion de la réserve, de peur d'être gêné
dans sa quotité disponible envers son épouse, ne donnera rien, ou donnera peu ; ne donnera que rarement
par préciput, et de là la conséquence d'une diminution immense dans le nombre des mariages, et,
par voie de suite, une décroissance graduelle dans
la population. La gêne est pénible à l'homme, et
certainement il ne mettra jamais de lui-même des
bornes à sa quotité disponible.

Ce n'est pas tout : comment, dans ce système, expliquer pourquoi le père qui n'a qu'un enfant peut plus donner à l'étranger qu'à son épouse, mère de cet enfant : cette quotité plus grande en faveur de l'étranger est inexplicable dans ce système.

Enfin, il est facile de faire voir que ce système est en opposition avec la volonté du législateur : en effet, d'après l'art. 1098 du code, le père qui a des enfans du premier lit ne peut donner à sa seconde épouse qu'une part d'enfant légitime *le moins prenant*; et sans que, dans aucun cas, la donation puisse *excéder le quart*.

Puisqu'il y a dans la pensée du législateur un enfant légitime *moins prenant*, cela suppose nécessairement qu'un des enfans a été avantagé par-dessus les autres : cela posé, d'après le système combattu, s'il y a trois ou un plus grand nombre d'enfans, et qu'un d'eux soit avantagé, la femme en général ne peut recevoir que le quart, moins ce qui a été donné au fils avantagé ; en d'autres termes, la femme, d'après la règle générale, ne pourrait pas même recevoir le quart; mais une preuve que dans la pensée du législateur elle peut recevoir au delà, d'après la règle générale, c'est qu'il a l'attention de dire que le don fait à la femme ne pourra jamais excéder le quart.

Dira-t-on que cette dernière restriction du législateur ne s'applique qu'au cas où, par défaut de disposition, la portion de l'enfant le moins prenant serait plus grande que ce quart ; je réponds que si telle eût été la pensée du législateur, au lieu de cette expression, *générale dans aucun cas*, le législateur aurait mis, *et sans que, dans le cas de partage égal entre les enfans, ces donations puissent excéder le quart*.

L'intention du législateur est celle-ci : la seconde femme n'aura que la part de l'enfant le moins prenant;

Et si le moins prenant a plus du quart, la première femme ne pourra avoir que le quart.

§ II. *Concours d'avantages dans le même acte*
en faveur de la femme et de l'étranger.

270. — Je pose toujours des exemples ; ils soulagent ma faiblesse, et facilitent l'intelligence.

Pierre n'a qu'un fils ; il a donné par le même
acte la moitié de ses biens à un étranger, et il a donné
à son épouse un quart en propriété, plus un quart en
usufruit :

Quels sont les droits de l'étranger et ceux de l'épouse ?

Nous voyons ici que la quotité disponible envers
l'étranger est de la moitié, et qu'elle est de $3/8$ en
faveur de l'épouse.

La quotité disponible en faveur de l'étranger est
la plus forte ; et prenant cette quotité pour base,
nous voyons que la réserve pour l'enfant doit toujours
être de la moitié ; ainsi, cette réserve doit toujours
demeurer intacte.

Mais dans quelle proportion réduirons-nous le don
fait à l'étranger et le don fait à l'épouse ? Si la quotité
disponible était la même, il faudrait établir une simple
proportion ; mais la quotité disponible étant différente,
prendrons-nous la plus grande ou la plus petite pour
base de notre proportion ? Si nous prenons la plus
grande, nous aurons l'air d'augmenter la quotité disponible en faveur de l'épouse ; si, au contraire, nous
prenons la plus petite, nous préjudicions à l'étranger,
et nous violons la volonté du disposant.

Je crois qu'il faut prendre simplement la plus grande
quotité, et établir ensuite une proportion pour réduire
tous les dons à cette même quotité. Mais si le résultat
de l'opération donnait à un des avantagés une quotité
plus forte que ce qui est disponible par rapport à
lui, il faudrait l'y réduire.

Ainsi, supposons la fortune 24 :

La quotité disponible en faveur de l'étranger est
de la moitié, égale 12 ;

La quotité disponible en faveur de la femme est de $^3/_8$, égale 9 :

La première quotité surpasse la deuxième de 3 ;

Or, Pierre a donné 12 à l'étranger, et 9 à l'épouse, et tous ces dons doivent se réduire à 12 ; ce qui nous donnera la proportion suivante : si le don fait à l'étranger, plus le don fait à l'épouse, doivent se réduire à 12, à combien se réduira le don fait à l'étranger ;

Ainsi, nous aurons :

Si $12 + 9 : 12 :: 12 : x$;

Si $21 : 12 :: 12 : x$, et nous trouverons que l'étranger ne devra avoir que 6 fr. 85 cent., et la femme aura 5 fr. 14 cent.

Dans cette espèce l'on pourrait observer que la quotité disponible envers l'étranger est de 12, qu'envers l'épouse elle n'est que de 9 ; que la différence 3 devrait appartenir exclusivement à l'étranger, cet excédant de la quotité disponible n'étant disponible que pour lui, et partager ensuite la plus petite quotité disponible par portions égales, comme étant censée donnée à l'étranger et à l'épouse.

Je réponds, que cette manière de procéder, peut-être rigoureuse dans la théorie, présenterait une foule de difficultés dans la pratique ; que, quoique rigoureuse, elle blesserait l'intention du donateur ; car, pour l'adopter, il faut supposer que le donateur ait divisé dans sa pensée les deux quotités disponibles, qu'il ait partagé la plus petite entre ses deux donataires, et donné exclusivement à celui qui peut être le plus avantagé l'excédant de ce qui est disponible par rapport à lui : une telle précision ne peut être supposée, et je pense qu'il faut simplement prendre pour base de la proportion la plus grande quotité disponible.

271. — Voici un second exemple qui se présentera très-souvent.

Pierre a trois ou un plus grand nombre d'enfans ; il donne par le même acte à l'un de ses fils, par préciput, le quart de ses biens, et l'usufruit de la moitié de ses biens à son épouse :

Quels sont les droits de l'un et de l'autre ? S'il était possible de considérer l'ordre de l'écriture, et de voir dans cet acte deux dispositions séparées et successives, la question serait résolue par les principes posés dans le paragraphe précédent, et nous dirions : le père qui a donné le quart à l'un de ses enfans ne peut plus donner à son épouse que l'usufruit d'un autre quart.

Mais un seul acte ne constitue qu'une seule volonté; il est impossible de considérer l'ordre de l'écriture, et de s'arrêter à une première disposition, comme présentant une volonté pleine et entière : il n'y a que l'ensemble de l'acte qui présente cette volonté ; et alors il est impossible de voir dans un seul acte deux volontés véritablemnt successives, à moins que cela ne résulte expressément des termes de l'acte.

Il faut donc dire, que le père a donné en même temps le quart à son fils et l'usufruit de la moitié à son épouse ; mais comme cette disposition excède la quotité disponible, il faut voir dans quelle proportion l'enfant et l'épouse doivent éprouver une réduction.

La fortune étant par supposition 24, nous ne devons jamais perdre de vue qu'une libéralité doit toujours sortir à effet, pourvu que la réserve soit intacte, et que chacun des avantagés n'ait pas au delà de ce qui est disponible par rapport à lui.

Or, quoique la femme ne soit ici avantagée qu'en usufruit, l'on sent que cet usufruit ne peut être réduit, qu'autant qu'il excéderait en valeur la plus grande quotité disponible à son égard.

Cela posé, nous voyons que la plus grande quotité disponible envers l'épouse est de $\frac{3}{8}$, égalant 9.; que la quotité disponible envers le fils est $\frac{1}{4}$, égalant 6.

Or, en prenant la plus grande quotité disponible pour base de la proportion, nous trouverons la proportion suivante : si le don fait au fils et celui fait à l'épouse doivent se réduire à 9, plus grande quotité disponible, à quoi se réduira le don fait au fils ?

Et nous aurons :

6　　6, ou $12 : 9 :: 6 : x$; et nous trouverons que le don fait au fils, par principut, se réduit à 4 fr. 50 c.;

La femme aura également 4 fr. 50 c. en propriété, ou 9 en usufruit :

La réserve sera 19 fr. 50 c., à partager entre tous les enfans ; sur quoi il faudra donner 9 en usufruit à l'épouse.

Si nous ne prenions pas pour base de la proportion la plus grande quotité disponible, nous serions obligé de raisonner de la manière suivante.

La plus grande quotité est envers l'épouse, elle égale 9 ;

La plus petite est en faveur du fils, elle égale 6:

La différence entre ces deux quotités est 3, qui doivent revenir exclusivement à l'épouse :

Reste la quotité commune 6, à diviser entre la mère et l'enfant.

Si nous partagions cette quotité commune 6 par portions égales, nous commettrions une injustice, attendu que la femme a déjà pris 3 pour l'excédant de sa quotité disponible.

Ainsi, nous devons considérer que par rapport à la quotité commune, on n'a donné à l'épouse que l'usufruit de la moitié des biens, moins 3, en propriété ; et comme l'usufruit de la moitié égale ou vaut un quart en propriété, il se trouve qu'on n'a donné à l'épouse sur la quotité commune qu'un quart, moins 3, c'est-à-dire, 6 moins 3 ; ce qui fait qu'on ne lui a donné que 3.

D'après ces observations, nous trouvons que sur la

quotité commune 6 on a donné 6 à l'enfant, et 3 à la femme ; ce qui nous donne la proportion suivante :

$6 + 3 = 9$, se réduisant à 6, à combien se réduira 3, portion de la femme.

$9 : 6 :: 3 : x$, et nous trouverons que la femme aura 2 sur la quotité commune, et que l'enfant aura 4.

Si nous ajoutons 2 à 3, que la femme avait pour excédant de sa quotité, nous trouverons que la femme aura 5 en propriété, ou 10 en usufruit.

Mais l'on voit combien cette manière de procéder est longue et embarrassante ; elle est peut-être plus rigoureuse, d'après le calcul arithmétique ; mais je pense néanmoins que la première est préférable, comme plus simple et plus conforme, sous ce rapport, à la volonté présumée du donateur.

Il se présente au premier coup d'œil une manière encore plus facile de résoudre la question ci-dessus.

Pour cela il n'y a qu'à considérer le don en usufruit de la moitié des biens faits à l'épouse comme une espèce de créance irréductible qui affecte toute la succession.

En conséquence, on prélevera le quart donné par préciput à l'enfant avantagé, et l'on partagera le reste entre tous les enfans ; on procédera, en un mot, au partage tout comme s'il n'existait pas de don en faveur de l'épouse.

Mais cette première opération faite, il faudra en faire une seconde, pour donner à la mère la moitié de tout ce que chacun des enfans aura recueilli, tant sur la réserve que sur le préciput ; et par ce moyen la femme sera remplie de la moitié de son usufruit, au moyen de la moitié du lot de chaque enfant.

Ainsi, d'après ce système, chaque enfant contribue à l'usufruit proportionnellement à son émolument.

Mais cette manière de procéder est-elle juste ? est-il naturel que les enfans perdent pendant la vie de leur mère l'usufruit de la moitié de leur réserve sans aucune indemnité? est-il juste que le don par préciput fait au fils éprouve une réduction considérable pendant la vie de la mère, tandis que le don fait à celle-ci demeure dans son intégrité?

Si le don fait à la mère doit demeurer intact, est-il juste que les simples légitimaires y contribuent pour la moitié de leur réserve, tandis que le fils avantagé conserve la moitié de son préciput? la réserve n'est-elle pas une chose sacrée, qui doit demeurer intacte, sur-tout quand la quotité disponible n'est pas épuisée? enfin, quand il y a concours de libéralités excédant la quotité disponible, ne faut-il pas en venir à une réduction proportionnelle, à moins que le donateur n'ait déterminé entre ses dons quelque motif de préférence?

Si le don fait à la femme ne devait éprouver aucune réduction, ne faudrait-il pas la faire porter, 1.º sur le quart donné en préciput; 2.º sur un autre quart des biens restans? Cette manière de procéder serait plus juste et plus favorable à la réserve.

Rejetons donc ce troisième système, ou cette troisième manière d'opérer, comme contraire aux vrais principes, et comme injuste dans ses résultats.

La première manière de procéder doit seule être suivie.

Donnons-en d'autres exemples.

Pierre a deux enfans; il donne à l'aîné le tiers de ses biens par préciput et avantage, et donne par le même acte l'usufruit de la moitié de ses biens à son épouse : la fortune de Pierre est de 24.

La quotité disponible envers le fils est du tiers, égalant 8.

La quotité disponible envers l'épouse est de ³/₈, égalant 9.

Cette quotité disponible, 9 étant la plus grande, sera la base de notre proportion.

Ainsi, nous aurons la proportion suivante : si 8

donnés au fils , plus l'usufruit de la moitié , égalant ¼ en propriété , égalant 6 , donné à l'épouse , se réduisent à 9 , à combien se réduira 8 + 6 , ou 14 : 9 :: 8 : x.

Ainsi , le fils avantagé aura pour son préciput 5 fr. 14 c. , et la femme aura en toute propriété 3 fr. 85 c. , ou 7 fr. 70 c. en usufruit.

272. — Il ne faut pas confondre avec les espèces ci-dessus l'espèce suivante.

Pierre donne un immeuble à son fils , et dans le même acte il donne l'usufruit de ce même immeuble à son épouse.

Ici c'est identiquement la même chose qui a été donnée à deux , et alors il me semble que l'usufruit doit se communiquer ; en sorte qu'il faut envisager les choses comme si la nue propriété avait été donnée au fils , et qu'ensuite l'usufruit eût été donné au fils et à l'épouse ; de manière que si la valeur de l'immeuble n'excède pas la plus grande quotité disponible , le fils aura la nue propriété de l'immeuble , et l'usufruit de la moitié de cet immeuble ; l'épouse aura l'usufruit de l'autre moitié : c'est à cette espèce que s'appliquent les lois 15 et 26 , ff *de usu et usufructu*.

273. — Troisième exemple : Pierre donne 8000 fr. à un étranger,

Et 10,000 fr. à son épouse :

Il meurt , laisse deux enfans , et une fortune valant 36,000 fr.

La quotité disponible envers l'étranger est du tiers , égalant 12,000 fr. ;

La quotité disponible envers l'épouse est de ⅜ , égalant 13,500 fr. :

Cette dernière quotité est la plus grande.

Ainsi , nous aurons la proportion suivante : si ce qu'on a donné à l'étranger , plus ce qu'on a donné à l'épouse , se réduisent à 13,500 fr. , à combien les 8000 fr. donnés à l'étranger se réduiront-ils ?

8000 fr. + 10,000 fr. : 13,500 fr. :: 8000 fr. : x, et nous trouvons que l'étranger n'aura que 6000 fr. et la femme 7500 fr.

274. — Quatrième exemple : Jean, riche de 36,000 fr., donne 20,000 fr. à un étranger et 24,000 fr. à son épouse ; il meurt, et laisse un ascendant successible.

Ici la quotité disponible envers l'étranger est de $\frac{2}{4}$, égalant 27,000 fr. ;

En faveur de l'épouse elle est également de $\frac{3}{4}$, plus d'un quart en usufruit, égalant un huitième en propriété ; elle est de $\frac{3}{4}$, plus de $\frac{1}{8}$, égalant $\frac{7}{8}$, égalant 31,500 fr. ;

Ainsi, nous aurons les proportions suivantes : 20,000 fr. + 24,000 fr. : 31,500 fr. :: 20,000 fr. : x ; 44,000 fr. : 31,500 fr. :: 24,000 fr. : x ;

Et nous trouvons que l'étranger aura 14,318 fr. 18 c. et la femme 17,181 fr. 81 c.

275. — Ainsi, pour remplir la femme et l'étranger de leurs droits en cas de concours d'avantages dans le même acte, il faut,

1.º Voir quelle est la quotité disponible envers l'étranger, et l'exprimer numériquement ;

2.º Voir quelle est la quotité disponible envers l'épouse, et l'exprimer également numériquement d'après la fortune du donateur ;

3.º Prendre la plus grande de ces quotités pour base de la proportion, et établir la proportion suivante : si le don fait à l'étranger, plus le don fait à l'épouse doivent se réduire à la plus grande quotité disponible, à combien se réduira le don fait à l'étranger, et puis à combien se réduira le don fait à l'épouse.

Le résultat du calcul nous fera connaître ce que la femme et l'étranger doivent avoir.

Mais si, d'après ce calcul, ce qui revient, soit à l'étranger, soit à la femme, excède ce qui se trouve disponible par rapport à chacun d'eux, alors il faudra réduire le résultat du calcul à cette quotité disponible, et donner la somme retranchée à celui qui peut être le plus avantagé.

Par exemple, Pierre est riche de 32 ; il donne 26 à l'étranger, et 6 à l'épouse ; il meurt laissant trois ou un plus grand nombre d'enfans.

Ici la quotité disponible envers l'étranger est de $\frac{1}{4}$, égalant 8 ;

En faveur de l'épouse elle est de $\frac{3}{8}$, égalant 12 :

Nous avons $26 + 6 : 12 :: 26 : x$;

Puis $26 + 6$, ou $32 : 12 :: 6 : x$;

Et le calcul nous prouve que l'étranger devrait avoir 9 fr. 75 c., et la femme 2 fr. 25 c.

Or, comme l'étranger ne peut avoir que 8 fr., il faudra réduire 9 fr. 75 c. à 8 fr., et ajouter 1 fr. 75 c. d'excédant à la portion de l'épouse, qui aura alors 4 fr.

276. — Les règles ci-dessus s'appliquerait à deux donations faites le même jour sans distinction de l'heure, et même à deux donations dont l'une serait datée de tel jour, telle heure, avant midi, et dont l'autre serait simplement datée du même jour avant midi : vu l'impossibilité de découvrir la priorité de ces donations, il faut les considérer comme faites au même instant : telle est la doctrine de *Roussille*.

TITRE IV.

CHAPITRE II.

Quotité disponible entre époux quand le donateur a des enfans d'un précédent mariage.

277. — Le législateur vient de nous dire, que l'époux qui a des enfans peut laisser à son conjoint un quart en propriété et un quart en usufruit : telle est la règle générale.

Mais la faculté de disposer du quart en propriété

et du quart en usufruit ne compète qu'à l'époux qui n'a pas d'enfans d'un précédent mariage.

Quand il a des enfans légitimes, l'époux qui se remarie n'a pas une si grande latitude pour avantager son nouveau conjoint ; sa quotité disponible, soit à l'égard de l'étranger, soit à l'égard de ses enfans ne varie point ; mais elle devient plus faible à l'égard du nouvel époux.

278. — Cette restriction de la quotité disponible à l'égard de la seconde épouse est fondée sur la nature du cœur humain et sur l'expérience des siècles.

Le nouvel époux exerce trop souvent sur l'esprit du remarié un empire absolu et funeste : les nouvelles affections remplacent les anciennes ; tout se perd ou s'oublie dans les nouveaux rapports : l'homme n'est que changement et inconstance, et la sollicitude de la loi en faveur des enfans du premier lit a dû s'augmenter en proportion de l'indifférence présumée du père.

Tels sont les motifs qui, dans tous les temps, ont donné lieu aux peines qu'on appelle *de secondes noces* : tous les législateurs ont cru que la quotité disponible devait être resserrée dans des bornes plus étroites à l'égard du second époux ; l'on connaît notamment le titre entier du code, *de secundis nuptiis*, les novelles qui y sont rapportées, et l'édit du mois de juin 1560, qu'on trouve dans tous les auteurs.

Voici les règles du nouveau code sur cette matière ; elles sont présentées d'une manière très-précise.

279. — L'art. 1098 du code est ainsi conçu : « l'homme ou la femme qui ayant des enfans d'un » autre lit contractera un second ou subséquent » mariage, ne pourra donner à son nouvel époux » qu'une part d'enfant légitime le moins prenant, et » sans que, dans aucun cas, cette donation puisse ex- » céder le quart ».

L'art. 1099 ajoute : « les époux ne pourront se

» donner indirectement au delà de ce qui leur est
» permis par les dispositions ci-dessus ».

280. — Nous voyons que le code restreint la quotité disponible entre binubes, puisque cette quotité se réduit à une part d'enfant le moins prenant, et sans même que la donation puisse excéder le quart.

Ainsi, le *maximum* que le nouvel époux peut recevoir est le quart, et le *minimum* se réduit à une part d'enfant légitime.

Nous allons traiter succinctement cette matière dans les paragraphes suivans.

Nous examinerons dans le premier quelles sont les personnes qui sont soumises à cette restriction de la quotité disponible ;

Dans le deuxième, au préjudice desquelles personnes cette restriction a lieu ;

Dans le troisième, quels dons y sont assujettis ;

Dans le quatrième, quel est le mode de réduction ;

Dans le cinquième, quels sont les enfans qui ont droit de la demander ;

Dans le sixième, enfin, nous examinerons ce qu'on entend par donation de part d'enfant.

Sur tous ces points il n'y a qu'à consulter les anciens auteurs : toutes les difficultés ont été prévues, et leur solution doit être admise, parce que le code civil sur ce point a été rédigé dans le sens et l'esprit des anciennes lois, sauf par rapport à quelques points que nous ferons connaître.

§ I.er *Quelles personnes sont assujetties à la restriction de la quotité disponible d'après l'art.* 1098 ?

281. — La loi est bien claire sur cet objet ; elle nous dit, que l'homme ou la femme, qui a des enfans d'un premier mariage, qui passera à un second ou subséquent mariage, éprouvera une diminution ou restriction dans la faculté de disposer.

Ainsi, l'article 1098 ne compète qu'au donateur

binube qui a des enfans d'un précédent mariage ; il faut le concours de ces deux circonstances, enfans d'un mariage antérieur, et mariage subséquent ; sans ce concours point de restriction dans la quotité disponible.

282. — L'époux qui a des petits-enfans ou arrière-petits-enfans est également compris dans les dispositions du susdit article 1098, parce que, par le mot enfant, on entend tous les descendans du donateur : c'est ce qui résulte de l'art. 914 du code ; telle était, d'ailleurs, la disposition textuelle de l'édit de 1560 et des lois romaines. Vid. le susdit titre du code *de secundis nuptiis*.

283. — L'existence des enfans ou petits-enfans d'un mariage antérieur étant la cause de la restriction de la quotité disponible, l'on sent que n'y ayant de quotité disponible, ni de réserve qu'au décès, il faut se rapporter à cette époque, pour voir si le donateur binube laisse ou non des descendans.

Remarquons qu'il suffit qu'un seul enfant ou descendant existe à cette époque, pour que le donateur binube soit soumis à la restriction ; s'ils sont tous morts avant le père donateur, il n'y a point de restriction dans la quotité disponible.

284. — Il résulte de ce que nous venons de dire, que si à l'époque du décès du donateur il se trouve quelque descendant de celui-ci, conçu et non encore né, son existence fera réduire la donation, parce que l'enfant qui est conçu est censé exister du moment de sa conception pour tout ce qui lui est avantageux, et notamment pour recueillir toutes les successions qui peuvent lui échoir, pourvu qu'il naisse viable, article 725 et 906 du code. *Leg.* 7, ff *de stat. homin.; Pothier*, contrat de mariage, n.° 536.

285. — Supposons que le donateur binube ne laisse qu'un enfant ou descendant du premier lit, et que cet enfant ou descendant soit mort civilement, cet

cet enfant restreindra-t-il la quotité disponible ? non, cet enfant étant mort aux yeux de la loi, étant incapable de recueillir la succession, il doit être considéré comme s'il n'était point : pourquoi y aurait-il restriction par l'effet de l'existence d'un enfant qui n'en profiterait pas, et qui même est censé ne pas être ! !

286. — Supposons que le donateur binube ne laisse qu'un enfant, et que cet enfant renonce à sa succession ; y aurait-il lieu à appliquer l'art. 1098 ?

Si l'enfant du premier lit renonce à la succession de son père, pour s'en tenir à une donation qui lui aura été faite, nul doute qu'il n'y ait lieu à la restriction de la quotité disponible.

Mais si l'enfant renonce purement et simplement à la succession de son père, l'on ne voit pas d'abord des motifs pour réduire le don fait à la seconde épouse ; cependant si l'on fait attention que cette réduction a été opérée dans l'instant même de la mort, par la volonté expresse de la loi ; que la *part* du renonçant accroît à ses cohéritiers, et que notamment la renonciation à la succession ne s'étend pas à ce qui peut revenir à l'enfant par voie de réduction sur les donations antérieures, l'on verra qu'il faut décider que l'enfant qui renonce est compté pour restreindre la quotité disponible envers la seconde épouse : telle est, d'ailleurs, l'opinion de *Pothier*, traité du mariage, n.° 268.

287. — *Quid*, si le donateur binube ne laisse qu'un enfant du mariage antérieur, et que cet enfant soit déclaré indigne de la succession : y aura-t-il lieu à l'application de l'art. 1098 ?

Non, l'indigne ne pouvant rien mériter par lui-même, et n'ayant aucun droit, ne saurait opérer la réduction, même au profit des enfans du second lit : telle est la doctrine de *Ricard*, part. 3, n.° 1307, et de *Roussille*, donations, n.° 176 ; telle est, d'ailleurs,

*Tom. I.*er   15

la disposition textuelle de la loi dernière, cod. *de se-*
cundis nuptiis.

288. — Supposons que le donateur ne laisse qu'un
enfant du premier lit, et que cet enfant majeur approuve et ratifie le don fait au second époux ; cette
ratification sera-t-elle valable ? Non : 1.º cette ratification n'est pas supposée libre ; 2.º elle porte indirectement sur la succession future ; 3.º elle ne peut nuire
aux enfans du second lit, qui pourront toujours demander le retranchement : aussi *Pothier* pense-t-il
qu'une pareille ratification de la part de l'enfant ne
saurait l'empêcher d'agir en retranchement ; mais il
croit qu'il doit demander à être restitué envers ladite
ratification. Vid. *Pothier*, contrat de mariage, n.º
571 : les lettres de rescision n'ayant plus lieu, je crois
que l'enfant peut agir directement en réduction de la
donation ; et si on lui oppose sa ratification, il demen-
dera à être restitué envers ladite ratification, et tant
que la forme ou le droit pourrait l'exiger.

§ II. *Au préjudice de quelles personnes la restric-*
tion de la quotité disponible a-t-elle lieu ?

289. — Cette restriction n'a lieu qu'à l'égard du
nouveau conjoint ; son empire présumé en est la cause,
il doit seul en être l'objet.

Ainsi, l'époux qui passe à un troisième ou subséquent mariage, et qui a des enfans des mariages antérieurs, peut disposer de l'intégralité de la quotité
disponible, soit en faveur d'un étranger, soit en
faveur de l'un de ses enfans, même d'un enfant du
dernier mariage ; mais par rapport au nouvel époux
il ne peut disposer que d'une part d'enfant, sans
même que cette part puisse excéder le quart.

290. — L'article 1098 fixe donc une quotité disponible particulière à l'égard du nouveau conjoint :
tel est le principe.

Il en résulte que si Pierre, marié d'abord avec

Jeanne, et ayant des enfans de ce mariage, épouse
successivement Marie, Josephine et Antoinette, tous
les dons qu'il fera auxdites Marie, Josephine et Antoinette, ne pourront jamais excéder une part d'enfant; car, il ne faut pas le perdre de vue, Pierre n'a,
par rapport aux nouvelles épouses, que cette part
d'enfant de disponible; et l'on sent que s'il l'épuise
d'abord sur la tête de Marie, il ne pourra rien donner à Josephine : ces principes sont incontestables; et
ils sont également vrais, soit qu'il y ait ou non des
enfans desdites Marie et Josephine.

291. — Le législateur aurait en vain resserré dans
des bornes plus étroites la quotité disponible entre
binubes, s'il était permis d'éluder les dispositions de
la loi, soit par la simulation des actes, soit par l'interposition de personnes; le législateur l'a prévu dans
les art. 1099 et 1100 du code.

L'art. 1099 est ainsi conçu : « les époux ne pour-
» ront se donner indirectement au delà de ce qui
» leur est permis par les dispositions ci-dessus ».

« Toute donation déguisée, ou faite à une personne
» interposée, est nulle ».

L'art. 1100 porte : « seront réputées faites à per-
» sonnes interposées les donations de l'un des époux
» aux enfans ou à l'un des enfans de l'autre époux
» *issus d'un autre mariage*, et celles faites par le
» donateur aux parens dont l'autre époux sera héritier
» présomptif lors de la donation, encore que ce
» dernier n'ait pas survécu à son parent donataire».

292. — L'art. 1099 proscrit toutes les donations
indirectes et toutes celles qui seraient déguisées sous la
forme d'un contrat onéreux : voilà le principe. La
loi l'a posé; mais elle ne pouvait pas aller plus loin,
l'application de ce principe est entièrement abandonné
à la conscience du juge; ce sera à lui à déchirer le
voile dont la fraude a voulu se couvrir, et sur cette
matière le juge se déterminera d'après les circonstances

*

de chaque cause, circonstances toujours changeantes, qu'aucune imagination ne peut concevoir.

Le juge reste donc le maître de voir dans l'acte qu'on lui présente une donation déguisée ; et pour former son opinion, il pourra consulter non-seulement les actes, mais encore les témoins et les présomptions.

293. — Quand il s'agit de la fraude par interposition de personnes, le législateur a pu tracer des règles plus précises ; aussi l'a-t-il fait dans le susdit art. 1100.

Dans cet article le législateur nous signale lui-même les personnes qu'il regarde comme interposées : ce sont les enfans du second époux et les parens dont cet époux est héritier présomptif.

Remarquons qu'il s'agit ici d'une présomption légale d'interposition, en sorte que cette interposition est prouvée d'une manière pleine et entière, et absolument exclusive de toute preuve contraire, comme nous l'avons déjà remarqué.

294. — Observons qu'il n'y a que les enfans issus d'un autre mariage qui sont réputés personnes interposées ; ainsi, Pierre qui a des enfans du premier lit peut donner aux enfans du second la quotité disponible, sans que ce don soit réputé un avantage en faveur du second conjoint : la loi ne voit la fraude qu'avec peine, et quand toute autre présomption ne peut être admise ; mais ici la qualité d'enfant du donateur n'est-il pas un motif suffisant pour déterminer le bienfait? Tel est l'avis de *Pothier*, n.º 540.

Mais Pierre, qui a des enfans, et qui se marie avec une veuve qui a aussi des enfans, ne peut donner à ces derniers, ni à leurs descendans, parce qu'alors ces enfans sont censés personnes interposées, et que sous le mot enfant on comprend tous les descendans.

295. — Pierre ayant des enfans se remarie avec Jeanne, qui a aussi des enfans ; Jeanne meurt, et Pierre donne, soit à un enfant non commun de ladite

Jeanne, soit à un autre parent de cette dernière ; y aura-t-il présomption d'interposition ? non : la nature même des choses y résiste, la loi ne suppose pas des absurdités ; or, dans l'espèce, peut-on dire que Pierre a voulu avantager une épouse qui n'était plus ! Tel est encore l'avis de *Pothier*, qu'il est sans doute superflu de citer sur une pareille question.

296. — En nous signalant certaines personnes comme interposées, la loi n'a pas entendu nous empêcher de prouver l'interposition de toute autre personne en général, même d'un étranger au conjoint ; mais celui qui prétendra que telle personne non désignée par la loi est interposée devra prouver cette interposition comme l'on prouve la simulation des actes, c'est-à-dire, par titres, témoins et présomptions.

297. — Revenant aux personnes que la loi répute interposées, nous devons observer que la loi est plus sévère à l'égard des seconds conjoints que par rapport aux autres incapables en général ; en effet, l'art. 911, relatif aux incapacités générales, ne répute personnes interposées que les père et mère, les enfans et descendans de la personne incapable : l'art. 1100 répute, de plus, personnes interposées *tous parens* dont le conjoint *sera héritier présomptif au jour de la donation*.

Sur quoi, supposons que Pierre, qui a des enfans, se remarie avec Jeanne ; que Jeanne ait son père et son grand-père ; supposons, enfin, que Pierre ait fait une donation en faveur du grand-père de sa nouvelle épouse : ce grand-père sera-t-il réputé personne interposée ? non, parce que, par l'effet de l'existence du père, la seconde épouse n'est pas héritière présomptive de son grand-père ; il n'existe donc pas d'interposition légalement prouvée.

Je conviens que tous les ascendans étaient, par la jurisprudence, compris dans la prohibition de l'édit de 1560 ; mais cet édit parlait nommément des pères et mères du second conjoint ; l'on sait que sous la dénomination de père on entend tous les ascendans : *patris nomine, avus quoque demonstrari intelligitur. Leg.* 201 , ff *de verb. signif.*

Mais ce n'est pas sur le degré de parenté que le code détermine l'interposition , mais sur la successibilité du conjoint à l'égard de celui qu'on a avantagé : à quelque degré donc que soit le parent, si le second conjoint est son héritier présomptif lors du don , ce parent sera réputé personne interposée.

Or, si cette interposition légale s'étendait au grand-père du conjoint, quand son père vit, elle s'étendrait également à tous les autres degrés. Je m'explique : Pierre se remarie avec Jeanne, qui a son père, et pour parent un cousin issu de germain, dont elle serait héritière présomptive, si sondit père ne vivait pas ; mais son père vivant, et le don étant fait au cousin issu de germain, peut-on dire qu'il est fait à un parent dont le conjoint est l'héritier présomptif, parce que le conjoint et son père sont censés avoir le même intérêt, et que les espérances de l'un sont censées être les espérances de l'autre ? Je ne le pense point ; car ce système , fondé sur ces espérances communes, s'étendrait presqu'à l'infini : il en résulterait qu'il faudrait regarder comme personnes interposées, non-seulement les parens dont le conjoint est héritier présomptif , mais encore toutes les personnes qui ont pour héritier présomptif ceux dont le conjoint est héritier présomptif lui-même ; ainsi, par exemple, le second conjoint étant héritier présomptif d'un frère utérin , et ce frère utérin étant lui-même héritier présomptif d'un parent éloigné qui n'a aucun rapport avec le conjoint, dans le système ci-dessus, il faudrait dire que ce parent est personne interposée.

Il faut donc s'en tenir au texte du susdit article, sauf quand le don est fait à un ascendant du conjoint quand son père vit , et par rapport au cas de cette espèce, à prouver l'interposition par les circonstances de la cause; je conviens même que dans cette hypothèse le moindre indice suffirait pour établir l'interposition.

298. — Quand la donation faite au profit du conjoint est simulée sous la forme d'un contrat onéreux, ou qu'elle est faite à une personne réputée interposée, est-elle nulle pour le tout, ou seulement réductible? M. *Grenier* pense qu'elle est nulle pour le tout; je crois qu'elle est seulement réductible.

§ III.   *Quels dons sont assujettis à la réduction?*

299. — Toutes les donations généralement quelconques, pures ou conditionnelles, avec ou sans charges simples ou rémunératoires, mutuelles ou autrement, doivent être réduites à une part d'enfant légitime.

Pothier a traité la question de savoir si les donations mutuelles et légales étaient ou non sujettes à la réduction, et il s'est décidé pour l'affirmative. Traité du mariage, n.° 546.

300. — On sent que s'il s'agit d'une donation avec charge d'une chose appréciable à prix d'argent, il n'y a de véritable donation que par rapport à ce qui reste, déduction faite de la charge, et ce sera aussi ce reste qui sera seul soumis à la réduction. *Idem*, n.° 545.

301. — Il y a également lieu à réduction, soit que la donation soit faite dans le contrat de mariage lui-même, soit qu'elle ait été faite postérieurement.

Mais supposons que Pierre, qui a des enfans d'un premier lit, fasse aujourd'hui une donation en faveur de Jeanne, et qu'il épouse ensuite ladite Jeanne, cette donation sera-t-elle soumise à la réduction, ou bien sera-t-elle nulle pour le tout, comme étant faite dans l'intention d'éluder la loi? Je pense qu'elle sera simplement réductible, parce qu'il n'y a ici ni simulation d'acte, ni interposition de personnes : il en serait autrement, si la donation avait été faite sous la forme d'un contrat onéreux, ou par personnes interposées ; mais l'on sent que dans cette espèce il n'y a pas d'interposition légalement prouvée, vu que lors du don Jeanne n'était pas l'épouse de Pierre, et qu'ainsi il faudrait prouver l'interposition par les circonstances.

Le rapprochement du mariage et la fréquentation entre le donateur et la donataire seraient plus que suffisans, pour prouver l'intention d'éluder la loi.

Le mariage, au contraire, que Jeanne contracterait avec un autre depuis la donation en prouverait seul la sincérité, et une telle donation ne serait pas réduite, quand même Jeanne, devenue veuve, épouserait le donateur. *Pothier*, n.º 548.

302. — Toutes les conventions matrimoniales présentant un avantage en faveur du nouveau conjoint sont soumises à la réduction : c'est ce qui résulte du susdit art. 1099, et plus expressément encore de l'art. 1527, par lequel le législateur, après s'être occupé de toutes les clauses qu'on peut insérer dans un contrat de mariage, soit par rapport à la communauté, soit par rapport aux préciput, ameublissement, etc., s'exprime ainsi :

« Néanmoins, dans le cas où il y aurait des enfans » d'un précédent mariage, *toute convention qui ten-* » *drait dans ses effets* à donner à l'un des époux » au delà de la portion réglée par l'art. 1098 sera sans » effet pour tout l'excédant de cette portion ; mais » les simples bénéfices résultant des travaux communs » et des économies faites sur les revenus respectifs, » *quoiqu'inégaux*, des époux, ne sont pas considérés » comme un avantage fait au préjudice des enfans du » premier lit ». Vid. l'arrêt de la cour de cassation rapporté par *Sirey*, an 1808, pag. 328.

Cette dernière partie de l'art. 1527 présente une innovation aux anciens principes, comme on peut le voir dans *Pothier*, n.º 550, par rapport aux clauses qui peuvent présenter des avantages entre époux communs; il faut lire cet auteur depuis n.º 551 jusqu'à 560.

Je pense, d'ailleurs, comme M. *Grenier*, que de la fin du susdit art. 1527 il résulte que la clause par laquelle il aurait été stipulé que le nouvel époux aurait, en cas de survie, les bénéfices qui résulteraient de la société d'acquêts ou de la communauté, devrait avoir son effet par rapport à ce qui pourrait être provenu, soit des travaux communs, soit des économies faites sur les revenus respectifs.

§ I V. *Du mode de réduction.*

302. — Nous avons dit que le second époux ne peut recevoir qu'une part d'enfant, et que lorsque cette part excède le quart des biens la donation en faveur du second époux doit être réduite au quart.

Il faut donc chercher quelle est la part de l'enfant le moins prenant, et la comparer ensuite avec la valeur du don.

303. — Avant d'examiner en quoi consiste la part de l'enfant le moins prenant, il faut plutôt nous fixer sur le fait de savoir, si, par ces mots, part d'enfant le moins prenant, le législateur a entendu parler, tant des enfans du premier mariage, que des enfans nés du mariage avec le second conjoint donataire.

Par exemple : Pierre a de son premier mariage Jean, et du second mariage Joseph et Etienne; pour calculer la part d'enfant le moins prenant, faut-il considérer tant la part de Jean, que celle de Joseph et d'Etienne ? en sorte que si c'est Etienne qui a le moins, il faille réduire le don du nouveau conjoint à la portion d'Etienne ?

Il est étonnant que le législateur ne se soit pas expliqué sur cette matière ; mais dans son silence nous devons consulter la jurisprudence antérieure, d'après laquelle, pour fixer la part de l'enfant le moins prenant, on considérait tant les enfans des précédens mariages, que ceux du mariage commun.

304. — Observons que si Etienne, par exemple, se contentait pour sa portion d'une quotité moindre que sa part dans la réserve, le don fait au nouveau conjoint devrait être réduit simplement à la part d'Etienne dans ladite réserve, parce que tel est le droit d'Etienne ; et s'il veut se contenter de moins, c'est une libéralité en faveur de ses frères qui ne doit pas tourner au préjudice du second conjoint ; d'ailleurs, la loi doit fermer la porte à toute espèce de fraude, en en proscrivant les occasions.

Ainsi, par part d'enfant le moins prenant, on entend la portion que le moins prenant pourrait avoir dans la réserve : tels étaient les anciens principes. Vid. la loi *hâc edictali*.

305. — Supposons que le donateur binube ne laisse que des petits-enfans, la portion d'un des petits-enfans sera-t-elle prise pour règle de la quotité disponible envers le conjoint, ou faut-il considérer ce que le père de ces petits-enfans aurait eu ?

Pothier faisait une distinction : il voulait que les petits-enfans représentassent leur père, quand ils venaient en concours avec quelque oncle frère de leur père ; mais il disait, qu'il n'y avait pas lieu à la représentation, ni à ses effets, quand les petits-enfans étaient tous au même degré.

Cette distinction me semble proscrite par l'art. 740, et notamment par l'art. 914.

La quotité disponible dans les mains du binube est de la même nature que la quotité disponible en général ; elle est seulement restreinte ou diminuée à l'égard de l'épouse.

Or, si l'on voulait que la part de l'épouse fût réduite à la portion du petit-enfant venant par tête, il faudrait par rapport à l'épouse considérer les enfans comme venant de leur chef, et les considérer comme venant par représentation si le binube avait fait en même temps un don à un étranger.

306. — Pour fixer la part de l'enfant le moins prenant, il faut composer le patrimoine comme pour la fixation de la réserve en général ; ainsi, il faut faire rentrer fictivement dans ce patrimoine tous les biens donnés par celui de la succession duquel il s'agit.

Faut-il également comprendre dans ce patrimoine le don fait par le binube à sa seconde épouse ?

C'est demander, en d'autres termes, si le don fait à la seconde femme doit être compté pour fixer la réserve des enfans : or, nul doute sur cette question ; mais si la quotité disponible envers la seconde femme est égale à la portion de l'enfant dans la réserve, il faut nécessairement composer la masse de la même manière, sans quoi point d'égalité ; d'ailleurs, telle est la disposition textuelle de l'art. 922.

De plus, où nous menerait le système contraire ? à une absurdité palpable.

Supposons, en effet, que Pierre donne à Jeanne, sa seconde femme, un immeuble valant 12,000 fr. ; que Pierre meure, ne laissant que des dettes, et deux enfans.

Dans cette hypothèse, si les biens donnés à la femme n'étaient pas comptés pour fixer la quotité disponible à son égard, il en résulterait que la femme n'aurait rien, et qu'elle serait obligée de délaisser l'immeuble, sans en rien conserver ; ce qui serait souverainement injuste.

Ricard s'est donc trompé, quand il a dit, que le bien donné au second conjoint ne devait pas entrer dans la masse pour fixer ce qui devait lui revenir ; car cette opinion est repoussée par son application même, et par le texte précis de la loi hâc edictali, qui, en réduisant le don fait au conjoint à la part d'enfant le moins prenant, ne veut pas cependant que cette part soit moindre que la légitime ;

or, pour fixer la légitime, il faut nécessairement rapporter tous les biens : telle est, d'ailleurs, à l'égard même de l'épouse, la doctrine de *Catellan*, liv. 4, chap. 60.

307. — Cette première erreur de *Ricard* l'a entraîné, ainsi que *Pothier*, dans une seconde : ces deux savans jurisconsultes décident que le second conjoint ne doit rien avoir sur le retranchement de la donation à lui faite.

Cela est très-vrai et très-juste, et résulte même du texte de la loi *hâc edictali*, § 6 : *id quod relictum, vel donatum, vel datum fuerit, tanquàm non scriptum, nec derelictum, vel donatum, vel datum sit ; ad personas deferri liberorum, et inter eos dividi, jubemus* : on trouve à peu près les mêmes dispositions dans les novelles 22, chap. 27 : cela est très-vrai, disons-nous, dans notre système, d'après lequel le don fait à l'épouse se rapporte fictivement à la masse pour fixer la quotité disponible ; mais cela cesse de l'être dans le système contraire adopté par *Ricard*.

Supposons, en effet, que Pierre donne à Jeanne, sa seconde femme, la somme de 10 fr. ; qu'il meure laissant encore 10 fr., et trois enfans.

Ici, dans notre manière de voir, la fortune de Pierre est 20 fr., en comptant le don fait à l'épouse : chaque enfant aura un quart, et l'épouse un quart, égalant 5 fr. ; ainsi, l'épouse éprouvera un retranchement de 5 fr., et alors l'on sent qu'il est juste que la femme n'ait aucun droit dans ce retranchement, parce qu'elle se trouve avoir sa part dans la fixation de sa quotité.

Mais dans le système de *Ricard*, c'est toute autre chose : le don fait à l'épouse n'étant pas compté, la fortune est seulement 10 fr.

Les enfans auront un quart chacun, égalant 2 fr. 50 c. ; la femme aura aussi 2 fr. 50 c., et éprouvera une réduction de 7 fr. 50 c., sur laquelle, d'après

Ricard, elle n'aura rien à voir ; ce qui peut être conséquent à son système, mais injuste.

Cette injustice résulte toujours de ce faux principe mis en avant par *Ricard*, d'après lequel le don fait au second conjoint ne doit pas être compté : principe dont l'injustice aurait été un peu corrigée, en admettant le second conjoint au partage de la portion retranchée ; principe, enfin, extraordinaire, d'après lequel la donation faite à la seconde épouse dépendrait absolument de la pure volonté du donateur ; ce qui est le renversement complet de toutes les règles en cette matière.

Le don fait à l'épouse étant compté comme il doit l'être pour fixer à son égard la quotité disponible, la question de savoir si la femme a droit au retranchement de sa donation n'en est pas une ; elle est décidée pour la négative par le fait même et le calcul.

Cette question était intéressante dans le système de *Ricard*, et elle a été résolue par lui et par *Pothier* de manière à ne pas corriger l'injustice de ce système.

Nous devons le dire avec le respect qui est dû à ce savant jurisconsulte, *Ricard* n'a pas examiné cette question avec sa profondeur ordinaire, d'autres auteurs l'ont suivi ; et c'est ainsi que les idées imparfaites et mal digérées roulent de siècle en siècle comme une éternelle preuve de notre éternelle erreur.

Il faut donc tenir pour certain, 1.° que le don fait au second conjoint rentre fictivement dans la masse pour fixer la quotité disponible par rapport à lui ;

2.° Que le second conjoint peut toujours conserver le don jusques et à concurrence de cette quotité disponible.

308. — *Ricard* et *Pothier* examinent ensuite la question de savoir, si ce que les enfans recueillent au moyen du retranchement de la donation faite au second époux s'impute sur la réserve ; ils décident l'un et l'autre que l'imputation n'a pas lieu.

Je pense que, d'après le code, l'imputation a lieu sans difficulté ; car, enfin, le don fait à la seconde épouse, et, comme les autres, dans la quotité disponible à l'égard du second conjoint, est de la même nature, et doit être soumis aux mêmes résultats que la quotité disponible en général.

Ricard et *Pothier* se fondent sur ce que la portion retranchée n'est pas censée faire partie des biens du donateur, sur ce que le retranchement est le fait de la loi ; en sorte que les enfans tiennent la chose retranchée de la loi, et non de leur père.

Il me semble qu'il y a là confusion d'idées : dire que la loi donne quelque chose aux enfans, c'est prétendre que la loi en est devenue en quelque sorte propriétaire.

La loi ne donne rien ; elle supplée à notre silence, elle redresse nos dispositions, elle les circonscrit dans des justes limites ; mais en tout cela elle ne donne rien, elle n'enlève rien ; elle présente seulement la juste interprétation de nos dispositions, en sanctionnant les unes, et en réprouvant les autres.

C'est donc toujours l'homme qui est censé donner ; donc tout ce que les enfans recueillent provient de lui, donc ils doivent l'imputer.

S'il en était autrement, voici la conséquence forcée où nous serions conduits :

Supposons que Pierre se remarie avec Jeanne ; qu'il lui donne 12 ; qu'il meure, laissant trois enfans, et plus rien.

Ici la femme pourrait avoir le quart, égalant 3 ;

Les enfans auraient 9.

Mais si ces 9 qu'ils recueillent ne s'imputent pas sur la réserve ; si, en d'autres termes, la réserve leur est encore due, certainement il faut encore enlever les 3 à la femme ; car un donataire ne doit pas avoir quelque chose, quand les enfans ne sont pas remplis de leur réserve.

Les partisans du système de *Ricard* et *Pothier* diront : ce n'est pas ainsi qu'il faut entendre la non imputation sur la réserve ; nous voulons simplement dire que le conjoint binube qui a déjà donné à son épouse plus qu'elle ne peut recevoir ne peut utilement disposer de ce surplus, même jusques et à concurrence de la quotité disponible en faveur d'un étranger.

Par exemple : Pierre n'a qu'un fils ; il se remarie avec Jeanne, et lui donne la moitié de ses biens.

Ici Jeanne ne peut recueillir qu'un quart ; il restera trois quarts dans la succession, et cependant Pierre ne pourra pas disposer d'un de ces trois quarts, parce que le quart retranché sur la donation de l'épouse ne s'impute pas sur la réserve ; le fils ne se trouve avoir réellement que la moitié des biens du chef de son père, quoique, par le fait, il en ait les trois quarts.

Ce raisonnement n'est que spécieux ; il repose, d'ailleurs, sur une fausse base, sur cette allégation, que ce que l'enfant recueille par retranchement, il ne le reçoit pas de son père ; de plus, il ne répond pas à la conséquence que nous avons ci-dessus tirée, et, enfin, ce raisonnement n'est lui-même qu'une restriction du système de *Ricard*.

Pothier présente l'exemple suivant.

Une femme a donné 20,000 fr. à son second mari ; elle a laissé encore 40,000 fr. dans sa succession : elle a deux enfans ; elle a fait l'aîné légataire universel.

La masse, dit cet illustre et respectable auteur, est de 60,000 fr., la légitime de l'enfant puîné est de 15,000 fr.; la donation au mari sera donc réduite à cette somme, et éprouvera une réduction de 5000 fr. : quand l'enfant puîné, ajoute-t-il, voudra réclamer de son frère les 15,000 fr. de sa légitime, l'aîné ne pourra pas lui dire qu'il doit imputer sur sa légitime la part qu'il a dans les 5000 fr. retranchés, parce que cet enfant légitimaire ne tient que de la loi ce qu'il en a eu.

Cette manière de raisonner ne doit plus être admise ; elle est proscrite par les dispositions des art. 920 et 922 du code : il ne faut pas le perdre de vue, il n'existe qu'une seule réserve, plus ou moins forte selon les circonstances ; tout ce qui parvient aux enfans doit être imputé sur cette réserve : nous ne connaissons point ces biens qui sont censés provenir de la loi seule.

Faut-il une nouvelle preuve de la proscription des anciens principes sur cette matière ? en voici une purement arithmétique.

Catellan, liv. 4, chap 60, proposait cet exemple : une femme n'a que 3000 fr. ; elle se remarie ayant un enfant du premier lit, et donne les 3000 fr. à son nouvel époux.

Question de savoir comment ces 3000 fr. seraient partagés : l'enfant, dit *Catellan*, prélevera d'abord sa légitime, qui est du tiers, égalant 1000 fr., et les 2000 fr. restans seront partagés entre l'enfant et l'époux, en sorte que celui-ci n'aura que 1000 fr.

En prenant le même exemple,

D'après le code, et en adoptant le principe de la non imputation, la légitime de l'enfant serait de la moitié, égalant 1500 fr., et l'autre moitié se partageant, le conjoint se trouverait avoir le quart, égalant 750 fr.

Ainsi, nous voyons que, d'après le système de *Catellan*, le second époux dans *le cas le plus favorable* ne pourrait avoir que le quart : ce serait là son *maximum* ; mais une preuve qu'il peut en avoir plus dans le système du moderne législateur, c'est qu'il ordonne que la portion de la femme, quand elle excède le quart, soit réduit à cette quotité ; or, cette restriction serait inutile, si, d'après le nouveau système, la portion de la femme ne pouvait jamais excéder le quart.

Il faut donc tenir pour certain, que tout ce que les enfans recueillent sur le retranchement des donations faites aux seconds époux s'impute sur leur portion dans la réserve:

309.

309. — Ainsi fixés sur les principes, passons à leur application.

Exemple premier : Jean a deux enfans d'un premier mariage ; il se remarie avec Antoinette, et a deux autres enfans de ce mariage ; il fait une donation à son épouse de tout ce qu'il peut lui donner : quel sera l'émolument de cette donation ?

Jean étant mort sans autre disposition, la seconde femme doit avoir autant que l'un des enfans ; or, comme tous les enfans sont héritiers égaux, il faut admettre fictivement la femme au nombre des enfans ; ainsi, la succession de Jean se divisera en cinq portions égales, et la seconde femme conservera sa donation jusques et à concurrence dudit cinquième.

Si dans le même exemple il n'y avait que deux enfans, la femme ne pourrait avoir que le quart.

310. — Deuxième exemple : Pierre a un fils du premier lit ; il lui donne, par préciput, un bien valant 4 : il se remarie, donne à sa seconde épouse un bien valant 5 : il naît de ce mariage un autre enfant ; Pierre meurt, et sa masse héréditaire, y compris les deux donations, égale 24.

Ici la quotité disponible égale $\frac{1}{3}$, égale 8 ; eu égard au nombre de deux enfans, la réserve pour chacun est 8, qui ne doit jamais éprouver aucune diminution : s'il n'existait pas de disposition antérieure, la femme pourrait avoir 8 ; mais comme 8 excède le quart, elle ne pourrait avoir que 6 ; mais, en donnant au fils, la quotité disponible est usée jusques et à concurrence de 4 ; donc il ne restait plus que 4 de disponible quand le don a été fait à la seconde femme.

Ainsi, le fils du premier lit aura 4, la seconde femme aura 4 ; ainsi, elle éprouvera une réduction de 1, et les enfans partageront le reste.

311. — Troisième exemple : Pierre donne à sa seconde épouse la moitié de ses biens ; il donne ensuite le quart, par préciput, à un des enfans du premier

*Tom. I.*er   16

lit ; il meurt, laisse quatre enfans, et une fortune égalant 24.

Quotité disponible égalant $1/4$, égale 6 ;

Réserve égale 18 ;

Portion de chaque enfant égale $18/4$, égale 4 fr. 50 c. :
la donation de la femme sera réduite à 4 fr. 50 c.

La quotité disponible étant 6, est usée par le don
fait à l'épouse, le fils avantagé aura donc, par préciput,
6 — 4 fr. 50 c., égalant 1 fr. 50 c. ; il aura de plus
4 fr. 50 c. :

Les autres enfans auront 4 fr. 50 c.

Je sais que M. *Grenier*, qui a d'ailleurs l'esprit très-
juste, ne résout pas cette question comme moi : dans
l'espèce ci-dessus M. *Grenier* dirait, qu'ayant donné
la moitié à sa seconde épouse, Pierre n'avait plus rien
de disponible, parce que le retranchement de la donation faite à l'épouse ne s'impute pas sur la réserve.

Je crois avoir démontré que ce système ne peut
être admis ; j'ajoute qu'il tournerait souvent au préjudice des enfans du premier lit, dont l'intérêt doit
être particulièrement considéré ; en effet, supposons
que Jacques, qui a un enfant, soit à même de se remarier avec Sophie ; Sophie dira : j'ai toujours un
moyen d'empêcher que l'enfant du premier lit n'ait
quelqu'avantage au préjudice de ceux qui naîtront
de mon mariage ; pour cela je n'ai qu'à me faire donner une certaine portion des biens : l'on sent que ce
raisonnement aurait lieu tous les jours, et qu'il est bon
que ce raisonnement soit inutile et vain.

On ne saurait rétorquer l'argument contre moi, en
disant, que, dans la supposition, la donation faite à la
seconde épouse serait également un obstacle à ce
qu'on avantageât les enfans du second lit ; car, 1.º ces
enfans profiteraient toujours d'une portion du don fait
à leur mère ; 2.º l'on ne doit pas croire que la donation
ait été faite dans cette seconde intention, mais seulement dans la vue de nuire aux enfans du premier lit.

§ V. *Quels enfans peuvent demander la réduction de la donation, et en profiter.*

312. — Pierre a des enfans d'un premier lit ; il se remarie avec Jeanne, à laquelle il fait une donation ; il provient des enfans de la seconde épouse : question de savoir si les enfans de cette seconde épouse peuvent demander le retranchement de la donation faite à leur mère, et en profiter ; ou bien si les enfans du premier lit peuvent seuls agir en retranchement.

La loi *quoniam*, cod. *de secundis nuptiis*, voulait que tous les enfans, tant du premier, que du second lit, pussent demander le retranchement, et en profiter.

Cette loi fut abrogée par la novelle 22, chap. 27 ; cette novelle ne permit qu'aux enfans du premier lit d'agir par retranchement.

L'édit de 1530 n'ordonna la réduction qu'en faveur des enfans du premier lit.

La jurisprudence était incertaine sur cette question : certains parlemens suivaient la novelle 22, tandis que d'autres, et entr'autres le parlement de Toulouse, s'en tenaient à la disposition de ladite loi *quoniam*, qui admet tous les enfans.

Cette dernière opinion était la plus généralement suivie, elle fut adoptée par *Ricard* et par *Pothier*.

Il est étonnant que le moderne législateur ne se soit pas expliqué d'une manière à fixer tous les doutes sur une question si controversée ; il ne l'a pas fait au moins d'une manière expresse.

Mais si nous faisons attention, 1.º que tous les biens d'un individu font partie, ou de sa quotité disponible, ou de sa réserve ;

2.º Que les donations qui excèdent la quotité disponible sont retranchées, pour le retranchement faire fonds à la réserve ;

3.º Que tous les enfans ont un droit égal à cette

réserve, puisqu'elle est une dette également sacrée à l'égard de tous,

Nous déciderons sans difficulté, que les enfans, tant du premier, que du subséquent mariage, peuvent agir en retranchement, et en profiter; s'il en était autrement, il faudrait soutenir qu'il existe deux réserves, supposition qui est absolument repoussée par l'esprit de la nouvelle législation.

313. — La quotité disponible n'étant restreinte à l'égard du second conjoint, que lorsqu'il existe des enfans d'un précédent mariage, l'on sent que si lors du décès du donateur binube il ne se trouve pas un enfant ou descendant de son premier mariage, les enfans communs, ou du second mariage, ne peuvent faire réduire la donation faite à leur mère, que lorsqu'elle se trouvera excéder le quart en propriété et le quart en usufruit.

Faisons-nous des idées justes : nous ne devons pas dire, que les enfans du second lit ne peuvent agir en retranchement, que lorsqu'il se trouve quelqu'enfant ou descendant du premier; mais observer que lorsqu'il n'y a ni enfans, ni descendans du premier lit, il n'y a pas lieu à restriction de la quotité disponible à l'égard du second époux; dans cette hypothèse, en un mot, le second époux peut recevoir un quart en propriété et un quart en usufruit.

314. — Supposons qu'il existe un seul enfant du premier lit, et que cet enfant renonce : les enfans du second mariage pourront-ils agir en retranchement ? sans doute : nous avons déjà décidé que le renonçant était compté pour la fixation de la quotité disponible. Vid. *Pothier*, contrat de mariage, n.° 567.

315. — Les enfans qui ont renoncé à la succession de leur père peuvent-ils demander le retranchement, et en profiter ? Nous avons déjà décidé cette question d'une manière générale, et nous avons dit, que la renonciation à la succession ne s'étend pas aux droits

compétant au renonçant sur les donations excessives, et qu'ainsi le renonçant peut demander sa quote-part dans le retranchement de toutes les donations : telle est, d'ailleurs, par rapport à notre espèce, l'opinion de *Ricard* et de *Pothier*.

315. — Quant à l'enfant déclaré indigne, il ne saurait agir en retranchement, ni en profiter. *Pothier*, n.º 569.

316. — L'enfant qui approuve et ratifie le don après la mort du donateur ne peut agir en retranchement;

Mais la ratification antérieure au décès ne saurait l'empêcher d'agir, comme nous l'avons observé n.º 288.

317. — Le président *Faber*, dans son code, liv. 5, tit. 5, déf. 5, examine la question de savoir, si le binube que son premier conjoint a expressément dispensé des peines des secondes noces peut disposer en faveur du second époux tout comme s'il n'existait pas d'enfans du mariage antérieur, et le président *Faber* se décide pour l'affirmative.

Je pense le contraire, quelles que soient les dispositions du premier époux en faveur du survivant; car, 1.º on ne peut déroger par des conventions particulières aux lois qui intéressent l'ordre public ; 2.º les lois qui fixent la quotité disponible sont d'ordre public ; 3.º le premier époux ne peut jamais préjudicier, ni à ses enfans, ni aux enfans du mariage postérieur.

D'après ces motifs, je pense que quelles que soient les dispenses du premier époux, il y a toujours restriction de la quotité disponible en faveur du second conjoint ; c'est ainsi, d'ailleurs, que la question a été décidée par un arrêt du parlement de Grenoble, rapporté par *Basset*, tom. 1.ᵉʳ, liv. 4, chap. 2 : cet arrêt a jugé que le retranchement devait avoir lieu, quoique le défunt eût permis à sa femme de se remarier. Vid. *Vedel*, sur *Catellan*, liv. 4, chap. 57.

§ VI. *Des donations de part d'enfant.*

318. — Pierre, qui a des enfans, a perdu son épouse; il veut se remarier et avantager sa nouvelle compagne, sans, d'ailleurs, violer les dispositions des lois.

En conséquence, ignorant, et la fortune qu'il aura à son décès, et le nombre des enfans qui peuvent naître de son nouveau mariage, il donne à son épouse une part d'enfant :

Quel sera l'effet de cette disposition ?

Avant d'examiner l'effet de cette disposition, nous devons en considérer la nature : or, en l'analisant, nous voyons que Pierre donne, tant sur les biens présens, que sur les biens à venir ;

Qu'il donne une quote indéterminée de ses biens ;

Que Pierre reste le maître absolu d'épuiser cette donation, en ne laissant rien ;

Nous voyons en même temps que cette donation est irrévocable de sa nature, en sorte qu'il ne dépend pas de Pierre de priver son épouse de son droit à sa succession, s'il y reste quelque chose.

La disposition de Pierre est donc d'une nature mixte. Les anciens auteurs disaient qu'elle tenait, et de la donation, et de l'institution d'héritier.

Mais, outre la difficulté de bien préciser nos idées sur ce point, de bien distinguer ce qui tient de la nature de la donation d'avec ce qui tient de la nature de l'institution, nous devons simplement dire qu'un don de part d'enfant est une donation indivisible d'une quote indéterminée de biens présens et à venir.

319. — Il résulte de cette définition, que cette donation est caduque, si le donateur survit au second époux donataire. Cela se trouve littéralement écrit dans l'art. 1093 du code ; telle était aussi l'ancienne jurisprudence attestée par *Pothier*, traité du mariage, n.º 595. « La donation de part d'enfant, dit ce savant

» auteur, ne commence à exister qu'à la mort de la
» donatrice ; le donataire avant ce temps n'a qu'un
» droit informe : il ne peut avoir un droit formé à
» une chose qui n'existe pas encore ; par conséquent,
» lorsqu'il meurt avant la donatrice, n'ayant alors
» acquis, ni pu acquérir aucun droit à la chose don-
» née, qui n'existait pas encore, il n'y a rien qu'il ait
» pu transmettre à ses héritiers ».

320. — Supposons que le second époux, donataire,
meure avant le donateur, mais laissant des enfans de
leur mariage, la donation sera-t-elle caduque dans cette
espèce ? *Pothier* observe que les enfans sont alors censés
appelés à la donation par une substitution vulgaire,
et que tel est l'avis de *Renusson* ; « mais cette opinion,
» ajoute *Pothier*, pourrait peut-être souffrir quelque
» difficulté ; les donations de part d'enfant n'étant pas
» favorables, il est plus sûr d'exprimer cette substi-
» tution dans le contrat de mariage ».

Ainsi, *Pothier* penche pour la caducité ; telle est,
d'ailleurs, la disposition littérale du susdit art. 1093
du code, qui porte que « les donations de biens pré-
» sens et à venir, faites entre époux, ne sont pas trans-
» missibles *aux enfans issus du mariage*, en cas de
» décès de l'époux donataire avant l'époux donateur ».

De plus, la fiction de la substitution vulgaire ne
peut avoir lieu, d'après l'esprit de la nouvelle législation, parce qu'on ne peut donner qu'aux personnes
existantes, et que les fidéicommis sont nuls.

321. — Ainsi fixés sur la nature de la donation
de part d'enfans, supposons que Pierre donne à Jeanne,
sa seconde épouse, une part d'enfant, et qu'il laisse
cinq enfans sans autre disposition ; alors la femme
aura le sixième des biens de Pierre, tels qu'ils se trouveront à son décès.

322. — Supposons que dans la même espèce tous
les enfans du premier mariage soient décédés avant

leur père, ainsi que les enfans communs; quel sera alors l'effet de la donation de part d'enfant?

N'existant pas d'enfans, leur part est zéro. Faut-il dire que la femme n'aura rien? Cela serait aussi injuste que contraire à la volonté du donateur, car il a voulu donner quelque chose.

La femme ne peut pas avoir tout, quoique par le prédécès des enfans tout soit disponible, car telle n'était pas l'intention du donateur.

Qu'aura donc l'épouse? Elle aura ce que le donateur était censé avoir voulu lui donner lors du don; ainsi, la femme aura tout ce qui était disponible à son égard, d'après le nombre des enfans existans lors de l'acte, sans que néanmoins cette portion puisse excéder le quart.

Par là l'on exécute, autant qu'il est possible, la volonté présumée du donateur; car, 1.º le mot *part* annonce qu'il n'a voulu donner qu'une fraction ; 2.º le père n'est pas censé avoir eu la triste pensée de survivre à ses enfans : *nefas est tristes casus expectare ;* 3.º le père n'est censé avoir voulu donner que ce qui était disponible dans le cas de la survivance de ses enfans.

Donc on exécute sa volonté, en donnant à l'épouse ce qu'elle aurait eu si le donateur était décédé un instant après le don.

D'ailleurs, de deux choses l'une : ou le donateur binube était, lors de son décès, instruit de la mort de ses enfans, ou il ne l'était pas; s'il ne l'était pas, n'étant censé vouloir que ce que la loi veut, il est décédé dans la seule intention de donner à son épouse une part d'enfant ;

S'il était instruit de leur mort, et n'ayant rien changé aux expressions de sa volonté, il est censé avoir persisté dans l'intention qu'il avait lors du don.

On sent qu'il en serait de même dans le cas de la survivance d'enfans du second mariage; l'existence de ces enfans ne change rien aux principes ci-dessus, ni à leur application.

323. — *Pothier* propose l'espèce suivante : une femme laisse deux enfans, et le second mari donataire d'une part d'enfant ; il reste net dans sa succession 60,000 fr. Cette femme, depuis la donation faite au second mari, avait fait donation à l'un de ses enfans d'une somme de 15,000 fr. payés comptant : suffit-il, pour remplir le second mari de sa part d'enfant, de lui donner le tiers des biens que la femme a laissés à son décès ? le second mari peut-il, en outre, réclamer sa part dans les 15,000 fr. que l'enfant donataire est obligé de rapporter à la succession ? *Pothier* se décide pour l'affirmative, et avec juste raison ; parce que, pour former la part d'enfant, il faut rapporter fictivement toutes les donations, et qu'il ne peut dépendre du donateur de rendre sans effet le premier don par des dispositions postérieures à titre gratuit.

Il en serait autrement si les 15,000 fr. avaient été donnés par préciput, en ce sens que la part d'enfant serait diminuée, ne se prenant que sur la réserve ; mais, pour calculer cette réserve, il faut toujours faire entrer dans la masse l'émolument de toutes les donations. Vid. l'arrêt de la cour d'appel de Paris, rapporté par M. *Sirey*, an 1809, 2.ᵉ part., pag. 257.

324. — Quant à l'action qu'ont les enfans pour demander le retranchement des donations excessives faites au second époux, et au mode de l'exercer, nous n'en parlerons pas ici, parce que cette action ne diffère en rien de l'action générale en réduction de toutes les donations qui se trouvent excéder la quotité disponible.

TITRE V.

De la quotité disponible à l'égard des enfans naturels.

325. — Cette partie de la législation est hérissée de difficultés ; ces difficultés naissent, et des expressions peu précises dont on s'est servi, et de ce que la quotité disponible à l'égard de l'enfant naturel se trouve précisément égale à sa réserve.

Pour nous conduire dans ce labyrinthe, et pour ne pas nous égarer, posons d'abord des principes incontestables ; nous marcherons ensuite à leur lueur.

326. — Les enfans naturels ne sont pas héritiers.

La loi leur accorde des droits sur les biens de leurs père ou mère décédés.

Ces droits sont réglés ainsi qu'il suit :

Si le père ou la mère a laissé des descendans légitimes, le droit de l'enfant est du tiers de la portion héréditaire que l'enfant naturel aurait eue s'il eût été légitime ;

Il est de la moitié lorsque les père ou mère ne laissent pas de descendans, mais bien des ascendans, ou des frères ou sœurs ;

Il est des trois quarts lorsque les père ou mère ne laissent ni descendans, ni ascendans, ni frères, ni sœurs :

Telles sont les dispositions des articles 756 et 757 du code.

L'article 908 ajoute, que les enfans naturels ne pourront, par donation entre-vifs ou par testament, rien recevoir au delà de ce qui leur est accordé par les susdits articles 756 et 757.

Ainsi, commençons par remarquer ce principe, que la quotité disponible à l'égard des enfans naturels est égale à leur réserve.

327. — Le législateur nous le dit, les enfans naturels ne sont pas *héritiers;* et cependant un instant après le même législateur nous dit, que le droit des enfans naturels est une fraction de *la portion héréditaire d'un enfant légitime;* d'où il résulte qu'ils sont héritiers, au moins par le *fait,* en une moindre quote..

Mais ne cherchons pas à préciser d'une manière rigoureuse les expressions dont le législateur s'est servi : que le droit de l'enfant naturel soit appelé *créance,* ainsi que le fait M. *Siméon,* pag. 118 de son discours; qu'il soit appelé *droit successif irrégulier,* tout cela ne fait rien ; le seul point essentiel est de bien déterminer l'étendue et les effets de ce droit ou créance dans toutes les hypothèses.

328. — Le droit de l'enfant naturel est une fraction du droit qu'il aurait s'il était légitime : voilà le véritable principe, qu'il ne faut jamais perdre de vue; principe vrai, et dont les conséquences fécondes résoudront une foule de difficultés.

329. — Puisque le droit de l'enfant naturel est une portion de ce qu'il aurait s'il était légitime, il faut commencer par déterminer sa portion héréditaire comme légitime, et la fraction de cette portion sera précisément son droit.

Or, pour former ou fixer la portion héréditaire d'un enfant légitime, il faut composer le patrimoine d'après les dispositions de l'art. 922, c'est-à-dire, qu'il faut comprendre fictivement dans ce patrimoine tous les biens donnés par le père de l'enfant naturel, et tous ceux qu'il laisse à son décès; c'est ce qui résulte des dispositions du susdit article 757, et notamment de cette volonté clairement manifestée du législateur, qui veut que le droit de l'enfant naturel soit une portion de celui de l'enfant légitime; or, il est impossible de déterminer cette portion sans connaître le droit de l'enfant légitime, et il est impossible de connaître ce droit de l'enfant légitime sans composer le patrimoine d'après le susdit article 922.

On nous oppose une grande autorité, celle de M. *Jaubert*, qui nous dit, pag. 312 de son discours, que les enfans naturels n'ont pas de réserve, qu'ils ne peuvent pas demander la réduction des donations, et qu'ils doivent exercer leurs droits *sur la succession telle qu'elle est.*

Cette opinion de M. *Jaubert* me paraît absolument subversive des dispositions du susdit article 757 : je le répéterai toujours, le droit de l'enfant naturel est une portion du droit d'un enfant légitime ; or, pour fixer le droit de l'enfant légitime, il faut nécessairement comprendre dans la succession tant les biens donnés, que les biens non donnés ; sans ce rapport peut-on avoir la portion héréditaire d'un enfant légitime ? et si l'on n'a pas cette portion héréditaire, qui est l'unité, comment aura-t-on le droit de l'enfant naturel, qui en est une fraction !

M. *Jaubert* se fonde sur les dispositions de l'art. 913 : cet article, il est vrai, n'établit une réserve qu'en faveur des *enfans légitimes ;* mais il faut suivre les dispositions de cet article en entier, ou les rejeter en entier ; or, de cet article il résulterait que l'on peut disposer de tout au préjudice des enfans naturels, tant par *donation* que par *testament,* comme M. *Chabot* le conclut; mais son opinion n'a pas trouvé de partisans.

Cependant il me semble au moins qu'elle est conséquente, au lieu que celle de ceux qui veulent que les enfans naturels puissent être dépouillés par *donation,* et non par *testament,* ne l'est en aucune manière; du moins l'opinion de ces derniers ne peut être basée sur l'art. 913, puisque cet article parle indistinctement des donations et des testamens.

Invoquera-t-on les dispositions de l'art. 921, qui dit, que la réduction ne peut être demandée que par ceux qui ont une réserve? Mais si l'enfant naturel n'a pas reçu du législateur le droit exprès à une réserve, ne l'a-t-il pas reçu implicitement, puisqu'il est investi d'une portion d'un enfant légitime? Or, l'enfant légitime a une réserve, donc l'enfant naturel a une portion de réserve.

Ce n'est pas tout, le même art. 913 nous désigne les personnes qui ne peuvent pas demander la réduction des donations; et dans cette courte nomenclature nous ne trouvons pas les enfans naturels.

Enfin, l'art. 756 nous dit, que la loi accorde un droit aux enfans naturels : ce droit peut-il être *modifié* par la volonté de l'homme? oui, vid. l'art. 761; cet article exige même une déclaration expresse pour opérer la *modification* du droit : mais ce droit peut-il être *anéanti* par la volonté de l'homme?..... non ; puisque la *modification* est seule permise, *l'anéantissement* est défendu : or, ne serait-ce pas permettre d'anéantir les droits des enfans naturels, que de mettre en principe qu'ils n'ont aucun droit de réserve, et qu'on peut tout donner à leur préjudice ! !

Il faut donc tenir pour certain, que pour fixer le droit de l'enfant naturel, il faut composer le patrimoine comme s'il s'agissait d'un enfant légitime.

330. — Cela posé, rappelons que, d'après les dispositions du susdit art. 908 du code, l'enfant naturel ne peut rien recevoir au delà de ce qui lui est assuré au titre des successions : ce qu'il doit recueillir dans la succession est donc la juste mesure de ce qu'on peut lui donner; en d'autres termes, la quotité disponible à l'égard de l'enfant naturel est égale à sa réserve.

D'où il résulte que pour connaître cette quotité disponible, il faut d'abord chercher en quoi consiste la réserve de l'enfant ou son droit à la succession de son père.

La fixation de cette réserve présente des difficultés

sans nombre ; cette matière exige une méditation profonde et une attention soutenue.

Pour être plus clair je diviserai cette matière en quatre paragraphes : dans le premier je parlerai du droit de l'enfant naturel, quand son père ne laisse que des collatéraux ou des ascendans sans réserve ;

Dans le deuxième, du droit de l'enfant naturel, quand il y a des ascendans avec réserve ;

Dans le troisième, du concours des enfans légitimes avec les enfans naturels ;

Dans le quatrième, du concours d'avantages faits aux enfans naturels, aux enfans légitimes et à l'épouse du donateur.

§ I.er *Droit de l'enfant naturel, quand son père ne laisse que des collatéraux ou des ascendans sans réserve.*

331. — Exemple premier : Pierre meurt ; il laisse un enfant naturel,

Deux frères,

Une masse héréditaire de 36.

Si l'enfant naturel était légitime, il aurait tout, il aurait 36 ; mais il n'a que la moitié des droits d'un enfant légitime, il aura donc 18.

Ainsi, Pierre pouvait lui donner 18, parce que la quotité disponible à l'égard de l'enfant naturel est égale à sa réserve.

S'il y avait deux enfans naturels, ils auraient chacun 9 ;

S'ils étaient trois, ils auraient chacun 6, c'est-à-dire, qu'ils auraient chacun 18, divisé par le nombre des enfans.

332. — Deuxième exemple : Pierre meurt ; il laisse,

Un enfant naturel,

Un frère,

Une donation universelle en faveur d'un tiers,

Une masse héréditaire égalant 36 :

Quelle est la portion de l'enfant naturel?

Rappelons que le droit de l'enfant naturel est, **en** cas de concours de frère, la moitié de la *portion héré-ditaire* qu'il aurait s'il était légitime ;

Mais cette expression, *portion héréditaire*, doit être entendue d'une manière saine : par *portion hérédi-taire* l'on entend tout ce qu'un enfant légitime pour-rait avoir dans l'hypothèse donnée ;

Ainsi, dans notre espèce, attendu l'existence de la donation universelle, la portion de l'enfant légitime serait seulement de la moitié, égalant 18;

Et comme l'enfant naturel ne peut avoir que la moitié de ce qu'aurait l'enfant légitime, celui-ci n'ayant que 18, l'enfant naturel n'aura que 9 :

Le donataire universel aura 27.

333. — Troisième exemple : Pierre laisse,

Deux enfans naturels,

Un frère, et un ascendant aïeul ou bisaïeul;

Une donation universelle en faveur d'un tiers;

Une masse égalant 36.

Ici, si les deux enfans naturels étaient légitimes, leur réserve serait de 24, et la donation serait réduite à 12, les enfans légitimes, en un mot, auraient 24; mais comme les enfans naturels n'ont que la moitié des droits des enfans légitimes, ils auront 12 à partager entr'eux ; ce qui fait 6 pour chaque enfant naturel:

Le donataire aura 24.

Si au lieu de deux enfans naturels, il y en avait trois, l'on dirait : si les enfans naturels étaient légiti-mes, ils auraient pour réserve les trois quarts de la masse 36, ils auraient 27; mais, comme enfans naturels, ils n'ont que la moitié de cette réserve ; ils ont donc à partager $^{27}/_{2}$, ce qui fait pour chacun $^{27}/_{6}$;

Sil y avait quatre enfans naturels, ils auraient chacun $^{27}/_{8}$;

S'il y avait cinq enfans naturels, ils auraient cha-cun $^{27}/_{10}$.

Pierre laisse,

Un enfant naturel,

Un ou plusieurs neveux :

La question est de savoir, si, dans cette espèce, le droit de l'enfant naturel est de la moitié ou des trois quarts de la portion héréditaire de l'enfant légitime en d'autres termes, il faut savoir si la représentation a lieu en faveur des neveux, et si, par rapport au droit de l'enfant naturel, il faut considérer les neveux comme étant aux droits de leur père.

Cette question, difficile et importante, trouve son fondement dans la combinaison des art. 742 et 757 du code ; elle est controversée : il existe des arrêts pour et contre ; des autorités très-importantes se trouvent en opposition.

MM. *Malleville*, *Merlin* et *Chabot*, soutiennent que la représentation a lieu en faveur des neveux, et que celui qui laisse un enfant naturel et un neveu doit être considéré, relativement aux droits de l'enfant naturel, comme s'il laissait son frère, père de ce neveu. Vid. le répertoire de jurisprudence, *verbo* représentation (droit de).

Cette opinion a été consacrée par la cour royale de Pau, dans son arrêt du 10 avril 1810. Vid. le recueil de *Sirey*, an 1810, 2.e part., pag. 240.

M. *Grenier*, dans son traité des donations, n.º 668, pense, au contraire, que la représentation n'a point lieu, et que, dans notre espèce, l'enfant naturel doit avoir les trois quarts ; il invoque en faveur de son opinion celle de M. *Favart*, un arrêt de la cour d'appel de Bordeaux, du 16 juin 1806, et un arrêt de la cour d'appel de Riom, du 20 juillet 1809. Ce dernier arrêt est rapporté par M. *Sirey*, an 1810, 2.e part., pag. 266.

Il existe encore en faveur de cette dernière opinion un arrêt de la cour royale de Paris, du 16 juin 1812.

Vid.

Vid. le recueil de M. *Sirey*, an 1812, 2.ᵉ part., pag. 407.

Les raisons à l'appui de ces deux opinions se trouvent dans le répertoire de jurisprudence, *loco citato.*

En faveur de la première opinion, et pour établir le droit de représentation des neveux, l'on dit : 1.º la représentation est admise en faveur des enfans et descendans des frères (art. 742); or, la représentation est une fiction de la loi, dont l'effet est de faire entrer les représentans dans la place, dans le degré et *dans les droits* du représenté (art. 739);

2.º La représentation est admise en faveur des enfans naturels (art. 759,), donc elle peut être invoquée contr'eux ;

3.º Le système de la non représentation conduit nécessairement à une conséquence absurde. Supposons, en effet, qu'à Pierre eussent survécu, non-seulement ses neveux, mais encore un aïeul paternel ou maternel ; dans cette hypothèse l'enfant naturel n'aurait certainement droit qu'à la moitié d'une portion héréditaire, cependant les neveux excluraient l'aïeul (art. 750); ainsi, dans ce cas, l'aïeul ne profiterait pas de la réduction à la moitié ; et comment, n'en profitant pas, serait-il seul capable de l'opérer ? comment les neveux pourraient-ils profiter d'une réduction qu'ils n'auraient pas le droit de faire prononcer ?

Contre le droit de représentation des neveux l'on dit, pour soutenir la seconde opinion, que l'art. 757 est clair, précis et non équivoque ; qu'on ne peut invoquer ici les principes généraux de la représentation, s'agissant de droits irréguliers.

On peut observer que les partisans de la seconde opinion ont pour eux le texte rigoureux de la loi, le susdit art. 757 ne parlant en aucune manière des neveux ; mais l'esprit de la loi n'est-il pas en faveur de la première opinion ? les partisans de la seconde

*Tom. I.*ᵉʳ   17

ont-ils répondu à la conséquence absurde qui résulte de leur système ? J'ignore leur réponse.

Pour concilier ces deux opinions, j'oserai proposer la distinction suivante : si la succession du père de l'enfant naturel s'ouvre *ab intestat*; s'il s'agit de régler les droits de l'enfant naturel et des neveux, seuls appelés à recueillir la succession, dans ce cas, le droit de représentation des neveux aurait lieu, et l'enfant naturel n'aurait que la moitié, tout comme si son père avait laissé un frère;

Mais s'il existe un légataire universel, et que la succession soit dévolue à ce légataire et à l'enfant naturel, dans ce cas, point de représentation; l'enfant naturel aurait les trois quarts d'après le texte rigoureux de l'art. 757.

Cette distinction fait disparaître la conséquence absurde ci-dessus remarquée : nous admettons la représentation en faveur des neveux, quand ils peuvent en profiter; nous la rejetons, quand elle ne peut profiter qu'au légataire ou au donataire du père de l'enfant naturel : cette distinction paraît concilier le texte de la loi avec son esprit.

Remarquons que lorsque le père de l'enfant naturel laisse des héritiers sans réserve et un donataire universel, l'existence de ces parens nuit à l'enfant naturel, sans leur profiter; en d'autres termes, ces parens, dans ce cas, diminuent le droit de l'enfant naturel, mais seulement au profit du donataire ; ce dernier seul profite d'une réduction opérée par l'existence des parens; ici, en un mot, l'existence seule, abstraction faite de l'intérêt des parens, préjudicie à l'enfant, sans aucun avantage pour eux : cette observation nous prouve que le droit des enfans naturels est un droit irrégulier et peu conciliable dans ses conséquences avec les règles générales en matière de successions.

Telles étaient nos idées. Mais, depuis, la cour de

cassation s'est expliquée sur la question dont il s'agit, et elle a décidé que la représentation n'avait pas lieu en faveur des neveux. Vid. son arrêt du 6 avril 1813, dans le recueil de *Sirey*, an 1813, pag. 161. Dans l'espèce de cet arrêt, Pigeaux était décédé sans testament en 1810 ; il avait laissé à lui survivans Narcisse Pigeaux, son enfant naturel, et des neveux : l'enfant naturel a réclamé les trois quarts de la succession de son père ; les neveux ont prétendu qu'il n'avait droit qu'à la moitié, attendu leur droit de représentation.

Jugement de première instance, qui admet le droit de représentation, et fixe les droits de l'enfant naturel à la moitié.

Sur l'appel, arrêt infirmatif, qui rejette la représentation, et fixe les droits de l'enfant naturel aux trois quarts.

Les neveux Pigeaux se sont pourvus contre cet arrêt ; mais le pourvoi a été rejeté.

L'arrêt de la cour de cassation ayant été rendu en grande connaissance de cause, et après une discussion très-approfondie, nous devons le considérer comme ayant fixé la jurisprudence sur ce point ; rectifions donc nos idées d'après les dispositions de cet arrêt.

Première espèce : Pierre meurt ; il laisse,

Un enfant naturel,

Et un neveu.

Dans cette espèce, qui est précisément celle de l'arrêt de la cour de cassation, il faut dire, que l'enfant naturel a les trois quarts de la succession de Pierre.

Deuxième espèce : Pierre meurt, et laisse,

Un enfant naturel,

Un frère,

Un neveu, fils d'une sœur décédée.

Dans ce cas, l'enfant naturel n'a que la moitié, attendu l'existence du frère ; mais cette moitié une fois fixée, les règles de la représentation opèrent leur effet, et le neveu aura autant que le frère, c'est-à-dire, un quart chacun ; ainsi, l'enfant naturel aura la moitié, le frère et le neveu partageront l'autre moitié ; ce qui fait un quart pour chacun.

Troisième espèce : Pierre laisse,

Un enfant naturel,

Un aïeul non successible,

Un neveu.

Dans cette espèce si nous considérons l'aïeul, le droit de l'enfant naturel est de la moitié ;

Si nous considérons le neveu, le droit de l'enfant naturel est des trois quarts ;

Si nous remarquons que le neveu exclut l'aïeul de la succession, nous verrons que la succession de Pierre appartient exclusivement au neveu et à l'enfant naturel ; d'où il semble qu'il faut conclure, que l'ascendant ne doit pas être ici considéré, puisqu'il ne peut profiter en aucune manière de la réduction opérée ; et qu'ainsi l'enfant naturel doit avoir les trois quarts, tout comme s'il était seulement en concours avec le neveu : d'ailleurs, le neveu devant seul profiter de la fixation des droits de l'enfant naturel, étant seul en concours réel avec lui, doit être seul envisagé.

Cette manière de raisonner est spécieuse ; je pense néanmoins que, dans ce cas, l'enfant naturel n'a droit qu'à la moitié des biens : sans doute, alors le neveu gagne à l'existence de l'ascendant ; sans doute, l'ascendant opère un effet sans profit pour lui, j'en conviens ; mais le droit de l'enfant ne se détermine point d'après le profit qui en résulte pour les parens légitimes, mais d'après leur seule existence : cette vérité sera rendue sensible par l'exemple suivant ; d'ailleurs, étant reconnu que la représentation n'a pas lieu en faveur des neveux, il en résulte que les règles générales relatives aux successions ne s'appliquent pas à l'art. 757 du code ; donc, d'après ce dernier article, il faut fixer les droits de l'enfant naturel sans consi-

dérer d'ailleurs ce que devient la portion des biens
non dévolue à l'enfant naturel.

Quatrième espèce : Pierre laisse ,

Un enfant naturel ,

Un aïeul non successible ,

Un neveu ,

Une donation universelle de tous ses biens présens
et à venir.

Ici l'ascendant n'étant pas successible , et tout étant
disponible , la succession de Pierre doit être exclusivement partagée entre l'enfant naturel et le donataire
universel.

Or , si l'enfant naturel était légitime il aurait la
moitié , attendu l'existence de la donation universelle ;
comme enfant naturel , attendu l'existence de l'ascendant , il doit avoir la moitié de ce qu'aurait l'enfant
légitime ; il doit donc avoir la moitié de la moitié ,
c'est-à-dire , le quart , égalant $2/8$.

Ainsi , nous voyons , dans cette espèce , que l'existence de l'ascendant profite au donataire universel ;
car , sans cet ascendant , l'enfant naturel aurait les $3/4$
de la $1/2$, égalant $3/8$, tandis qu'il n'a que $2/8$; nous
voyons également que l'existence du neveu nuit à
l'ascendant , puisque , sans ce neveu , l'ascendant aurait
une réserve ; nous voyons , enfin , que l'existence des
ascendans et neveux nuit à l'enfant naturel , et profite au donataire : ces observations nous prouvent que
relativement à l'enfant naturel les ascendans , frères
et neveux servent à déterminer sa portion successive ,
abstraction faite et indépendamment de l'intérêt desdits
ascendans, frères ou neveux ; en d'autres termes , nous
voyons que , pour fixer la portion de l'enfant , il faut
envisager l'existence matérielle des parens du père ,
sans considérer l'intérêt résultant pour les parens de
la réduction qu'ils opèrent.

La loi n'agit pas ici par un pur caprice ; elle préfère,
il est vrai , le donataire étranger à l'enfant naturel ;

elle gradue la portion de ce dernier sur l'existence des parens, sans aucun profit pour ces derniers; en sorte que le donataire profite seul de leur existence : tout cela est vrai ; mais telle est la conséquence rigoureuse du principe, qui veut que les enfans naturels ne soient pas héritiers, et que leur portion soit plus ou moins forte selon la survivance de tels ou tels parens ; ainsi, quand le père a tout disponible, et qu'il existe une disposition universelle en faveur d'un tiers, ce tiers profite particulièrement et exclusivement de la réduction de la portion de l'enfant naturel opérée par la survivance des parens du père.

Tenons donc pour certain, que pour fixer la portion de l'enfant naturel il faut seulement considérer l'existence des parens survivans du père, abstraction faite de l'intérêt desdits parens à ladite fixation.

Reprenons notre espèce : Pierre laisse un enfant naturel, un ascendant non successible, un neveu, une donation universelle ; dans cette espèce, tout devant appartenir à l'enfant naturel et au donataire, il semblerait, au premier coup d'œil, qu'il ne faut faire aucune attention, ni au neveu, ni à l'ascendant ; cependant il faut nécessairement les considérer pour fixer la portion de l'enfant naturel : ce n'est pas tout, l'existence de cet ascendant et de ce neveu produit son effet, et nuit à l'enfant naturel par la seule force de la loi, et nonobstant la volonté désdits ascendant et neveu ; en vain ceux-ci diraient au donataire universel : nous ne voulons causer aucun préjudice à l'enfant naturel, nous renonçons à tous droits sur les biens de son père, nous voulons être considérés comme non existans ; ce langage serait inutile, le donataire universel leur répondrait : dans l'espèce, vous n'avez aucun droit à la succession ouverte, votre renonciation est donc ridicule, puisque par elle vous ne perdez rien ; la loi n'envisage pas l'intérêt particulier que vous pouvez porter à l'enfant naturel de votre parent décédé ; mais elle envisage que l'existence de cet enfant est une offense d'autant plus considérable aux lois civiles , que vous êtes plus proches parens de son père.

Ces observations nous prouvent toujours la vérité de ce principe, que pour fixer la portion de l'enfant il faut considérer purement l'existence des parens du père , sans s'occuper, ni de l'intérêt résultant pour lesdits parens de ladite fixation, ni s'ils sont ou ne sont pas successibles du père.

C'est d'après ce principe que dans l'exemple ci-dessus nous avons considéré l'ascendant, et non le neveu, pour fixer la portion de l'enfant naturel, quoique, attendu le concours du neveu, l'ascendant fût, dans l'ordre des successions, exclu par celui-ci.

334. — Quatrième exemple : Pierre laisse ,

Un enfant naturel ,

Un frère consanguin ,

Un collatéral maternel ,

Une masse de 36.

Dans cette espèce il faut nécessairement faire une double opération, à cause de la différence de la quotité disponible dans les deux lignes paternelle et maternelle. En effet, dans la ligne paternelle, où il y a un frère, l'enfant naturel ne peut avoir que la moitié, tandis qu'il peut avoir les trois quarts sur l'autre ligne.

Partageons donc la masse en deux portions ; nous aurons 18 pour chaque ligne.

Raisonnant par rapport à la ligne paternelle, nous dirons : si l'enfant naturel était légitime, il aurait tout, égalant 18 ; mais il ne peut en avoir que la moitié, égalant 9 ;

Raisonnant pour la ligne maternelle , nous dirons : si l'enfant naturel était légitime , il aurait la totalité, égalant 18 ; mais il ne peut en avoir que les trois quarts : il aura donc les $\frac{3}{4}$ de 18 , égalant 13 fr. 50 c.

S'il y avait deux ou un plus grand nombre d'enfans naturels, ils partageraient 9 fr. dans la ligne paternelle, et 13 fr. 50 c. dans la ligne maternelle.

335. — Cinquième exemple : Pierre laisse,

Un enfant naturel,

Un frère consanguin,

Un collatéral maternel,

Une donation universelle en faveur d'un tiers ;

Une masse égalant 36.

En raisonnant comme nous l'avons fait ci-dessus, nous voyons que l'enfant légitime aurait eu dans la ligne paternelle 9 pour réserve ; il aura donc seulement la moitié de 9, égalant 4 fr. 50 c. ;

Dans la ligne maternelle il aurait eu également 9 pour réserve, s'il eût été légitime ; mais il ne doit en avoir que les trois quarts, comme enfant naturel ; il aura donc $^{27}/_4$, égalant 6 fr. 35 c.

Dans la même hypothèse, si, au lieu d'un enfant naturel, il y en avait deux, ils auraient, s'ils étaient légitimes, dans la ligne paternelle, une réserve égalant 12 ; comme naturels, ils auraient $^{12}/_2$, égale 6, c'est-à-dire, 3 pour chacun.

Ils auraient dans la ligne maternelle les $^3/_4$ de 12, égalant 9, c'est-à-dire, 4 fr. 50 c. pour chacun.

§ II. *Droit des enfans naturels, quand leur père laisse des ascendans avec réserve.*

336. — Exemple premier : Pierre laisse,

Un enfant naturel,

Son père et sa mère,

Une masse de 36.

Si le fils naturel était légitime il aurait tout, il aurait 36 ;

Mais attendu l'existence des père et mère, il ne peut avoir que la moitié de 36, égalant 18 ;

Les père et mère auront les autres 18, qu'ils partageront entr'eux.

S'il y avait deux enfans naturels, ils auraient chacun $^{18}/_2$;

S'ils étaient trois, ils auraient chacun $^{18}/_3$, etc.; de manière que les enfans naturels, quel que soit leur nombre, n'auront jamais que 18 à partager entre eux.

337. — Deuxième exemple : Pierre laisse,

Un enfant naturel,

Un grand-père paternel et une grand'mère maternelle, successibles;

Une donation universelle en faveur d'un tiers,

Une masse égalant 36.

Pour déterminer la portion de l'enfant naturel, voici comment l'on raisonne; l'on dit : si l'enfant naturel était légitime, sa réserve serait de la moitié, égalant 18;

Mais il n'a que la moitié des droits d'un enfant légitime, il n'aura donc que $^{18}/_2$, égalant 9 :

Tirons 9, portion de l'enfant naturel, de la masse 36, nous aurons 27 de résidu dans la succession; et comme les ascendans ont la moitié de cette succession, à titre de réserve, ils auront $^{27}/_2$;

Et le donataire universel, qui aura aussi $^{27}/_2$, aura 13 fr. 50 c.

Mais le donataire universel, lésé par cette opération, ne manquerait pas d'observer, que si, dans l'hypothèse donnée, Pierre avait laissé un enfant légitime au lieu d'un enfant naturel, la quotité disponible aurait été 18; comment donc, ajouterait le donataire, ne dois-je avoir que 13 fr. 50 c., tandis que j'aurais 18, s'il existait un enfant légitime? comment l'enfant naturel pourrait-il me préjudicier plus que l'enfant légitime?

Je ne vois pas de réponse à ces justes plaintes du donataire : cette conséquence est frappante, et même absurde, que le donataire ait moins dans le cas de concours avec un enfant naturel que dans le cas de concours avec un enfant légitime. La manière de procéder qui conduit à une pareille conséquence doit donc être rejetée ; elle présente, d'ailleurs, un autre vice, car, pour fixer la portion de l'enfant naturel, l'on dit, d'abord, que la quotité disponible est de la moitié ; et puis cette fixation de la portion de l'enfant naturel étant faite, l'on revient sur l'opération, et l'on dit, que la quotité disponible, qui était la moitié du total, n'est que la moitié du total, moins la portion de l'enfant naturel.

Suivons donc une autre méthode pour résoudre la question proposée.

J'observe que, soit que l'on compte l'enfant naturel comme un légitime, soit qu'on ne le compte pas, la quotité disponible est toujours de la moitié, égalant 18 ; ainsi, le donataire doit toujours avoir 18, puisqu'il aurait cette quotité dans le cas le moins favorable pour lui, celui de l'existence d'un enfant légitime aux lieu et place de l'enfant naturel.

La quotité disponible est donc 18 ;

La réserve est également 18, portion qu'aurait l'enfant légitime ; mais comme l'enfant naturel ne doit avoir que la moitié de cette portion, il n'aura que $^{18}/_2$; il n'aura que 9, et les ascendans auront 9, c'est-à-dire, 4 fr. 50 c. pour chacun.

Cette manière de procéder se justifie par l'observation suivante : sans enfans de Pierre, la réserve des ascendans est 18 ; l'existence d'un enfant légitime prive les ascendans de leur réserve, les prive de 18 ; donc un enfant naturel opérant la moitié de l'effet d'un légitime, doit les priver de la moitié de 18, et les réduire à 9.

Sans doute, d'après notre manière de procéder, les ascendans souffrent seuls de l'existence de l'enfant naturel ; mais cela ne peut être autrement, puisque les ascendans souffriraient seuls de l'existence d'un enfant légitime.

Si dans l'espèce ci-dessus il y avait deux enfans naturels, voici comment il faudrait raisonner.

Je dis : si les deux enfans naturels étaient comptés comme légitimes, la quotité disponible serait du tiers, égalant 12 ; s'ils n'étaient pas comptés, attendu l'existence des ascendans, la quotité disponible serait de la moitié, égalant 18.

Or, les enfans naturels ne doivent pas être comptés comme légitimes ; ils ne doivent pas non plus être négligés : j'observe donc que la quotité disponible 18 se réduirait à 12 par l'existence de deux enfans légitimes ; les deux enfans légitimes diminueraient donc la quotité disponible de 6 : tel est le préjudice qu'ils causeraient à la quotité disponible ; mais comme les enfans naturels ne doivent opérer que la moitié de l'effet d'un enfant légitime, le préjudice de 6 doit se réduire à 3 ; ainsi, la quotité disponible 18, réduite à 12 par l'existence de deux enfans légitimes, se réduit seulement à 15 par l'existence de deux enfans naturels.

Donc, dans notre espèce, la quotité disponible est 15, portion du donataire universel.

Tirant 15 de 36, il nous reste 21 pour réserve : cette réserve appartiendrait aux enfans, s'ils étaient légitimes ; mais comme les enfans naturels n'ont que la moitié des droits d'un enfant légitime, ils n'auront que $21/2$; ce qui fait 10 fr. 50 c. à partager entre les deux enfans naturels : les autres 10 fr. 50 c. appartiendront aux ascendans.

Ainsi, chaque enfant naturel aura 5 fr. 25 c., et chaque ascendant aura aussi 5 fr. 25 c.

338. — Troisième exemple : Pierre laisse,

Un enfant naturel,

Un ascendant paternel successible,

Des collatéraux maternels,

Une donation universelle,

Une masse égalant 36.

Nous devons faire ici une double opération, attendu

la différence des droits de l'enfant naturel dans les lignes paternelle et maternelle.

Divisons donc la masse 36 pour les deux lignes, et nous aurons 18 pour chaque ligne.

Raisonnant pour la ligne paternelle, nous disons : soit que l'enfant naturel soit compté comme un légitime, soit qu'il ne le soit pas, la quotité disponible est toujours de la moitié de 18, égalant 9 ; ainsi, dans cette ligne la quotité disponible est 9, la réserve est également 9 : cette réserve appartiendrait en entier à l'enfant s'il était légitime ; mais il n'en a que la moitié, étant naturel ; ainsi, le donataire aura 9, l'enfant naturel aura $9/2$, aura 4 fr. 50 c., et l'ascendant aura 4 fr. 50 c. :

Raisonnant pour la ligne maternelle, nous devons observer qu'ici tout est disponible à l'égard des collatéraux maternels, et qu'ainsi ce que l'enfant naturel n'aura pas doit profiter au donataire ; en d'autres termes, la moitié de 18 doit nécessairement appartenir, ou à l'enfant naturel, ou au donataire universel.

Cela posé, remarquons que si l'enfant naturel était légitime, sa réserve serait de la moitié de 18, égalant 9 : il aurait donc 9 ; mais il ne doit avoir que les trois quarts de la portion d'un enfant légitime, il ne doit donc avoir que les trois quarts de 9, égalant $27/4$, égalant 6 fr. 75 c. : tirant 6 fr. 75 c. de 18, reste 11 fr. 25 c., qui appartiendront au donataire universel.

Ainsi, l'enfant naturel aura dans la ligne maternelle 6 fr. 75 c., et le donataire aura 11 fr. 25 c.

Si dans la même espèce il y avait deux enfans naturels, nous dirions, pour la ligne paternelle :

Les deux enfans n'étant pas comptés, quotité disponible égale $1/2$, égale 9 ;

Étant comptés, quotité disponible égale $1/3$, égale 6;

Préjudice ou diminution de la quotité disponible par l'existence de deux enfans légitimes, égale 3;

Vrai préjudice causé par l'existence de deux enfans naturels égale $^3/_2$, égale 1 fr. 50 c. :

Tirant 1 fr. 50 c. de 9, nous aurons 7 fr. 50 c. pour quotité disponible et pour portion du donataire universel ;

Tirant 7 fr. 50 c. de 18, reste 10 fr. 50 c., dont la moitié appartiendra à l'ascendant et l'autre moitié aux deux enfans naturels ; ainsi, l'ascendant aura $\frac{\text{10 fr. 50 c.}}{2}$, aura 5 fr. 25 c., et chaque enfant naturel aura $\frac{\text{5 fr. 25 c.}}{2}$, aura 2 fr. 625 millièmes :

Pour la ligne maternelle, nous dirons : si les deux enfans étaient légitimes, leur réserve serait des deux tiers de 18, serait de 12 ; mais, comme enfans naturels, ils ne devront avoir que les trois quarts de 12, égalant 9 ; ainsi, ils auront 9 ; ce qui fait 4 fr. 50 c. pour chaque enfant naturel : le donataire aura 9.

339. — Quatrième exemple : Pierre laisse,

Un enfant naturel,

Son père et sa mère,

Une donation d'un objet valant 12 ;

Une masse égalant 36.

La donation étant ici d'une somme ou valeur déterminée, ou facile à déterminer, il faut, après avoir estimé l'objet donné, savoir, d'abord, si cette donation doit ou ne doit pas être réduite.

Pour cela, il faut raisonner comme s'il s'agissait d'une donation universelle ; par ce moyen nous trouverons la plus grande quotité dont Pierre pouvait disposer : cette quotité étant trouvée, nous la comparerons avec l'émolument de la donation ; et si la donation est plus forte, nous la réduirons à cette quotité ; si elle est plus faible, nous considérerons le reste comme la réserve appartenant à l'enfant naturel et aux ascendans.

Ainsi, dans l'espèce ci-dessus, je dis que la quotité disponible est toujours 18, soit que l'enfant naturel soit compté comme un légitime, soit qu'il ne le soit pas.

Ainsi, le *maximum* de la quotité disponible est 18 ; et comme il a été donné moins, le donataire n'éprouvera aucune réduction.

Le reste des biens se portant à 24 sera partagé par moitié entre les ascendans et l'enfant naturel, qui aura 12, et chacun des ascendans aura 6.

340. — Cinquième exemple : Pierre laisse,

Un enfant naturel,

Son père,

Un collatéral maternel,

Une donation de 16 en faveur d'un tiers ;

Une masse égalant 36.

Il faut faire ici une double opération, pour savoir si la donation excède ou non la quotité disponible.

Dans la ligne paternelle, nous dirons : soit que l'enfant naturel soit compté comme un légitime, soit qu'il ne le soit pas, la réserve est toujours 9, moitié de 18 ; mais comme l'enfant naturel n'a que la moitié de cette réserve, il n'a que 4 fr. 50 c. ; l'ascendant a aussi 4 fr. 50 c., et le donataire peut avoir 9 fr. ;

Passant à la ligne maternelle, nous dirons : la réserve d'un enfant légitime serait de la moitié, égalant 9 ; celle d'un enfant naturel doit donc être des trois quarts de 9, égalant 6 fr. 75 c. :

Tirant 6 fr. 75 c. de 18, reste 11 fr. 25 c., que le donataire pourrait avoir ;

Ainsi, le donataire pourrait avoir dans la ligne paternelle 9 fr., et dans la ligne maternelle 11 fr. 25 c. ; ce qui fait en tout 20 fr. 25 c. :

Et comme dans l'espèce il n'a que 16, la donation ne sera pas réduite.

Il reste 20, que nous partagerons de la manière suivante :

Nous diviserons 20 en deux lignes, 10 pour la ligne paternelle, et dix pour la ligne maternelle :

Dans la ligne paternelle l'enfant aura 5 , et le père
aura 5 ;

Dans la ligne maternelle l'enfant aura les $^3/_4$ de 10,
égalant $^{30}/_4$, égalant 7 fr. 50 c. :

Dans cette ligne il restera 2 fr. 50 c. pour les
collatéraux maternels; mais le père seul en profitera,
parce qu'il ne se trouve pas rempli du quart; ainsi,
le père aura 5 fr. + 2 fr. 50 c., aura 7 fr. 50 c.

Ces exemples une fois saisis, il sera facile de résoudre toutes les questions du même genre.

§ III. *Du droit des enfans naturels, quand il existe
des enfans légitimes.*

341. — Lorsqu'il existe des enfans légitimes, le
droit de l'enfant naturel, dit l'art. 757, est du tiers
de la portion héréditaire qu'il aurait eue s'il eût été
légitime.

L'application de ces dispositions ne présente aucune
difficulté, quand le père de l'enfant naturel ne fait
aucune disposition.

Première espèce : Pierre laisse,

Un enfant légitime,

Un enfant naturel ;

Il meurt sans avoir fait de disposition.

Dans ce cas, si l'enfant naturel était légitime il
aurait la moitié; mais il ne doit avoir que le tiers de
la portion d'un enfant légitime, il aura donc le tiers
de la moitié, égalant $^1/_6$.

Deuxième espèce : Pierre meurt sans disposition;

Il laisse un enfant légitime,

Et deux enfans naturels.

Si les deux enfans naturels étaient légitimes ils auraient pour eux deux les $^2/_3$ de la succession; mais
comme enfans naturels ils ne peuvent avoir que le
tiers de cette quotité; ils auront donc pour eux deux
$^2/_9$, ce qui fait $^1/_9$ pour chacun.

Ainsi, pour fixer les droits des enfans naturels, il

faut les considérer et les admettre comme légitimes ; voir ce qu'ils auraient étant ainsi admis, prendre le tiers de cette quotité, et ce tiers sera la portion de chaque enfant naturel.

342. — Mais lorsque le père de l'enfant naturel laisse des enfans légitimes et une disposition de ses biens, alors la question se complique, et sa solution présente de très-grandes difficultés : posons des exemples absolument nécessaires dans une matière si abstraite.

Pierre meurt ; il laisse,

Un enfant naturel,

Un enfant légitime,

Une donation universelle en faveur d'un tiers,

Une masse égalant 36 :

Quelle est la portion du donataire, celle de l'enfant légitime et celle de l'enfant naturel ?

Pour résoudre cette question, l'on sent qu'il faut d'abord déterminer quelle est, dans l'espèce, la quotité disponible de Pierre ; or, les jurisconsultes ne sont pas d'accord sur la détermination de cette quotité : les uns veulent que pour la fixation de la quotité disponible l'enfant naturel ne soit pas compté, les autres veulent, au contraire, qu'il soit compté comme un légitime.

Nous allons examiner successivement ces deux systèmes.

343. — *Système dans lequel on ne compte pas l'enfant naturel pour fixer la quotité disponible.*

On dit : l'enfant naturel n'étant pas compté, la quotité disponible égale $\frac{1}{2}$, égale 18, portion du donataire ;

La réserve égale 18 ;

La portion de l'enfant naturel, considéré comme légitime, égale $\frac{18}{2}$, égale 9 ; véritable droit de l'enfant naturel égale $\frac{1}{3}$ de 9, égale 3 ; ainsi, l'enfant naturel aura 3, et l'enfant légitime aura 15.

Ce

Ce système est absolument vicieux, puisque le donataire n'éprouve aucune réduction par l'effet de l'existence du droit de l'enfant naturel, et que l'enfant légitime souffre seul de cette existence.

344. — *Deuxième système, dans lequel, pour fixer la quotité disponible, l'on considère l'enfant naturel comme s'il était légitime.*

Pierre laisse,

Un enfant légitime,

Un enfant naturel,

Une disposition universelle.

On dit : la quotité disponible est ici d'un tiers;

La réserve égale deux tiers, un tiers pour chaque enfant, en les supposant tous deux légitimes ; mais comme l'enfant naturel ne doit avoir que le tiers de ce qu'il aurait eu s'il eût été légitime, il n'aura que le tiers du tiers, c'est-à-dire, un neuvième : telle est la manière de procéder consacrée par la cour de cassation dans l'affaire *Picot*. Vid. l'arrêt du 26 juin 1809, dans le recueil de M. *Sirey*, an 1809, pag. 337.

Ayant ainsi trouvé la portion de l'enfant naturel, ceux qui adoptent ce système ne sont pas d'accord sur la manière de procéder pour déterminer ensuite, et la portion de l'enfant légitime, et celle du donataire universel.

Première méthode : reprenons l'exemple ci-dessus, et supposons la masse successive égalant 36; on dit:

La quotité disponible égale $^1/_3$, égale 12 ;

La réserve égale 24 ;

Portion de l'enfant légitime égale 12 ;

Portion de l'enfant naturel égale 12 divisé par 3, égale 4; ainsi, le donataire universel a 12, l'enfant légitime 20, et l'enfant naturel 4; mais observons que, d'après cette manière de procéder, l'enfant légitime a plus qu'il n'aurait eu sans l'existence de l'enfant naturel, et que le donataire supporte seul le droit de ce dernier : il en serait de même s'il y avait deux enfans légitimes et un enfant naturel.

Deuxième méthode ; l'on dit :

La quotité disponible égale 1/3, égale 12 ;

La réserve égale 24, la portion de chaque enfant égale 12, la portion de l'enfant naturel égale le tiers de 12, égale 4 ; or, cette portion une fois trouvée, il faut la considérer comme une créance à la charge, tant de l'enfant légitime, que du donataire ; ainsi, il faut tirer 4 de 36, reste 32, qui se partageront entre l'enfant légitime et le donataire, qui auront 16 pour chacun.

Le vice de cette manière de procéder consiste principalement en ce que la quotité disponible est d'abord fixée à 18 dans l'intérêt de l'enfant naturel, tandis qu'après on l'a fixée à 16 dans l'intérêt du donataire ; on y remarque un autre vice, car l'enfant naturel étant compté pour la fixation de la quotité disponible, il faut nécessairement déterminer plutôt cette quotité d'une manière irrévocable avant de fixer la portion de l'enfant naturel, qui ne doit jamais être qu'une fraction d'une réserve fixe et certaine.

Je pense que les deux systèmes ci-dessus et la double manière d'opérer dans le deuxième doivent être également rejetés.

Comment donc faut-il opérer pour déterminer le droit de l'enfant naturel ?

Pour cela il faut observer que le droit de l'enfant naturel est toujours une quote de la portion qu'il aurait s'il était légitime, il faut donc le supposer légitime ; mais comme il n'a pas tout le droit d'un enfant légitime, il faudra ne lui faire produire qu'un effet proportionnel à son droit.

Ma manière de procéder sera sensible par des exemples.

345. — Exemple premier : Pierre laisse,

Un enfant légitime,

Un enfant naturel,

Une donation universelle,

Une masse égalant 36.

Je dis : si l'enfant naturel n'est pas compté, quotité disponible égale $\frac{1}{2}$, égale 18 ;

S'il est compté comme un légitime, la quotité disponible égale $\frac{1}{3}$, égale 12.

Or, 1.º l'enfant naturel ne peut pas être compté comme un légitime ; il serait ridicule qu'un père fût aussi gêné dans sa quotité disponible quand il a un enfant légitime et un enfant naturel, que quand il a deux enfans légitimes ; 2.º l'enfant naturel ne peut pas être négligé dans la fixation de la quotité disponible : cela se sent de soi-même.

Il faut donc compter l'enfant naturel ; mais il faut ne lui faire produire que le tiers de l'effet d'un enfant légitime.

Reprenons les deux quotités disponibles ci-dessus trouvées : la première égale 18, la seconde égale 12.

Nous voyons, en les comparant, qu'un enfant légitime de plus fait que la quotité disponible 18 se réduit à 12 ; donc un enfant légitime de plus diminue la quotité disponible de 6.

Mais l'enfant naturel ne doit pas produire autant d'effet qu'un enfant légitime, n'ayant que le tiers du droit ; il ne doit diminuer la quotité disponible que du tiers de 6, c'est-à-dire, de 2.

Ainsi, la quotité disponible 18 éprouve, par l'effet de l'enfant naturel, une diminution de 2 ; elle se réduit donc à 16, qui est la véritable quotité disponible dans l'espèce.

Ainsi, le donataire aura 16 ;

La réserve sera 36 moins 16, égale 20.

Si l'enfant naturel était légitime, il aurait la moitié de 20, égale 10 ;

Mais sa créance n'est que du tiers de 10, égale 3 fr. 33 c.

L'enfant légitime aura la réserve, moins le droit de

l'enfant naturel, aura 20 moins 3 fr. 33 c., aura 16 fr. 67 c.

Nous voyons que cette manière de procéder est analitique, et basée sur l'esprit de la loi ; nous voyons, de plus, que son résultat ne conduit pas aux inconséquences que nous avons remarquées dans les deux premiers systèmes : ici le donataire et l'enfant légitime souffrent proportionnellement de l'existence de l'enfant naturel ; ici nous voyons que l'enfant légitime a un peu plus que le donataire, ce qui est dans l'esprit de la loi.

346. — Deuxième exemple : Pierre laisse,

Deux enfans légitimes,

Un enfant naturel,

Une donation universelle ;

Une masse égalant 36.

L'enfant naturel n'étant pas compté, quotité disponible égale $\frac{1}{3}$, égale 12 ;

Compté, quotité disponible égale $\frac{1}{4}$, égale 9 ;

Préjudice que causerait l'enfant naturel, s'il était légitime, égale 3 ;

Préjudice, comme enfant naturel, égale le tiers de 3, égale 1 :

Tirons 1 de 12, nous aurons 11 pour véritable quotité disponible ;

Ainsi, le donataire aura 11 ;

Réserve égale 36 moins 11, égale 25 ;

Portion de l'enfant naturel, considéré comme légitime, égale $\frac{25}{3}$;

Portion, comme enfant naturel, égale le tiers de $\frac{25}{3}$, égale $\frac{25}{9}$, égale 2 fr. 77 c. :

L'enfant naturel aura 2 fr. 77 c ;

Tirons 2 fr. 77 c. de 25 fr., nous aurons 22 fr. 23 c. à partager entre les deux enfans légitimes ; ce qui fera 11 fr. 11 c. pour chacun.

Ici l'enfant légitime a autant que le donataire ; ce qui est dans l'esprit du code.

347. — Troisième exemple : Pierre laisse,

Trois enfans légitimes,

Un enfant naturel,

Une donation universelle,

Une masse égalant 36.

Ici, que l'enfant naturel soit compté, ou qu'il ne le soit pas, la quotité disponible est la même, égalant $\frac{1}{4}$, égalant 9 ;

Réserve égale 27 ;

Portion de l'enfant, comme légitime, égale $\frac{27}{4}$; portion, comme naturel, égale le tiers de cette portion ; égale $\frac{27}{12}$, égale 2 fr. 25 c.

On voit que si le nombre des enfans légitimes augmente, la portion de l'enfant naturel sera, s'il y a quatre enfans légitimes, de $\frac{27}{53}$, égalant $\frac{27}{15}$;

S'il y en a 5, de $\frac{27}{18}$;

S'il y en a 6, de $\frac{27}{21}$;

S'il y en a 7, de $\frac{27}{24}$;

S'il y en a 8, de $\frac{27}{27}$.

348. — Quatrième exemple : Pierre laisse,

Un enfant légitime,

Deux enfans naturels,

Une donation universelle,

Une masse égalant 36.

En ne comptant pas les enfans naturels, quotité disponible égale $\frac{1}{2}$, égale 18 ;

En les comptant, quotité disponible égale $\frac{1}{4}$, égale 9 ;

Préjudice égale 9 ;

Véritable préjudice égale $\frac{1}{3}$ de 9, égale 3 :

Tirant 3 de 18, reste 15, véritable quotité disponible ;

Ainsi, le donataire aura 15 :

Réserve égale 36 moins 15, égale 21 ;

Portion de chaque enfant, s'ils étaient tous trois légitimes, égale $\frac{21}{3}$, égale 7 ;

Portion de chaque enfant naturel, égale $\frac{7}{3}$, égale

2 fr. 33 c. ; ainsi , les deux enfans naturels auront 4 fr. 66 c. ;

L'enfant légitime aura 21 fr. moins 4 fr. 66 c. , aura 16 fr. 34 c.

349. — Cinquième exemple : Pierre laisse ,

Un enfant légitime ,

Trois enfans naturels ,

Une donation universelle ,

Une masse égalant 36.

Non comptés, quotité disponible égale $\frac{1}{2}$, égale 18 : comptés, elle égale $\frac{1}{4}$, égale 9 ;

Préjudice égale 9 ;

Préjudice réel égale $\frac{1}{3}$ de 9 , égale 3 ;

Véritable quotité disponible égale 18 moins 3 , égale 15 ;

Réserve égale 36 moins 15 , égale 21 :

Portion de chaque enfant, s'ils étaient légitimes, égale $\frac{21}{4}$;

Portion de l'enfant naturel égale $\frac{21}{12}$;

Ainsi , chaque enfant naturel aura 1 fr. 75 c. ;

L'enfant légitime aura 15 fr. 75 c.

350. — Sixième exemple : Pierre laisse ,

Deux enfans légitimes ,

Deux enfans naturels ,

Un legs universel ,

Une masse égalant 36.

Les enfans naturels n'étant pas comptés , quotité disponible égale $\frac{1}{3}$, égale 12 ;

Etant comptés , elle égale $\frac{1}{4}$, égale 9 ;

Préjudice serait de 3 ;

Véritable préjudice égale 1 ;

Véritable quotité disponible égale 12 moins 1 , égale 11 ;

Réserve égale 36 moins 11 , égale 25 ;

Portion de chaque enfant, s'ils étaient tous légitimes, égale $\frac{25}{4}$;

Portion de chaque enfant naturel égale $^{25}/_{12}$, égale 2 fr. 8 c. ;

Et chaque enfant légitime aura 10 fr. 42 c.

351. — Ainsi, pour fixer la quotité disponible, quand il existe moins de trois enfans légitimes et des enfans naturels, il faut,

1.° Calculer la quotité disponible, en ayant seulement égard aux enfans légitimes, et l'exprimer numériquement ;

2.° Calculer la quotité disponible, en ayant égard, tant aux enfans naturels, qu'aux enfans légitimes ; et, en les considérant tous comme légitimes, l'exprimer numériquement ;

3.° Retrancher cette quotité disponible de la première, et le résultat fournira le préjudice que causeraient les enfans naturels, s'ils étaient légitimes ;

4.° Prendre le tiers de ce préjudice, et le retrancher de la première quotité disponible trouvée : le résultat nous donnera la véritable quotité disponible dans l'espèce ;

5.° Retrancher cette quotité disponible de la masse : le résultat nous donnera la réserve ;

6.° Diviser cette réserve par le nombre de tous les enfans, tant naturels que légitimes : le résultat nous donnera la portion qu'aurait chaque enfant naturel, s'il était légitime ;

7.° Enfin, diviser cette portion par trois, nous aurons la portion, droit ou créance de l'enfant naturel.

352. — Mais quand il y a trois ou un plus grand nombre d'enfans légitimes, alors la quotité disponible ne varie pas, soit qu'on compte les enfans naturels, soit qu'on les néglige ; l'on sent qu'alors les enfans naturels ne peuvent pas opérer la réduction de la quotité disponible, puisque les légitimes ne pourraient pas opérer cet effet.

Cette espèce aussi ne présente point de difficulté : ainsi, supposons,

Trois enfans légitimes,

Deux enfans naturels,

Une donation universelle,

Une masse égalant 36.

Ici, et dans tous les systèmes, la quotité disponible égale $\frac{1}{4}$, égale 9 ;

Réserve égale 27 ;

Portion de chaque enfant égale $\frac{27}{5}$;

Droit de chaque enfant naturel égale $\frac{27}{15}$.

353. — Si dans les exemples antérieurs, au lieu d'une donation universelle, il avait été fait une donation, soit d'une quote, soit d'un objet particulier, il faudra commencer par estimer l'émolument de la donation, et exprimer cette valeur numériquement ;

Puis chercher, comme dans le cas d'une donation universelle, la plus grande quotité que le donataire peut recevoir ;

Comparer cette quotité avec la valeur de la donation, l'y réduire si la donation excède :

Si elle n'excède pas, il faut simplement retrancher le montant de la donation de la masse, et puis raisonner comme nous l'avons expliqué.

Par exemple, supposons,

Deux enfans légitimes,

Un enfant naturel,

Une donation de 9,

Une masse égalant 36.

L'enfant naturel n'étant pas compté, quotité disponible égale $\frac{1}{3}$, égale 12 ;

Compté, elle égale $\frac{1}{4}$, égale 9 ;

Préjudice serait 3 ;

Vrai préjudice égale 1 ;

Quotité disponible égale 11 :

Donc la donation ne sera pas réduite.

Retranchant 9 de 36, reste 27 pour réserve : si tous les enfans étaient légitimes, ils auraient $\frac{27}{3}$, égale 9 ; donc la portion de l'enfant naturel égale $\frac{9}{3}$, égale 3.

§ IV. *Droit de l'enfant naturel, quand il existe des dispositions en faveur de l'épouse et des enfans légitimes.*

354. — Quand le père de l'enfant naturel n'a disposé qu'en faveur de son épouse, la question ne présente aucune difficulté, parce qu'à l'égard de l'épouse la quotité disponible est toujours la même, soit que l'enfant naturel soit compté, soit qu'il ne le soit pas.

Exemple premier : Pierre laisse,

Un enfant légitime,

Un enfant naturel,

Une donation universelle envers son épouse.

Ici, que l'enfant naturel soit compté, ou qu'il ne le soit pas, la quotité disponible égale $1/4$ en propriété et $1/4$ en usufruit, égale $3/8$;

La réserve égale $5/8$;

Portion de chaque enfant, s'ils étaient légitimes, égale la moitié de la réserve, égale $5/16$;

Droit de l'enfant naturel égale $\frac{5}{16\ 3}$, égale $5/48$;

S'il y avait deux enfans naturels, ils auraient chacun $5/96$.

355. — Mais quand le père de l'enfant naturel a avantagé, et son épouse, et un tiers, alors la question se complique ; parce qu'il y a une double quotité disponible, ou, pour mieux dire, deux quotités disponibles différentes qu'il faut considérer.

Exemple premier : Pierre laisse,

Un enfant légitime,

Un enfant naturel,

Un don à un tiers de 8,

Un autre don à son épouse de 12,

Et une masse égalant 36.

Je dis : si l'enfant naturel n'est pas compté, la quotité disponible égale une moitié, égale 18 ;

S'il est compté, la quotité disponible envers l'épouse doit être considérée comme étant la plus forte, et cette quotité égale $^1/_4$ en propriété et $^1/_4$ en usufruit, égale $^3/_8$, égale dans l'espèce 13 fr. 5o c.

La différence entre ces deux quotités disponibles égale 4 fr. 5o c. ; tel serait le préjudice causé à la quotité disponible, si l'enfant naturel était légitime.

Le véritable préjudice égale le tiers de 4 fr. 5o c., égale 1 fr. 5o c. ;

La quotité disponible, dans l'espèce, est donc 18 fr. moins 1 fr. 5o c., égale 16 fr. 5o c ;

La réserve égale 36 moins 16 fr. 5o c., égale 19 fr. 5o c. :

Portion de chaque enfant, s'ils étaient tous deux légitimes, égale $\dfrac{19 \text{ fr. } 5o \text{ c.}}{2}$;

Droit de l'enfant naturel égale $\dfrac{19 \text{ fr. } 5o \text{ c.}}{6}$, égale 3 fr. 25 c.

Cela fait, il ne reste plus qu'à partager la quotité disponible, 16 fr. 5o c., entre la femme et l'étranger, et ce au marc le franc ; ce qui donne lieu aux deux proportions suivantes :

8 + 12, ou 20, se réduisant à 16 fr. 5o c., à combien se réduiront 8, et à combien se réduiront 12.

20 : 16 fr. 5o c. :: 8 : $x = \dfrac{16 \text{ fr. } 5o \text{ c.} \times 8}{20}$, égale 6 fr. 6o c., portion de l'étranger ;

20 : 16 fr. 5o c. :: 12 : $x = \dfrac{16 \text{ fr. } 5o \text{ c.} \times 12}{20}$, égale 9 fr. 9o c., portion de la femme ;

Ainsi, l'enfant légitime aura la réserve moins la portion de l'enfant naturel, aura 19 fr. 5o c., moins 3 fr. 25 c., aura 16 fr. 25 c. ;

L'enfant légitime aura . 16 fr. 25 c.
L'enfant naturel aura . 3 fr. 25 c.
La femme aura . . . 9 fr. 9o c.
L'étranger aura . . . 6 fr. 6o c.

TOTAL, . . . 36 fr. oo c.

356. — Deuxième exemple : Pierre laisse ,

Un enfant légitime ,

Deux enfans naturels ,

Une donation de 10 à l'étranger ,

Et de 12 à l'épouse ,

Une masse égalant 36.

Les enfans naturels n'étant pas comptés , quotité disponible égale $\frac{1}{2}$, égale 18 fr. ;

Comptés , égale $\frac{3}{8}$ envers l'épouse , égale 13 fr. 50 c. ;

Préjudice fictif égale 4 fr. 50 c. ;

Préjudice réel égale 1 fr. 50 c. ;

Quotité disponible égale 18 fr. moins 1 fr. 50 c., égale 16 fr. 50 c. ;

Réserve égale 36 fr. moins 16 fr. 50 c. , égale 19 fr. 50 c. ;

Portion de chaque enfant , s'ils étaient légitimes , égale $\frac{19 \text{ fr. } 50 \text{ c.}}{3}$

Donc le droit de chaque enfant naturel égale $\frac{19 \text{ fr. } 50 \text{ c.}}{9}$, égale 2 fr. 16 c. ; les deux enfans naturels auront donc 4 fr. 32 c. ;

L'enfant légitime aura 19 fr. 50 c. moins 4 fr. 32 c. , aura 15 fr. 22 c. ;

La femme et l'étranger partageront entr'eux la quotité disponible , 16 fr. 50 c. , au marc le franc ; ce qui donnera lieu aux deux proportions suivantes :

10 + 12 , ou 22 : 16 fr. 50 c. :: 10 : x, portion de l'étranger , égale $\frac{16 \text{ fr. } 50 \text{ c.} \times 10}{22}$;

22 : 16 fr. 50 c. :: 12 : x, portion de la femme , égale $\frac{16 \text{ fr. } 50 \text{ c.} \times 12}{22}$

357. — Troisième exemple : Pierre laisse,

Deux enfans légitimes ,

Un enfant naturel ,

Une donation de 9 pour l'étranger ,

Et de 11 pour son épouse ,

Une masse égalant 36.

L'enfant naturel n'étant pas compté, la quotité disponible égale $^1/_3$, égale 12 fr. envers l'étranger ; égale $^3/_8$, égale 13 fr. 50 c. envers l'épouse : la quotité disponible envers la femme est la plus forte.

Ainsi, dans cette espèce la quotité disponible ne variera point, soit que l'on compte ou non, l'enfant naturel ;

Et comme la quotité disponible envers la femme est la plus forte, nous ne considérerons que cette quotité pour fixer les droits de l'enfant naturel :

Ainsi, nous aurons, quotité disponible égale $^3/_8$, égale 13 fr. 50 c. ;

Réserve égale 36 fr. moins 13 fr. 50 c., égale 22 fr. 50 c. ;

La portion de chaque enfant, en les supposant tous légitimes, égale $\dfrac{22 \text{ fr. } 50 \text{ c.}}{3}$;

Droit de l'enfant naturel égale $\dfrac{22 \text{ fr. } 50 \text{ c.}}{9}$, égale 2 fr. 50 c. :

Les enfans légitimes auront 22 fr. 50 c. moins 2 fr. 50 c., auront 20 ; ce qui fait 10 pour chacun ;

La quotité disponible, 13 fr. 50 c., se partagera au marc le franc entre l'étranger et l'épouse ; ainsi, nous aurons les deux proportions suivantes :

$9 + 11$, ou $20 : 13$ fr. 50 c. :: $9 : x$, égale $\dfrac{13 \text{ fr. } 50 \text{ c.} \times 9}{20}$; portion de l'étranger égale 6 fr. 75 m.

$20 : 13$ fr. 50 c. :: $11 : x$, égale $\dfrac{13 \text{ fr. } 50 \text{ c.} \times 11}{20}$; portion de la femme égale 7 fr. 425 m.

Ainsi, l'étranger aura 6 fr. 75 millièmes, qu'il pourra garder, parce que 6 fr. 75 millièmes n'excèdent pas sa quotité disponible par rapport à lui.

Pour connaître cette quotité disponible par rapport à l'étranger, il faut raisonner comme s'il n'avait pas été fait de don à l'épouse, et chercher dans cette supposition ce que l'étranger pourrait recevoir dans l'espèce.

Or, dans notre espèce, l'enfant naturel n'étant pas compté, la quotité disponible égale $\frac{1}{3}$, égale 12 ;

Compté, égale $\frac{1}{4}$, égale 9 ;

Préjudice fictif égale 3 ;

Préjudice réel égale 1 ;

Véritable quotité disponible égale 12 moins 1, égale 11 ; ainsi, l'étranger pourrait recevoir jusques et à concurrence de 11, mais non au delà ; et si, d'après ce qu'il aurait reçu et la proportion ci-dessus établie, le résultat du calcul lui donnait plus de 11, il faudrait le réduire à cette quotité, et donner l'excédant à la femme.

Il faudra raisonner de même dans tous les cas.

358. — Quatrième exemple : Pierre laisse,

Trois enfans légitimes,

Un enfant naturel,

Une disposition de 26 envers l'étranger,

Et de 5 envers l'épouse,

Une masse égalant 36.

Ici, que l'enfant naturel soit ou ne soit pas compté, les quotités disponibles, soit envers l'épouse, soit envers l'étranger ne varient pas : celle envers l'étranger est toujours $\frac{1}{4}$, égale 9 ; celle envers l'épouse est de $\frac{3}{8}$, égale 13 fr. 50 c ;

Ainsi, nous aurons, quotité disponible, égale 13 fr. 50 c., réserve égale 36 moins 13 fr. 50 c., égale 22 fr. 50 c ;

Portion de chaque enfant, s'ils étaient tous légitimes, égale $\frac{22 \text{ fr. 50 c.}}{4}$;

Droit de l'enfant naturel égale $\frac{22 \text{ fr. 50 c.}}{12}$, égale 1 fr. 875 millièmes.

La réserve, 13 fr. 50 c., se partagera entre la femme et l'étranger au marc le franc ; ainsi, nous aurons les deux proportions suivantes :

30 : 13 fr. 5o c. :: 25 : x, portion de l'étranger, égale 11 fr. 25 c. ;

30 : 13 fr. 5o c. :: 5 : x, portion de la femme, égale 2 fr. 25 c.

Mais comme ici l'étranger ne peut recevoir que 9 fr., il faudra réduire les 11 fr. 25 c. à 9 fr., et l'excédant, 2 fr. 25 c., il faudra le donner à la femme en sus des 2 fr. 25 c. qu'elle a d'après la proportion ; en sorte qu'elle aura en tout 4 fr. 5o c.

359. — Quant aux enfans adultérins ou incestueux, la loi ne leur accorde que des alimens, art. 762 du code ; ainsi, les juges restent les maîtres de fixer les alimens d'après les circonstances.

CHAPITRE VIII.

De la réduction des donations.

360. — Ce chapitre doit se diviser en plusieurs paragraphes : dans le premier nous traiterons des donations qui peuvent être réduites , et de la manière de calculer la réduction ;

Dans le deuxième , des personnes qui peuvent demander la réduction ;

Dans le troisième , des personnes contre lesquelles on peut la demander ;

Dans le quatrième, enfin , des effets de la réduction.

§ I.er *Des donations qui peuvent être réduites , et de la manière de calculer la réduction.*

361. — Tout homme a une quotité disponible.

Jusques et à concurrence de cette quotité , il peut disposer , soit en faveur d'une seule , soit en faveur de plusieurs personnes , soit par un seul acte , soit par des actes successifs.

D'où il résulte que lorsque toutes les dispositions du donateur n'excèdent pas sa quotité disponible, il n'y a pas lieu à réduction ; mais que la réduction doit avoir lieu toutes les fois que l'ensemble des dispositions excède la quotité disponible.

En un mot , il y a lieu à réduction toutes les fois que les successibles ne trouvent pas de quoi se remplir de leur réserve.

362. — A la mort d'un individu tous ses biens , tant ceux qu'il a donnés , que ceux qu'il laisse , se

divisent en deux portions : la première comprend
les biens disponibles ; la seconde comprend la réserve.

Ces deux portions sont tantôt égales, et tantôt
inégales, selon la quotité des successibles ; mais l'une
est toujours le complément de l'autre : en sorte que
ce qui n'est pas disponible fait nécessairement partie
de la réserve, et *vice versâ* ; d'où il résulte que
quand on connaît la quotité disponible, on connaît
nécessairement la réserve.

Comme nous l'avons observé, pour connaître la
quotité disponible, il ne faut pas se rapporter au
temps de la donation ou des donations qui peuvent
avoir été faites ; il faut seulement considérer l'époque
du décès, et voir alors quelle est la quotité disponible eu égard aux successibles du défunt ; car la réserve
étant seulement en faveur des successibles, elle doit
être déterminée d'après leur nombre et leur degré ;
or, la détermination de la réserve nous fait connaître
nécessairement la quotité disponible : d'où il résulte,
que pour fixer cette quotité il faut considérer seulement l'époque du décès du donateur.

363. — Au décès du disposant, et pour connaître
sa quotité disponible, il faut donc faire une estimation générale de tous ses biens, et former ce que nous
appelons la masse héréditaire.

Cette masse se compose de tous les biens donnés
entre-vifs et de tous ceux qui se trouvent dans la
succession, qu'on en ait ou non disposé par testament :
on estime tous ces biens, l'on en déduit les dettes ;
et l'on a la valeur de la masse héréditaire.

On estime ensuite les biens donnés, distraction
faite des charges, et en comparant cette estimation
avec la valeur de la masse, l'on voit si cette estimation excède ou non la quotité disponible.

Ainsi, par exemple, Pierre a donné un immeuble
valant 4000 fr. ; il a fait une seconde donation de
la somme de 6000 fr. ; il meurt, laissant un testament
par

par lequel il lègue une pièce de terre valant 3000
fr. ; le restant de ses biens vaut 6000 fr. , les dettes
se portent à 2000 fr. : il avait deux enfans lors de la
deuxième donation ; mais il n'en a plus qu'un à son
décès.

Dans cette espèce la masse héréditaire se compose
ainsi :

1.° Première donation égale	4000	fr.
2.° Deuxième donation égale . . .	6000	fr.
3.° Biens légués , ...	3000	fr.
4.° Restant des biens , ...	6000	fr.

TOTAL , ... 19,000 fr.

A déduire les dettes , ... 2000 fr.

Reste , masse héréditaire , . . 17,000 fr.
égale 17,000 fr.

N'existant qu'un enfant au décès, la quotité disponible égale $\frac{1}{2}$, égale 8500 fr.

Or, comme l'émolument des donations égale 10,000
fr. , la dernière éprouvera une réduction de 1500
fr. , et le legs sera caduc.

364. — La masse héréditaire , avons-nous dit, se
compose de tout ce qui a été donné entre-vifs , de
tout ce que le disposant laisse à sa mort. Il faut
donc , et à plus forte raison , comprendre dans cette
masse tout ce qui est sujet à rapport, aux termes des
art. 851 , 852 , 853 et 854 du code.

Il faut y comprendre, de plus, non-seulement les
remises des créances, mais encore toutes les donations
déguisées lorsque la simulation en sera prouvée.

Mais il ne faudra pas comprendre dans cette masse
les remises des intérêts, ni les dons d'usufruit , lorsque l'usufruit cesse à la mort du donateur , parce
qu'il peut disposer de ses revenus comme il le juge
à propos , sans que ses héritiers ayent rien à réclamer
sur cet objet.

*Tom. I.*er

365. — Si les immeubles donnés ont péri par cas fortuit, sans la faute du donataire, comme par l'effet d'un incendie, du débordement des eaux; dans ces cas, et autres de cette espèce, je pense que l'immeuble qui a péri ne doit pas entrer dans cette masse, mais seulement ce qui en reste; en un mot, il faut considérer cet immeuble comme s'il avait péri dans les mains du donateur.

366. — La masse ainsi composée, il faut se fixer sur le mode d'estimation.

Or, l'art. 922 nous dit, qu'il faut avoir égard à l'état des biens à l'époque des donations et à leur valeur à l'époque du décès.

Ainsi, quant aux meubles, qu'ils ayent péri ou non, et quelle que soit la cause de leur dépérissement, et quel que soit leur état lors du décès, il faudra toujours, dans la formation de la masse héréditaire, leur donner la valeur qui est portée dans l'état estimatif qui est annexé à la donation.

Et si par les circonstances il était justifié de l'existence de quelque donation de meubles sans état estimatif, alors il faudrait, quel que fût leur dépérissement, les estimer d'après leur état lors de la donation, et eu égard à leur valeur à cette époque.

367. — Quant aux immeubles, il ne faut pas prendre à la lettre les dispositions du susdit art. 922.

Cet article, sainement entendu, veut seulement dire, que si l'immeuble donné a été dégradé par la faute ou le fait du donataire, ou s'il a été amélioré par ses soins, il faudra considérer dans l'estimation l'état de l'immeuble lors du don; c'est-à-dire, qu'il faudra le considérer abstraction faite des dégradations ou améliorations.

D'où il résulte que lorsque le donataire n'a pas fait d'améliorations, et qu'il n'a pas commis de dégradations, ni par son fait, ni par sa négligence, il ne

t faut considérer l'immeuble que dans son état lors du
» décès du donateur, et l'estimer d'après cet état.

368. — Ainsi, si depuis la donation, et avant le
» décès du donateur, l'immeuble donné a été ensablé
[par le débordement d'une rivière, ou ruiné par des
¡ torrens qui en ont enlevé la terre végétale et laissé
[le rocher à nu ; dans ce cas, et autres de même nature,
ι il ne faudra point considérer l'état de l'immeuble lors
» du don ; car, par rapport à cet immeuble, il faut
» considérer le donataire et les héritiers du donateur
ι comme copropriétaires au moment de la donation en
» des portions indéterminées ; d'où résulte la consé-
» quence, que tous doivent souffrir de ces dégradations
ι casuelles, en vertu de la maxime *res perit domino*.

D'ailleurs, comme l'observe *Pothier*, par l'effet de
la donation, la succession ne se trouve privée que
» de la valeur de l'immeuble lors du décès, vu que le
» dépérissement aurait également eu lieu si les immeubles étaient restés dans les mains du donateur.

Enfin, la règle de droit, le bon sens, l'équité
nous disent que personne n'est tenu des cas fortuits ;
or, ne serait-ce pas en rendre le donataire responsable, que de l'obliger de représenter les immeubles donnés dans l'état où ils étaient lors du don,
lorsqu'ils se trouvent ruinés depuis par le débordement des eaux ! !

369. — Il résulte du même principe, que si depuis
la donation, et avant le décès du donateur, l'immeuble donné se trouve accru par alluvion, il faudra
considérer cet alluvion comme faisant partie du bien
lors du don, parce que cet accroissement doit profiter à tous les copropriétaires ; en un mot, il faut,
dans tous les cas où les dégradations ou améliorations
ne proviennent pas du fait de l'homme, ne considérer
l'immeuble que dans son état lors du décès.

370. — Si l'immeuble donné est un bois à haute
futaie, et qu'il y ait un certain intervalle entre la

donation et le décès du donateur, dans cette espèce, je pense qu'il faudra avoir égard à l'état du bois lors du don; la valeur provenant de l'accroissement postérieur doit profiter au donataire, comme une juste représentation des fruits de sa donation; autrement le donataire se trouverait avoir la propriété d'un immeuble sans revenu.

Mais si, dans la même espèce, le donateur s'était réservé l'usufruit du bois; dans ce cas il faudrait le considérer dans son état lors du décès.

371. — Cette dernière règle est même générale, et s'applique tant aux meubles qu'aux immeubles; en sorte que dans le cas de réserve d'usufruit de la part du donateur, il ne faut considérer, pour faire l'estimation des biens donnés, qu'un seul temps, celui du décès du donateur.

Et si le donateur n'avait réservé l'usufruit que jusqu'à une certaine époque, alors cette espèce rentrerait dans la règle générale, en considérant, non l'époque de la donation, mais l'époque de la cessation de l'usufruit.

372. — Mais quand il existe des dégradations ou améliorations provenant du fait de l'homme, alors il faut considérer deux temps, et faire deux estimations :

Par la première, l'on estime les biens dans l'état où ils sont lors du décès;

Et par la seconde, on les estime comme ils vaudraient à la même époque, considérés dans leur état lors du don, c'est-à-dire, abstraction faite de toute dégradation ou amélioration.

Le résultat de la dernière estimation est la véritable valeur de l'immeuble, qui doit entrer dans la masse héréditaire ;

Le résultat de la première estimation sert pour déterminer l'augmentation ou diminution de valeur.

Par exemple, Pierre a donné un immeuble à Jean, qui l'a dégradé ou laissé dégrader faute de réparations. Lors du décès cet immeuble ne vaut que 3000 fr., tandis qu'il aurait valu 5000 fr., si les dégradations n'étaient pas survenues.

Dans ce cas il faudra faire entrer l'immeuble dans la masse héréditaire pour la valeur de 5000 fr., quoiqu'il n'en vaille que 3000, parce que cette diminution de valeur, provenant de la faute du donataire, ne doit pas tourner au préjudice des héritiers.

373. — Dans quelle proportion le donataire et les héritiers supporteront-ils la diminution ou augmentation de valeur?

En raisonnant par rapport à la diminution de valeur provenant de dégradations, il peut arriver, ou que l'immeuble donné ne soit pas soumis au retranchement, ou qu'il y soit soumis.

Dans le premier cas, le donataire n'éprouvant aucune réduction, gardera l'immeuble devers lui, sans être soumis à aucune rétribution à raison des dégradations, parce qu'il se trouve n'avoir négligé que sa propre chose.

Dans le cas, au contraire, où le donataire doit éprouver une réduction, savoir, de la moitié, du tiers, du quart, etc., de l'immeuble, alors le retranchement s'opérera de fait sur les biens donnés dans l'état où ils seront lors du décès; et par rapport à la portion retranchée, se trouvant avoir dégradé le bien d'autrui, le donataire sera tenu de payer le montant de la dégradation.

Ainsi, supposons que Pierre ait donné à Jacques un immeuble;

Que cet immeuble vaille dans son état, lors du décès, 12, tandis qu'il aurait valu 18, si l'immeuble eût été dans le même état que lors du don.

Dans cette espèce, pour former la masse héréditaire, il faudra rapporter fictivement 18.

Supposons à présent que la quotité disponible soit 18, ou plus forte.

Dans ce cas le donataire gardera son immeuble, sans être obligé de rendre aucun compte aux héritiers à raison de sa dégradation, car ceux-ci ont pris leurs droits sur l'immeuble abstraction faite de toute dégradation.

Supposons à présent que la quotité disponible soit plus petite que 18, qu'elle égale 12, par exemple; alors le donataire devra éprouver une réduction de 6, c'est-à-dire, du tiers de l'immeuble : il devra donc donner le tiers de cet immeuble aux héritiers; mais comme ce tiers, dans la supposition, ne vaut que 4 au lieu de 6, il devra compter 2 aux héritiers.

374. — D'une manière plus générale, l'on doit dire que le donataire qui éprouve une réduction doit remettre aux héritiers des biens donnés jusques et à concurrence de la valeur du retranchement.

Ainsi, si le retranchement est de 20, et si l'immeuble donné ne vaut que 20 au décès, il devra le délaisser en entier; s'il vaut plus de 20, il devra en délaisser jusques et à concurrence de 20.

Si, enfin, l'immeuble ne vaut pas 20, alors, par le délaissement total, les héritiers n'étant pas payés, le donataire délaissera l'immeuble, et payera aux héritiers ce qui leur manquera pour, avec la valeur de l'immeuble, égaler 20, montant de la réduction.

Il faut, en un mot, en cas de retranchement, considérer le donataire comme débiteur du montant du retranchement ou réduction, et considérer les héritiers comme des créanciers qui reçoivent en payement de leur créance tout ou partie de l'immeuble donné, eu égard à sa valeur lors du décès; d'où résulte la conséquence, que si la valeur de l'immeuble n'égale pas leur créance, ils ont une action pour le surplus.

375. — Par les mêmes raisons, si les biens donnés ont été améliorés par le fait du donataire, il faudra dire, que si la donation n'est pas sujette à réduction

le donataire gardera les biens dans l'état, car il aura amélioré sa chose.

Ces biens même ne devront entrer fictivement dans la masse que d'après leur valeur abstraction faite des améliorations.

Si, au contraire, il y a réduction de la donation, alors le donataire devra délaisser les immeubles donnés jusques et à concurrence du montant de la réduction, en prenant les biens dans leur état lors du décès, c'est-à-dire, en les considérant dans leur état d'amélioration.

Les héritiers, en effet, recevant pour le montant de la réduction des immeubles, doivent les prendre d'après leur valeur lors du décès.

376. — Si, par l'effet d'une donation antérieure, le donataire éprouve une réduction totale de la donation, alors, par rapport aux améliorations par lui faites, faudra-t-il le considérer comme un possesseur de bonne foi, en sorte que les héritiers soient tenus de lui rembourser la valeur des matériaux et du prix de la main-d'œuvre, ou de rembourser une somme égale à celle dont le fonds a augmenté de valeur?

Je pense que les héritiers sont tenus de faire l'un ou l'autre, et que le donataire doit être considéré comme possesseur de bonne foi : cela résulte de la combinaison des art. 550, 555 et 928 du code.

D'après le premier de ces articles, le possesseur qui a un titre translatif de propriété dont il ignore les vices est censé de bonne foi, et fait les fruits siens.

La donation est un juste titre.

D'après l'art. 928, le donataire n'est tenu des fruits qu'à compter du jour de la demande, ou du jour du décès, si la demande est formée dans l'année ; donc, par rapport aux fruits perçus jusqu'à la mort, le donataire ne peut être condamné à la restitution.

Cela posé, il suffit de lire le susdit article 555, *in fine*; il est ainsi conçu : « néanmoins si les plantations,

» constructions et ouvrages ont été faits par un tiers
» évincé *qui n'aurait pas été condamné à la restitu-*
» *tion des fruits,* attendu sa bonne foi, le propriétaire
» ne pourra pas demander la suppression desdits
» ouvrages ; mais il aura le choix, ou de rembourser
» la valeur des matériaux et du prix de la main-d'œu-
» vre, ou de rembourser une somme égale à celle
» dont le fonds a augmenté de valeur ».

En vain M. *Levasseur,* dans une note insérée par
M. *Grenier,* observe-t-il, que le donataire pouvait
prévoir la réduction totale de la donation : sans
doute, il pouvait la prévoir, si du moins la donation
antérieure était publique par la transcription, ce qui
ne s'appliquerait pas aux donations de sommes, qui
peuvent être ignorées; mais en supposant même une
donation antérieure d'immeubles, le donataire pouvait bien ne pas croire à la réduction, ou espérer
qu'elle n'aurait pas lieu : une simple erreur ne saurait
constituer la mauvaise foi.

D'ailleurs, le texte de la loi est clair et précis sur
cette question, et la décision de la loi est conforme
à ce principe d'équité, qui veut que personne ne s'en-
richisse aux dépens d'autrui.

Enfin, d'après le choix laissé aux héritiers, ou de
rembourser le prix des améliorations, ou de payer
l'augmentation de valeur, aucun préjudice réel ne
leur est causé. Vid. l'art. 861 du code.

377. — Nous avons dit que lorsque les biens
donnés ont été améliorés par le fait du donataire, il
ne faut les rapporter fictivement à la masse que déduction faite desdites améliorations; cela est vrai,
soit qu'il s'agisse des impenses utiles, ou des nécessaires;

Mais il faut faire cette distinction entre les dépenses faites pour la conservation de la chose et celles
purement utiles:

Relativement aux dépenses nécessaires pour la conservation de la chose, le donataire doit en prélever

le montant sur la succession, lors même que l'immeuble n'aurait reçu aucune augmentation de valeur par l'effet de ces dépenses, et lors même que ces dépenses seraient elles-mêmes totalement perdues : vid. *Pothier, contrat de mariage*, n.ᵒˢ 578 et 579, et l'art. 862 du code ;

Par rapport aux dépenses utiles, le donataire ne peut réclamer que l'augmentation qui en résulte au moment du partage (art. 861 du code). Vid. ce que nous disons au chapitre des rapports.

378. — On sent qu'on ne peut pas donner le nom d'amélioration aux impenses de simple entretien : ces impenses n'ont pas augmenté la valeur du bien ; elles ont seulement empêché son dépérissement, et le donataire ne peut rien réclamer là-dessus, parce que ces impenses sont une charge des fruits, et qu'il en est censé payé en les percevant.

379. — Tout ce que nous venons de dire par rapport à l'estimation des biens, et par rapport aux impenses, améliorations et dégradations, s'applique non-seulement au cas où les biens se trouvent entre les mains du donataire ; mais encore au cas où ils seraient passés entre les mains d'un tiers-acquéreur.

Cette circonstance ne change rien aux droits des héritiers qui veulent former la masse héréditaire, et réclamer ensuite la réduction : *Pothier* l'observe n.ᵒ 580.

380. — Mais si les biens donnés n'étaient passés entre les mains d'un tiers que par l'effet d'une vente forcée, comme dans le cas d'utilité publique, ou par l'effet de la clause de réméré ; dans ces cas il ne faudrait rapporter fictivement à la masse que le prix de la vente forcée ou le montant du rachat. *Pothier*, n.ᵒ 581.

381. — Nous avons dit, n.ᵒ 366, que les meubles devaient être rapportés fictivement à la masse d'après

la valeur portée à l'état estimatif; mais cela ne peut s'appliquer à la donation d'une créance.

Ainsi, si la créance donnée a diminué de valeur sans la faute du donataire, par l'effet de l'insolvabilité survenue du débiteur, il ne faudra estimer cette créance qu'eu égard à sa valeur réelle lors du décès.

Par la même raison, si la créance, de douteuse qu'elle était lors du don, était devenue très-solide lors du décès, par l'augmentation de fortune du débiteur, il faudra également l'estimer d'après sa valeur à cette dernière époque. *Pothier*, n.º 582.

382. — Lorsque le donataire n'a, ni dégradé, ni amélioré le bien, il faut, avons-nous dit, ne considérer, pour faire l'estimation, que l'époque du décès.

Cela est vrai, à quelque époque que l'estimation se fasse, deux, trois, dix ou vingt ans après la mort du donateur; car les augmentations ou diminutions dé valeur provenues depuis sans le fait de l'homme ne doivent être d'aucune considération, parce qu'au moment du décès les portions du donataire et de l'héritier ont été déterminées, même à leur insçu, par la volonté de la loi; et l'on sait que *res perit aut crescit domino*.

Ainsi, supposons que l'immeuble donné vaille 24 lors du décès, et que, par l'effet, soit d'un ensablement, soit des torrens, l'immeuble ne vaille plus que 12 lorsque l'on veut former la masse héréditaire; alors il faudra rapporter fictivement à la masse 24, valeur de l'immeuble lors du décès.

Et si la donation doit être réduite de la moitié ou du tiers, le donataire délaissera la moitié ou le tiers de son immeuble dans l'état actuel, sans aucune rétribution pour la diminution de valeur, parce que les héritiers sont censés avoir été propriétaires de ladite moitié ou dudit tiers au moment même du décès; donc ils doivent supporter le dépérissement survenu depuis à leur propriété. Vid. *Pothier*, n.º 580.

383. — Supposons qu'il ne soit procédé à la formation de la masse héréditaire, et que la réduction de la donation ne soit demandée que long-temps après le décès du donateur; supposons que le donataire se soit permis des dégradations, ou qu'il ait fait des améliorations, et pendant la vie du donateur, et depuis son décès; supposons, enfin, que depuis le décès les biens aient augmenté ou diminué de valeur sans le fait du donataire : comment faut-il procéder dans ce cas?

Pour résoudre cette question, il faut appliquer la solution à un exemple :

Pierre a donné à Jean un immeuble ;

Cet immeuble sans les dégradations aurait valu, lors du décès de Pierre, 20 ;

Il n'en vaut que 16, à raison des dégradations ;

Ces dégradations s'élèvent donc à 4 :

Supposons que Jean doive éprouver une réduction de 8 ;

Il devra donc délaisser l'immeuble jusques et à concurrence de 8, c'est-à-dire, jusques et à concurrence de la moitié, attendu que l'immeuble ne vaut plus que 16.

Ainsi, par l'effet de la loi, et du moment du décès, la moitié de l'immeuble donné a appartenu aux héritiers de Pierre, et l'autre moitié a appartenu à Jean.

Supposons à présent que Jean ait dégradé l'immeuble depuis le décès jusques et à concurrence de 4; mais que l'immeuble ait augmenté ou diminué de valeur par l'effet de circonstances indépendantes du fait du donataire; dans cette supposition celui-ci sera toujours tenu de délaisser la moitié de l'immeuble aux héritiers, et de leur payer 2 pour les dégradations commises à leur portion ; car, il ne faut pas le perdre de vue, du moment du décès la réduction s'est opérée, et pour la portion retranchée les héritiers sont censés propriétaires dès la même époque;

ainsi, la portion retranchée a péri ou augmenté naturellement pour eux.

Ainsi, dans les espèces de ce genre il faut toujours
se rapporter à l'époque du décès, et procéder fictivement comme l'on aurait procédé à cette époque, et
puis raisonner par rapport aux accidens survenus depuis, en ne perdant jamais de vue que la portion
retranchée est censée avoir appartenu aux héritiers
du moment du décès.

384. — La masse héréditaire étant composée, et
la quotité disponible se trouvant fixée par le résultat
du calcul, nous avons dit, que si la donation excède
cette quotité disponible, il faut l'y réduire.

Cette règle générale a besoin d'une explication : en
effet, si le donataire est en même temps successible
du donateur, il pourra conserver la donation jusques
et à concurrence de sa portion dans la réserve et de
la quotité disponible; en d'autres termes, la donation
ne sera réduite que lorsqu'elle excédera ces deux quotités. Vid. l'art. 845 du code, et ce que nous avons
dit n.º 251; tels étaient, d'ailleurs, les anciens principes : vid. l'art. 34 de l'ordonnance de 1731; *d'An-*
toine, règles de droit, pag. 61, et *Roussille,* donations,
n.º 501.

Celui-là seul peut se plaindre qui est lésé; or, la
lésion ne commence, par rapport aux successibles, que
lorsqu'ils ne trouvent pas de quoi se remplir de leur
réserve.

D'ailleurs, l'art. 921 nous dit, que la réduction ne
peut être demandée que par ceux au profit desquels
la loi fait une réserve; or, ceux qui sont remplis de
leur réserve sont comme ceux qui n'en ont pas, et
les uns et les autres ne peuvent demander de réduction.

Enfin, comme le dit *Furgole,* sur l'art. 24 de l'ordonnance des donations : « la légitime de l'un des
enfans n'est pas plus privilégiée que celle des au-

tres : *et in pari causâ melior est causa possidentis* ».

Mais, dira-t-on, un père peut se croire plus riche
qu'il n'est; il peut compter sur des espérances qui ne
se réalisent pas, et donner, dans cette erreur, à une
fille bien au delà de sa portion héréditaire, et même
du préciput, sans qu'il fût dans son intention de
l'avantager en aucune manière : si la fille conserve la
donation jusques et à concurrence de la portion
héréditaire et du préciput la volonté du père est
violée.

Sans doute, dans cette supposition, la volonté du
père est violée, ou déçue, mais par son erreur, qui ne
peut préjudicier qu'à lui; d'ailleurs, elle le serait toujours, puisque la fille pourrait au moins garder l'émolument de la donation jusques et à concurrence de la
quotité disponible, qui peut excéder de beaucoup la
portion héréditaire.

De plus, qui peut nous dire que l'intention du
père était de ne pas donner, dans tous les cas, ce qu'il
a donné? et, dans le doute, ne faut-il pas s'en tenir
aux termes de la donation?

Enfin, des familles se sont unies en comptant sur
l'effet de la donation; il est impossible de les dépouiller, sauf pour remplir les autres enfans de leur
réserve : alors le retranchement est nécessaire, il est
commandé par la loi et par la nature; mais l'opérer
dans d'autres cas serait une injustice.

On peut opposer qu'une donation pure et simple
aurait tout l'effet d'un préciput, quoique la clause
de préciput ne s'y trouve point. Cela est vrai dans le
résultat, mais ne viole aucun principe; car la clause
de préciput n'a d'effet que quand on veut succéder:
or, dans l'espèce, le donataire renonce; il peut donc,
en renonçant, tout garder, pourvu que les enfans
trouvent de quoi se remplir de leur réserve.

On peut opposer, enfin, que, pour pouvoir cumuler

la quotité disponible et la réserve, il faut être donataire et héritier ; or, si le donataire est héritier, il
doit rapporter ; donc ce cumul est impossible : à l'appui
de cette objection l'on invoquera un arrêt de la cour
de Bordeaux. *Sirey*, an 1816, 2.ᵉ part., pag. 73.

Mais cet arrêt ne me paraît point juridique. Vid.
M. *Grenier*, tom. 2, n.ᵒˢ 566 et 594. Le principe,
qu'on ne peut cumuler, et la quotité disponible, et
la réserve, sans la double qualité de donataire et d'héritier, est précisément ce que je conteste. Vid. ce que
nous disons au n.º 1169, *in fine*, où nous rapportons
un arrêt remarquable de la cour de cassation.

385. — Je crois même que ces principes s'appliqueraient à une donation faite à titre d'avancement
d'hoirie ; car si de cette clause il résulte d'une manière
bien expresse que le donateur n'a pas voulu donner
par préciput, il en résulte aussi qu'il a voulu donner
ce qu'il a donné.

Il en serait autrement, si la donation était nommément faite à la charge du rapport ; cette charge n'ayant
rien de contraire, ni aux lois, ni aux mœurs, devrait
sortir à effet, et le donataire serait dans ce cas soumis
au rapport, la donation devant alors être considérée
sous un certain point de vue comme un don d'usufruit
à temps.

386. — En dernière analise, quand les héritiers
ne trouvent pas la réserve dans la succession, les
donations doivent être réduites.

Nulle exception à cette règle, ni en faveur du
contrat de mariage, ni en faveur de la dot, ni à
cause de la nature des biens donnés ; il y a toujours
lieu à réduction dans toutes les donations généralement quelconques, pures, simples ou conditionnelles,
soit qu'elles aient pour objet la propriété, l'usufruit
ou l'usage.

Les donations pour cause d'alimens doivent même
être réduites pour une obligation de même nature et

aussi sacrée, le complément de la réserve. *Leg.* 47 et 89, ff *ad legem Falcidiam ; Montvallon,* traité des successions, pag. 669, tom. 1.er

387. — S'il a été fait plusieurs donations, et qu'il y en ait une sous une condition suspensive, non accomplie lors de la formation de la masse héréditaire ; alors, dans la composition de cette masse, il faudra comprendre les biens donnés, tout comme s'il n'existait pas de donation ; mais les autres donataires et les héritiers devront donner caution au donataire sous condition, de satisfaire à la donation, si la condition s'accomplit.

Si les héritiers ne trouvent dans la succession que la réserve, ils ne seront pas tenus de donner caution. *Leg.* 31 et 53, ff *ad legem Falcid.; Montvallon,* tom. 2, pag. 329.

Par la même raison, si la donation est faite sous une condition résolutoire, et qu'il existe une autre donation postérieure qui demeure sans effet, attendu que la première absorbe la quotité disponible, le premier donataire sera tenu de donner caution à l'autre pour la restitution du don, dans le cas où la condition résolutoire viendrait à s'accomplir.

§ II. *Des personnes qui peuvent demander la réduction.*

388. — Le but de la réduction étant de faire rentrer, au moins fictivement, dans la succession ce qui y manque pour remplir les successibles de leur réserve, il en résulte que le droit de demander la réduction des donations n'appartient qu'à ceux qui ont une réserve (art. 921 du code).

389. — Si le successible qui a droit de demander la réduction meurt, ce droit passe à ses héritiers légitimes ou testamentaires.

Par la même raison, s'il cède ce droit, soit à titre

gratuit, soit à titre onéreux, le droit passera à son donataire ou cessionnaire.

Enfin, si le successible investi de ce droit reste dans l'inaction, ses créanciers pourront, en exerçant ses actions, demander la réduction (art. 1166 du code).

390. — Mais, ni les seconds donataires, ni les légataires, ni les créanciers du défunt, ne pourront demander la réduction, ni en profiter, dans le cas où elle serait demandée et obtenue par les héritiers légitimes ; on en sait les raisons : comment, en effet, les seconds donataires et les légataires pourraient-ils troubler des possesseurs antérieurs en titre ? d'ailleurs, il n'existe pas de réserve pour eux.

Quant aux créanciers du défunt postérieurs à la donation, l'on sent qu'ils ne peuvent pas demander, puisqu'ils n'ont pas de réserve ; or, puisqu'ils ne peuvent pas demander, ils ne doivent pas non plus profiter de la réduction.

Ces principes présentent, il est vrai, une conséquence extraordinaire au premier coup d'œil, puisque l'on voit des successibles profiter d'une partie des biens du défunt sans payer ses dettes. Cette conséquence est, sous ce point de vue, rigoureuse ; mais il fallait absolument l'admettre, ou tomber dans cet autre inconvénient, de voir des enfans n'avoir rien de leur père, tandis que leur frère ou un étranger profiteraient de ses biens jusques et à concurrence de la quotité disponible : d'ailleurs, les créanciers n'ayant traité que depuis la donation, jamais les biens donnés n'ont été leur gage ; de plus, les biens retranchés ne doivent plus être comptés au nombre des biens à venir du donateur ; enfin, ce n'est pas à titre de successibles que les enfans réclament la réduction, mais comme coportionnaires, ayant, du moment de la donation, un droit conditionnel à tous les biens donnés.

391.

3g1. — Le droit de demander la réduction d'une donation existant du moment du décès du donateur, rien n'empêche de renoncer à ce droit.

Cette renonciation peut être faite d'une manière expresse ou tacite :

Il y a renonciation expresse, quand les parties déclarent dans un acte valable qu'elles renoncent à ce droit;

La renonciation est tacite, quand les héritiers qui ont une réserve exécutent librement la donation après la mort du donateur, et sans protestation.

Je pense néanmoins, que lorsque, par l'effet de la renonciation, soit expresse, ou tacite, les héritiers ayant une réserve sont en perte, ou se trouvent lésés de plus du quart, ils peuvent se pourvoir contre cette renonciation : le donataire doit, dans ce cas, être considéré comme un cohéritier, et il faut lui appliquer les règles relatives à la rescision en matière de partage.

3g2. — Quant à l'exécution donnée à la donation de la part du donateur, quelle qu'en soit la durée ou la forme, elle ne saurait préjudicier à l'action de ses héritiers : telle est la conséquence de ce principe, que le droit de réclamer contre une donation excessive n'appartient point au donateur, mais seulement à ses héritiers ; donc, en l'exécutant, l'on ne peut pas dire que le donateur renonce au droit de demander la réduction, puisque ce droit n'existait pas pour lui.

3g3. — Tout successible avec réserve peut-il demander la réduction des donations?

Le successible qui réclame la réduction doit être nécessairement dans l'une des hypothèses suivantes :

1.º Ou il aura accepté la succession du donateur ;

2.º Ou il se sera tenu dans une simple abstention ;

3.º Ou il aura renoncé à la succession purement et simplement ;

Tom. I.ᵉʳ   20

4.º Ou il aura renoncé à la succession sous la réserve de ses droits à la réduction des donations ;

5.º Ou, enfin, il aura accepté la succession sous bénéfice d'inventaire.

Dans tous ces cas, et dans toutes ces hypothèses, je pense que le successible peut demander la réduction des donations, et en profiter.

M. *Grenier*, n.º 592, n'accorde ce droit qu'à l'héritier qui a accepté sous bénéfice d'inventaire ; mais je ne puis adopter son opinion, car il en résulte une exclusion contre le successible qui a accepté ou répudié ; or, une disposition pénale de cette espèce, et si rigoureuse, doit être textuellement écrite, et ne peut être suppléée par des inductions plus ou moins pressantes.

Par rapport au successible qui a accepté purement ou simplement, le dol ne se présumant pas, il doit être admis à réclamer la réduction des donations, quoiqu'il n'ait pas fait d'inventaire. Vid. *Pothier*, traité des donations, art. 2, § 7.

A plus forte raison faut-il donner le droit de réclamer à celui qui a accepté sous la réserve de ses droits au retranchement des donations antérieures, ainsi qu'à celui qui s'est tenu dans l'état d'une simple abstention. Sur cette question en général l'on peut voir *Vinnius*, dans ses questions, *lib.* 2, *cap.* 28 ; et comme il y rapporte des autorités pour et contre, je donne la préférence à celle qui est favorable aux héritiers avec réserve.

394. — Quant à celui qui a renoncé à la succession, je pense que de cela seul qu'il est compté pour la fixation de la quotité disponible, il doit pouvoir agir en réduction ; car *Lebrun*, qui excluait du droit de demander la réduction celui qui avait renoncé à la succession, voulait en même temps que le renonçant ne fût pas compté pour la fixation de la légitime. *Lebrun*, liv. 2, chap. 3, sect. 6, n.º 4.

D'ailleurs, la renonciation à la succession ne s'étend pas aux droits sur le retranchement des donations excessives.

De plus, la renonciation n'étant pas, comme autrefois, irrévocable, et le renonçant pouvant reprendre jusqu'à l'acceptation de l'autre cohéritier, le donataire dont on veut faire réduire la donation ne saurait invoquer contre le renonçant une renonciation qui, par rapport à lui, peut être toujours révoquée.

L'annotateur de *Lebrun*, M. *Espiant*, liv. 2, chap. 3, sect. 1.re, fait une objection ; il dit : « supposons » qu'après la renonciation et la réduction de la dona- » tion, il vienne à se découvrir un bien inconnu lors » de ces actes, et qui aurait suffi pour remplir l'héri- » tier de sa réserve, qui pourra réclamer ce bien » ?

Je réponds à ce doute de M. *Espiant*, que si, par suite de la renonciation, la succession n'a été acceptée par personne, le donataire réduit pourra réclamer du renonçant le montant de la réduction, en lui indiquant les biens nouvellement découverts, et en concluant contre lui, soit à la restitution de la chose donnée, soit à la cession de ses droits à la succession ; succession que le donataire acceptera alors comme cessionnaire de l'héritier.

Si la succession a été acceptée par quelqu'autre héritier, dans ce cas le bien nouvellement découvert appartiendra à cet héritier ; mais alors le donataire aura contre lui une action utile, pour se faire rendre tout ce qu'il aura donné par l'effet de la réduction, du moins jusques et à concurrence de la valeur des biens nouvellement découverts ; car, il ne faut pas le perdre de vue, la réduction de la donation n'a été que conditionnelle, et sous l'obligation de rendre le montant de la réduction, s'il venait à se découvrir de nouveaux biens ; de plus, cette réduction, fondée seulement sur une erreur de fait, doit cesser quand cette erreur est découverte.

Le système qui exclurait le renonçant de son droit
au retranchement des donations présenterait non-
seulement un préjudice horrible pour l'héritier renonçant ; mais il présenterait, de plus, une conséquence bien extraordinaire.

Rappelons un exemple que nous avons déjà posé.

Pierre n'a qu'un fils ; il donne 36 à un étranger, et
meurt, ne laissant que des dettes et des collatéraux
éloignés : le fils renonce.

Le fils étant compté malgré sa renonciation, la
quotité disponible sera seulement 18 :

L'étranger donataire n'aura donc que 18, et éprouvera une réduction de 18.

Si le fils renonçant ne peut recueillir cette réduction, il faudra dire qu'elle passe aux héritiers collatéraux, même au douzième degré ; or, comment ces
collatéraux profiteront-ils de cette réserve ou réduction, quand tout est disponible pour eux ! comment
et pourquoi le fils renonçant serait-il compté pour
fixer la réductiton ! comment l'opérerait-il, s'il ne
devait pas en profiter !!

Sans donc nous arrêter aux inconvéniens hypothéti-
ques, car il s'en trouve dans tous les systèmes, nous
devons simplement nous en tenir au texte de la loi ;
et comme elle ne prescrit aucune condition à l'héritier pour réclamer la réduction des donations, il
peut dire qu'il peut la faire dans toutes les circonstances, soit qu'il ait accepté la succession, soit qu'il l'ait
répudiée, sauf, dans tous les cas, la preuve du dol.
Il est vrai que, d'après l'Auth. extraite de la novelle 1,
chap. 2 et 3, *leg.* 7, cod. *ad. leg. Falcid.*, l'héritier qui
n'avait pas fait d'inventaire ne pouvait pas retenir la
quarte *falcidie ;* mais, 1.º cette novelle présentait une
innovation à l'ancienne législation : vid. la *Glose* sur
ladite loi 7 ; 2.º les dispositions de cette novelle ne se
retrouvent pas dans le code civil.

395. — Il faut cependant là-dessus nous faire des idées justes.

Pierre donne à Jean, son fils aîné, la somme de 24 ;

Il laisse deux autres enfans, Joseph et Jacques, et des biens qui valent 12 :

Jacques renonce à la succession de son père.

Ici la masse héréditaire égale 36 ;

La quotité disponible, en comptant le renonçant, égale 1/4, égale 9 ;

La réserve égale 27 ;

La portion de chaque enfant égale 9 :

Donc Jean pourra garder sa donation jusques et à concurrence de 18, et n'éprouvera qu'une réduction de 6 : jusques-là nul doute ;

Et ces 6 se partageront par portions égales entre Joseph et Jacques : ainsi, Jacques aura 3, et Joseph aura 15.

On raisonnerait mal, si, dans cette espèce, on disait que, par rapport au renonçant, la masse héréditaire se compose seulement de la chose donnée : dans ce système Jacques aurait 6, quart de 24 ; mais ce système préjudicierait au donataire, et si celui-ci se prétendait, par l'effet de la renonciation, investi des droits du renonçant à la succession, et les faisait valoir, le préjudice serait pour le cohéritier.

Le donataire doit donc dire au renonçant : votre renonciation ne peut me préjudicier ; avant donc d'agir contre moi, examinons ce que vous auriez recueilli dans la succession, pour l'imputer sur votre portion de réserve ; je ne dois être tenu que du complément : ainsi, dans l'exemple ci-dessus, en renonçant à la succession, vous avez perdu 6, dont l'autre cohéritier à profité ; votre réserve étant 9, et en ayant perdu 6 par votre faute, vous ne pouvez exiger de moi que 3.

Ce raisonnement du donataire est dans les vrais principes ; et il nous conduit à cette conséquence, que le montant du retranchement des donations excessives

se partage par portions égales entre tous les successibles avec réserve, sans distinguer s'ils ont accepté ou
répudié la succession du donateur : tous ont un droit
égal audit retranchement.

§ III. *Des personnes contre lesquelles l'on peut demander la réduction.*

396. — L'action en réduction des donations excessives est du nombre de celles qu'on appelle *in rem
scripta*, dont le but est d'obtenir la réduction sur les
biens donnés en quelques mains que ces biens se
trouvent ; ainsi, l'action en réduction peut être dirigée,
tant contre les donataires, que contre les tiers-détenteurs, à quelque titre qu'ils aient acquis.

Tout cela est fondé sur ce principe, que toute donation est faite sous la condition tacite de la réduction,
dans le cas où le donateur ne laisserait pas de quoi remplir ses successibles de leur réserve.

397. — La donation excessive devant être réduite,
il est clair que lorsqu'il existe plusieurs donations, la
réduction doit toujours commencer par la dernière,
et ainsi successivement, en commençant toujours par la
plus récente, sans pouvoir jamais attaquer les dernières
donations, que lorsque les autres sont absolument
épuisées.

398. — Supposons qu'il n'y ait qu'une seule donation, qu'elle soit sujette au retranchement, et que le
donataire ait vendu ou donné les biens à lui transmis.

Dans cette espèce, nul doute qu'on ne puisse attaquer en revendication l'acquéreur ou le second donataire ; mais avant de s'en prendre, soit à l'acquéreur,
soit au second donataire, il faudra discuter les biens
du premier donataire ; si le résultat de la discussion
remplit les héritiers de leur réserve, ils n'ont pas
d'action contre les tiers.

Ainsi, avant d'attaquer les tiers-détenteurs des biens
donnés, il faudra discuter le donataire ; et si le dona-

taire est décédé, il faudra discuter ses héritiers ; le tout avant de pouvoir attaquer les tiers. Vid. l'art. 930 du code.

399. — De là nous tirons cette conséquence, qu'une donation d'immeubles ne pourra jamais être réduite, lorsque les héritiers trouveront dans la succession, en argent, meubles ou créances, de quoi se remplir de leur réserve.

Par la même raison, dans le cas de deux donations successives, dont la première a pour objet des immeubles, et dont la seconde est d'une somme ou d'effets mobiliers, les héritiers ne pourront point attaquer la première donation, s'ils se trouvent remplis par la réduction de la seconde.

400. — Nous avons dit que le tiers-détenteur ne peut être inquiété que discussion préalablement faite du donataire, et de ses héritiers, si le donataire est mort ; ainsi, le tiers-détenteur peut, en cas d'attaque, exciper du bénéfice de discussion.

La discussion devra-t-elle porter sur les biens personnels du donataire et de ses héritiers ? nul doute ; c'est ce qui résulte du susdit art. 930 du code, et M. *Jaubert* le dit textuellement dans son discours, pag. 312.

« Le donataire, dit-il, a-t-il aliéné les biens don- » nés » ?

« Les héritiers doivent d'abord discuter ses biens » personnels ; mais si ce recours est inutile ou insuffi- » sant, les héritiers peuvent agir contre les tiers- » détenteurs ».

401. — La discussion doit-elle porter, tant sur les immeubles, que sur les meubles du donataire, quelque soit son domicile et son éloignement du lieu de l'ouverture de la succession ?

La loi ne fait aucune distinction, elle exige la discussion préalable de tous les biens ; et quand la loi ne fait aucune distinction, il ne nous est pas permis de dist.nguer.

Je reconnais que la loi est rigoureuse, que son application peut, dans de certains cas, présenter des inconvéniens graves, et une certaine dureté ; mais qui peut mettre des limites aux dispositions d'une loi claire dans ses expressions ? comment mettre en principe, que le juge peut dans tel ou tel cas dispenser de la discussion, sans tomber dans un arbitraire toujous funeste ?

Il faut donc attendre que la jurisprudence se soit fixée sur ce point ; mais jusques-là il faut s'en tenir aux dispositions de la loi.

Pour l'interprétation du susdit art. 930 nous ne saurions invoquer la jurisprudence antérieure, parce qu'elle était douteuse et vacillante : certains auteurs voulaient que le tiers-détenteur pût être attaqué sans discussion du donataire ; d'autres exigeaient la discussion : les arrêts étaient également partagés ; mais on ne trouve nulle part une théorie précise et détaillée sur cette matière. Vid. *Montvallon*, traité des successions, chap. 2, art. 15 ; les arrêts et les auteurs qu'il cite ; *Lacombe*, jurisprudence civile, *verb.* légitime, sect. dernière ; *Lebrun*, traité des successions, liv. 2, chap. 3, sect. 12, n.° 16 ; le nouveau répertoire de jurisprudence, *verb.* légitime, sect. 10, pag. 197, et *Furgole*, sur l'art. 34 de l'ordonnance de 1731, pag. 287, édit. *in*-8.°

En lisant ces auteurs, on trouvera que l'ancienne législation, ainsi que la nouvelle, présente une lacune sur une matière aussi importante que journalière.

402. — Le tiers-détenteur qui excipe du bénéfice de discussion est-il obligé de fournir les fonds nécessaires, conformément aux art. 2022 et 2023 du code ?

Cela pourrait être juste dans de certaines circonstances ; mais la loi l'a-t-elle voulu ? l'art. 930 nous dit, que les héritiers ne peuvent attaquer les tiers-détenteurs,

que discussion préalablement faite des biens du donataire ; la discussion est donc une condition préalable, qui
doit être remplie avant de pouvoir inquiéter les tiers-
détenteurs.

Les art. 2022 et 2023 ne sont relatifs qu'au cautionnement ; or, le créancier peut agir, tant contre le débiteur, que contre la caution : la caution, il est vrai, a le
droit d'opposer le bénéfice de discussion ; mais ce droit
n'existe en sa faveur, qu'à la condition d'avancer les
frais de poursuite : il n'y a donc aucune parité entre ces
deux espèces.

D'ailleurs, l'ancienne jurisprudence, en exigeant la
discussion du donataire avant d'en venir au tiers-détenteur, n'exigeait pas l'avance des frais de la part de
ce dernier ; l'on peut même dire que cette avance des
frais pour le cas du cautionnement est jusqu'à un
certain point une véritable innovation.

Cependant un sentiment d'équité m'engage à penser,
que, selon les circonstances, le juge peut appliquer au
tiers-détenteur qui demande la discussion les dispositions des susdits articles 2022 et 2023.

Supposons que le donataire soit éloigné du lieu où
la succession s'est ouverte ;

Qu'il ait vendu le bien donné, et qu'il ne reste rien
dans la succession du donateur.

Dans cette espèce, si le légitimaire attaquait et pouvait attaquer le donataire sans recourir à la discussion,
le donataire devrait, pendant procès, donner une provision alimentaire à l'enfant non pourvu ; et parce que
le donataire aura vendu le bien donné, l'enfant, loin
d'avoir une provision, serait, au contraire, obligé de
faire les avances dispendieuses d'une discussion ! Mais
s'il en était ainsi, le plus souvent, faute de moyens,
l'enfant se trouverait privé de sa réserve : il est impossible qu'une conséquence pareille soit dans l'intention de la loi.

Je pense donc, que, du moins par rapport à l'enfant

non pourvu, le tiers-détenteur qui excipe de la discussion doit en avancer les frais, soit à titre de provision, ou autrement, sur-tout si le donataire est éloigné.

Je pense même, que, dans tous les cas, il ne peut point indiquer les biens situés hors de l'arrondissement de la cour d'appel du lieu où la succession s'est ouverte, ni les biens litigieux, ni ceux qui ne sont plus en la possession du discuté, conformément au susdit art. 2023.

La réserve est une chose sacrée : la loi qui l'accorde doit faciliter tous les moyens de l'obtenir; d'ailleurs, le tiers-détenteur a à se reprocher d'avoir acquis un bien éventuellement réductible; de plus, il doit être soumis aux obligations du donataire, son vendeur; or, si le donataire était tenu d'une provision, pourquoi son ayant-cause ne le serait-il pas?

403. — Nous avons dit que la discussion est un préalable nécessaire avant de pouvoir attaquer le tiers-détenteur; mais nous n'avons pas voulu dire par là que le juge doive d'office, et sans la réquisition du tiers, rejeter la demande en cas de non justification de la discussion : cette discussion préalable n'est qu'une faveur accordée au tiers-détenteur, il peut donc y renoncer; ainsi, le juge ne peut d'office exiger cette discussion.

404. — Dans le cas de plusieurs donations, il faut toujours discuter les derniers donataires; et si ceux-ci ont vendu, il faudra attaquer les acquéreurs avant d'en venir au premier donataire, ou donataire antérieur.

Par exemple : Pierre donne un immeuble à Jean;

Il donne ensuite un autre bien à Joseph;

Joseph donne une partie des biens donnés à Jacques;

Puis il vend le reste à Matthieu,

Et Matthieu les transmet à Paul.

Pierre meurt, et le résultat du calcul prouve que

ses deux donations réunies excèdent la quotité disponible ; il faut donc opérer la réduction.

Dans cette espèce les héritiers doivent, 1.º discuter
Joseph, second donataire, ou ses héritiers, s'il n'est
plus ;

2.º. Ils doivent, en cas de déficit, attaquer Paul,
puis Jacques ; et, enfin, le premier donataire, si le
résultat des discussions ou poursuites antérieures ne
les ont pas remplis.

Faisons-nous des idées justes : il n'y a que les donataires ou leurs héritiers qui doivent être, à proprement
parler, discutés : par rapport aux tiers-détenteurs, ils
doivent être attaqués en réduction et revendication ;
mais tout droit contr'eux cesse quand ils se sont des-
saisis : ainsi, dans l'exemple ci-dessus, il n'a nullement
été question de Matthieu. Vid. *Furgole*, sur l'art. 34
de l'ordon. de 1731; *Roussille*, donations, n.º 498. Le
principe qui veut que, dans le cas de plusieurs donations successives, la réduction commence toujours sur
les dernières donations, s'applique même au cas où
les donations auraient été déguisées sous la forme de
contrats onéreux. Vid. l'arrêt de la cour de cassation
rapporté par M. *Sirey*, an 1817, pag. 340.

405. — Ce que nous venons de dire ne trouve son
application qu'aux donations d'immeubles, car, par
rapport aux meubles donnés, il n'y a pas de tiers-
détenteur ; il faut donc simplement attaquer les donataires des meubles ou leurs héritiers, soit qu'ils aient
les meubles, ou qu'ils les aient vendus; il suffit de
commencer par le donataire postérieur.

406. — Supposons qu'il ait été fait une première
donation, soit de meubles ou d'immeubles, puis une
seconde donation d'une somme ou d'effets mobiliers,
et que le second donataire se trouve insolvable et dans
l'impossibilité de représenter les choses données qui
se trouvent soumises au retranchement ; dans cette

espèce les successibles avec réserve pourront-ils attaquer le premier donataire ?

Nul doute, la réserve est une chose sacrée qui doit
être préférée à toutes les donations. Vid. M. *Malleville,*
sur l'art. 930 ; mais il pense que la masse héréditaire,
et, par conséquent, la réserve est diminuée de tout ce
qui ne peut être représenté ; en sorte, dit-il, que l'objet
donné à l'insolvable doit être considéré comme s'il
n'existait pas, et comme si le donateur l'avait perdu
lui-même.

Cette *restriction ou modification* présentée par les
anciens auteurs, et adoptée par *Pothier,* doit-elle être
suivie d'après les principes de notre législation ? je ne
le pense pas.

En effet, l'art. 855 du code dispense seulement
du rapport les immeubles qui ont péri par cas fortuit,
et sans la faute du donataire ; d'où il résulte que les
meubles doivent être rapportés dans tous les cas, et,
à plus forte raison, quand ils ont été dissipés par la
faute du donataire ; or, le rapport des meubles ayant
lieu fictivement, leur valeur entre nécessairement dans
la masse héréditaire, et, par conséquent, dans la fixation de la réserve. Vid. l'art. 922 du code.

D'ailleurs, le premier donataire savait qu'il n'était
investi que d'un droit jusqu'à un certain point
éventuel ; donc il ne peut se plaindre d'une réduction
basée d'après l'émolument de toutes les donations,
car, par rapport aux effets mobiliers, il ne faut les
considérer qu'au moment du don, sans examiner ce
qu'ils deviennent depuis cette époque ; leur anéantissement par l'insolvabilité du donataire ne saurait
effacer la donation : telle serait pourtant la conséquence rigoureuse du principe qui fait considérer les
meubles non représentés par l'insolvabilité du donataire comme s'ils avaient péri entre les mains du
donateur.

Pierre, par exemple, a trois enfans : Jean, Joseph et Antoine ;

Il a donné à Jean 9 ;

Puis à Joseph 3 :

Joseph devient insolvable ;

Pierre ne laisse rien dans sa succession.

Je dis, dans cette espèce, que la masse héréditaire égale 12, et qu'ainsi Antoine devra prendre 3 sur la première donation faite à Jean.

Quant à Joseph, il se trouvera n'avoir rien, et cette conséquence ne doit pas surprendre, parce qu'il est toujours censé avoir les 3 qui lui ont été donnés.

407. — Appliquons ce principe d'une manière juste.

Pierre, par exemple, a trois enfans ;

Il donne 3 à Jean ;

Puis 9 à Joseph :

Joseph devient insolvable ;

Pierre ne laisse rien dans sa succession.

Dans cette espèce la masse est encore 12 : le troisième enfant doit avoir pour réserve 3 ; mais si la première donation était réduite jusques et à concurrence de 3, Jean n'aurait rien ; il faut donc considérer les enfans comme ayant un droit égal ; ainsi, ils partageront 3, et auront 1 fr. 50 c. chacun.

Au premier coup d'œil il semblerait plus juste que le premier donataire gardât au moins 2, et donnât seulement 1 au troisième enfant, en considérant les choses comme s'il n'y avait que ces deux enfans ; et que la masse fût seulement 3 ; mais cette manière d'agir serait en opposition avec le principe, qui veut que la réserve se calcule sur l'émolument de toutes les donations ; d'ailleurs, s'agissant de réserve seulement et de son partage, aucun enfant ne peut avoir un avantage au préjudice de l'autre.

408. — Supposons, pour troisième exemple, que Pierre ait deux enfans ;

Qu'il donne 4 à un étranger,

Puis 8 à son fils aîné ;

Que ce fils donataire devienne insolvable, et que Pierre ne laisse rien dans la succession.

La masse étant encore 12, la réserve du second enfant égale 4 ; et attendu l'insolvabilité du second donataire, il prendra 4 sur la première donation ; en sorte que l'étranger n'aura rien.

Cette conséquence me paraît juste : la réserve est une chose sacrée ; elle tient lieu des alimens, son obtention ne peut être différée, et elle doit être prise sur tous les biens du donateur qu'on trouve extans lors de l'ouverture de la succession.

Mais l'on sent que les premiers donataires dépouillés par l'effet de l'insolvabilité du second donataire peuvent agir contre ce dernier, pour le faire condamner à les indemniser du préjudice résultant de son insolvabilité, et exécuter ensuite la condamnation sur les biens qui pourront lui survenir ; pour agir à cet effet, les premiers donataires sont subrogés de plein droit aux droits et actions de l'héritier, qu'ils ont payé, aux termes de l'art. 1251 du code, n.º 3 : telle est l'opinion de *Lebrun ;* vid. cet auteur, traité des successions, liv. 2, chap. 3, sect. 8, pag. 316 et 317 ; telle est aussi l'opinion de M. *Grenier,* n.º 632.

409. — Pour l'intelligence de cette matière donnons un quatrième exemple :

Pierre donne 3 à un enfant,

Puis 9 à un second enfant :

Il laisse encore un troisième enfant ; mais il ne laisse rien dans sa succession.

Le second enfant donataire ne peut représenter que 2, et se trouve insolvable pour le surplus.

La masse étant 12, la réserve pour le troisième enfant égale 3 ; il prendra donc les 2 que le second donataire peut représenter, et agira contre le premier donataire jusques et à concurrence de 50 c., parce

qu'alors il ne se trouve de biens extans que jusques et
à concurrence de 5 , que les deux enfans doivent
partager entr'eux ; ce qui fait 2 fr. 5o c. pour
chacun.

410. — Quand, par l'insolvabilité d'un donataire
postérieur, les donateurs antérieurs se trouvent en
perte, ils doivent agir, ou du moins ils peuvent agir
contre lui jusques et à concurrence de la perte
éprouvée.

Rien n'est plus aisé que de calculer cette perte ; il
faut voir ce que les premiers donataires auraient eu
sans l'insolvabilité, voir ce qu'ils ont, ou ce qu'ils peuvent garder vu cette insolvabilité ; comparer ces deux
quantités, et la différence sera la perte éprouvée.

411. — Si, par le même acte, il a été fait plusieurs
donations à différentes personnes, et qu'il y ait lieu à
réduction, alors, sans considérer l'ordre de l'écriture,
chacun des donataires devra contribuer au retranchement *pro ratâ et modo emolumenti*, toutes ces donations étant censées faites au même instant indivisible.

Il en sera de même s'il s'agit de deux ou de plusieurs
donations faites le même jour, sans désignation
expresse de l'heure ; elles seront censées faites au
même instant, et soumises à la réduction proportionnelle : *Roussille,* donations ; en sorte, dit cet auteur,
que si une donation est faite tel jour, à huit heures du
matin, elle ne doit avoir aucune préférence sur la
donation qui sera simplement datée du même jour
avant midi.

412. — On sent que le donataire qui éprouve le
retranchement ne peut exercer aucun recours contre
les acquéreurs postérieurs de son donateur ; car s'il
en était ainsi, ce serait l'acquéreur qui supporterait
la réserve. Vid. *Duperrier,* liv. 4, quest. 7 ; la distinction que veut faire ce savant auteur ne doit pas
être adoptée.

Mais si le donataire attaqué en réduction peut établir qu'une transaction du donateur postérieure, quoique qualifiée entre-vifs, est néanmoins une véritable donation, il pourra appeler dans la cause celui qui est investi en vertu de cette transaction, et conclure contre lui à ce que l'acte soit déclaré présenter une véritable donation, et à ce qu'il soit ordonné que l'objet porté dans l'acte sera soumis à la réduction : cette simulation étant frauduleuse, pourrait être prouvée par présomption et par témoins.

413. — Quand il existe, avons-nous dit, deux donations faites dans le même acte, ou le même jour, sans désignation d'heure, elles doivent être réduites au marc le franc ; cela est bien simple quand les deux donations sont en propriété.

Mais supposons que l'une des deux donations soit simplement en usufruit, dans quelle proportion le donataire en usufruit contribuera-t-il au retranchement ?

Les lois romaines ne sont pas muettes sur cette importante question.

Mais ces lois sont-elles aussi contradictoires, aussi inconciliables que certains auteurs le prétendent ? Je ne le pense pas.

La loi 1, § 9, ff *ad legem Falcid.*, veut que, pour la fixation de la falcidie, on estime la valeur de l'usufruit ; telle est aussi la disposition de la loi 55, *eod. tit.*, qui porte, que si on a légué à Titius la somme de 10 payable annuellement, il faudra, pour fixer la falcidie, estimer ce legs au prix auquel on pourrait le vendre eu égard à l'incertitude de la vie du légataire.

La loi 68, sainement entendue, ne dit rien de contraire ; elle présente seulement les bases de l'estimation de l'usufruit d'après l'âge de l'usufruitier ; en sorte que cette loi est la conséquence et le complément des premières.

Æmilius

Æmilius Macer, qui est l'auteur de cette loi, nous dit, après avoir posé les bases de l'estimation d'un legs d'alimens, que si l'usufruit est laissé à une personne qui a moins de trente ans, l'usufruit est censé durer trente ans; si le légataire a plus de trente ans, l'usufruit est toujours censé durer autant d'années qu'il en manque au légataire pour avoir soixante ans, vingt par exemple, si le légataire a quarante ans; et si le légataire a plus de soixante ans, l'usufruit ne sera censé durer que cinq ans.

Je dis que cette loi ne présente que des bases pour fixer l'estimation de l'usufruit d'après l'âge de l'usufruitier; mais je suis bien loin de penser, comme tant d'autres auteurs, que, d'après cette loi, l'usufruit d'une somme de 20,000 fr., laissé à une personne qui a moins de trente années, doive être estimé 30,000 fr., attendu que l'usufruit est censé durer trente ans.

L'annotateur de *Domat*, et *Montvallon*, font remarquer l'absurdité d'une pareille estimation. Quoi! disent-ils avec juste raison, une rente perpétuelle de 1000 fr. ne vaudrait que 20,000 fr., et l'usufruit d'un bien portant 1000 fr. serait estimé 30,000 fr.!! J'en conviens avec eux, une pareille estimation serait absurde; mais, j'ose le dire, une pareille absurdité ne se trouve point dans la loi romaine : en disant que l'usufruit est censé durer trente ans, le législateur n'en fixe pas la valeur; il présente seulement la base de l'estimation, il dit seulement au calculateur : procédez d'après la supposition que l'usufruit durera trente années.

Le fameux *Domat* a cru apercevoir une contradiction dans lesdites lois du digeste; et c'est dans la vue de les concilier qu'il propose la réduction suivante :

« Supposons, dit-il, qu'il faille réduire d'un sixième toutes les libéralités, alors le donataire en usufruit devra payer annuellement aux héritiers le sixième de

*Tom. I.*er   21

son usufruit». Vid. *Domat*, liv. 4, tit. 3, sect. 2, n.º 8, pag. 414.

Donnons un exemple, pour expliquer le système de *Domat*.

Par le même acte Pierre a donné à Jean 3000 fr.; et à Joseph l'usufruit de 5000 fr.; ces deux donations excèdent de 2000 fr. la quotité disponible, égalant seulement 6000 fr.

Dans cette hypothèse, en considérant les deux donations comme portant sur la propriété, nous voyons que leur émolument se porte à 8000 fr. : la réduction étant de 2000 fr., elle est du quart; ainsi, chaque donataire devra éprouver une réduction; mais comme Joseph n'est donataire qu'en usufruit, il suffit qu'il éprouve une réduction du quart de son usufruit; et cette réduction aura lieu, si tous les ans son usufruit se trouve diminué d'un quart. Telle est la méthode de *Domat*, suivie par *Montvallon*.

Mais cette manière de procéder ne doit pas être suivie.

Reprenons le susdit exemple.

Le donataire en propriété reçoit la somme de 3000 fr.

Le donataire en usufruit reçoit . . . . . 5000 fr.

TOTAL, ... 8000 fr.

Dans la supposition la quotité disponible égale 6000 fr.;

L'excédant est donc 2000 fr., égalant le quart de ce qui a été donné;

Ainsi, chaque donation doit éprouver une réduction du quart.

Par là le donataire en propriété éprouvera une réduction de 750 fr., quart de 3000 fr.; le donataire en usufruit éprouvera une réduction de 1250 fr., dont il payera l'intérêt jusqu'à la cessation de son usufruit.

Dans cette hypothèse, les héritiers du donateur au-

raient donc la nue propriété de 5000 fr., et encore
la jouissance de 1200 fr. jusqu'à la fin de l'usufruit ;
le tout en remplacement de la jouissance de la somme
de 3800 f. : ce qui présenterait une lésion énorme
pour l'usufruitier.

Cette vérité se prouve d'une autre manière : la
quotité disponible est, dans l'espèce, de 6000 fr. ; or,
voyons comment, dans le système de *Domat*, cette
quotité se trouve employée.

Le donataire en propriété a 3000 fr. moins
750, a . . . .   2250 fr.
Le donataire en usufruit a la
jouissance de 5000 fr., moins
1250, a . . . .   3750 fr.
                                ─────────
                                6000 fr.

Ces deux sommes réunies font bien 6000 fr. ; mais
il y manque, pour faire réellement cette somme,
la nue propriété de 3750 fr. ; ainsi, les héritiers se
trouvent gagner dans ce système la nue propriété de
3750 fr. : dans ce système, en un mot, il s'en faut
de 3750 fr. que la quotité disponible se trouve usée.

Ce système ne peut donc être suivi.

Donnons un autre exemple.

Le donataire en propriété reçoit . .   2400 fr.
Le donataire en usufruit reçoit . .   3600 fr.
                                      ─────────
          Total, ...   6000 fr.

La quotité disponible est de 4000 fr. ; l'excédant
est donc de 2000 fr., égalant le tiers de ce qui a été
donné ; ainsi, selon *Domat*,

Le donataire en propriété éprouverait une réduction du tiers, et il aurait 1600 fr. ;

Le donataire en usufruit éprouverait aussi une réduction du tiers, et il aurait 2400 fr. en usufruit ;
en sorte que les héritiers gagneraient la nue propriété
de 2400 fr.

Dans le même exemple, supposons que l'usufruit vaille le tiers de la propriété, nous aurons :

Le donataire de la propriété reçoit . 2400 fr.
Le donataire en usufruit, ... 1200 fr.
_____
TOTAL, ... 3600 fr.

Qui n'égalent pas la quotité disponible : donc, dans cette supposition, il n'y aurait pas lieu à réduction ; il y en aurait encore moins, si l'usufruit n'était estimé que le quart ; cependant, dans le système de *Domat*, l'usufruitier devrait, quel que fût son âge, éprouver une réduction.

414. — Abandonnons donc ce système, et, d'après le texte desdites lois, au digeste, *ad legem Falcid.*, donnons une valeur à l'usufruit eu égard à l'âge de l'usufruitier.

Cette valeur trouvée, nous raisonnerons comme s'il s'agissait de donations en toute propriété, et nous les réduirons au marc le franc.

Cette opération nous fera connaître ce que l'usufruitier pourrait avoir en toute propriété ; mais comme il ne doit avoir qu'un usufruit, nous augmenterons la quotité trouvée d'après la base que nous aurons prise pour faire la première réduction.

Par exemple : si nous avons estimé l'usufruit la moitié de la propriété, nous doublerons la somme que nous aurons trouvée devoir revenir à l'usufruitier, en le considérant comme propriétaire : par ce moyen l'usufruitier ne sera jamais obligé de rien débourser dans le cas où sa donation serait réduite, et le gain entre lui et les héritiers sera également soumis pour tous aux chances du hasard.

Reprenons le susdit exemple.

Donation en propriété de . . . . . 2400 fr.
Donation en usufruit de . . . . . 3600 fr.

Si nous estimons l'usufruit la moitié de la propriété, nous dirons : la donation faite à l'usufruitier est de

1800 fr., qui, joints aux 2400 fr., font 4200 fr. : telle est la véritable valeur de toutes les donations.

Mais, dans la supposition, il n'y a de disponible que 4000 fr.; chaque donataire doit donc éprouver une réduction que les proportions suivantes feront connaître.

Si 4200 fr. se réduisent à 4000 fr., 1800 se réduiront à 1714 fr. 30 c., portion de l'usufruitier ; si 4200 fr. se réduisent à 4000 fr., 2400 se réduiront à 2285 fr. 70 c., portion du donataire en toute propriété.

L'usufruitier aurait donc 1714 fr. 30 c., si réellement il lui avait été donné 1800 fr. ; mais comme il ne lui a été donné qu'en usufruit, et que nous avons supposé l'usufruit valoir la moitié de la propriété, ou la propriété valoir le double de l'usufruit, l'usufruitier aura en jouissance deux fois 1714 fr. 30 c. ; ce qui fait 3428 fr. 60 c.

Par là toute la quotité disponible se trouve usée, et ce que l'estimation de l'usufruit peut présenter d'arbitraire se trouve compensé par les chances du hasard.

415. — Il faut donc toujours en venir à l'estimation de l'usufruit ; mais, pour faire cette estimation, quelle base faut-il prendre ? Sans doute la valeur de l'usufruit se gradue sur la probabilité de vie de l'usufruitier ; mais sur quoi fixerons-nous la probabilité de vie ? consulterons-nous les tables qu'on trouve dans M. de Buffon ? la probabilité de vie sera-t-elle fixée par experts ? ou bien faudra-t-il s'en tenir à la probabilité de vie telle qu'elle est fixée par la loi romaine ?

Quant aux experts, l'on sent que leurs rapports étant sujets à homologation, et, par conséquent, à des discussions judiciaires, il serait aussi scandaleux qu'inconvenant de voir débattre un rapport sur la probabilité de vie d'un homme existant, et souvent présent aux discussions ; d'ailleurs, l'homme étant plus qu'incertain de la durée de sa vie, comment pourrait-il s'expliquer sur la durée de la vie de son semblable ?

Les experts ne doivent donc pas être entendus sur cette matière.

Quant aux tables de M. de Buffon, elles peuvent être très-utiles dans les calculs et considérations politiques, dans les établissemens de tontines, et dans tous les cas où l'on considère la probabilité de vie d'un certain nombre d'individus : ces tables même peuvent servir de base aux dispositions du législateur sur cette matière ; mais jusqu'à ce que le législateur leur ait donné une espèce de sanction ou d'autorité, les jurisconsultes ne doivent y avoir aucun égard.

Il faut donc s'en tenir, pour ne pas tomber dans l'arbitraire, aux dispositions de la loi 68, ff *ad leg. Falcid.*

La probabilité de vie est fixée par cette loi de la manière suivante :

Si l'usufruitier a moins de 20 ans, sa probabilité de vie est de 30 ans ;

S'il a depuis 20 jusqu'à 25, sa probabilité de vie est de 28 ans ;

Depuis 25 à 30, 25 ans ;

Depuis 30 à 35, 22 ans ;

Depuis 35 à 40, 20 ans ;

Depuis 40 jusqu'à 50 ans la probabilité de vie est d'autant d'années moins une qu'il en manque à l'usufruitier pour avoir 60 ans ;

Depuis 50 jusqu'à 55, 9 ans ;

Depuis 55 jusqu'à 60, 7 ans ;

Quand l'usufruitier a 60 ans et au delà, sa probabilité de vie est de cinq années.

Il est vrai que cette probabilité de vie est particulièrement fixée pour legs d'alimens, et que, relativement au legs d'usufruit, la même loi 68 présente une autre probabilité ; mais cette seconde fixation n'est pas complète, et il faut s'en tenir à la première, tant pour les legs d'alimens, que pour les legs d'usufruit.

416. — Mais il ne suffit pas de connaître la probabilité de vie de l'usufruitier, pour estimer l'usufruit ; cette estimation, si l'on veut la faire d'une manière rigoureuse, présente des difficultés.

Par exemple, on a donné à Jean 2000 fr. en usufruit :

Jean a moins de 20 ans ; ainsi, son usufruit est censé durer 30 années :

Quelle est la valeur de cet usufruit ?

Pour résoudre cette question, il faut considérer Jean comme un créancier des héritiers du donateur, qui a droit d'exiger au bout d'un an 100 fr. ;

Au bout de deux ans, 100 fr. ;

Au bout de trois ans, 100 fr., et ainsi de suite.

Cette supposition faite, il faut chercher quelle est la somme qu'il faudrait payer *actu* à Jean, pour que, par lui placée à cinq pour cent, il pût en retirer 100 fr. tous les ans pendant trente années, et n'avoir plus rien au bout de ce terme.

Cette question doit être résolue, et pour le cas des intérêts simples, et pour le cas des intérêts redoublés, c'est-à-dire, pour le cas où les intérêts produiraient eux-mêmes des intérêts.

Raisonnons, d'abord, dans la supposition des intérêts simples.

Soit m la valeur annuelle de l'usufruit, ou ce que l'usufruitier doit toucher tous les ans ;

m, montant de l'usufruit, n'étant exigible que dans un an, il faut chercher quelle somme il faudrait payer *actu*, pour que cette somme, placée pendant un an, égalât, avec l'intérêt, le montant de son usufruit.

Soit x cette somme qu'il faut payer *actu*.

En plaçant cette somme, nous aurons $x + \frac{1}{20}x$; et comme le tout doit égaler m, nous aurons $x + \frac{1}{20}x = m$; nous aurons $x = \frac{20}{21}m$. Ainsi, pour la première année l'usufruitier qui a m, valeur annuelle de son usufruit, doit recevoir $\frac{20}{21}\,m$.

Passons à la seconde année.

Soit x ce que l'usufruitier doit recevoir *actu* pour son usufruit qui doit échoir dans deux ans : cette somme x, plus son intérêt à cinq pour cent pendant deux années, doit égaler m :

Nous aurons $x + \frac{1}{20}, x + \frac{1}{20}, x = m$;

Nous aurons $x + \frac{2}{20}, x = m$.

$$x = \frac{20}{22}\,m.$$

Ainsi, pour m, payable dans deux ans, l'usufruitier doit recevoir *actu* $\frac{20}{22}\,m$.

En procédant ainsi, nous trouverons que m, payable dans trois ans, ne vaut *actu* que $\frac{20}{23}\,m$;

Que, payable dans quatre ans, m ne vaut *actu* que $\frac{20}{24}\,m$;

Et ainsi de suite : m, payable dans n années, ne vaut *actu* que $\frac{20}{20+n}\,m$.

417. — Rendons ce calcul sensible par un exemple : soit la valeur annuelle de l'usufruit égale à 100, nous aurons $m = 100$.

Ainsi, pour 100 fr., payables dans un an, l'usufruitier devra recevoir *actu* $\frac{20}{21}$: 100 fr. égalent 95 fr. 238 millièmes.

En effet, si l'usufruitier place *actu* ses 95 fr. 238 millièmes, il aura au bout de l'année un intérêt égal à 4 fr. 761 millièmes ; ce qui, réuni au capital, fait 99 fr. 999 millièmes, c'est-à-dire, les 100 fr. à 1 millième près.

Pour les autres 100 fr., payables dans deux ans, il recevra *actu* $\frac{20}{22}$, 100 fr. ; ce qui fait 90 fr. 909

mill. ; or, 90 fr. 909 mill., placés pendant deux ans, produisent un intérêt de 9 fr. 9 c. ; ce qui fait un total de 99 fr. 999 millièmes :

Pour les 100 fr. payables dans trois ans, il recevra *actu* $\frac{20}{23}$: 100 fr. égalent 86 fr. 956 mill. ; les intérêts de cette somme pendant trois ans égalent 13 fr. 42 mil.; ce qui joint aux 86 fr. 956 mill., fait bien 100 fr. moins 2 millièmes.

On voit par ces exemples qu'il est indifférent pour l'usufruitier de recevoir *actu* 95 fr. 238 mill., ou de recevoir 100 fr. dans un an ;

De recevoir *actu* 90 fr. 909 mill., ou de recevoir 100 fr. dans deux années :

Donc la véritable valeur d'une somme de 100 fr., payable dans deux ans, est *actu* 90 fr. 909 mill.

Par là nous trouverons que la véritable valeur d'un usufruit se compose de la valeur réelle de chaque année d'usufruit, calculée *actu* d'après les bases ci-dessus.

Nous joignons ici une table dans laquelle nous avons calculé la valeur actuelle de 100 fr., quand le paye-ment est anticipé de plusieurs années, jusqu'à trente.

TABLE de la valeur de 100 *fr.* en *usufruit*, correspondant à un capital de 2000 *fr.*

100 francs, exigibles dans un an, valent
actu . . . . 95 fr. 238 millièmes.

Exigibles dans 2 ans,	90	909
Dans 3 ans,	86	956
4 ans,	83	333
5 ans,	80	»
6 ans,	76	923
7 ans,	74	74
8 ans,	71	429
9 ans,	68	965
10 ans,	66	666

Dans 11 ans , 64 fr. 516 millièmes.
    12 ans , 62   500
    13 ans , 60   606
    14 ans , 58   823
    15 ans , 57   142
    16 ans , 55   555
    17 ans , 54   54
    18 ans , 52   632
    19 ans , 51   282
    20 ans , 50   »
    21 ans , 48   780
    22 ans , 47   619
    23 ans , 46   511
    24 ans , 45   454
    25 ans , 44   444
    26 ans , 43   478
    27 ans , 42   552
    28 ans , 41   666
    29 ans , 40   816
    30 ans , 40   »

En combinant et en additionnant ces nombres , nous trouverons la valeur de l'usufruit de 100 fr. de la manière suivante :

100 francs en usufruit pendant un an valent *actu* . . . . . . 95 fr. 238 millièmes.
Pendant   2 ans , 186   147
        3 ans , 273   103
        4 ans , 356   436
        5 ans , 436   436
        6 ans , 513   359
        7 ans , 587   433
        8 ans , 658   862
        9 ans , 727   827
      10 ans , 794   493
      11 ans , 859   9
      12 ans , 921   509

Pendant 13 ans , 982 fr. 115 millièmes.

14 ans ,	1040	938
15 ans ,	1098	80
16 ans ,	1153	635
17 ans ,	1207	689
18 ans ,	1260	321
19 ans ,	1311	603
20 ans ,	1361	603
21 ans ,	1410	383
22 ans ,	1458	2
23 ans ,	1504	513
24 ans ,	1549	967
25 ans ,	1594	411
26 ans ,	1637	889
27 ans ,	1680	441
28 ans ,	1722	107
29 ans ,	1762	923
30 ans ,	1802	923

418. — On ne manquera pas d'observer que le résultat de notre calcul, tel qu'il est marqué dans la table, donne une valeur considérable à l'usufruit; on sera surpris de voir estimer 1802 fr. 923 m. l'usufruit d'un capital de 2000 fr. pendant trente ans.   Quoi! nous dira-t-on, avec 2000 fr. de capital on aurait une rente perpétuelle de 100 fr. , et vous voulez qu'une rente de 100 fr. pendant trente ans vaille 1802 fr. 923 m. , c'est-à-dire, 2000 fr. moins 197 fr. !

Je reconnais que l'estimation de l'usufruit est considérable; mais cela vient de ce que nous avons raisonné dans la supposition des intérêts simples : mais si nous raisonnons dans la supposition des intérêts redoublés, c'est-à-dire, si nous soumettons l'usufruitier à placer tous les ans les intérêts des intérêts, nous aurons la véritable valeur de l'usufruit d'une manière absolument rigoureuse.

Raisonnons donc dans la supposition des intérêts

redoublés, et alors cherchons ce que la somme a vaut 1, 2, 3, 4 ou n ans avant son échéance. Nous dirons : si 21 dans un an ne valent *actu* que 20, combien vaudra a; et nous trouverons $\frac{20}{21} a$:

Nous trouverons également que a, deux ans avant son échéance, vaut *actu* $\left(\frac{20}{21}\right)^2 a$;

Que trois ans avant son échéance a vaut $\left(\frac{20}{21}\right)^3 a$;

Que n ans avant son échéance a vaut $\left(\frac{20}{21}\right)^n a$.

En calculant cette formule avec le secours des tables de logarithmes, nous aurons, en supposant que a vaille 100 fr., la valeur de ces 100 fr. *actu* 1, 2, 3, n ans avant leur échéance ; ainsi, nous trouverons que,

100 fr., payables dans 1 an, valent *actu* 95 fr. 23 c.

Dans		fr.	c.
2 ans,	. . .	90	70
3 ans,	. . .	86	38
4 ans,	. . .	82	27
5 ans,	. . .	78	35
6 ans,	. . .	74	62
7 ans,	. . .	71	7
8 ans,	. . .	67	68
9 ans,	. . .	64	46
10 ans,	. . .	61	39
11 ans,	. . .	58	46
12 ans,	. . .	55	68
13 ans,	. . .	53	3
14 ans,	. . .	50	50
15 ans,	. . .	48	10
16 ans,	. . .	45	81
17 ans,	. . .	43	63
18 ans,	. . .	41	55
19 ans,	. . .	39	57
20 ans,	. . .	37	68
21 ans,	. . .	35	89

Dans	22 ans,	. . .	34 fr.	18 c.
	23 ans,	. . .	32	55
	24 ans,	. . .	31	»
	25 ans,	. . .	29	53
	26 ans,	. . .	28	12
	27 ans,	. . .	26	78
	28 ans,	. . .	25	50
	29 ans,	. . .	24	30
	30 ans,	. . .	23	14

Ainsi, nous voyons que 100 fr. payables dans trente années ne valent aujourd'hui que 23 fr. 14 c. ; et, en effet, en plaçant 23 fr. 14 c., et les laissant placés pendant trente ans, en tirant l'intérêt de l'intérêt, on aura 100 fr. au bout de ces trente années.

En rappelant les expressions algébriques de la valeur de a 1, 2, 3, n ans avant son échéance, nous avons

$$\frac{20}{21}\, a, \; \left(\frac{20}{21}\right)^2 a, \; \left(\frac{20}{21}\right)^3 a, \; \left(\frac{20}{21}\right)^n a\,;$$

Ce qui forme une progression géométrique dont la raison est $\frac{20}{21}$: or, en sommant cette progression, nous aurons la valeur de l'usufruit pendant n années exprimée par la formule suivante : $20\, a - 21\, a \left(\frac{20}{21}\right)^{n+1}$:

En calculant cette formule, nous trouverons que 100 fr. de rente ou d'usufruit, pendant un an, valent *actu* . . . . 95 fr. 23 c.

Pendant	2 ans,	185	93
	3 ans,	272	31
	4 ans,	354	58
	5 ans,	432	93
	6 ans,	507	55
	7 ans,	578	62
	8 ans,	646	30
	9 ans,	710	76

Pendant 10 ans,   772 fr. 15 c.

11 ans,	830	61
12 ans,	886	29
13 ans,	939	32
14 ans,	989	82
15 ans,	1037	92
16 ans,	1083	73
17 ans,	1127	36
18 ans,	1168	91
19 ans,	1208	48
20 ans,	1246	16
21 ans,	1282	5
22 ans,	1316	23
23 ans,	1348	78
24 ans,	1379	78
25 ans,	1409	31
26 ans,	1437	43
27 ans,	1464	21
28 ans,	1489	71
29 ans,	1514	1
30 ans,	1537	15

L'usage de cette table est bien simple. Par exemple, veut-on savoir ce que 100 fr. d'usufruit annuel valent *actu?* L'usufruit étant censé durer trois ans, cherchons le nombre trois ans de cette table, et nous trouverons que l'usufruit de 100 fr. pendant trois ans vaut *actu* 272 fr. 31 c. : en effet, cette somme se compose des trois sommes suivantes, 95 fr. 23 c., 90 fr. 70 c. et 86 fr. 38 c.; or, en plaçant 95 fr. 23 c. pendant un an, l'usufruitier aura 100 fr. au bout de l'année; en plaçant 90 fr. 70 c. pendant deux ans, et plaçant l'intérêt de l'intérêt, il aura 100 fr. au bout de deux ans; en plaçant 86 fr. 38 c. pendant trois ans, avec l'intérêt redoublé, il aura 100 fr. au bout de ces trois années : donc il est indifférent à l'usufruitier de recevoir aujourd'hui 272 fr. 31 c.,

ou de recevoir 100 fr. tous les ans pendant trois
années.

Nous trouvons également que l'usufruit de huit
années d'un bien produisant 100 fr. tous les ans
vaut *actu* 646 fr. 30 c., et que ce même usufruit
pendant trente ans vaut *actu* 1537 fr. 15 c.

La table ci-dessus étant calculée pour un usufruit
de 100 fr. annuellement, correspondant à un capital
de 2000 fr., si l'usufruit est moindre ou plus considérable, il n'y qu'à faire une simple règle de trois,
et établir cette proportion : si 100 fr. d'usufruit annuel valent tant pendant quinze, vingt ou trente
années, combien vaudra l'usufruit de la somme de...
pendant le même nombre d'années.

Ainsi, supposons qu'il faille estimer la valeur d'un
usufruit de 230 fr. annuellement : l'usufruit étant
censé durer douze années, je cherche, d'abord, dans
ma table, et je trouve que 100 fr. d'usufruit pendant
douze ans valent *actu* 886 fr. 29 c.; cela trouvé,
j'établis la proportion suivante : si 100 fr. valent
886 fr. 29 c., combien vaudront 230 fr., et je trouve
pour résultat 2038 fr. 46 c.; d'où il résulte qu'un
capital de 4600 fr. laissé en usufruit pendant douze
années vaut *actu* pour l'usufruitier 2038 fr. 46 c.

De même l'usufruit d'un domaine de produit annuel de 2564 fr. vaut *actu* 31,951 fr. 54 c., l'usufruit
étant supposé durer vingt années.

419. — La valeur de l'usufruit étant ainsi connue,
et pouvant l'être pour toutes les sommes quelconques,
supposons que la donation en usufruit doive éprouver
une réduction : les quantités étant homogènes, rien
ne sera plus simple que de l'opérer, et de déterminer
la réduction de l'usufruit.

Pierre, par exemple, n'a, eu égard à sa fortune,
que 4000 fr. de disponibles : par un premier acte il a
donné 2500 fr.; il fait ensuite une seconde donation
à Joseph, et lui donne l'usufruit d'un immeuble de

produit annuel de 150 fr. ; au moment du décès de Pierre, Joseph se trouve avoir trente-cinq ans : il s'agit de voir si par cette seconde donation Pierre a disposé au delà de la quotité disponible ; il faut déterminer, en un mot, si cette donation est réductible, et fixer le montant de la réduction.

Nous voyons, d'abord, que Pierre ayant, par un premier acte, donné 2500 fr., ne pouvait plus disposer que de 1500 fr. lorsqu'il a fait la susdite donation en usufruit ; voyons donc quelle est la valeur de cet usufruit, et s'il excède ou non les 1500 fr.

Joseph, usufruitier, étant âgé de trente-cinq ans, nous voyons que sa probabilité de vie est de vingt années ; son usufruit est donc censé durer vingt ans : or, d'après la table ci-dessus, 100 fr. d'usufruit pendant vingt ans valent *actu* 1246 fr. 16 c. ; j'établis donc la proportion suivante : si 100 fr. valent 1246 fr. 16 c., combien vaudront 150 fr., et je trouve que l'usufruit de Joseph vaut *actu* 1869 fr. 24 c., ce qui surpasse 1500 fr. de 369 fr. 24 c. ; ainsi, Joseph devra compter 369 fr. 24 c. s'il veut conserver l'usufruit de l'entier immeuble.

Si Joseph ne veut pas payer cette somme, alors je cherche à quoi son usufruit doit se réduire, et je le trouve, en observant que 1869 fr. 24 c. produisant 150 fr. d'usufruit, 1500 fr., quotité encore disponible, doivent produire 120 fr. 37 c. ; ainsi, Joseph ne doit avoir annuellement que 120 fr. 37 c., et l'immeuble donné doit être réduit de manière à ne produire que ce revenu ; en d'autres termes, l'immeuble produisant 150 fr. étant de valeur de 3000 fr., il faudra retrancher de cet immeuble jusques et à concurrence de 592 fr. 60 c. ; ce qui réduira la portion de l'usufruitier à la somme capitale de 2407 fr. 40 c. ; et cette somme, en effet, lui donnera annuellement 120 fr. 37 c.

Nous aurions pu trouver tout de suite le revenu annuel

annuel de l'usufruitier, en établissant la proportion suivante : si 1246 fr. 16 c. produisent 100 fr., 1500 fr., quotité encore disponible, produiront 120 fr. 37 c.; ainsi, l'usufruitier devra avoir 120 fr. 37 c. de revenu ; et en multipliant cette somme par 20, nous aurons la valeur capitale de l'immeuble qui doit lui être laissé pour en jouir pendant sa vie.

Donnons un autre exemple. Jean n'a que 600 fr. de disponible ; il a donné un immeuble à Pierre, pour en jouir à titre d'usufruit : l'immeuble vaut en capital 3600 fr. ; Pierre est âgé de soixante ans : que devra-t-il avoir en usufruit ?

Ici le revenu annuel de l'immeuble est de 180 fr.

La probabilité de vie de Pierre est de cinq années : or, 100 fr. de revenu annuel pendant cinq ans valent, d'après la table, 432 fr. 93 c ; il faut donc établir la proportion suivant :

100 fr. : 432 fr. 93 c. :: 180 fr. : x, égalant 779 fr. 27 c. : l'usufruit donné à Pierre vaut donc 779 fr. 27 c. ; et comme le donateur n'avait que 600 fr. de disponible, Pierre, pour garder l'immeuble, sera obligé de donner 179 fr. 27 c. : si Pierre ne veut rien donner, nous trouverons le montant du revenu annuel qu'il peut conserver par la porportion suivante : si 432 fr. 93 c. produisent 100 fr. à l'usufruitier, 600 fr. lui produiront 138 fr. 59 c., correspondant à un capital de 2771 fr. 80 c. ; ainsi, Pierre, usufruitier, ne devra jouir de l'immeuble que jusques et à concurrence de cette somme.

En rappelant la formule $20\,a - 21\,a \left(\frac{20}{21}\right)^{n+1}$, qui exprime la valeur de l'usufruit pendant n années d'un bien produisant a de revenu, et en considérant que vingt fois le revenu font le capital, nous voyons que l'usufruit ne vaut jamais le capital, quel que soit sa durée ; car pour avoir la valeur de cet usufruit, il faut distraire du capital $20\,a$ la valeur de $21\,a \left(\frac{20}{21}\right)^{n+1}$, qui est toujours quelque chose, quelle que soit, d'ailleurs, la valeur de n.

En nous servant de cette formule, nous trouverons que l'usufruit pendant cent ans d'un bien produisant 100 fr. tous les ans vaut *actu* 1984 fr. 79 c.

Il faut donc se servir de la dernière table, calculée d'après l'intérêt redoublé ; nous n'avons présenté la première que pour qu'on pût en comparer la différence, car la première, calculée d'après l'intérêt simple, ne présente pas la véritable valeur de l'usufruit : en effet, d'après la méthode qui a servi à la formation de cette table, l'on voit que l'usufruit d'un immeuble pendant trente-six ans vaut plus que le capital, ce qui est absurde ; il faut donc se servir de la seconde table.

420. — Mais, nous dira-t-on, à quoi bon cette table ? La loi du 22 frimaire, relative à l'enregistrement, la loi du 17 nivôse, fixent indistinctement la valeur de l'usufruit à la moitié de la propriété, n'importe l'âge de l'usufruitier ?

J'en conviens ; mais la loi du 22 frimaire n'est relative qu'à l'enregistrement, celle du 17 nivôse a perdu son autorité législative ; et, d'ailleurs, il ne faut pas une grande attention, pour voir que la fixation de l'usufruit donnée par ces lois n'a que l'avantage de la commodité ; mais qu'elle est souverainement injuste, et que si elle était proposée pour la première fois, elle révolterait tous les esprits : peut-on, en effet, estimer autant l'usufruit légué à un vieillard que celui légué à un jeune homme de dix-huit ans ? Le premier est nécessairement sur le bord du tombeau ; le second ne fait que de naître, et la nature semble lui destiner de longs jours : il faut donc rejeter cette fixation, parce qu'elle est injuste, sur-tout quand il s'agit de déterminer la quotité disponible.

Une autre loi de la révolution, relative aux émigrés, avait fixé la valeur de l'usufruit d'une manière plus juste, à la moitié, au tiers, au quart de la propriété, selon l'âge de l'usufruitier; mais cette loi de circonstance, et simplement relative aux émigrés, n'a pu avoir qu'une existence passagère, et elle est tombée avec les effets de l'émigration. *Harmenopul* estimait l'usufruit le tiers de la propriété : cette estimation est encore consacrée par l'ordonnance de 1441 ; mais cette ordonnance ne peut être notre règle.

Pour fixer la valeur de l'usufruit, il a donc fallu recourir aux lois romaines, lois éternelles, parce qu'elles sont basées sur la justice, qui est toujours la même, et qui ne peut périr. J'ai cru saisir l'esprit de ces lois ; et, à l'aide de quelques notions de calcul élémentaire, j'ai formé la susdite table.

Je dois remarquer ici, que cette table est basée sur le taux de l'intérêt fixé à cinq pour cent ; et que si ce taux venait à varier, il faudrait également calculer de nouveau la valeur de l'usufruit d'après le rapport de l'intérêt avec le capital ; il est, d'ailleurs, bien aisé de représenter une formule générale pour tous les cas.

Quelle que soit, d'ailleurs, la jurisprudence, notre table servira toujours pour calculer la valeur d'un usufruit ou d'alimens laissés pendant un certain nombre d'années : la justice et la vérité sont inséparables, l'une et l'autre doivent être l'objet de nos recherches ; mais certainement les esprits justes seront toujours révoltés d'une estimation d'usufruit faite sans avoir égard à l'âge de l'usufruitier ; une pareille estimation est injuste, absurde et contraire à la loi 8, § 10, ff *de transact.* : cette loi, s'occupant de la transaction sur un legs d'alimens, observe qu'on transige différemment à l'égard d'un enfant ou d'un vieillard légataires; *nam aliàs cum juvene, aliàs cum sene transigi palàm est.*

421. — L'art. 917 du code est ainsi conçu : « si la » disposition par acte entre-vifs, ou par testament, » est d'un usufruit ou d'une rente viagère *dont la*

» *valeur excède la quotité disponible*, les héritiers au
» profit desquels la loi fait une réserve auront l'option,
» ou d'exécuter cette disposition, ou de faire l'abandon
» de la quotité disponible ».

Sur cet article l'on s'est demandé si les héritiers
peuvent opter d'après leur caprice, ou selon qu'ils le
trouveront convenable ; ou bien si le droit d'option
n'existe pour eux que du moment qu'il est prouvé
que les donations en usufruit excèdent la quotité
disponible.

M. le tribun *Jaubert* dit textuellement, et d'une
manière bien expresse, que l'option n'existe que d'après
le rapport préalable des experts.

Le texte de la loi semble prêter à cette interprétation.

Cependant il me semble que cette interprétation
doit être rejetée : en effet, qui est ici favorable ? l'héritier avec réserve ; quel préjudice souffrent les donataires ? aucun, puisque la quotité disponible leur est
abandonnée : ne serait-il pas ridicule de les voir s'opposer à cet abandon, sous le prétexte que la réserve n'est
pas entamée ; et dire, en conséquence, aux héritiers :
nous ne voulons pas cet abandon, parce que cet abandon nous porte préjudice ? L'héritier avec réserve leur
répondrait : je suis seul juge du préjudice, et, d'ailleurs,
si je veux en éprouver, de quel droit et pourquoi vous y
opposez-vous, puisque le préjudice tourne à votre
avantage !! d'ailleurs, pourquoi des experts ! à quoi
bon ces frais !! M. *Grenier* professe la même doctrine.

422. — Mais du susdit art. 917 il résulte, que
l'usufruitier peut dire aux héritiers avec réserve : ou
respectez mon usufruit, ou abandonnez-moi la propriété de la quotité disponible ; vous devez opter.

L'usufruitier a incontestablement ce droit.

Mais ce droit compète-t-il à la femme usufruitière ?
Par exemple, Jean, qui a des enfans, donne à
Antoinette, son épouse, l'usufruit d'un immeuble ;

Antoinette pourra-t-elle dire à ses enfans : ou respectez
mon usufruit, ou abandonnez-moi un quart en propriété et un autre quart en usufruit ?

Je ne crois pas qu'Antoinette puisse tenir ce langage.

L'art. 1094 fixe la quotité disponible entre époux
de la manière suivante :

« Et pour le cas où l'époux donateur laisserait des
» enfans ou descendans, il pourra donner à l'autre
» époux, ou un quart en propriété, et un autre quart
» en usufruit, ou la moitié de tous ses biens en usu-
» fruit seulement ».

Il me semble qu'il résulte de cet article, que lorsque
le don est en usufruit, il doit être réduit à la moitié
des biens, sans cela la fin dudit article serait plus
qu'inutile ; car, après avoir dit qu'on peut donner à
l'épouse un quart en propriété et un autre quart en
usufruit, il est superflu d'ajouter, qu'on peut lui donner aussi un quart en usufruit et un autre quart en
usufruit : cependant le susdit article nous le dit d'une
manière expresse ; ce qui prouve que dans l'intention
du législateur, la femme ne doit rien avoir en propriété, que dans le cas où le don lui aurait été expressément fait à ce titre, et que tout don en usufruit doit
être réduit à l'usufruit de la moitié des biens.

Les enfans pourraient dire à leur mère : notre père
avait une double quotité disponible à votre égard ; il
pouvait vous donner un quart en propriété, ou un quart
en usufruit, ou la moitié de ses biens en usufruit ; il ne
vous a donné qu'en usufruit, vous ne pouvez donc
avoir à ce titre que la moitié de ses biens : c'est seulement de cette seconde quotité disponible qu'il a entendu user envers vous ; son don doit donc être réduit à
cette seconde quotité disponible.

423. — Supposons que Jean ait donné à Antoinette,
son épouse, un bien en propriété et un autre bien en
usufruit ; supposons que le bien en propriété n'égale

pas le quart des biens , mais que le bien donné en usufruit excède le quart.

Dans cette hypothèse, Antoinette pourra-t-elle dire à ses enfans : ou respectez mon usufruit, ou abandonnez-moi le quart en propriété, et un autre quart en usufruit ?

Je pense que, dans cette hypothèse, les enfans sont tenus d'opter ; car la volonté de leur père est indivisible, ils ne peuvent pas la scinder ; il faut donc qu'ils l'exécutent en entier, ou qu'ils abandonnent la plus grande quotité disponible.

424. — L'art. 918 du code soumet à la réduction les ventes faites, soit à fonds perdu, soit à charge de rente viagère, soit avec réserve d'usufruit, à l'un des successibles en ligne directe.

Ainsi, aux yeux du législateur toute vente faite à un successible en ligne directe est une véritable donation, quand cette vente est faite, soit à charge de rente viagère, soit à fonds perdu, ou avec réserve d'usufruit : quand l'une de ces trois circonstances se rencontre, la vente est une véritable libéralité.

Cependant cette vente n'est pas absolument soumise à toutes les règles relatives aux donations proprement dites. Ecoutons M. le tribun *Jaubert*, pag. 314 :

» Il était digne aussi du législateur de prononcer » sur le sort des aliénations faites à l'un des successi-» bles en ligne directe, à charge de rente viagère, ou à » fonds perdu, ou avec réserve d'usufruit ».

« Annuller les aliénations, ce serait gêner la liberté » naturelle » ;

» Maintenir indistinctement toutes les clauses de » ces actes, ce serait compromettre, ruiner même les » autres successibles, à l'aide d'un acte qui, au fond, » ne serait le plus souvent qu'une véritable donation ».

« On distinguera deux choses : la *transmission* de la » propriété, et la *valeur* de cette propriété ».

» Rien ne peut empêcher que la propriété ne reste
» à celui qui l'a acquise » ;

« Mais la valeur de la propriété sera imputée sur
» la quotité disponible, sans égard aux prestations
» servies ; et l'excédant de la *valeur*, s'il y en a, sera
» rapporté à la masse ».

« Ce parti mitoyen concilie tous les intérêts ».

Cette interprétation de la loi est claire et précise,
elle est sur-tout conforme au texte du susdit art. 918
et à la construction grammaticale.

Il en résulte, que l'acquéreur ne peut jamais être
dépouillé de la propriété des biens par lui acquis :
sous le rapport de la propriété, la vente produit tout
son effet ; ainsi, quand même les autres successibles
en ligne directe ne trouveraient aucun immeuble dans
la succession, l'acquéreur n'éprouvera aucun retranchement sur les biens par lui acquis ; il en sera quitte
en rapportant fictivement la valeur de ces biens, et en
remplissant les autres successibles de leur réserve, calculée d'après ladite valeur.

Par là l'on fait produire à la vente tout son effet
quant à la transmission de la propriété, et l'on satisfait
à l'équité, en faisant entrer la valeur des biens vendus
dans la fixation de la réserve ; par ce moyen, aucun
préjudice matériel n'est causé aux enfans : l'acquéreur
conserve le bien ; mais il est obligé, comme donataire,
d'en imputer la valeur sur la quotité disponible.

Par exemple : Pierre a trois enfans ; il vend à son
aîné un immeuble, dont il réserve l'usufruit, pour les
prix et somme de 7000 fr. : il meurt, et les biens qu'il
laisse ne valent que 4000 fr., et ces biens ne consis-
tent qu'en meubles.

Dans cette hypothèse, la masse héréditaire se compose de 4000 fr., valeur des biens trouvés au décès,
et de la valeur des biens donnés : supposons que ces
biens vaillent 8000 fr. (car il ne faut pas considérer le
prix stipulé dans la vente), la masse héréditaire sera de

12,000 fr. : chaque enfant devra avoir le quart pour sa réserve, les deux enfans puînés devront avoir 6000 fr. à partager entr'eux ; mais comme ils ne trouvent que 4000 fr. dans la succession, l'aîné, acquéreur, sera obligé de leur donner 2000 fr.

L'aîné ne peut s'y refuser, en observant que, d'après l'acte, il a compté 7000 fr. à son père : cette quittance des 7000 fr. n'est d'aucune considération, parce que la loi la répute feinte et simulée.

425. — Supposons à présent que Pierre, père de deux enfans, ait vendu à l'aîné un certain bien, à charge de rente viagère ; que Pierre soit mort sans autre disposition, laissant des biens considérables ; supposons, enfin, que la valeur des biens vendus n'excède pas la quotité disponible : dans cette hypothèse, l'aîné, acquéreur, pourra-t-il venir au partage de la succession, sans rapporter la valeur des biens vendus ?

Cette question, comme l'on voit, se réduit à savoir si la vente à fonds perdu, ou avec réserve d'usufruit, doit être considérée comme un préciput, et en produire les effets ?

Sans traiter directement cette question, l'on peut dire, que lorsque les successibles au préjudice desquels la vente est faite trouvent dans la succession de quoi se remplir de leur réserve, calculée d'après la valeur de tous les biens, y compris même celle des biens vendus, ils sont sans droit et sans qualité pour examiner si la vente est ou n'est pas sincère : en vain observeraient-ils, qu'une telle vente est une donation ; on leur répondra, que la loi ne considère la vente comme une donation, que pour empêcher toute atteinte qui pourrait être portée au droit de réserve ; ainsi, quand la réserve demeure intacte, il n'y a plus lieu à la présomption de la loi ; en effet, où le motif de la loi cesse, ces effets doivent cesser.

Ce n'est pas tout ; en traitant directement la question,

l'on peut observer qu'elle est résolue par le texte précis du susdit art. 918; il porte :

« Que la valeur en pleine propriété des biens aliénés, » à charge de rente viagère...... à l'un des successibles » en ligne directe, sera imputée sur la quotité dispo- » nible, et l'excédant, s'il y en a, sera *rapporté* à » la masse ».

Nous voyons que la loi distingue l'imputation du rapport.

Jusques et à concurrence de la quotité disponible il y a lieu à imputation.

Mais s'il y a de l'excédant, il doit être *rapporté*; donc, puisqu'il n'y a que l'excédant de rapportable par le successible, le reste ne l'est pas; et puisque la loi parle d'un rapport à faire par l'acquéreur successi- ble, elle annonce que cet acquéreur a droit de venir à la succession, car le rapport n'a lieu que lorsque l'on veut succéder.

La loi ne dit point que l'excédant sera *retranché*, mais *rapporté*; expression bien différente, et qui prouve que la loi regarde l'acquéreur comme ayant droit à la succession; en effet, jusques et à concurrence de la quotité disponible, l'acquéreur n'est considéré que comme tel; et, par rapport à l'excédant, il est considéré comme donataire, et comme donataire suc- cessible, puisqu'il est soumis au rapport.

Ce n'est pas tout, l'art. 849 dispense du rapport le don fait à l'époux du conjoint successible; d'où l'on peut induire qu'une donation indirecte, et faite à une personne réputée interposée, est un préciput.

D'ailleurs, la loi 18, cod. *fam. ercisc.*, nous dit, que ce que le père achète au nom de sa fille doit être prélevé par elle sur sa succession.

Enfin, si l'effet du préciput est fondé sur la volonté de l'homme, dans l'espèce, nul doute sur la volonté du père; car il a voulu si fort que son fils fût propriétaire absolu et irrévocable de la chose, qu'il la lui a transmise à titre de vente.

Je pense néanmoins que le fils, acquéreur, ne peut venir au partage qu'en rapportant : cela résulte textuellement des art. 843 et 853 du code, qui déclarent expressément, que toute donation indirecte ou déguisée est rapportable ; le texte de l'art. 918 peut présenter au plus une incorrection, mais non une abrogation des dispositions antérieures.

Quant à l'art. 849, qui dispense du rapport le don fait au conjoint de l'époux successible, il n'est pas seulement fondé sur la supposition d'une donation déguisée, mais plutôt sur la présomption de non déguisement, l'époux successible pouvant recevoir lui-même.

Il faut donc décider, que toute vente avec réserve d'usufruit est, quant à la propriété, une véritable vente, et en produit tous les effets ; et, par rapport à la valeur des biens vendus, elle n'est qu'une donation pure et simple, et n'en produit que les effets.

Ainsi, et dans tous les cas, cette valeur entre dans la masse héréditaire, pour déterminer la quotité de la réserve ; et, par rapport à cette valeur, l'acquéreur est soumis à toutes les obligations d'un donataire pur et simple, et sans préciput.

Telles étaient mes idées ; mais, depuis, la cour de cassation a décidé qu'une vente aux termes de l'art. 918 était une donation déguisée, et censée faite par préciput, et devant produire tous les effets d'une donation avec dispense de rapport. Vid. *Sirey*, an 1817, pag. 383.

426. — Le susdit art. 918 nous apprend, que les successibles qui auraient consenti à la vente faite à l'un d'eux ne pourraient demander, ni l'imputation, ni le rapport de la valeur des biens vendus.

Cette disposition du législateur est digne de remarque ; elle est basée sur cette considération, que la présomption de simulation doit disparaître quand la nécessité et la sincérité de la vente sont expressément reconnues par les parties intéressées.

Ainsi, toute vente faite à un successible, soit à charge de rente viagère, soit à fonds perdu, soit avec réserve d'usufruit, soit purement et simplement, ne peut être querellée par celui ou ceux des autres successibles qui l'auront approuvée : c'est ce qui résulte du texte de la loi.

Nous devons observer que le consentement donné par les successibles à la vente faite par leur père présente dans son résultat tous les effets d'une renonciation partielle à sa succession; et de là nous devons tirer cette conséquence, que de pareils pactes entre le père et les enfans ne sont pas absolument favorables, et que le consentement des enfans doit être exprès, pour qu'il en résulte contr'eux une fin de non-recevoir : j'aurais de la peine à considérer comme un consentement, dans le sens de la loi, la présence à l'acte et la signature du successible : l'art. 26 de la loi du 17 nivôse exigeait non-seulement l'intervention dans l'acte, mais encore le consentement.

Enfin, sur ce consentement, nous devons rappeler l'opinion de *Dumoulin* : selon ce grand jurisconsulte, ce consentement ne doit pas être présumé libre; il est visiblement extorqué par la crainte que l'enfant peut avoir de voir son père se porter à des moyens extrêmes par rapport à sa fortune, s'il ne consentait pas à la vente. Vid. M. *Merlin*, dans ses questions de droit, *verbo* avantages, pag. 574; l'instruction facile sur les conventions, pag. 92, et notamment la loi 35, § 1, cod. *de inofficioso testam.*, où nous trouvons rappelées ces belles paroles de *Papinien* : « que les pères doivent s'attacher leurs enfans par des bienfaits, et non par des pactes : *meritis magis filios ad paterna obsequia provocandos, quam pactionibus adstringendos* ».

427. — Par cette dernière observation nous n'entendons pas dire, que le consentement donné par

l'enfant à la vente faite par son père ne soit efficace ;
car la loi reconnaît d'une manière textuelle l'efficacité de ce consentement ; nous voulons seulement
dire, que ce consentement donné par l'enfant pourrait
être attaqué par lui, comme l'effet de la crainte et de
la surprise, et que, pour renverser ce consentement, il
ne faudrait pas d'aussi pressantes et d'aussi nombreuses
présomptions que s'il s'agissait d'un autre acte.

On sent néanmoins qu'un consentement que la loi
répute valide ne peut être anéanti sans un préjudice
considérable pour l'enfant qui l'a donné, et sans de
fortes présomptions, ou de crainte, ou de surprise.

428. — L'art. 918 fait naître une autre question :
supposons qu'un père de plusieurs enfans vende à
l'un d'eux un domaine, et qu'il s'en réserve l'usufruit,
soit de la demi, soit du tiers, soit du quart, et que le
prix de la vente soit payé comptant.

Cette vente sera-t-elle considérée pour le tout comme
une donation ? ou bien faut-il scinder cette vente,
voir dans l'acte deux ventes, l'une pure et simple de
la moitié ou du tiers du domaine, et l'autre avec
réserve d'usufruit de l'autre moitié ou des deux tiers,
et raisonner en conséquence ? de manière que la seconde vente avec réserve d'usufruit doive être considérée seule comme une donation ?

Cette distinction entre la vente pure et simple, et
la vente avec réserve d'usufruit, me paraît être dans
les principes, et conforme au texte du susdit art. 918 :
ainsi, si le père vendeur a réservé l'usufruit de la
moitié des biens vendus, la valeur de cette moitié
sera seule imputable et rapportable ; s'il a réservé le
tiers, la valeur du tiers sera seule sujette à rapport et
imputation, et ainsi de suite ; de manière que l'imputation et le rapport n'auront lieu que pour la portion
dont l'usufruit se trouve réservé.

Sans ce parti mitoyen, l'on tomberait dans l'un de
ces deux inconvéniens, ou de valider la vente en entier,

ou de l'annuller en entier ; ce qui n'est, ni conséquent, ni juste.

Ces mêmes principes pourraient s'appliquer au cas bien rare où un père aurait vendu à son fils purement certains biens, et certains autres à charge de rente viagère ou à fonds perdu : la valeur de ces derniers serait seule imputable et rapportable ;

Le tout sans préjudice de la faculté de prouver par présomptions et par témoins, que le surplus de la vente non grevée, ni d'usufruit, ni de rente viagère, est une véritable donation feinte et simulée.

429. — Supposons qu'un père ait vendu à l'un de ses enfans un domaine, avec réserve d'usufruit, pour les prix et somme de 12,000 fr., payables à terme, et que le père décède sans avoir donné quittance de cette somme, ou de partie de cette somme ;

Les autres enfans pourront-ils exiger le payement de cette somme, et l'imputation et rapport de la valeur des biens vendus ?

Non, ces deux prétentions des enfans seraient contradictoires : demander le prix, ce serait reconnaître la vente et son existence, ce serait la valider comme telle ; réclamer ensuite la valeur, ce serait vouloir considérer comme donation ce qu'on aurait déjà signalé comme vente.

Les enfans doivent nécessairement opter, ou de réclamer le prix, ou d'exiger l'imputation et le rapport de la valeur des biens vendus.

§ IV. *De l'effet de la réduction des donations excessives.*

430. — La réduction étant une condition inhérente à la donation, pour le cas où les enfans ne seraient pas remplis de leur réserve, et toute condition ayant un effet rétroactif, il en résulte que les biens retranchés rentrent fictivement dans la succession du dona-

teur francs et quittes des dettes et hypothèques créées par le donataire (art. 929 du code).

S'il en était autrement, si les hypothèques créées par le donataire subsistaient sur les biens retranchés, celui-ci resterait le maître de rendre la réserve vaine et illusoire par l'affectation des hypothèques.

D'ailleurs, le donataire n'a sur les biens donnés qu'un droit jusqu'à un certain point résoluble; il ne peut donc consentir à ses créanciers qu'une hypothèque soumise aux mêmes conditions (art. 2125).

431. — Par la même raison, si le donataire a aliéné les biens donnés, et que le tiers-détenteur ait grevé ces biens d'hypothèques, ces hypothèques seront anéanties par rapport aux biens retranchés; car le tiers-détenteur n'ayant reçu du donataire qu'un droit résoluble, n'a pu, comme lui, consentir qu'une hypothèque également résoluble.

Ainsi, par l'effet du retranchement, les immeubles rentrent fictivement dans la succession francs et quittes de toutes dettes ou hypothèques créées par le donataire, ses héritiers ou ayans-cause.

432. — Quant aux dettes et hypothèques créées par le donateur, ou existantes avant la donation, l'on sent qu'elles continuent toujours d'exister, et que le retranchement n'y change rien; car les enfans n'ont droit aux biens de leur père que tels qu'ils étaient lors du don.

433. — Le créancier à qui le donataire aura affecté et hypothéqué les biens donnés pourra-t-il s'opposer au retranchement, et dire à ceux qui le demandent : discutez le donataire avant d'agir en retranchement, car l'hypothèque est une aliénation; je suis donc, sous ce rapport, tiers-détenteur; j'ai un droit réel sur l'immeuble, et vous ne pouvez l'anéantir que lorsque le résultat de la discussion ne vous aura pas rempli de la réserve ?

Le créancier ne peut tenir ce langage : le bénéfice

de discussion est un avantage accordé au tiers-détenteur, à celui qui a acquis à titre onéreux ; le créancier hypothécaire n'a pas reçu de la loi cet avantage, car la loi prononce textuellement la résolution de son hypothèque en tant qu'elle porte sur la portion retranchée.

Le créancier hypothécaire n'est pas investi d'un droit aussi grand, aussi entier que l'acquéreur, et n'est pas digne d'une faveur aussi grande.

D'ailleurs, il aurait fallu distinguer les hypothèques spéciales, et frappant spécialement et exclusivement sur les biens donnés, des hypothèques légales ou judiciaires, qui frappent l'universalité des biens ; le législateur n'a pas voulu faire de distinction, et il a ordonné purement et simplement que les biens retranchés seraient libres de toutes dettes et hypothèques provenant du chef du donataire.

434. — Le retranchement étant opéré, il faut considérer le donataire qui souffre le retranchement, et ceux qui en profitent, comme des copartageans; et dire, qu'ils doivent se garantir réciproquement entr'eux la portion gardée et reçue.

Ainsi, si un de ceux qui ont demandé le retranchement se trouve évincé de la portion qu'il a eue sur les biens retranchés, les autres cosuccessibles et le donataire doivent l'indemniser au marc le franc.

Pour régler cette indemnité ou garantie proportionnelle, il faut composer de nouveau la masse héréditaire, dans laquelle il ne faudra pas comprendre les biens évincés.

Cette masse étant composée, on calcule de nouveau la portion qui doit revenir, tant au donataire, qu'aux autres successibles ; l'on compare cette portion avec celle qu'ils avaient avant l'éviction, et la différence de ces deux quantités sera précisément ce que chacun devra donner à l'évincé.

Par exemple : Antoine a trois enfans , Pierre, Jean et Joseph ;

Il donne à Pierre un immeuble valant 36 ;

Il meurt, et ne laisse en argent ou meubles que 12 :

Ses enfans procèdent aux partage et fixation de leurs droits ; la masse étant 48 , Pierre, donataire, ne peut garder du bien que jusques et à concurrence de 24 :

Il éprouve un retranchement de 12 ; cette portion retranchée se partage entre Jean et Joseph, et ils ont chacun 6 en biens, et 6 en meubles; en tout 12.

Dans cet état de choses Jean est évincé de sa portion d'immeubles valant 6 ; dans quelle proportion Pierre et Joseph devront-ils l'indemniser ?

Par l'effet de l'éviction de 6 , la masse héréditaire ne vaut plus que 42 ;

Ainsi , Pierre n'aura plus que 21 ;

Les deux autres enfans n'auront plus que 10 fr. 50 c. chacun.

En comparant ces quantités, nous voyons que Pierre, qui avait 24 , n'a que 21 ; il éprouve donc une diminution de 3 ;

Joseph, qui avait 12 , n'a que 10 fr. 50 c. , éprouve une réduction de 1 fr. 50 c. ;

Ainsi , Pierre donnera 3 à l'évincé, et Jean lui donnera 1 fr. 50 c. ; ce qui fait en tout 4 fr. 50 c. , qui, joints aux 6 qu'il amende dans la succession , font bien 10 fr. 50 c.

Ces principes et cette manière de procéder s'appliqueraient également au cas d'une donation non retranchée , si dans la suite l'un des cohéritiers se trouvait évincé de tout ou partie de son lot; car il faudra voir alors si, d'après la nouvelle masse héréditaire, il faut ou non réduire la donation.

435. — Supposons , dans l'exemple ci-dessus, que dans la donation faite à Pierre, étant réduite à 24 ,

Pierre

Pierre se trouve ensuite évincé de la moitié du bien qui lui a été laissé, en sorte qu'il ne lui reste que 12, comme aux autres enfans :

Dans cette hypothèse pourra-t-il agir en indemnité et garantie contre ses frères ? non, car Pierre, en s'en tenant à sa donation, n'a pour lui qu'un titre qui ne porte pas garantie de sa nature ; ainsi, tant qu'il lui reste sur les biens donnés de quoi le remplir de sa réserve, il ne peut agir en indemnité ; d'ailleurs, ne se trouvant évincé que de ce qui était pour lui un avantage, il n'y a pas lieu à garantie.

Ces principes s'appliqueraient également à une donation d'un immeuble faite expressément par préciput.

Le donataire évincé de cet immeuble ne saurait agir en garantie, à moins qu'il ne fût préjudicié dans sa réserve ; car il est de principe, que la garantie n'a pas lieu dans les libéralités par préciput, aux termes de la loi 77, § 8, ff *de leg.* 2. Vid. *Furgole*, des testamens, chap. 8, sect. 1.re, n.º 167 ; *Montvallon*, traité des successions, chap. 3, art. 44.

436. — Supposons qu'un père donne et constitue en dot à sa fille un immeuble par préciput et avantage ; et qu'après la mort du père et le règlement fait entre les enfans, la fille soit évincée de son immeuble ; pourra-t-elle agir en garantie ?

Le doute vient de ce qu'aux termes de l'art. 1547, le père qui constitue une dot est tenu à la garantie des objets constitués.

Telle étant l'obligation du père, il semble en résulter que cette obligation passe à ses héritiers, et ne s'éteint pas à sa mort.

Cependant, si nous faisons attention que l'éviction d'une chose donnée en préciput ne donne lieu à aucune indemnité ;

Que ces principes s'appliquent aux donations faites

Tom. Ier   23

par contrat de mariage, tout comme aux autres donations ,

Nous serons déterminés à croire, que la fille évincée
de son préciput ne peut agir en garantie contre ses
frères ; la qualité de dotal donnée au préciput ne
peut en changer la nature : mais, nous dira-t-on, que
deviennent les dispositions du susdit art. 1547, qui
veut que ceux qui constituent une dot soient tenus
à la garantie des objets constitués ?

Je réponds, que les charges du mariage étant
quelque chose de réel, et la dot étant constituée à
l'effet d'aider le mari à supporter ces charges, il
serait ridicule qu'on lui donnât à cet effet un bien
illusoire ; il est donc juste que le mari évincé de la
dot puisse agir en garantie contre le constituant.

Mais cela n'est relatif qu'à la constitution de dot
proprement dite, et considérée purement comme donation avec charge.

Mais lorsque la clause de préciput s'y trouve jointe,
je vois alors deux choses dans la constitution de dot :
1.º une donation avec charge ; 2.º un préciput.

Par rapport à la donation avec charge, le père est
tenu à la garantie ; mais cette obligation de garantie
cesse à sa mort, parce que sa fille trouve dans sa réserve une juste indemnité, ou du moins toute l'indemnité qu'elle peut avoir.

Et par rapport au préciput portant sur l'objet
évincé, il doit disparaître avec lui ; car, il ne faut
pas le perdre de vue, l'éviction d'un préciput ne
donne pas lieu à garantie.

Faisons-nous des idées justes : non-seulement la
fille évincée de son préciput ne peut agir en garantie
contre ses frères, comme le ferait un acquéreur ; mais
elle ne peut, à raison de cette éviction, demander aucun
avantage sur le restant des biens ; en un mot, elle ne
peut se plaindre que lorsque, par l'effet de l'éviction,
elle ne se trouve pas remplie de sa réserve.

437. — Quant à la restitution des fruits de la portion retranchée, l'art. 928 s'est expliqué là-dessus d'une manière claire.

Si la demande est formée dans l'année du décès du donateur, le donataire devra les fruits à compter du décès;

Si la demande est formée après l'an du décès, les fruits ne seront dus par lui qu'à compter de la demande.

En effet, le possesseur de bonne foi fait les fruits siens; le donataire qui ne se voit pas attaqué en réduction a juste raison de croire que les héritiers ont trouvé de quoi se remplir de leur réserve; et, dans cette croyance, il doit pouvoir consommer les fruits avec sécurité, et sans crainte de restitution.

Mais du moment de la mort, il est averti qu'un retranchement peut avoir lieu; et alors il ne doit percevoir les fruits qu'avec l'idée d'une restitution éventuelle : ainsi, il devra cette restitution à compter du décès, si la demande est formée dans l'année;

Si, au contraire, les héritiers gardent le silence pendant l'an du décès, alors le donataire a de justes raisons pour se croire propriétaire de l'objet donné.

438. — Ces règles s'appliquent-elles au tiers-détenteur des biens donnés? non, le tiers-détenteur n'est pas obligé à la restitution des fruits quelle que soit l'époque de la demande.

Ainsi, si la demande a lieu dans l'année, le donataire sera seul tenu de la restitution des fruits, et nullement le tiers-détenteur, lors même que le donataire se trouverait insolvable; d'où il résulte, que lorsque le donataire a vendu les biens donnés, il demeure toujours personnellement responsable de la restitution des fruits perçus depuis le décès jusqu'à la demande, si cette demande a lieu dans l'année;

Si la demande n'a lieu qu'après l'an du décès, le

donataire qui a vendu n'est tenu d'aucune restitution de fruits ; le tiers-détenteur les devra, mais du jour seulement de la demande.

439. — Je pense que les dispositions de l'art. 928 du code civil ne s'appliquent pas au cas où le donataire qui éprouve la réduction vient lui-même au partage de la succession du donateur ; car s'il vient au partage, il doit, dans tous les cas, la restitution des fruits depuis le décès, puisque les autres cohéritiers lui doivent également rendre compte des fruits par eux perçus ; ainsi, le susdit art. 928 ne trouve son application qu'à l'égard du donataire qui renonce à la succession du donateur, ou à l'égard du donataire étranger, qui n'a aucun droit à cette succession.

LIVRE II.

TITRE I.er

Des différentes espèces de donations.

440. — Nous avons traité,
De la volonté du donateur,
Des clauses qui vicient cette volonté,
De la capacité du donateur et du donataire,
De la quotité disponible;
Nous allons nous occuper à présent des différentes espèces de donations, ou des actes qui en ont le caractère.
Nous parlerons,
1.º Des donations manuelles;
2.º Des remises des dettes;
3.º Des donations déguisées.
Nous reviendrons ensuite aux donations proprement dites.

CHAPITRE I.er

Des donations manuelles.

441. — La première question qui se présente se réduit au fait de savoir si les donations manuelles sont valables sous l'empire du nouveau code.

Le doute sur cette question vient de ce qu'aux termes de l'art. 948 toute donation de meubles est nulle, s'il n'en a été fait un état estimatif, et du motif qui a déterminé les dispositions de cet article, savoir, la nécessité de fixer la valeur des meubles donnés, pour qu'aucun préjudice ne soit fait à la réserve.

Je pense néanmoins que les donations manuelles ne sont pas proscrites par le nouveau code.

La nécessité de l'état estimatif ne compète qu'aux donations par acte public.

Le préjudice qui peut résulter des donations manuelles par rapport à la réserve, ne présente pas autant d'inconvéniens que la proscription absolue de ces sortes de donations.

D'ailleurs, il n'y a pas de milieu : ou il faut proscrire ces donations en entier, et pour toute espèce de meubles : ou il faut les adopter, quelle que soit la quantité ou la valeur des meubles donnés ; car le code ne s'expliquant pas d'une manière explicite sur les donations manuelles, il y aurait de l'inconséquence à valider une donation d'un meuble de peu de valeur, et à annuller la donation d'un meuble plus considérable.

Où serait, d'ailleurs, le point qui séparerait la donation modique de la donation considérable ? d'après quelles bases fixerait-on cette modicité ou cet excès ? faudra-t-il embrasser un arbitre absolu, et, par conséquent, funeste ?

Enfin, proscrire toutes les donations manuelles ne serait-ce pas jeter une pomme de discorde dans toutes les familles, engager les enfans à une éternelle surveillance et à une défiance absolue les uns des autres ? Le but essentiel des lois est la paix, et ce but ne serait-il pas manqué, si la loi donnait elle-même l'éveil à toutes les passions ?

Abstraction faite de ces considérations puissantes, il me paraît aisé de prouver que, d'après le code, les donations manuelles sont permises.

M. *Bigot*, pag. 211 de son discours, nous dit : « On n'admet comme légalement constatés *les actes*

» *portant donation entre-vifs*, que quand ils sont
» passés devant notaire dans la forme ordinaire des
» contrats ».

M. *Bigot* ne dit pas, « on n'admet comme vala-
» blement constatées que les donations passées devant
» notaire ».

On voit la différence qui existe entre ces deux propositions ; l'on sent, de plus, que si le législateur avait
entendu ne reconnaître que les donations par acte
public, M. *Bigot* se serait expliqué dans cette pensée,
et tout autrement qu'il n'a fait.

De plus, l'art. 931 du code est littéralement copié
sur l'art. 1.ᵉʳ de l'ordonnance de 1731 : « *tous actes,*
» est-il dit, portant donations entre-vifs seront passés
» par-devant notaire ».

Or, sur ces mots, *tous actes,* les commentateurs de
l'ordonnance ont eu l'attention d'observer, que les donations manuelles n'étaient pas soumises à ses dispositions. *Furgole, Boutaric,* s'expliquent là-dessus d'une
manière très-précise sur l'art. 1.ᵉʳ de l'ordonnance.
Vid. *Pothier,* donations, sect. 2, art. 1.ᵉʳ, *in fine.*

Sur quoi je remarque, que puisque le législateur,
instruit de cette interprétation de l'art. 1.ᵉʳ, s'est scru-
puleusement servi des expressions de cet article, il en
résulte qu'il a approuvé et consacré ladite interprétation.

Ecoutons ce que nous dit M. le tribun *Jaubert,*
qui s'explique ainsi dans son discours.

« Tout acte.......... Le projet ne parle pas des
» dons manuels, et ce n'est pas sans motifs ».

Les dons manuels ne sont susceptibles d'aucune
forme ; il n'y a là d'autre règle que la tradition, sauf
néanmoins la réduction, et le rapport dans les cas de
droit.

S'il pouvait là-dessus exister quelque doute, il serait
levé à la lecture de l'art. 868, ainsi conçu : « le rapport
» du mobilier ne se fait qu'en moins prenant ; il se fait

» sur le pied de la valeur du mobilier lors de la donation, » d'après l'état estimatif annexé à l'acte ; et, à défaut » de cet état, d'après une estimation par experts, à » juste prix et sans crue». Cet article nous prouve de la manière la plus expresse, que les meubles peuvent être donnés manuellement ; car autrement il présenterait une grande incorrection, puisque l'état estimatif doit se trouver dans toutes les donations.

Il faut donc tenir pour certain, que les donations manuelles sont permises comme elles l'étaient sous l'ordonnance de 1731.

La loi romaine était là-dessus très-expresse. Vid. *Ricard*, part. 1.re, n.° 891.

442. — La donation manuelle consistant dans le fait lui-même, l'on peut dire que son existence constitue sa validité, car un fait n'est susceptible d'aucune forme.

Ainsi, abstraction faite de la capacité du donateur et du donataire, la donation manuelle est valable quand elle existe réellement, c'est-à-dire, quand le donateur s'est dépouillé et a investi le donataire : du moment que celui-ci se trouve saisi, la donation est parfaite ; jusques-là, ou avant la tradition, elle n'est rien, et le donataire ne peut rien exiger.

443. — On peut donner manuellement toute somme ou tout effet mobilier quelconque.

444. — Pour donner et recevoir manuellement il faut avoir la même capacité que par rapport à une donation entre-vifs.

445. — La donation manuelle est-elle sujette à rapport ?

Oui : M. le tribun *Jaubert* le décide textuellement dans son discours sur les donations, pag. 319.

Si la donation manuelle était un préciput imputable sur la quotité disponible, il faudrait, relativement à cette imputation, prendre garde à la collusion frauduleuse qui pourrait exister entre des pré-

tendus donataires manuels insolvables et les frères
qui voudraient par cette imputation priver leur frère
avantagé de la quotité disponible. La malice des
hommes est infinie, et les magistrats doivent être sans
cesse en éveil pour en arrêter les effets et déjouer
les complots ; mais ces inconvéniens disparaissent,
en décidant que la donation manuelle est sujette
comme les autres à rapport et à réduction.

446. — L'application des règles ci-dessus exige qu'on
puisse constater préalablement l'existence des donations manuelles ; or, comment les prouver?

La difficulté est très-grande.

Par rapport à une somme donnée manuellement, il
me semble que l'existence de cette donation ne peut
être prouvée que par l'aveu du donataire lui-même,
ou par des témoins, quand il existe un commencement de preuve par écrit.

Par rapport à une donation de meubles, je pro-
poserais une distinction.

Si les meubles qu'on prouverait notoirement avoir
appartenu à Jean se trouvent entre les mains, soit
d'étrangers, soit de parens non successibles dudit Jean,
alors, la possession en fait de meubles valant titre,
l'on ne pourrait prouver la donation que par l'aveu
du possesseur, ou par témoins, s'il existait un commencement de preuve par écrit.

Si, au contraire, les meubles se trouvent entre les
mains d'un successible, la donation serait prouvée,
à moins que le successible ne pût justifier d'une vente
ou échange.

447. — Ces principes peuvent très-souvent trouver
leur application.

Pierre meurt : ses héritiers soupçonnant l'existence
de quelque donation manuelle, font interroger catégoriquement le prétendu donataire, ou lui défèrent
le serment décisoire sur l'existence de la donation ;
il en résulte que la donation lui a été faite.

Alors on examinera la capacité du donateur et du donataire, l'on verra s'il lui restait lors du don quelque chose de disponible ; et d'après le résultat de cet examen, l'on déterminera l'effet de la donation manuelle ; car, il ne faut pas le perdre de vue, l'aveu du donataire, qu'il détient quelque chose à titre de donation, ne peut être scindé.

448. — Si les héritiers prétendent que le possesseur du meuble ou effet mobilier l'a enlevé, leur suffira-t-il de prouver la translation du meuble de la maison du défunt dans celle du possesseur, pour pouvoir en conclure le vol ou l'enlèvement? ou bien le possesseur qui allègue que le meuble lui a été donné en sera-t-il cru?

Je pense que le possesseur en doit être cru, parce qu'il a déjà en sa faveur la possession, qui, en fait de meubles, vaut titre (art. 2279). Ecoutons là-dessus *Menochius, lib.* 3, *præsumpt.* 141, n.º 13 : *non sicut lex non præsumit donationem (leg. cùm indeb.,* ff *de probat.) ; non etiam præsumit furtum sicque delictum (leg. merito,* ff *pro socio), et in cursu horum duorum, potiùs debet præsumi donatio quàm furtum.*

La loi, dit *Menochius,* ne présume pas la donation ; mais aussi elle ne présume pas le vol et le crime, et dans le concours de ces deux présomptions, il faut plutôt croire à la donation qu'au vol. Cette manière de raisonner de *Menochius* est aussi conforme aux règles de la logique, qu'aux préceptes de la charité.

Il existe un arrêt du parlement de Paris conforme à ces principes, sous la date du 19 janvier 1768, dans la cause *Baillard* : cet arrêt est rapporté par *Roussille,* dans son traité des donations, n.º 225. Il fut jugé par cet arrêt qu'une donation manuelle de la somme de 4000 fr. était valable, et que l'aveu du donataire, qui déclarait avoir reçu ladite somme à ce titre, ne pouvait être scindé.

Je conviens que l'annotateur de *Lapeyrère*, *verbo* donation, n.º 52, rapporte un arrêt qui, au premier coup d'œil, paraît absolument contraire. Je copie l'annotateur.

« M. de Larroche, conseiller au parlement, qui
» avait été auparavant professeur de l'université, s'en
» allant à Dax, où il mourut, bailla à la femme
» du sieur Duvergé de Barbe un fil de perles et un
» cabinet d'ébène. Après sa mort, ses créanciers ayant
» fait saisir ses biens, dans la saisie on comprit
» ceux qui avaient été acquis par Richard Veaux :
» il en demande distraction, à la charge de payer
» les précédens créanciers ; ne pouvant trouver de
» quoi payer, il fait action à la dame Barbe, pour
» représenter les perles et le cabinet. Elle se défendit,
» en disant, qu'il était vrai qu'elle avait reçu l'un et
» l'autre ; que ledit sieur de Larroche les lui avait
» laissés, à condition que s'il venait à mourir les
» susdites choses lui demeureraient en propre. De
» Veaux prenait avantage de cette réponse, et disait,
» que ne justifiant pas de cette condition, cette excep-
» tion n'était d'aucune considération. On allégua la
» glose de la loi *si quidem*, cod. *de except.*, qui
» dit, qu'en ce que le défendeur avoue qu'il a reçu
» *fides est adhibenda* ; mais non pas lorsqu'il dit qu'on
» a voulu que la chose lui demeurât : il fut jugé sui-
» vant cette glose, au rapport de M. de Marans, *do-
» natio quæ est de facto non præsumitur, nisi pro-
» betur* ».

En supposant que cet arrêt soit basé sur les motifs détaillés par l'annotateur, j'observe que cet arrêt ne doit plus être suivi, car la glose sur ladite loi 9, cod. *de exccpt.*, permet de diviser l'aveu du défendeur ; doctrine qui est expressément abrogée par le code civil (art. 1356).

Mais si j'osais dire mon avis sur cet arrêt, j'obser-verais que les juges se sont sans doute déterminés sur

ce que les créanciers du sieur Larroche étant en perte,
toute donation faite en fraude de leurs droits est essentiellement nulle, lors même que le donataire serait
en bonne foi ; peut-être les juges se sont-ils encore
fondés sur ce qu'il ne s'agissait pas, dans l'espèce,
d'une véritable donation entre-vifs, mais d'une véritable donation à cause de mort.

Quoi qu'il en soit, cet arrêt du parlement de Bordeaux ne doit pas être invoqué sur la matière des
dons manuels.

449. — La présomption de donation, disons-nous,
est en faveur du possesseur d'un meuble ; mais cette
présomption ne saurait être invoquée par le locateur
qui prétendrait que le défunt lui a donné les meubles
qui se trouvent dans la maison louée ; car, dans cette
hypothèse, le défunt est mort saisi des effets : or,
la présomption de donation est principalement basée
sur la possession de celui qui se dit donataire, et le
locateur ne peut invoquer aucune possesssion, ou ne
peut argumenter que d'une possession équivoque.

450. — Toute présomption devant le céder à la
vérité, l'on sent que les héritiers peuvent toujours
prouver le vol ou l'enlèvement des effets, et que cette
preuve peut être faite par témoins.

451. — Remarquons que la tradition effective constitue essentiellement la donation manuelle, et que, sans
cette tradition, la donation n'est rien : d'où il résulte
que la remise que Pierre pourrait faire à Jean de ses
titres de créance ou lettres de change ne constituerait pas la donation ; il faudrait, pour que la tradition s'opérât, que Pierre cédât, par une cession régulière ou endossement valable, ses titres de créance.

Sans cette cession, la possession où Jean pourrait
être desdits titres ne produirait aucun effet, et ne
saurait lui être d'aucune utilité, parce qu'ici la base
essentielle de la donation manuelle, la tradition, ne
se trouve pas.

452. — Un père est au lit de la mort, il donne un effet ou une somme à l'un de ses enfans ; il meurt : cette donation est-elle valable ?

Nul doute, si la tradition a été faite avant la mort : l'on pourrait bien dire qu'il s'agit ici d'une véritable donation à cause de mort, aux termes de la loi 2, ff *de mortis causâ donat.*, qui porte : *etiam esse speciem mortis causâ donationum, ait, cùm qui, imminente periculo commotus, ita donat, ut statìm fiat accipientis.*

Mais l'on peut opposer aux dispositions de cette loi celles de la loi 27, au même titre, qui porte, que lorsqu'on a fait, à cause de mort, une donation irrévocable, c'est plutôt une donation entre-vifs, déterminée par quelque motif, qu'une donation à cause de mort : *ubi ita donatur mortis causâ, ut nullo casu revocetur, causâ donandi magis est quàm mortis causâ donatio.*

Enfin, la loi 42, § 1.er, *ff* au même titre, décide textuellement la question. Dans l'espèce de cette loi, un père étant à l'extrémité de la vie a fait un don à un de ses enfans : question de savoir si ce don est entre-vifs, ou à cause de mort ; le jurisconsulte *Papinien* répond, que ce père a bien donné en mourant, mais non pas à cause de mort : *eum autem qui absolutè donaret, non tam mortis causâ quàm morientem donare.*

D'après notre nouvelle législation, il faut d'autant plus adopter ces principes, que la nouvelle loi n'exige aucun délai de survie pour valider les donations qui peuvent être faites par les personnes atteintes d'une maladie quelconque.

Ainsi, la donation manuelle peut être valablement faite, tant par une personne bien portante, que par celle qui se trouve sur le bord du tombeau.

453. — Pierre remet une somme ou un effet à Jean, et lui dit : « si je meurs, ce que je vous remets » vous appartiendra ».

Une telle disposition serait-elle valable?

On peut dire qu'il s'agit ici d'une véritable disposition à cause du mort;

Que Pierre est mort saisi de l'objet remis à Jean, et que ses héritiers ne peuvent en être privés que par un testament valable; or, la loi ne connaît pas les testamens verbaux.

Je réponds, que lorsque la tradition existe on peut faire manuellement, tant une donation à cause de mort, qu'une donation entre-vifs : dans la donation à cause de mort la loi se prête à cette fiction, qu'au moment même du décès le donateur donne réellement la chose au donataire; en un mot, au moment du décès, et dans un instant indivisible, la condition qui doit investir le donataire s'accomplit et se vérifie; et, sous ce rapport, il n'est pas vrai de dire que les biens donnés se trouvent dans la succession.

D'ailleurs, annuller de pareilles dispositions, ce serait tromper l'amitié prévoyante et généreuse, et punir la bonne foi et la délicatesse; ce serait, enfin, exposer ceux qui auraient été avantagés de cette manière à pactiser avec leur conscience et à déguiser une partie de la vérité : inconvénient grave, qui n'est pas dans l'intention de la loi; car, toujours sage, elle ne crée pas sans nécessité des occasions de faillir.

Enfin, la question me paraît résolue par la loi 18, § 2, ff *de mortis causâ donat.* Cette loi est ainsi conçue :

« Titia voulant faire remise de leurs dettes à Sep-
» ticius et Mœvius, ses débiteurs, donne leurs billets
» à Ageria, et la prie de les leur remettre dans le cas
» où elle (donatrice) viendrait à mourir, et de les
» lui rendre dans le cas où sa santé se rétablirait. La
» donatrice étant morte, sa fille Mœvia lui a succédé.
» Ageria n'a pas manqué de remettre aux débiteurs
» Septicius et Mœvius leurs obligations : question de
» savoir si ladite Mœvia, héritière, venant à récla-

» mer lesdits billets, ou le montant des sommes qui
» y étaient portées, peut être repoussée par quel-
» que exception. Le jurisconsulte *Julien* répond,
» qu'elle pourra être déboutée par l'exception du
» pacte convenu, ou par l'exception de dol : *Mœviam,*
» *vel pacti conventi, vel doli mali exceptione sub-*
» *moveri posse* ».

L'espèce décidée par cette loi me paraît encore
moins favorable que celle que nous avons ci-dessus
posée ; car, dans notre espèce, la tradition existait
avant la mort, au lieu que, dans l'espèce de la loi
romaine, Ageria n'a fait la remise des billets qu'après
la mort de la donatrice.

Dans notre espèce, c'est tout comme si Titia,
pleine de confiance en ses débiteurs, leur eût remis
leurs obligations, en leur disant : *si je meurs vous*
êtes libérés, si ma santé se rétablit vous me rendrez
mes titres ; or, dans cette espèce, nous voyons que
le jurisconsulte décide que les héritiers de Titia ne
peuvent rien réclamer de ses débiteurs.

454. — Pierre donne à Jean une somme ou un
effet, avec charge de remettre cette somme ou cet
effet à Joseph, absent, à titre de donation entre-vifs ;
Jean remet cette somme ou l'effet : la donation est-
elle valable ?

Sans doute Jean est ici le mandataire du donateur ;
c'est au nom de ce dernier qu'il transmet à Joseph
la chose donnée : c'est donc tout comme si Pierre
avait remis lui-même la chose au donataire ; en un
mot, il y a ici donation manuelle faite au moyen
d'un procureur-fondé ; et je ne vois pas de raison
pour proscrire ces sortes de donations.

Dira-t-on qu'il y a dans cette espèce une véritable
substitution, puisque Jean reçoit, et qu'il est obligé
de conserver et de rendre à Joseph ? Je réponds, 1.º
que, d'après ce système, il y aurait également substitution dans l'envoi qu'un père ferait à son fils, par

son domestique, d'une certaine somme ; car l'on pourrait dire que ce domestique est obligé de conserver
et de rendre, ce qui serait absurde ; 2.º pour qu'il y ait
substitution, il faut que la propriété se soit reposée
au moins un instant sur la tête de Jean ; mais Jean
n'a jamais eu aucun droit de propriété, il n'a été que
mandataire, et n'a pas eu d'autre titre ; donc il ne
peut exister de substitution.

455. — Supposons que, dans l'exemple ci-dessus,
Pierre meure avant que la remise ait été faite à
Joseph, l'on peut demander si les héritiers peuvent
s'opposer à cette remise, ou si la remise qui serait
faite après la mort serait valable ?

Je pense que la remise ne peut plus être faite,
parce que la mort a mis fin au mandat : *morte solvitur mandatum* ; or, le mandat ayant pris fin, Jean
n'a plus aucune qualité pour disposer de la chose ;
d'ailleurs, la donation entre-vifs manuelle ne peut
exister sans le concours de la volonté du donateur
et du donataire : or, ce concours est impossible, si
lorsque le donataire reçoit le donateur se trouve ne
plus être.

Il en serait autrement si Joseph était mineur, et
si Jean était son ascendant ou tuteur ; dans ce cas,
la donation serait parfaite du moment de la remise
faite à Jean.

456. — Pierre donne une somme à Jean, avec
charge de la remettre après sa mort à une personne
désignée : cette disposition serait-elle valable ?

Cette disposition présente une véritable donation
à cause de mort, et, envisagée sous ce point de vue,
nous pensons qu'elle est valable. Vid. n.º 453.

Mais cette disposition ne présenterait-elle pas en
même-temps tous les caractères d'un fidéicommis, et,
sous ce rapport, ne faudrait-il pas en prononcer la
nullité ?

J'ose croire qu'il n'existe pas ici de substitution
fidéicommissaire,

fidéicommissaire, mais un pur mandat. Et qu'on ne dise pas que le mandat finissant à la mort, la disposition ne pourrait, sous ce rapport, sortir à effet; car cette règle générale, *morte solvitur mandatum*, a son exception pour le cas où la chose ne peut être faite par le mandataire qu'après la mort du mandant. Vid. les lois 12 et 13, ff *mandat.*; *Heineccius*, dans ses pandectes, part. 3, § 238, et notamment la susdite loi 18, § *Titia*, ff *de mortis causâ donat.*, rappelée dans le n.º 453 ci-dessus; elle présente la solution précise de notre question.

Il ne faut pas le perdre de vue : pour qu'il y ait substitution, il faut que la propriété se soit reposée sur la tête du grevé; mais, dans notre espèce, le prétendu grevé n'est, ni donataire, ni héritier, ni légataire; il n'a donc jamais eu un seul instant de propriété, il n'a existé à son égard qu'un simple dépôt et un mandat; ce qui est absolument exclusif de toute idée de propriété.

D'ailleurs, fût-il possible de voir un véritable fidéicommis dans l'espèce proposée, je le demande, serait-il dans l'esprit de la loi d'annuller une substitution purement verbale, et qui ne peut jamais être prouvée que par la bonne foi du grevé et du fidéicommissaire? Pourquoi annuller des fidéicommis de cette espèce? quel mal peut-il en résulter pour la société? quel obstacle offrent-ils aux transactions commerciales? Ouvrage de la confiance et de la bonne foi, ils ne peuvent jamais nuire, et le plus souvent ils soulagent la délicatesse; ils satisfont à la reconnaissance, ils secourent le malheur! Que de motifs puissans pour les maintenir, et pour ne pas punir les personnes consciencieuses de leur respect sacré pour la vérité!

J'ai une certaine somme, je veux l'employer au soulagement des pauvres; j'ai un ami, je lui remets cette somme, et je lui dis : tu en feras tel usage quand je ne serai plus.

Tom. I.er 24

Cet ami, fidèle au mandat de l'amitié, distribue cette somme.

Mes héritiers font interroger catégoriquement cet ami, il dit la chose telle qu'elle est; et cet ami serait obligé de payer de ses deniers la somme distribuée! Quel magistrat pourrait l'y condamner!

Cependant de deux choses l'une : ou il y a fidéicommis, dans le sens de la loi, dans la disposition ci-dessus, ou il n'y en a pas; s'il y a fidéicommis, il faut nécessairement l'anéantir, et réintégrer les héritiers de ce dont ils étaient privés par une disposition nulle; mais si cette conséquence rigoureuse répugne autant à la raison qu'à l'équité; si cette conséquence ne peut être adoptée, c'est, nous pouvons le dire, parce que le principe dont elle découle ne pourrait être admis sans injustice.

Ferait-on une distinction en faveur des dispositions qu'on appelle pieuses? dirait-t-on qu'il faut maintenir les charges de donner aux pauvres, pour faire dire des messes, etc.; mais qu'il faut annuller toutes les autres dispositions avec charge?

Je réponds que distinguer là où la loi ne distingue pas, c'est ajouter à la loi, et, par conséquent, la violer.

Eh! d'ailleurs, que de motifs puissans et sacrés peuvent souvent déterminer ces dispositions avec charge, même en faveur de personnes riches! Plusieurs restitutions seront cachées sous l'apparence d'une libéralité; plusieurs dettes seulement obligatoires dans le for interne seront acquittées par ce moyen, sans ce secours plusieurs ne le seront jamais : le bien est non-seulement pénible à l'homme; mais encore une fausse honte l'empêche tous les jours d'opérer le bien qu'il veut faire.

Que la loi se prête donc à notre faiblesse; loin de nous en priver, qu'elle nous facilite tous les moyens de sortir de la vie les mains pures et le cœur exempt de reproches.

Pour valider les dispositions ci-dessus, j'irais jusqu'à supposer que la personne chargée de remettre la somme confiée est le mandataire de celle qui doit la recevoir ; qu'ainsi, il est impossible qu'il y ait substitution. Vid. la loi 5, ff *de donat. inter vir. et uxor.*

457. — Pierre donne à Jean, son ami, une certaine somme, pour la remettre après sa mort à une personne désignée : Pierre meurt, et avant que Jean ait remis la somme à la personne désignée, les héritiers de Pierre l'assignent en délivrance entre leurs mains de la somme déposée.

Jean déclare qu'il détient la somme ; mais qu'il est obligé de la remettre à une certaine personne.

Que doit prononcer le juge dans cette circonstance ? Si les héritiers qui réclament sont remplis de leur réserve, ils doivent être déboutés de leur demande ; car, par l'effet de la remise entre les mains de Jean, Pierre s'est absolument dessaisi : la somme ne s'est donc pas trouvée dans la succession ; et, sous ce rapport, ses héritiers n'y ont rien à voir. Que Jean dise qu'il a reçu la somme pour lui ou pour un autre, cela ne peut rien changer au droit des héritiers ; ils sont toujours exclus par la volonté du disposant.

Inutile de répéter qu'il y a fidéicommis ; nous avons répondu à cette objection au n.º ci-dessus.

Ne le perdons pas de vue, annuller les dispositions de ce genre, ce serait seulement atteindre et frapper la bonne foi, et exposer les hommes au parjure.

Sur les dons manuels la cour de cassation vient de rendre un arrêt remarquable.

Par cet arrêt elle a décidé, « 1.º que la tradition » suffit pour la validité des dons manuels ; 2.º qu'un » billet à ordre peut être remis avec un endossement » en blanc ; 3.º que cette remise peut être faite par

*

» un tiers après la mort du donateur ». Vid. M. *Sirey*, an 1816, pag. 322.

CHAPITRE II.

De la remise d'une dette.

458. — La remise d'une dette est une véritable donation de la part du créancier en faveur du débiteur.

« Par le mot *remise*, la loi entend, dit M. *Bigot*, » une donation d'une chose due ». Vid. le discours de M. *Bigot* sur les contrats, pag. 146; vid. *Pothier*, obligations, n.º 586.

La remise d'une dette étant une donation, l'on peut demander si cette donation, pour être valable, a besoin d'être revêtue de la formalité des contrats?

Non : ces formalités ne sont pas nécessaires, car puisque la loi fait résulter la remise de certaines présomptions, il en résulte qu'il ne faut pas un acte notarié pour valider une remise.

459. — La remise peut être faite d'une manière expresse ou tacite.

La remise est expresse, quand le créancier déclare au débiteur, soit par acte devant notaire, soit sous seing-privé, ou par lettre, qu'il le tient quitte de ce qu'il lui doit.

La remise serait également valable dans tous ces cas.

La remise est simulée, quand le créancier donne quittance au débiteur sans rien recevoir; une pareille quittance produirait toujours son effet comme donation, lors même que le débiteur, interrogé sur les faits et articles, conviendrait qu'il n'a rien payé, et que le créancier a voulu lui faire un don au moyen de la quittance.

460. — Si le débiteur se trouve nanti de son obligation sous seing-privé, il y a preuve pour lui de la

libération ; mais si, interrogé sur faits et articles, il convient qu'il n'a pas payé, mais qu'on lui a fait remise de la dette, son aveu ne pourra être scindé, et la donation sortira à effet, comme si elle avait été consentie par acte public.

Ces principes s'appliquent à tous les cas où la loi présume une remise ou libération. Vid. les art. 1282, 1283, 1284 et 1285 du code ; vid. la fameuse loi *procul*, ff *de probat.* ; et *Pothier*, obligations, n.º 577.

En un mot, dans tous les cas où le débiteur pourrait dire : je suis libéré d'après les dispositions de la loi, s'il ajoute qu'il ne l'est que par l'effet d'une donation ou remise, cette donation sortira à effet, tout comme si elle était revêtue des formes légales.

CHAPITRE III.

Des donations déguisées.

461. — Ici se présente cette fameuse question, si souvent débattue, et si diversement jugée, relative au fait de savoir si une donation déguisée sous la forme d'une vente est nulle pour le tout, ou simplement réductible à la quotité disponible.

Ceux qui soutiennent qu'elle est absolument nulle, disent qu'une pareille vente ne peut valoir comme donation, n'étant pas revêtue des formalités nécessaires à la validité de cet acte, et qu'elle ne peut valoir comme vente, n'existant pas de prix réel.

D'autres soutiennent, au contraire, que la donation déguisée est seulement réductible ; qu'il suffit que l'acte que les parties ont choisi soit valable dans sa forme, et que la simulation ne vicie un acte que lorsqu'elle est frauduleuse.

Je n'examinerai pas la question d'après les anciens principes ; je ne pourrais que copier ce qui a été très-bien développé dans plusieurs arrêts de la cour de cassation ; je me contente de renvoyer au répertoire de jurisprudence de M. Merlin, *verbo* donation et simulation, et aux arrêts de la cour de cassation, du 31 octobre 1809, 22 août 1810 et 19 novembre même année 1810.

Envisageant la question d'après les principes du code, il me semble que si ce que nous avons dit dans le chapitre précédent se trouve incontestable et vrai, il en résulte nécessairement que la donation simulée sous la forme d'un contrat de vente est valable, et simplement réductible. En effet, si une quittance simulée libère le débiteur, ou, en d'autres termes, si une donation sous la forme d'une quittance est valable, pourquoi la donation sous la forme d'une vente ne le serait-elle pas ? on n'en voit pas la raison ; la validité de l'une entraîne nécessairement la validité de l'autre.

D'ailleurs, le nouveau code ne proscrit que la simulation frauduleuse ; cela me paraît prouvé par les réflexions suivantes :

1.º L'art. 1973 valide une donation de rente viagère faite par simple contrat ; l'article est ainsi conçu :

« La rente viagère peut être constituée au profit
» d'un tiers, quoique le prix en soit fourni par une
» autre personne ».

« Dans ce dernier cas, quoiqu'elle ait le caractère
» d'une libéralité, elle n'est pas assujettie aux formes
» requises pour les donations ».

Ainsi, voilà une véritable donation que la loi valide, quoique non revêtue des formalités nécessaires à cet acte.

2.º Il résulte de l'art. 911 que la donation déguisée sous la forme d'un contrat onéreux n'est nulle que lorsqu'elle est faite au profit d'un incapable ; l'article est ainsi conçu :

« Toute disposition *au profit d'un incapable* sera

» nulle , soit qu'on la déguise sous la forme d'un con-
» trat onéreux , soit qu'on la fasse sous le nom de
» personnes interposées ».

La loi dit, *au profit d'un incapable ;* donc , lorsque
le donataire est capable de recevoir , la donation même
déguisée n'est pas nulle.

Cette conséquence, j'en conviens , n'est pas absolument rigoureuse ; mais elle se fortifie par l'observation
suivante : si dans l'esprit du législateur toute donation
déguisée était par cela seul nulle, pourquoi déclarer ,
par une disposition expresse, que la donation déguisée
en faveur d'un incapable est nulle, et de nul effet ?
Dans ce sens l'art. 911 ne présenterait qu'une disposition superflue et inutile : cet article serait sans
objet.

3.° Aux yeux de la loi, le don fait à l'époux est
censé fait à son conjoint, quand celui-ci se trouve
successible du donateur (art. 911 du code).

De là la conséquence, qu'une donation faite au conjoint d'un époux successible du donateur est une
donation indirecte envers cet époux successible.

Or, la loi annulle-t-elle cette donation indirecte ?
non, au contraire, elle la regarde comme un préciput,
et la dispense du rapport (art. 849.)

Mais si la donation indirecte, et que la loi suppose
faite à une personne interposée, est valable, pourquoi
la donation déguisée sous la forme d'un contrat onéreux serait-elle nulle ? on n'en voit pas la raison.

4.° Et ceci me paraît trancher toutes les difficultés.

L'art. 26 de la loi du 17 nivôse avait proscrit toutes
les ventes faites à des successibles, quand elles étaient
faites à charge de rente viagère, ou à fonds perdu.

Le motif de la proscription est que ces ventes
n'étaient réellement, et ne présentaient aux yeux du
législateur qu'une donation déguisée.

Le moderne législateur a vu également dans ces
ventes une véritable donation ; mais qu'ordonne-t-il

par rapport à leur effet? Il ordonne que la valeur des biens vendus s'imputera sur la quotité disponible, et que l'excédant se rapportera à la masse.

Ainsi, le législateur voit dans ces ventes une donation déguisée; mais loin de l'anéantir, loin de la proscrire en entier, il veut et entend que ces donations sortent à effet, comme toute autre donation pure et simple, et même par préciput; le législateur le veut ainsi, et l'ordonne d'une manière expresse; et certainement il était impossible de dire d'une manière plus énergique que les ventes simulées sous la forme d'un contrat onéreux sont valables!!

Et qu'on ne dise pas que les ventes, soit à fonds perdu, soit avec réserve d'usufruit, soit à charge de rente viagère, ne sont pas des donations aux yeux du législateur..... La preuve rigoureuse de cette vérité résulte de ce que l'imputation de la *valeur* des biens vendus est toujours ordonnée, nonobstant la quittance du prix insérée dans l'acte, et sans aucune espèce de répétition à raison de ce prix.

Donc la vente faite à un successible avec réserve d'usufruit est une véritable donation déguisée : le législateur le voit ainsi; mais loin d'annuller cet acte simulé, il le valide comme donation, et lui donne effet en conséquence.

Or, si le législateur n'annulle pas la vente qu'il voit et signale comme simulée, comment le juge pourrait-il annuller une vente qu'il jugerait infectée de simulation? comment l'interprète et l'applicateur de la loi pourrait-il, en interprétant un acte comme le législateur, porter un jugement plus sévère que lui! en d'autres termes, comment la présomption du juge pourrait-elle différer dans ses conséquences de la présomption de la loi!!

Il faut donc tenir pour certain, 1.º que, sous l'empire du code civil, une donation déguisée sous la forme d'un contrat onéreux est valable si le donataire est capable de recevoir ;

2.º Qu'une telle donation doit sortir à effet jusques et à concurrence de la quotité disponible ;

3.º Qu'une telle donation déguisée a tout l'effet d'une donation pure et simple.

Je ne dois pas dissimuler qu'au premier coup d'œil l'art. 1099 semble contrarier absolument notre principe relatif à la validité d'une donation déguisée ; l'article est ainsi conçu :

« Les époux ne pourront *se donner indirectement* » *au delà* de ce qui leur est permis par les dispositions » ci-dessus.

» Toute donation déguisée, ou faite à personne in- » terposée est nulle ».

On pourrait dire sur cet article, que quoique l'époux soit capable de recevoir, néanmoins toute donation déguisée qui lui est faite est nulle.

Mais, prenons-y garde, la peine de nullité ne se rapporte qu'à *toute donation faite au delà de la quotité disponible ;* d'où l'on doit, au contraire, induire que la donation déguisée est valable jusques et à concurrence de cette quotité : les époux ne peuvent se donner indirectement au delà ;.... donc ils peuvent se donner indirectement jusques et à concurrence du disponible !

D'ailleurs, s'il avait été dans l'intention du législateur de proscrire entre époux toutes les donations déguisées, l'art. 1099 aurait été rédigé à peu près de la manière suivante :

« Les époux ne peuvent se rien donner indirec- » tement.

» Toute donation déguisée, ou faite par personne » interposée sera nulle ».

Or, il existe une grande différence entre cette rédaction présumée et la rédaction véritable de l'art. 1099 ; et si cette différence est si grande, c'est que ces deux rédactions ont été faites dans un esprit tout différent.

462. — Plusieurs jurisconsultes d'un très-grand mérite embrassent notre manière de voir ; mais avec une restriction qui, selon moi, la renverse de fond en comble, et qui ne peut être adoptée.

Ces jurisconsultes prétendent que la donation déguisée est valable, pourvu qu'elle n'excède pas la quotité disponible ; mais qu'elle est nulle pour le tout, s'il s'y trouve le moindre excès.

Une seule réflexion suffit pour prouver que cette modification doit être rejetée : cette donation, dit-on, est nulle pour le tout, parce qu'elle est l'ouvrage de la simulation et du dol ; de la simulation, puisqu'on a déguisé l'acte ; du dol, puisqu'on a donné au delà de la quotité disponible.

Mais, je le demande, cet excès ne peut-il pas être l'ouvrage de l'erreur, ne peut-il pas être occasioné par des faux calculs, par des malheurs survenus depuis, par des espérances qui ne se sont pas réalisées ! pourquoi donc supposer le dol quand tant d'autres suppositions peuvent être faites ?

Pierre donne aujourd'hui par contrat simulé : à ne considérer que sa fortune lors du don, sa quotité disponible n'est pas épuisée ; mais des malheurs surviennent, sa fortune est diminuée, et à sa mort la donation excède la quotité disponible : dira-t-on qu'il y a dol dans cette espèce ? Comment ce qui est sincère dans le principe pourrait-il devenir frauduleux par l'effet du malheur ou du hasard ! !

Pour défendre ce système insoutenable, dira-t-on qu'il faut considérer la fortune du disposant lors du don simulé ?.... Mais un système qui nécessite la composition de deux masses dans un seul patrimoine peut-il être adopté ? Comment composer et déterminer tant la masse active que passive lors du don ? que d'embarras et de difficultés ; et, outre les embarras, ne

serait-ce pas presser le disposant d'agir d'après ses
espérances et ses perspectives ? ne serait-ce pas lui
dire : vous ne pouvez donner que d'après ce que vous
avez dans le moment ?

Rejetons donc ces subtilités, et tenons pour certain,
que toute donation déguisée faite à une personne capable de recevoir est valable, et réductible à la quotité disponible, en cas d'excès : est-il même besoin
de raisonnemens pour le prouver ? non, sans doute ; il
suffit de lire l'art. 918, il est le véritable siége de
cette matière, et cet article nous dit textuellement,
que la valeur des biens donnés sous la forme d'une
vente s'impute sur la quotité disponible, et que l'excédant est sujet à rapport.

Donc, *quand il y a excès* toute la donation simulée
n'est pas viciée.

463. — Nous disons que toute donation déguisée
n'est pas nulle, mais seulement réductible, quand
elle est faite à une personne ou en faveur d'une personne capable de recevoir ; d'où résulte la conséquence,
qu'elle est nulle pour le tout quand la personne avantagée ne peut recevoir du donateur : telle est, d'ailleurs,
la disposition de l'art. 911 du code.

Faut-il, dans le sens de cet article, placer les enfans
naturels et les seconds conjoints au nombre des personnes incapables ? Non, la quotité disponible est
seulement soumise à leur égard à certaines modifications ; elle est restreinte, mais non anéantie : ainsi,
les seconds conjoints et les enfans naturels peuvent
recevoir même par donation déguisée jusques et à
concurrence de ce qui est disponible pour eux.

Ceux qui trouveraient cette décision, par rapport
aux enfans naturels, peu conciliable avec la classifi-
cation des articles 908 et 911 du code, doivent faire
attention que la réserve des enfans naturels est égale
à la quotité disponible à leur égard ; qu'ainsi ce serait
inutilement qu'on annullerait les dispositions qui leur

seraient faites, puisque ce serait enlever d'une main pour donner ensuite de l'autre.

464. — Revenons au principe général d'après lequel toute donation peut être faite sous la forme d'un contrat onéreux, comme vente, quittance, etc.

Or, pour que la donation déguisée sous la forme d'un contrat onéreux soit valable, il faut qu'elle soit revêtue des formalités nécessaires à la validité de ce contrat onéreux.

Ainsi, si, dans la vue de me faire une donation, Jean me vend un immeuble par acte public ou privé, portant quittance du prix, cet acte de vente, soit public, soit privé, doit être valable dans sa forme, c'est-à-dire, qu'il doit être valable comme contrat de vente, sans quoi il ne saurait produire aucun effet.

465. — Ce principe, quoique simple, a besoin de quelques détails.

La cession d'une créance sans cause motivée de la cession transporterait-elle la propriété au cessionnaire? par exemple, une cession conçue dans les termes suivans serait-elle valable?

« Je cède à Pierre l'utilité de l'obligation ci-dessus », sans aucune mention de cause.

Sans doute, il n'est pas nécessaire, pour la validité d'une obligation, que la cause y soit exprimée; et de là la conséquence, que si l'on pouvait envisager la cession comme une obligation, la cession conçue dans les termes ci-dessus serait valable.

Mais l'on peut dire que la cession d'une créance est une véritable vente, et qu'une vente ne peut exister sans prix désigné; d'où résulte la nullité de la cession ci-dessus.

Je pense que personne n'étant censé s'obliger sans cause, la susdite cession est valable : il n'est pas vrai de dire, qu'il n'existe pas de prix; le prix existe, et c'est parce qu'il est censé avoir été reçu par le cédant, et être du montant de la somme cédée, qu'il n'est pas nécessaire de l'exprimer. On peut voir l'instruction facile sur les conventions, pag. 213 et 216, et *Danty*, pag. 483.

466. — Supposons que la cession soit conçue en ces termes :

« Je cède l'obligation ci-dessus à tel, lui en faisant » donation »; une telle cession serait-elle valable ?

Je ne le pense pas, car cette cession se réduit à ceci : je donne à tel l'obligation ci-dessus; ce qui présente une donation nulle, et de nul effet.

467. — *Quid,* si la cession était conçue en ces termes : « je cède à Jean l'obligation ci-dessus, voulant » reconnaître les services essentiels qu'il m'a rendus ; » ou lui en faisant don à cause des services importans » qu'il m'a rendus ».

Dans tous ces cas, je crois la cession valable, parce que ce n'est pas là de la part du cédant une pure libéralité, mais le payement d'une dette. Vid. la fameuse loi 27, au digeste *de donationibus. Acquilius Regulus* avait adressé au rhéteur *Nicostrate,* contemporain du jurisconsulte *Papinien,* une lettre ainsi conçue : *quoniam, et cum patre meo semper fuisti, et me eloquentiâ et diligentiâ tuâ* MELIOREM FECISTI, DONO ET PROMITTO TIBI HABITARE IN ILLO COENACULO, EOQUE UT, *etc.*

Après la mort de *Regulus* ses héritiers contestèrent à *Nicostrate* son droit d'habitation ; il consulta *Papinien,* et ce grand jurisconsulte nous apprend qu'il répondit à *Nicostrate* en ces termes :

« Vous pouvez soutenir que *Regulus* ne vous a pas » fait une pure libéralité, mais acquitté envers son » maître la dette de la reconnaissance : *dixi posse* » *defendi non meram donationem esse, verùm offi-* » *cium magistri quædam mercede remuneratum Re-* » *gulum* ».

Cujas, sur cette loi, remarque que la disposition de *Regulus* n'est pas exécutée et valide comme donation, mais comme une juste récompense, comme payement d'un honoraire, et comme une espèce d'échange : *in specie hujus legis nostræ res æstimatur, non ut donatio mera, sed ut remuneratio; quia et veriùs remuneratio est, quasi merces doctrinæ, sive minervale, aut permutationis genus quodam.* Vid. le nouveau répertoire de jurisprudence, *verbo* acte sous seing-privé, pag. 86.

La cour d'appel de Colmar, sur le fondement de ladite loi 27, a confirmé une donation faite par les héritiers d'*Arbogast*, fameux professeur de mathématiques à Strasbourg; laquelle donation était sous seing-privé, et conçue en ces termes.

« Considérant qu'Anne-Ursule Smitt a fidèle-
» ment servi le défunt, nous lui abandonnons et
» délaissons, icelle acceptante, quatre réseaux de fro-
» ment dus par le sieur Krant, pour ladite Smitt
» percevoir annuellement ces quatre réseaux sa vie
» durant ».

Les héritiers d'Arbogast signèrent ladite déclaration : elle fut exécutée pendant quelque temps; puis ils voulurent en contester la validité, attendu qu'ils avaient fait une donation, et qu'elle n'était pas revêtue des formes légales; mais ils furent déboutés de leurs prétentions par arrêt du 10 décembre 1808. Vid. le recueil de M. *Sirey*, an 1809, 2.ᵉ part., pag. 161.

468. — La donation indirecte se fait quelquefois au moyen d'une renonciation, soit à une succession, soit à un legs; car, par l'effet de cette renonciation, un avantage est procuré à celui qui en profite.

Par exemple : je suis seul héritier de Pierre; dans la vue de faire passer cette succession à Jean, héritier à un degré plus éloigné, je répudie cette succession, et Jean l'accepte.

De même, par testament, Jean est chargé de me payer à titre de legs une somme; je répudie ce legs:

Ou bien, étant institué héritier avec Pierre, je répudie, pour que la succession lui appartienne en entier par droit d'accroissement.

Dans tous ces cas y a-t-il une véritable donation déguisée? Les jurisconsultes romains ne voyaient pas une véritable donation dans ces renonciations; car, disaient-ils, le renonçant n'est pas devenu plus pauvre, rien n'a été retranché de son patrimoine : *neque enim pauperior fit qui non acquirat, sed qui de patrimonio suo deposuit.* Leg. 5 , § 13 , ff *de don. inter vir. et ux.*

» Cette raison, sur laquelle est fondée la décision des
» jurisconsultes romains, *neque enim pauperior fit*
» *qui non acquirat, sed qui de patrimonio suo depo-*
» *suit,* me paraît, dit *Pothier,* avoir plus de subtilité
» que de solidité : il est vrai que les choses même
» qui composent la succession à laquelle j'ai renoncé,
» ou le legs que j'ai répudié ne m'ont jamais appartenu;
» mais le droit de recueillir cette succession ou ce legs
» est un droit qui m'a appartenu, lorsque la succession
» ou le legs m'ont été déférés : ce droit était de même
» valeur que les choses qui en faisaient l'objet; il
» faisait partie de mon bien, et en le perdant volon-
» tairement par la répudiation que j'en ai faite, j'ai
» diminué mon bien d'autant ». *Pothier,* donations
entre mari et femme, n.º 88.

Ce raisonnement de *Pothier* est conséquent et juste: il doit être adopté; ainsi, toutes les fois que la renonciation sera jugée être une donation déguisée, il faudra lui donner effet, mais seulement jusques et à concurrence de ce dont le renonçant pouvait disposer.

Ainsi, un père est institué héritier conjointement avec son fils; le père renonce, et, par l'effet de la renonciation, la succession appartient en entier au fils par droit d'accroissement; dans cette espèce la renonciation est une véritable donation déguisée, dont l'émolument doit s'imputer sur la quotité disponible du père, et dont l'excédant se rapportera.

Sans doute, il est possible que le père ait renoncé

sans l'intention précise et directe de faire un don ; j'en conviens ; mais il est possible aussi, et même très-présumable qu'il n'a renoncé que pour avantager son fils ; or, comment sonder cette intention secrète du père ? la chose est rigoureusement impossible.

Néanmoins, si nous faisons attention que personne n'est censé abandonner un droit acquis et utile sans motif, ni prétexte ; et si nous voyons en même temps un abandon sans cause conçue, nous sommes autorisés à croire que l'abandon a été fait par un motif de bienfaisance : ainsi, toutes les fois que par la renonciation il est clairement prouvé que le père abandonne à son fils un droit effectif et réel, nous pouvons hardiment conclure que cet abandon est une véritable donation déguisée, et nous devons, par voie de suite, soumettre cet abandon à toutes les règles des donations simulées.

TITRE

TITRE II.

DES DONATIONS PROPREMENT DITES.

CHAPITRE I.er

Des formalités extérieures de la donation.

469. — L'ARTICLE 931 du code est ainsi conçu :
« tous actes portant donation entre-vifs seront passés
» devant notaire, et dans la forme ordinaire des con-
» trats ; il en restera minute, à peine de nullité ».

Il résulte de cet article, qu'une donation, pour être
valable, doit être revêtue de toutes les formalités des
actes notariés.

Si l'une des formalités nécessaires à la validité de
l'acte notarié manque, la donation demeure de nul
effet, lors même qu'elle serait signée du donateur et
du donataire ; il résulterait au plus d'un pareil acte
une simple donation sous signature privée, c'est-à-dire,
une donation absolument nulle.

470. — Nous ne rappelerons pas ici les formalités
nécessaires à la validité des actes notariés : ces formalités se trouvent aujourd'hui consignées dans la loi de
ventôse an 11, sur le notariat ; il suffit de renvoyer à
cette loi.

Nous devons observer qu'il résulte d'un avis du conseil d'état, du 16 juin 1810, approuvé le 20, qu'il n'est
pas nécessaire, à peine de nullité, que le notaire
fasse mention qu'il a lui-même signé l'acte ; le fait sans
la mention suffit. Vid. cet avis dans le recueil de M.
Sirey, an 1810, 2.e part., pag. 342.

471. — Le donateur qui s'est dessaisi de la chose

donnée, sur le fondement d'une donation nulle dans la forme, peut-il agir lui-même en nullité de la donation ?

Sans doute il peut agir en nullité, et demander la chose donnée : telle était l'opinion de *Pothier*, d'après les dispositions de l'ordon. de 1731, conformes, en ce point, au code civil.

D'ailleurs, les dispositions des art. 1339 et 1340 du code ne laissent aucun doute sur cette question.

Par le premier de ces articles il est décidé que le donateur ne peut réparer par acte confirmatif les vices d'une donation entre-vifs ; que quand elle est nulle dans la forme, il faut qu'elle soit refaite dans la forme légale.

L'article suivant nous dit que la confirmation, ratification ou exécution volontaire de la donation par les héritiers du donateur *après son décès*, emporte renonciation à opposer, *soit les vices de forme*, soit toute autre exception.

D'où il résulte que le donateur peut toujours agir en nullité, nonobstant toute ratification ou exécution de la donation.

On pourrait dire qu'il résulte seulement des dispositions de l'art. 1339, que la ratification la plus expresse de la part du donateur ne saurait empêcher ses héritiers de demander la nullité de la donation ; ce qui est conforme à la loi 32, ff *de donat.*; mais qu'il reste à décider si cette ratification du donateur ne doit pas au moins l'empêcher d'agir lui-même.

Je réponds, qu'aux yeux de la loi il n'existe de donation que lorsqu'elle est revêtue des formes légales ; ainsi, dans la supposition, la donation étant nulle, le donateur, en la ratifiant ou exécutant, ne peut la constituer : *qui confirmat, nihil dat.* « Le vice résultant » de la nullité n'existerait pas moins, quoique l'acte fût » confirmé », dit M. *Bigot* dans son discours sur les obligations, pag. 109.

Il est vrai que l'exécution de la part de l'héritier du donateur le rendrait irrecevable à opposer le moyen de nullité; mais cette fin de non-recevoir n'est pas fondée sur la validité que l'exécution donne à la donation, mais sur la renonciation qui en résulte à opposer le moyen de nullité.

Cette dernière raison ne peut s'appliquer au donateur; car les formalités des actes sont de droit public, et l'on sent que le donateur pourrait se jouer de cette maxime, en faisant aujourd'hui une donation sous seing-privé, et en la ratifiant demain.

Enfin, de deux choses l'une : ou lors de la ratification ou exécution le donateur croyait sa donation nulle, ou il la croyait valide;

S'il la croyait valide, son exécution ou ratification ne saurait produire aucun effet, parce que les actes ne peuvent pas opérer au delà de l'intention des parties;

S'il la croyait nulle, ne la refaisant pas dans les formes légales, il a voulu la laisser dans cet état de nullité, et ne se dépouiller que d'une manière précaire.

Il faut donc dire que, nonobstant toute ratification ou exécution de sa part, le donateur peut opposer les vices de forme qui peuvent se trouver dans la donation par lui faite.

472. — Le donataire investi par une donation nulle dans la forme peut-il prescrire par trente ans, tant contre le donateur, que contre ses héritiers?

On peut dire que la prescription n'a point lieu; parce que l'on ne peut prescrire contre son titre, ni changer à soi-même la cause de sa possession; or, le donataire investi par un titre nul ne peut le valider par le laps de temps.

Je réponds que ces raisons ne sont que spécieuses, et que la prescription a lieu : la maxime qu'on ne peut se changer à soi-même la cause de sa possession, ni prescrire contre son titre, veut seulement dire, que celui-là qui a une fois commencé de posséder pour autrui, comme le fermier et le colon partiaire, ne peut jamais prescrire ; car le fermier et le colon ont dans leurs mains un titre qui vicie leur possession, et qui est en opposition formelle avec le droit de propriété ; le donataire, au contraire, est investi en vertu d'un titre essentiellement translatif de propriété ; il a donc commencé de jouir et de posséder pour lui, et comme maître ; sa possession est donc utile, et son titre, loin de la vicier, nous découvre, au contraire, que sa possession a la qualité nécessaire pour prescrire.

En un mot, quand la loi dit qu'on ne peut prescrire contre son titre, la loi parle d'un titre non translatif de propriété en faveur du possesseur, d'un titre, enfin, en opposition formelle avec le droit de propriété.

D'ailleurs, si la donation, nulle dans la forme, mettait obstacle à la prescription, il en résulterait qu'un titre nul produirait un effet ; ce qui ne peut être : la donation étant nulle, elle l'est à l'égard de tous, tant à l'égard du donateur, qu'à l'égard du donataire ; celui-ci doit être considéré jusqu'à un certain point comme s'il avait possédé sans titre.

Enfin, le donataire ne jouissant qu'en vertu d'un titre nul, il en résulte seulement, que le donateur et ses héritiers ont une action en nullité qu'ils peuvent exercer ; mais cette action est, comme toutes les autres, soumise à la prescription trentenaire. Vid. *Pothier*, donations, sect. 2, t. 3, art. 3, § 5.

Il faut donc dire, que le donataire investi en vertu d'une donation nulle dans la forme peut prescrire par trente ans, à compter de sa possession, et ce tant contre le donateur, que contre ses héritiers ; ainsi, si la prescription a couru pendant dix ans sur la tête du donateur, ses héritiers devront agir en nullité dans les vingt années.

473. — Mais si la donation, nulle dans la forme, excède la quotité disponible, alors, pour agir en réduction, les héritiers auront toujours trente ans, à

compter du décès du donateur, lors même que le donataire aurait joui de la donation pendant plus de trente ans pendant la vie de ce dernier; car la prescription anéantit seulement l'action en nullité compétant au donateur et à ses héritiers : cette action étant anéantie, la donation, de nulle qu'elle était, devient valable; mais elle est toujours donation, et, comme telle, elle se trouve soumise à l'action en réduction, action qui ne peut se prescrire que par trente ans, à compter du décès du donateur; car cette action ne prend naissance qu'à cette époque : on sent, d'ailleurs, qu'une donation, nulle dans la forme, ne peut avoir plus d'avantage qu'une donation valable.

Supposons que le donataire mis en possession soit incapable de recevoir du donateur; dans ce cas le donataire pourra-t-il prescrire par trente années ? *Pothier*, dans son introduction à la coutume d'Orléans, pense qu'un tel donataire ne peut prescrire, en vertu de la maxime *melius est non habere titulum, quàm habere vitiosum;* mais je pense que la prescription trentenaire pourra courir utilement au profit du donataire incapable, à compter du décès du donateur; car le donataire étant incapable de recevoir, il faudra considérer les choses comme si, par rapport à lui, le donateur n'avait eu rien de disponible.

CHAPITRE II.

Formalités intrinsèques de la donation, ou des conditions qui constituent son essence.

474. — Trois choses constituent essentiellement la donation :

    1.º Consentement du donateur;
    2.º Consentement du donataire;
    3.º Objet de la donation.

Il est impossible, en effet, de concevoir l'existence

d'une donation sans un donateur, sans un donataire, et sans un objet qui soit la matière de la libéralité.

§ I.er   *Consentement du donateur.*

475. — Ce consentement, pour être valable, doit être libre.

Il ne serait pas valable s'il n'était donné que par erreur, s'il était extorqué par violence, ou surpris par dol : vid. les art. 1109, 1110 et suivans ; les règles contenues dans ces articles s'appliquent également à la donation.

On peut voir un arrêt du parlement de Paris, du premier avril 1659, dans le journal des audiences, tom. 2, pag. 139, qui annulla une donation faite par Antoine Boutout, âgé de quatre-vingts ans, comme étant due à la violence du donataire.

« Il fut prouvé que le donateur avait été détenu par
» le donataire dans sa maison, et que par force il
» s'était fait faire la donation : la preuve de ce fait était
» dans le procès verbal du commissaire Picart, qui
» avait été fait, à la requête des héritiers, en la maison de
» René Varillas, donataire, pour enlever Boutout qui
» y était détenu. Le commissaire et les héritiers avaient
» trouvé la porte fermée, et ayant regardé par le trou de
» la serrure, et, enfin, la porte ayant été ouverte, Bou-
» tout s'étant mis à pleurer devant le nommé Valens,
» son neveu, se plaignant qu'on lui avait fait signer
» un contrat, sans savoir ce que c'était, et qu'il avait
» été forcé par M.e Varillas, et que c'était Dupuis,
» notaire, qui l'avait passé ». Tels sont les termes de l'arrêtiste.

476. — L'erreur de fait, disons-nous, de la part du donateur, vicie le consentement par lui donné.

L'erreur peut tomber, ou sur la chose, ou sur la personne.

Il y a erreur sur la chose, quand elle tombe sur la substance même de cette chose : par exemple, croyant donner un lingot de cuivre, je donne un lingot d'or ; croyant donner des chandeliers plaqués ou simplement dorés, je donne réellement des chandeliers ou d'argent, ou d'or ; dans tous ces cas, il y a erreur sur la chose même, et la donation est nulle.

477. — Il y a erreur sur la personne, non-seulement quand elle tombe sur l'individu lui-même, comme, par exemple, quand on donne à Pierre, croyant donner à Paul ; mais encore quand l'erreur tombe sur les qualités civiles du donataire.

L'erreur sur l'individu sera bien rare ; cependant il peut se rencontrer un concours extraordinaire de circonstances d'après lesquelles le donateur se trouvera avoir donné à Jean, croyant donner à Pierre ; mais une pareille donation serait non-seulement nulle par l'effet de l'erreur, mais encore par dol ; car cette erreur sur l'individu ne peut qu'être l'effet de manœuvres frauduleuses pratiquées envers le donateur.

478. — Il y a erreur sur les qualités civiles du donataire, quand, croyant que Jacques était mon neveu, je lui donne en cette considération : s'il est ensuite prouvé qu'il ne l'est pas, la donation est nulle par l'effet de l'erreur sur la personne, pourvu que la qualité supposée de neveu soit la cause principale de la donation.

La loi 4, au code *de hœred. instit.*, nous donne un exemple d'une erreur de cette espèce ; la loi est ainsi conçue :

L'empereur Gordien à Ulpius.

« Si votre père a institué un étranger comme son » fils, étant dans la fausse opinion qu'il était réellement » son fils, lequel il n'aurait pas institué, s'il avait su » qu'il lui était étranger, comme il a été prouvé dans » la suite, d'après la constitution des empereurs Sévère » et Antonin, il doit être éloigné de la succession ».

» *Si pater tuus, quasi filium suum hœredem instituit* » *quem, falsâ opinione ductus, suum esse credebat,*

» *non instituturus si alienum nosset, isque posteà subdi-*
» *tus esse ostensus est, auferendam ci successionem*
» *divorum Severi et Antonini placito continetur* ».

Sur les mots *non instituturus si alienum nosset*, disons, avec la *Glose*, *quod præsumitur;* ainsi, ce serait
à l'étranger à prouver que le testateur l'aurait également
institué s'il l'avait cru étranger.

De même, j'épouse aujourd'hui Sophie, qui est mariée, et que je croyais libre, et je lui fais donation ; cette
donation sera annullée, parce que j'ai cru donner à
une épouse légitime, et non à une bigame. Vid. la loi
32, § 27, ff *de donat. inter vir. et uxor.*

478. — La surprise et le dol vicient également le
consentement du donateur ; ainsi, toutes les fois qu'il
sera prouvé que sans les manœuvres frauduleuses pratiquées envers le donateur celui-ci n'aurait pas contracté, la donation est nulle.

Il ne faut pas le perdre de vue, le dol vicie tous les
actes auxquels il donne naissance : *in omnibus excipitur*
dolus ; et le dol se prouve toujours, non-seulement
par actes, mais encore par présomptions et par témoins.

§ II. *Du consentement du donataire, ou de l'accep-*
tation.

479. — Le consentement du donataire s'appelle
acceptation.

Nous allons entrer dans un certain détail relativement à cette partie essentielle de la donation, et qui
est susceptible de grandes difficultés.

480. — L'acceptation étant de l'essence de la donation, il en résulte nécessairement, que la donation
n'engage le donateur, et ne *produit aucun effet*, que
du jour qu'elle aura été *acceptée en termes exprès*,
(art. 932).

Cet article est ainsi conçu :

» La donation entre-vifs *n'engagera* le donateur ;

» et ne *produira aucun effet,* que du jour qu'elle aura
» été *acceptée en termes exprès* ».

» L'acceptation pourra être faite *du vivant du dona-*
» *teur* par acte postérieur et *authentique,* dont il
» restera minute; mais alors la donation n'aura d'effet,
» à l'égard du donateur, *que du jour où l'acte qui cons-*
» *tatera cette acceptation lui aura été notifié* ».

481. — Il résulte de cet article,

1.º Que l'acceptation doit être faite du vivant du
donateur ;

2.º Qu'elle peut être faite par acte postérieur à la
donation ;

3.º Que dans le cas d'acceptation postérieure, cette
acceptation doit être notifiée au donateur ;

4.º Que, dans tous les cas, l'acceptation doit être
expresse et authentique ;

5.º Que jusqu'à l'acceptation la donation ne produit aucun effet, et n'engage pas le donateur.

482.— Nous disons que *l'acceptation doit être faite*
du vivant du donateur, car le consentement du donateur et du donataire constituant la donation, l'on
sent que ce concours de consentemens ne saurait
exister, si lors de l'acceptation le donateur n'était plus.

Ainsi, l'acceptation faite après la mort du donateur
ne produirait aucun effet.

483. — Si le donataire n'est pas présent à l'acte de
donation, il peut accepter postérieurement pendant la
vie du donateur; et si lors de cette acceptation postérieure le donateur n'a pas révoqué le don, l'acceptation
produira son effet.

Car, il ne faut pas le perdre de vue, c'est le concours
du consentement du donateur et du donataire qui
constitue la donation ; si ce concours de consentement
n'existe pas, et ne peut pas être supposé, l'acceptation
est inutile.

Par l'acte de donation, le donateur a manifesté son
consentement de donner, et la loi le suppose, avec juste

raison, persévérer dans ce consentement jusqu'à ce qu'il annonce qu'il le révoque; ainsi, si le donataire se trouve accepter avant la révocation, son consentement se joint à celui du donateur, et la donation se forme.

Mais si, avant l'acceptation, le donataire meurt, ou révoque; dans ces deux cas, nulle supposition de concours de volontés, et, par conséquent, inutilité de l'acceptation.

484. — Ainsi, l'acceptation postérieure doit être faite pendant la vie du donateur, et avant sa révocation; le concours de ces deux circonstances est nécessaire.

La loi va encore plus loin; elle exige que l'acceptation postérieure soit notifiée au donateur, et que l'acceptation n'ait d'effet à son égard que du jour de cette notification.

D'où il résulte, que le donateur est le maître absolu de révoquer son don, non-seulement jusqu'à l'acceptation du donataire, mais encore postérieurement à cette acceptation, et jusqu'à la notification de l'acceptation qui doit lui en être faite.

485. — On peut demander par quels actes le donateur peut révoquer sa donation.

Lié par un acte public, nul doute que le donateur ne puisse se délier de la même manière, *eodem modo quo colligatum est;* ainsi, la révocation expresse serait valable, si le donateur la faisait par acte notarié.

Le donateur peut-il révoquer expressément sa donation par acte sous seing-privé?

Je ne le crois pas, la règle de droit *nihil tam naturale aliquid dissolvi eodem modo quo colligatum est* y résiste; s'il en était autrement, il faudrait dire qu'une simple lettre suffirait pour révoquer une donation non acceptée; ce qui me paraîtrait bien extraordinaire, car une simple lettre ne pouvait pas révoquer un legs universel. *Leg. 4, cod. de his quib. ut indig. auff.*

Quand nous demandons si un acte sous seing-privé peut révoquer une donation non acceptée, nous supposons que cet écrit a une date certaine ; car si la date n'était pas certaine, il serait même ridicule de mettre en question si un simple écrit du donateur peut révoquer la donation.

486. — On peut demander si un acte fait par un huissier, à la requête du donateur, signé de lui, et notifié au donataire, pour lui déclarer que le donateur révoque sa donation, présenterait une révocation valable.

Dans la rigueur des principes une pareille révocation devrait être considérée comme de nul effet ; cependant il me semble qu'elle serait un obstacle à ce que le donataire pût accepter dans la suite avec utilité : ainsi, et, sous ce point de vue, ladite révocation serait efficace.

487. — Outre ces révocations expresses, il existe des révocations tacites, qui produisent le même résultat.

Ainsi, toute aliénation faite de la chose donnée avant l'acceptation révoquerait le don, sans distinguer si l'aliénation est pure et simple, ou sous faculté de rachat ; si elle est volontaire, ou faite par nécessité : dans tous ces cas, la révocation aurait lieu.

Par le mot aliénation, on entend non-seulement une vente, mais encore un échange, une donation.

Pour révoquer il n'est pas nécessaire que l'acte de vente ou d'échange soit par acte public ; un acte de vente sous seing-privé suffirait, pourvu que cet acte eût acquis une date certaine avant l'acceptation.

Autrefois, en vertu de la maxime *subrogatus sapit naturam subrogati*, l'échange ne révoquait pas le legs, la chose donnée en échange se trouvant remplacée par la chose reçue : vid. *Serres,* pag. 326 ;

mais il en est autrement aujourd'hui : vid. l'art. 1038 du code.

D'ailleurs, il ne faut pas perdre de vue, que jusqu'à l'acceptation le donateur reste absolument le maître de la chose donnée; il peut en disposer selon sa volonté et ses caprices.

488. — Le donateur peut ne révoquer son don qu'en partie : si le donateur, après avoir donné une somme quelconque, ou un domaine, déclare, pardevant notaire qu'il révoque sa donation pour la moitié, pour le tiers, elle vaudra pour le surplus;

Par la même raison, si, avant l'acceptation du donataire, le donateur aliène, soit par vente, soit par échange, soit par une donation postérieure, une partie de l'objet donné, la révocation n'aura lieu que pour la portion aliénée.

489. — L'hypothèque spéciale consentie par le donateur sur l'immeuble donné opérerait-elle la révocation? non; mais le donataire, acceptant ensuite, ne recevrait les biens que sous l'affectation de toutes les hypothèques, tant générales, que spéciales dont ils se trouveraient grevés, et qui pourraient être inscrites jusqu'à la transcription, tant du contrat, que de la notification de l'acceptation. Vid. les art. 1020, 940 et 941 du code.

490. — Il est deux principes qu'il ne faut jamais perdre de vue :

1.º Que le donateur reste le maître absolu de la chose donnée jusqu'à l'acceptation ;

2.º Que l'acceptation n'existe pour le donateur que du moment où elle lui a été notifiée.

De ces deux principes résulte, comme nous l'avons déjà observé, cette conséquence rigoureuse, que jusqu'à cette notification le donateur peut disposer comme il lui plaît de la chose donnée.

491. — Supposons que l'acceptation de la donation soit faite pendant la vie du donateur ; mais que le

donateur meure avant que la notification de l'acceptation lui ait été faite : dans ce cas-là l'acceptation
pourra-t-elle être notifiée avec effet aux héritiers du
donateur ?

Nous avons déjà traité indirectement cette question
n.º 225 ; il suffit d'y renvoyer pour ne pas user de
répétitions.

J'ajoute qu'il est littéralement écrit dans l'art. 932
du code, que la notification de l'acceptation doit être
faite au donateur lui-même; or, comme l'acceptation
non suivie de notification ne dépouille pas le donateur,
il est clair que si celui-ci meurt avant ladite notification, il meurt saisi des biens donnés, et les transmet
à ses héritiers.

Dire que la notification de l'acceptation peut toujours être faite après le décès du donateur, pourvu
que celui-ci, ni ses héritiers n'ayent pas disposé des
choses données par un contrat emportant garantie,
c'est faire une distinction que la loi n'a pas faite, et
dont l'application serait presque impossible par une
infinité de difficultés qu'elle ferait naître.

D'ailleurs, de cette distinction il résulterait que
les héritiers du donateur pourraient postérieurement
à l'acceptation, et jusqu'à la notification, révoquer
expressément ou tacitement la donation faite par leur
auteur ; ce qui serait une violation expresse des anciens principes, et même une chose extraordinaire en
jurisprudence.

Ainsi, pour ne pas tomber, ni dans des contradictions, ni dans des difficultés sans nombre, il faut dire
que le code civil présente une innovation complète
sur cette matière, et que l'acceptation n'existe et ne
produit d'effet que du moment de la notification
faite au donateur.

492. — L'acceptation postérieure de la donation
peut-elle être faite par les héritiers du donataire? non :
si le donataire est mort sans avoir accepté, il n'a

transmis aucun droit à ses héritiers; donc l'acceptation de ceux-ci ne peut leur profiter, ils se trouvent accepter un don anéanti par la mort du donataire, car le droit d'accepter lui est personnel.

493. — Supposons que le donataire ait accepté, et qu'il meure avant la notification de l'acceptation; cette notification pourra-t-elle être faite par ses héritiers? non, car sans notification l'acceptation n'est rien; ainsi, cette question se réduit à celle que nous venons de traiter au n.º précédent, et que nous avons résolue pour la négative. Si les héritiers du donataire pouvaient efficacement notifier l'acceptation, il en résulterait qu'ils pourraient également accepter avec utilité: l'acceptation et la notification sont le complément l'une de l'autre; ces deux actes pris ensemble constituent le consentement du donataire: lui seul peut donc faire ces deux actes constitutifs de son consentement. Vid. le n.º 228.

494. — L'acceptation doit être faite en termes exprès: cette mention expresse ne peut être suppléée par équipollence; l'acceptation, enfin, ne peut être prouvée par induction, ni par les présomptions les plus fortes, telle que la présence du donataire à l'acte de la donation, la signature de cet acte, la mise en possession de la chose donnée, etc.: toutes ces circonstances sont inutiles; il faut, en un mot, *une acceptation expresse.*

Cela paraît rigoureux; mais telle est la loi.

Ecoutons M. *Bigot:* « *l'acceptation* étant une con-
» dition essentielle de la donation, on a dû exiger
» qu'elle fût acceptée *en termes exprès;* il résultera,
» sans qu'il ait été besoin d'en faire une disposition,
» que les juges ne pourront avoir aucun égard aux
» circonstances dont on prétendrait induire une
» acceptation tacite, et sans qu'on puisse la présumer,
» lors même que le donataire aurait été présent à l'acte

» de donation, qu'il l'aurait signé, ou qu'il serait
» entré en possession des choses données ».

Telle est, d'ailleurs, la disposition littérale de l'art.
6 de l'ordonnance de 1731.

495. — Il ne faut pas cependant croire que le mot
accepté soit sacramentel : remarquons avec *Sallé*,
pag. 17, « qu'il n'est pas absolument nécessaire de se
» servir du mot *acceptant;* cette obligation servile
» dégénérerait en minutie, et détruirait des actes où
» la volonté des parties est clairement expliquée ; il
» peut y avoir d'autres expressions équipollentes à
» celles d'accepter, comme *agréer,* et autres sembla-
» bles : l'ordonnance ne prescrit aucun mot sacramen-
» tel ; elle exige seulement que l'acceptation soit bien
» exprimée ».

Le mot *recevoir* me paraît une expression équipol-
lente à celle d'*accepter*.

Remarquons, d'ailleurs, que dans l'ordre de l'écriture l'acceptation peut précéder le don, parce qu'un
acte ne fait qu'un tout indivisible ; ainsi, il importe
peu, pour la validité de la donation, que l'acceptation
se trouve au commencement ou à la fin de l'acte.

496. — L'acceptation, soit dans l'acte de donation,
soit dans un acte postérieur, peut être faite, ou par le
donataire lui-même, ou par son fondé de procuration.

La procuration doit contenir le pouvoir d'accepter
spécialement la donation faite, ou un pouvoir général
d'accepter les donations qui auraient été ou qui pourraient être faites (art. 933).

Dans le doute, il faut toujours interpréter les termes
de la procuration dans le sens le plus favorable au
mandant.

497. — Toute procuration pour accepter une donation doit être passée devant notaire, et il doit en
rester minute (susdit art. 933); je dis qu'il doit en
rester minute, car la loi veut que l'expédition de cette
procuration demeure annexée à la donation ; or, parler

d'une expédition, c'est annoncer qu'il doit exister une minute ; j'aurais néanmoins de la peine à annuller une donation acceptée en vertu d'une procuration délivrée en brevet.

Autrefois une procuration sous seing-privé suffisait. Vid. *Furgole* sur l'art. 5 de l'ordonnance.

De ce que la procuration pour accepter doit être passée par-devant notaire, j'en conclus également que la procuration pour donner doit être notariée; et qu'ainsi une procuration pour donner étant sous seing-privé, la donation qui serait faite en conséquence serait nulle, et de nul effet, quoique revêtue elle-même de toutes les formalités ; cette conséquence me paraît rigoureuse : le consentement du donateur et du donataire doivent être exprimés et constatés de la même manière, tel est l'esprit de la loi ; mais aucune de ces expressions n'a induit à croire que la procuration pour donner ne puisse être délivrée en brevet.

498. — Si le procureur-fondé intervient dans l'acte de donation, et accepte, l'expédition de la procuration devra être annexée à l'acte.

Si l'acceptation n'a lieu que par acte séparé, l'expédition de la procuration devra être annexée à l'acte d'acceptation.

Si, dans ces deux cas, il était seulement fait mention de la procuration, sans qu'elle fût annexée aux actes, l'acceptation serait-elle valable ? la nullité paraît bien sévère ; car la procuration n'étant pas passée en brevet, l'on peut dire que l'existence de cette procuration peut être toujours matériellement prouvée, et que l'annexe de la procuration ne paraît pas une formalité substantielle de l'acte, l'art. 931 est, d'ailleurs, le seul qui porte la peine de nullité.

Cela est vrai ; mais l'art. 933 ordonne que la procuration soit annexée : cet article, j'en conviens, ne prononce pas la peine de nullité ; mais cette formalité

est

est ordonnée avec beaucoup d'autres, et l'on ne voit pas de raison pour décider que l'une de ces formalités puisse être impunément négligée, quand il est certain que les autres doivent être remplies avec ponctualité.

D'ailleurs, la nécessité d'annexer l'expédition de la procuration à l'acte de donation était, selon les commentateurs, ordonnée, à peine de nullité, par l'ordonnance de 1731. Vid. *Furgole*, sur l'art. 5 de l'ordonnance.

Il faut remarquer, enfin, l'expression impérative *devra*, qui se trouve dans l'art. 933 : « cette procura- » tion devra être passée devant notaire, et une expé- » dition devra en être annexée à la minute de la » donation, ou à la minute de l'acceptation qui serait » faite par acte séparé ».

Je ne pense pas néanmoins qu'il soit nécessaire, à peine de nullité, de faire mention expresse que la procuration a été annexée ; il suffit que le fait existe.

Cependant les notaires feront très-bien de ne pas négliger cette mention.

499. — L'acceptation postérieure faite par le donataire lui-même, ou par son fondé de pouvoirs, devra être passée par-devant notaire, et il doit en rester minute à peine de nullité ;

Car le double consentement du donateur et du donataire constituant la donation, il faut que ces deux consentemens soient constatés de la même manière, sans quoi point de donation, ni d'acceptation valables :

D'ailleurs, si l'acceptation était en Brevet, il dépendrait du caprice du donataire de supprimer son acceptation ; ce qui serait contre la nature de la donation, que le législateur regarde comme un engagement réciproque. Vid. le discours de M. *Bigot*, pag. 212.

500. — Si une donation est faite à une femme mariée, l'acceptation ne peut être faite qu'avec le consen-

tement du mari, ou, en cas de refus, avec l'autorisation
de la justice (art. 934).

Supposons cependant que la femme mariée ait
accepté la donation sans autorisation; le donateur
pourra-t-il, nonobstant cette acceptation, révoquer le
don? le donateur venant à mourir, la donation est-elle
de nul effet? en d'autres termes, l'acceptation de la
femme seule est-elle absolument nulle et inefficace?

Sallé, sur l'art. 9 de l'ordonnance, et *Pothier*, traité
des obligations, n.º 52, nous disent, que la femme
mariée est dans une incapacité absolue de contracter
seule un engagement civil, et qu'ainsi son acceptation
ne peut produire aucun effet; tel est aussi l'avis de
Ricard, part. 1.ʳᵉ, n.º 848; il faut même convenir
que cela résulte du susdit art. 9 de l'ordonnance, avec
néanmoins une restriction importante par rapport aux
biens qui seraient donnés aux femmes mariées pour
leur tenir lieu de paraphernal.

Je pense néanmoins que, d'après les dispositions du
code civil, la femme, le mari, ou leurs héritiers, peuvent opposer seuls le défaut d'autorisation; ce qui le
prouve, c'est que l'art. 225 du code se rapporte nécessairement à l'art. 917, qui défend à la femme
mariée d'acquérir à titre gratuit ou onéreux sans le
consentement du mari; et l'art. 225 nous apprend
que le mari, la femme et leurs héritiers peuvent seuls
se plaindre du défaut d'autorisation.

La loi me paraît sur ce point d'autant plus claire,
que l'art. 934 renvoie à l'art. 217; ce qui nous conduit nécessairement à l'art. 225.

Je reconnais que M. *Jaubert*, pag. 317, paraît pro-
fesser une doctrine différente, puisqu'il dit », que
» l'acceptation qui ne lierait pas le donataire ne
» saurait engager le donateur » : cette proposition est
vraie, si on l'applique aux formes extérieures de l'acceptation; ainsi, une acceptation nulle dans la
forme n'engagerait, ni le donateur, ni le donataire;

mais je ne puis adopter cette proposition considérée d'une manière générale, ni encore moins l'appliquer à l'acceptation faite par une femme mariée sans autorisation.

Le donateur est lié, mais la femme donataire ne l'est pas, si elle a accepté sans autorisation : voilà le principe.

501. — On peut demander, si du moins l'acceptation d'une femme mariée ne serait pas validée par le consentement postérieur de son époux ; ou s'il faut rigoureusement que ce consentement intervienne dans l'acte même de l'acceptation ?

On connaît les distinctions que les docteurs faisaient entre ce qu'ils appelaient l'autorité et le consentement, permission ou approbation.

Quand l'autorité était nécessaire, il fallait qu'elle intervînt dans l'acte même ;

Il en était autrement quand il s'agissait de consentement, de permission ou d'approbation : dans ces trois cas il suffisait de la ratification postérieure. Vid. *Furgole*, et les autorités qu'il cite sur l'art. 9 de l'ordonnance de 1731.

Sans entrer dans ces distinctions, et à ne considérer la validité de l'acceptation que par rapport au donateur et à ses héritiers, nous devons observer que puisque l'acceptation faite par la femme seule est valable, à plus forte raison le consentement du mari peut-il intervenir ensuite.

Mais si nous considérons la question relativement à la femme mariée elle-même, il y a plus de difficulté.

En effet, par sa seule acceptation la femme lie le donateur ; mais elle n'est pas liée : la femme peut toujours se pourvoir contre son acceptation (art. 225); le mari, en donnant son consentement postérieur, peut-il priver son épouse du droit qu'elle a de se faire restituer ? telle est la véritable question.

On peut dire, que la femme ayant donné son consentement par l'acte d'acceptation, elle est censée persévérer dans ce consentement jusqu'à révocation; or, n'existant pas de révocation, ce consentement se trouve exister lorsque celui du mari survient; et alors le concours des deux volontés ayant lieu, l'acceptation se trouve valide et efficace.

On peut répondre, qu'à la vérité, par l'acceptation, la femme a manifesté son consentement; mais ce consentement était invalide, et elle n'a persévéré que dans ce consentement imparfait; l'acceptation étant faite par la femme seule, il en est résulté deux droits distincts et séparés : 1.º droit en faveur de la femme pour se faire restituer; 2.º droit en faveur du mari pour faire révoquer l'acceptation : or, par le consentement postérieur le mari n'a fait que renoncer à son droit particulier et personnel; mais celui de la femme reste toujours intact, le mari n'avait aucune qualité pour y porter atteinte.

Il me semble qu'il n'est pas exact de dire que le consentement postérieur du mari priverait la femme d'un droit quelconque; il me semble que ce consentement ne fait que détruire aux yeux de la loi la présomption de surprise ou de lésion qui résulte de l'acceptation de la femme seule : or, ce consentement postérieur détruisant la cause et le principe de la nullité de l'acceptation, cette nullité ne saurait exister, ni à l'égard de la femme, ni à l'égard du mari : que l'acceptation de la femme seule soit invalide, j'en conviens; mais qu'elle ne puisse être validée par l'autorisation postérieure du mari, c'est ce que je ne trouve pas dans la loi.

« La femme, dit l'art. 217,..... ne peut acquérir » à titre gratuit ou onéreux sans le concours du mari » dans l'acte, *ou son consentement par écrit* ».

Ainsi, le consentement du mari peut intervenir, ou dans l'acte d'acceptation, ou être consigné dans un acte séparé; cela est textuellement écrit dans la loi.

Dira-t-on que la loi parle ici d'un consentement
inséré dans un acte antérieur à l'acceptation ? Je veux
le supposer ; mais il en résulte toujours qu'il n'est pas
nécessaire que les consentemens de l'époux et de l'épouse
soient simultanés : cela posé, je le demande , puisque le consentement antérieur du mari valide l'acceptation postérieure de la femme , pourquoi le consentement postérieur ne pourrait-il pas valider l'acceptation antérieure ?

Dire que le consentement postérieur du mari ne
peut pas valider l'acceptation antérieure , c'est soutenir que le consentement de la femme seule n'est
rien ; qu'il n'a pas même un germe d'efficacité, puisqu'il ne peut pas prendre vie lors du consentement
postérieur : proposition qui me paraît contraire au
texte et à l'esprit de la loi.

502. — Quand la donation est faite à un mineur
ou à un interdit , par qui l'acceptation devra-t-elle
être faite ?

L'art. 935 est ainsi conçu : « la donation faite à
» un mineur non émancipé , ou à un interdit , devra
» être acceptée par son tuteur , conformément à l'art.
» 463 , au titre de la minorité, de la tutelle et de
» l'émancipation ».

Le mineur émancipé pourra accepter avec l'assistance de son curateur.

Néanmoins les père et mère du mineur émancipé
ou non émancipé , ou les autres ascendans , même
du vivant des père et mère, *quoiqu'ils ne soient, ni*
tuteurs , ni curateurs des mineurs, pourront accepter
pour lui. Pour la validité de cette acceptation , il
n'est pas nécessaire que l'ascendante qui accepte soit
autorisée par son époux. Vid. *Pothier,* en son traité
des donations, et *Furgole,* sur l'art. 7 de l'ordonnance : « ce n'est pas l'ascendante qui contracte, c'est
» son fils mineur qui est censé contracter par son
» ministère ».

503. — Il résulte de cet article plusieurs dispositions importantes : nous voyons ,

1.º Que le tuteur peut accepter pour le mineur
ou interdit ;

2.º Que le mineur émancipé peut accepter avec
l'assistance de son curateur ;

3.º Que tout ascendant du mineur , lors même qu'il
ne serait pas son tuteur, peut accepter pour lui.

Ces dispositions textuelles ont besoin de quelques
développemens.

504. — Le tuteur , disons-nous , doit accepter pour
le mineur, et son acceptation doit être faite conformément à l'art. 463 du code.

Or , l'art. 463 porte, que la donation faite au mineur ne pourra être acceptée par le tuteur qu'avec
l'autorisation du conseil de famille : *elle aura*, ajoute
l'article , *à l'égard du mineur le même effet qu'à
l'égard du majeur*.

Résulte-t-il de la combinaison des articles 463 et
935 que l'acceptation faite par le tuteur non autorisé par le conseil de famille est de nul effet; en
sorte que, nonobstant cette acceptation , le donateur
puisse révoquer ?

Il faut convenir que l'affirmative semble résulter
des dispositions du susdit art. 463 ; la manière dont
il est conçu semble lever tout doute.

Cependant, comme le susdit article n'emporte pas
peine de nullité , non plus que l'art. 935, j'ose dire
que l'acceptation faite par le tuteur seul est toujours
valable à l'égard du donateur : celui-ci est lié par
cette acceptation , elle est efficace par rapport à lui;
mais elle ne produit aucun effet à l'égard du mineur,
qui, devenu majeur, pourra soutenir qu'il n'existe
pas d'acceptation.

Je fonde cette distinction sur la fin du susdit art.
463, qui dit , « que l'acceptation autorisée par le con-

» seil de famille aura , à l'égard du mineur , le même
» effet qu'à l'égard du majeur ».

Sans doute , pour que l'acceptation lie le mineur
comme si, étant majeur , il acceptait lui-même, il faut
que cette acceptation soit solennelle , réfléchie et précédée de l'avis des parens ; mais pour que cette acceptation lie simplement le donateur et ses héritiers, sans
préjudicier au mineur , je ne vois pas la nécessité
absolue et impérieuse de l'autorisation des parens.

En fait de donations l'avantage du mineur dépend
souvent d'un instant qu'il faut saisir ; en attendant
l'assemblée et l'avis des parens les mouvemens de la
bienfaisance peuvent s'affaiblir par les froides réflexions
de l'égoïsme ou par les inspirations d'une jalousie
intéressée.

Il est de principe, que les lois introduites en faveur
des mineurs ne doivent pas être interprétées de manière à leur causer du préjudice ; or , la distinction
que je fais est absolument avantageuse aux mineurs ,
tandis que l'autre leur serait très-souvent funeste : *ea
potiùs accipienda interpretatio est quæ vitio careat.*

D'ailleurs , l'avis des parens n'était pas nécessaire
pour valider l'acceptation des tuteurs : l'art. 7 de l'ordonnance le dit textuellement. Vid. *Sallé* et *Furgole ,*
sur cet article.

Enfin , et cette raison me paraît trancher la difficulté, c'est qu'un ascendant du mineur peut valablement accepter pour lui , quoiqu'il ne soit pas son
tuteur ; et cette acceptation est valable *sans l'avis des
parens :* cela résulte du susdit art. 935 , et notamment
de la conjonction adversative *néanmoins ,* qui commence le second alinéa de cet article. D'ailleurs , M.
Bigot le dit textuellement, pag. 214 : « les liens du
» sang et de l'affection ont été considérés comme étant
» à cet égard un mandat suffisant; et, sans porter
» atteinte , soit à la puissance paternelle, *soit à l'admi-*
» *nistration des tuteurs ,* tous les ascendans de l'un

» et de l'autre sexe, *à quelque degré qu'ils soient*,
» auront le pouvoir d'accepter pour leurs descendans,
» même du vivant des père et mère, et quoiqu'ils ne
» soient ni tuteurs, ni curateurs du mineur, sans
» qu'il soit *besoin d'aucun avis des parens* ».

Quoi! une grand'mère, sans l'autorisation de son
époux, sans l'avis de son fils, père de l'enfant donataire, pourrait seule accepter la donation faite à ce
petit-fils, et un tuteur ne le pourrait pas!!

Un ascendant tuteur a-t-il plus de pouvoir qu'un
autre tuteur collatéral ou étranger? non, leurs droits
sont égaux : tous les articles du code relatifs à la
tutelle le prouvent; ainsi, considérés comme tuteurs,
l'ascendant et l'étranger n'ont pas plus de droit l'un
que l'autre; et cependant l'on veut qu'un ascendant
non tuteur puisse accepter seul une donation, et
que le tuteur ne le puisse pas!! Je ne vois pas de
justes motifs pour approuver cette conséquence.

La présomption d'affection et d'intérêt pour le mineur donne à l'ascendant le droit d'accepter.

Mais cette présomption d'intérêt pour le mineur
se trouve dans la personne du tuteur : il est le plus
souvent parent; il est choisi, ou par les père ou mère,
ou par le conseil de famille; ce qui prouve présomption d'attachement pour le mineur, et, d'ailleurs,
pourquoi le tuteur seul ne pourrait-il pas faire la
condition du mineur meilleure sans préjudice pour
lui ?

Il existe un arrêt de la cour de Colmar, qui, conformément aux principes ci-dessus, a déclaré valide
et régulière une acceptation faite par le tuteur sans
autorisation du conseil de famille. Vid. le recueil de
M. *Sirey*, an 1809, 2.ᵉ part., pag. 321.

Ceux qui n'approuveront pas ma manière de voir
doivent convenir, au moins, que si le tuteur est en
même temps ascendant, il peut valablement accepter,
en sa seule qualité de tuteur, sans avoir besoin d'aucun

avis des parens : c'est ce que la cour de cassation a jugé le 25 juin 1812. Vid. le recueil de M. *Sirey*, an 1812, pag. 400.

505. — Les ascendans même non tuteurs, ni curateurs, peuvent accepter, disons-nous, pour leurs enfans mineurs, émancipés ou non émancipés ; mais le pouvoir des ascendans se borne là : si l'enfant donataire est majeur, il devra accepter lui-même ; l'acceptation de ses père et mère ne produirait aucun effet.

506. — L'acceptation du tuteur ou de l'ascendant peut être faite, tant dans l acte de donation, que par acte séparé.

On sent que cette acceptation doit être faite dans les formes légales ;

On sent, de plus, que la présence du mineur non émancipé à l'acte d'acceptation n'est pas nécessaire ; mais que cette présence ne saurait la vicier.

507. — Quant au mineur émancipé, il peut accepter lui-même, avec l'autorisation de son curateur (art. 935).

Le curateur du mineur émancipé pourrait-il accepter tout seul ? Si ce curateur était un ascendant, il le pourrait : la loi y est expresse ; mais s'il n'est pas un ascendant, l'on peut dire que son acceptation ne peut produire aucun effet, car il ne représente point la personne du mineur ; il lui est donné pour l'assister dans l'examen du compte tutélaire et dans les autres actes qui ne sont pas de pure administration. Ainsi, le curateur, n'ayant que la qualité de surveillant et d'assistant, ne peut pas accepter tout seul ; en un mot, le curateur ne pouvant pas obliger la personne du mineur sans son consentement, il ne peut pas non plus contracter pour lui. Vid. *Duperier*, liv. 4, n.ᵒˢ 416 et 417, t. 2, pag. 210 de la dernière édition.

Je pense cependant que le curateur du mineur émancipé peut accepter pour lui, car celui qui est investi du droit de surveiller les intérêts de quelqu'un a, par voie de suite, pouvoir de faire la condition de celui-ci meilleure.

L'ordonnance de 1731 donnait aux curateurs le droit d'accepter.

Ce droit leur était également acquis par les lois romaines. Vid. *Furgole*, quest. 2.

Ce droit doit encore leur appartenir, car nous devons donner une interprétation ample et favorable à tout ce qui peut être une occasion d'avantage pour les mineurs.

508. — Le mineur émancipé, disons-nous, doit accepter la donation avec l'assistance de son curateur.

Mais le mariage émancipant de plein droit, art. 476, la femme mineure, autorisée par son mari, peut-elle valablement accepter? l'autorisation du mari ne remplace-t-elle pas l'assistance du curateur; ou, pour mieux dire, le mari n'est-il pas lui-même curateur *ipso jure?*

Je pense que le mari majeur est curateur, *ipso jure*, de son épouse mineure : vid. un arrêt de la cour d'appel de Pau, dans le recueil de M. *Sirey*, an 1813, 2.e part., pag. 1.re; et qu'ainsi, l'acceptation faite par cette dernière, sous l'autorisation, ou avec le consentement de son mari, serait valable.

509. — Une donation étant faite à un enfant mineur et marié, l'ascendant de cet enfant pourra-t-il accepter pour lui? nul doute; lors même que la donation serait faite à une femme mineure sans l'autorisation de son mari, l'acceptation de l'ascendant de cette femme validera la donation. Je me fonde sur les dispositions de l'art. 935, qui donne à l'ascendant le droit d'accepter pour le mineur *émancipé*, sans distinguer les causes de l'émancipation, ni le sexe de l'émancipé; d'ailleurs, l'acceptation de la part de l'ascendant éloigne toute idée contraire à l'honnêteté et à la décence.

510. — Il nous reste à traiter une grande question,

celle de savoir si le mineur peut accepter une donation qui lui est faite sans l'assistance de son tuteur.

D'après les lois romaines il le pouvait, parce qu'il
était de règle et de principe, que le mineur pouvait
faire sa condition meilleure : *pupillus omne negotium
rectè gerit*, dit le § IX, aux Inst. *de inut. stipul.;* vid.
la loi 9, ff *de aut. et cons. tutorum.*

Le pouvoir qu'avait le mineur d'accepter une donation est littéralement consacré par le texte des Insti-
tutes, au tit. *de aut. tutor. : si quid dari stipulentur
pupilli, non est necessaria tutoris autoritas.* Vid.
Furgole, quest. 2.

Heineccius, dans ses pandectes, part. 4, § 336,
s'explique là-dessus d'une manière bien précise.

Il pose d'abord cet axiome, qu'un pupille peut
rendre sa condition meilleure : *pupillus quidem posse,
et sine tutoris autoritate, meliorem reddere con-
ditionem.*

Et de cet axiome il tire cette juste conséquence,
que le pupille peut, à l'insçu de son tuteur, stipuler
pour lui, et accepter une donation : *ex illo axio-
mate fluit pupillum, et inscio tutore, sibi posse stipu-
lari donationem, vel acceptilationem recipere.* Lib. 2,
ff *de acceptil.*

L'ordonnance de 1731 est-elle basée sur d'autres
principes ? Je ne le pense pas, quoique telle soit l'opinion de *Sallé*, de *Boutaric*, de *Serres* et de *Furgole ;*
mais l'opinion de ces auteurs est combattue par d'autres,
et notamment par *Pothier*, dans son traité des obligations, n.º 52, *in fine.*

Ce savant auteur soutient que l'ordonnance de
1731 n'a porté aucune atteinte au principe d'après
lequel le mineur peut faire sa condition meilleure ;
il combat ensuite l'opinion de *Furgole*.

Un arrêt tout récent de la cour d'appel de Nîmes
vient de consacrer la doctrine de *Pothier :* cet arrêt
est du 12 août 1808 ; il est rapporté dans le recueil

de M. *Sirey*, an 1809, 2.ᵉ part., pag. 53. J'avoue que la cour de cassation paraît avoir jugé le contraire le 11 juin 1816. Vid. M. *Sirey*, an 1817, pag. 114.

Mais quels sont les principes du code civil sur cette matière? Je conviens qu'il paraît résulter de la combinaison des art. 463 et 935 du code, que le mineur ne peut accepter seul une donation : telle est l'opinion de M. *Malleville* sur ledit article 463.

Cela paraît encore résulter du discours de M. le tribun *Jaubert*, qui nous dit, pag. 317 :

« L'acceptation *qui ne lierait pas le donataire* » *ne saurait engager le donateur ;* ainsi, il est natu- » rel .... que la donation faite à un mineur *ne* » *soit acceptée que par le tuteur* ou par un ascen- » dant; que si le mineur émancipé peut intervenir » pour l'acceptation, ce *ne soit qu'avec* l'assistance du » curateur ».

Malgré toutes les inductions que l'on peut tirer desdits articles et de ces expressions de M. le tribun *Jaubert*, il me semble qu'il faut encore décider que le mineur seul peut faire sa condition meilleure, et accepter, par voie de suite, une donation, qui est un acte avantageux de sa nature.

Or, le principe, que le mineur peut faire sa condition meilleure, est-il consacré par le code? nul doute.

L'art. 1124 dit bien que le mineur ne peut contracter; mais cette incapacité du mineur n'est relative qu'à son intérêt : il peut seul invoquer son incapacité ; les personnes qui ont contracté avec lui ne peuvent demander, ni la nullité, ni la rescision du contrat. « Les personnes capables de s'engager ne peu- » vent opposer l'incapacité du mineur avec qui elles » ont contracté (art. 1125) ».

Le mineur est si fort capable de contracter, qu'il est obligé de se pourvoir dans les dix ans de sa majorité, et de prouver même une lésion quelconque (art. 1304 et 1305 du code).

Ainsi, il est rigoureusement établi qu'un mineur peut stipuler seul dans un contrat, même synallagmatique, et faire sa condition meilleure.

Il y a plus, il est littéralement écrit que ceux qui contractent avec le mineur sont irrévocablement engagés à son égard.

Comment donc le donateur ne le serait-il point ! comment pourrait-il invoquer contre un mineur une incapacité qu'un autre contractant à titre onéreux ne pourrait pas lui opposer ! !

En un mot, ce principe est constant : *le mineur peut faire sa condition meilleure ;* or, de ce principe découle cette conséquence rigoureuse, que le mineur peut accepter seul une donation ; il est impossible de nier la conséquence.

Sans doute cette conséquence, toute rigoureuse qu'elle est, doit le céder à la disposition textuelle de la loi ; mais où est cette disposition textuelle ? où est cette opposition formelle avec le principe qui veut que le mineur puisse contracter à son avantage ?

Invoquera-t-on l'art. 463 ? mais cet article, sainement entendu, me paraît prouver précisément le contraire ; il est ainsi conçu : « la donation faite au mineur ne » pourra être acceptée par le tuteur qu'avec l'auto- » risation du conseil de famille ».

« Elle aura, à l'égard du mineur, le même effet » qu'à l'égard du majeur ».

Que dit cet article ? il dit que l'acceptation du tuteur ne pourra être faite qu'avec l'autorisation du conseil de famille ; mais cet article ne dit pas que l'acceptation ne pourra être faite que par le tuteur ; et, on le demande, si telle eût été l'intention du législateur, se serait-il expliqué d'une manière si obscure, et, on ose le dire, si contraire à son intention ?

Le législateur aurait dit tout simplement dans son art. 463 : « *la donation faite au mineur ne pourra*

» *être acceptée que par le tuteur, et avec l'autori-*
» *sation du conseil de famille* ».

Qu'on compare cette disposition avec celle consignée
dans l'art. 463, et l'on trouvera entr'elles une grande
différence; mais si cette différence est immense, nous
devons en conclure que ces deux propositions ont
été rédigées avec une intention toute opposée.

Ainsi, l'art. 463, loin d'être contraire au système
que j'embrasse, le prouve et le fortifie.

On invoque contre ce système les dispositions de
l'art. 935.

La première partie de cet article ne fait que régler
le mode d'acceptation de la part du tuteur, et se réfère
en conséquence à l'art. 463; ainsi, cette première
partie de l'article n'est pas contraire à notre système.

La deuxième partie est ainsi conçue : « le mineur
» émancipé pourra accepter avec l'assistance de son
» curateur ».

Sans doute, de cette proposition l'on peut conclure
que, puisque l'assistance du curateur est nécessaire
pour accepter, l'acceptation faite par le mineur seul
serait sans effet.

Mais cet argument, *à contrario sensu*, est le moins
concluant de tous, et conduit presque toujours à
l'erreur.

D'ailleurs, quand le législateur dit que le mineur
pourra accepter avec l'assistance du curateur, il ne
s'explique ainsi que par rapport à la seconde partie
de l'art. 463; il ne le fait, en un mot, que pour dire
que l'acceptation faite par le mineur, assisté de son
curateur, aura le même effet à l'égard du mineur
qu'à l'égard du majeur : voilà tout, et tel est le véritable sens et l'esprit de cette partie de l'art. 935.

Enfin, l'uniformité dans les lois, leurs rapports et
leurs conséquences est un bien; toute contrariété serait
un mal, un vice essentiel; et ce mal doit être clairement

écrit pour exister : il n'est pas possible de le conclure ou de le présumer par induction.

Or, je le demande, n'y aurait-il pas une contradiction absolue et frappante à soutenir, d'un coté, que le mineur peut acquérir à titre onéreux, s'il fait sa condition meilleure, et qu'il ne peut pas acquérir *à titre gratuit*, quand toutes les chances d'avantage sont pour lui, et qu'il peut ensuite se mettre à l'abri de tout préjudice, en se faisant restituer : quoi! le vendeur ne pourrait pas opposer l'*incapacité* du mineur, et le donateur le pourrait !! Que deviendrait l'acte qui présenterait en faveur du mineur, de la part de la même personne, une **vente** et une **donation**? cet acte serait-il en partie nul, et en partie valide?? Quoi qu'on puisse dire, je verrai dans cette dernière proposition, dans cette scission de l'acte, une contradiction choquante et presque inexcusable.

J'en étais là de mes réflexions, quand j'ai vu dans le répertoire de jurisprudence, *verbo* mineur, pag. 205, que ses auteurs professent une autre doctrine.

Ils observent le mot *devra*, qu'on trouve au susdit art. 935; ils remarquent que l'ordonnance de 1731 se servait du mot *pourra*; et, comparant ces deux expressions, ils concluent que la première est *impérative*.

Je répons, que cette observation et la conséquence seraient rigoureuses, si le susdit art. 935 disait seulement, *que l'acceptation devra être faite par le tuteur ;* mais l'article dit qu'elle *devra* être acceptée par le tuteur, *conformément à l'art.* 463; ainsi, le verbe impératif *devra* ne se rapporte pas au fait même de l'acceptation, mais à la manière dont cette acceptation doit être faite par le tuteur; d'ailleurs, l'expression facultative *pourra* se trouve dans l'art. 463.

Ils remarquent ensuite l'identité que la loi établit entre l'interdit et le mineur; mais cette identité n'est que relative à la forme d'acceptation faite par le tuteur : d'ailleurs, ce n'est pas le mineur qui est com-

paré à l'interdit, mais bien l'interdit au mineur ; l'art.
509 le dit textuellement : « l'interdit est assimilé au
» mineur pour sa personne et pour ses biens » ; ainsi,
l'on ne peut tirer aucune induction de cette identité
déjà établie par la loi.

M. *Merlin* remarque les expressions de la seconde
partie de l'art. 935 ; mais nous avons répondu à cette
objection.

Enfin, M. *Merlin* nous dit, que le procès verbal
de la discussion du code civil au conseil d'état prouve
d'une manière évidente que le mineur ne peut accepter une donation que par le ministère de son tuteur,
autorisé par un avis des parens.

Sans doute le procès verbal de la discussion peut
servir d'interprète à la loi ; mais il ne peut, ni y ajouter,
ni la modifier ; d'ailleurs, ce commentaire de la loi a
lui-même besoin d'interprétation ; de plus, c'est le
texte de la loi seul qui la constitue ; le texte seul est
proprement l'ouvrage du législateur.

Cela posé, si la discussion au conseil d'état paraît
me dire que telle disposition se trouve dans la loi ; si
je n'y trouve pas *cette disposition* ; si sur-tout cette disposition qu'on prétend exister présente une contradiction évidente avec les autres dispositions du code ; dans
un tel embarras, j'aime mieux croire qu'il y a lacune
ou incorrection dans le procès verbal, que dans le
texte de la loi : ce texte est toujours plus soigné ; il est
le dernier résultat de la discussion ; enfin, il constitue
seul la voix du législateur.

Je me suis fait une autre objection contre mon système, que je ne dois pas dissimuler ; et cette objection
trouve son fondement dans l'art. 933, qui porte, « que
» si le donataire est majeur, l'acceptation doit être faite
» par lui ou par son procureur-fondé ».

Si le donataire est majeur : de ces mots on pourrait conclure, que le majeur seul peut accepter, et
qu'ainsi le mineur ne le peut pas.

Je

Je réponds, que c'est encore là un argument *à contrario sensu*, dont il faut toujours se méfier.

Enfin, et j'en reviendrai toujours là : le code civil, quoique composé de plusieurs lois différentes, n'en forme pas moins un tout continu et uniforme, où la moindre contradiction ne doit pas être présumée; or, il me semble que toutes les objections doivent le céder aux dispositions de l'art. 1125, qui nous dit, que les personnes capables de contracter *ne peuvent opposer l'incapacité du mineur*, de l'interdit ou de la *femme mariée* avec qui ils ont *contracté*. Voilà le véritable et énergique commentaire des susdits art. 463 et 935 : ces trois articles, dans mon système, se concilient sans effort; dans le système contraire, il existe entr'eux une palpable contradiction.

Qu'on lise encore le discours de M. *Bigot*, sur les obligations, pag. 18; on y trouvera cette expression énergique : *dans aucun cas des gens capables de* » *contracter ne doivent être admis à faire prononcer* » *la nullité de l'acte qui serait avantageux à des* » *mineurs,* même impubères ».

Pag. 94 M. *Bigot* ajoute : « si le mineur n'était » pas *lésé*, il n'aurait pas d'intérêt à se pourvoir, et la » loi *lui serait même préjudiciable*, si, sous le prétexte » de *l'incapacité*, un contrat *qui lui est avantageux* » pouvait être annullé; le résultat de son *incapacité* » est de ne pouvoir être *lésé*, et non de *ne pouvoir* » *contracter* ».

Nulle part M. *Bigot* ne présente une exception à raison de la donation; et l'on sent que de son silence et de la généralité de ses expressions résulte une forte induction en faveur de l'opinion que j'embrasse.

D'ailleurs, se trompe-t-on en interprétant la loi en faveur des mineurs, qu'elle protège, et contre les nullités qu'elle ne consacre qu'avec regret ! Faudrait-il adopter cet étrange principe, que le mineur peut valablement accepter une donation déguisée sous la forme d'un contrat onéreux ; mais qu'il ne peut accepter une donation directe et expresse ?

511. — Pierre donne un immeuble à Jean et à Joseph ; Jean seul accepte : cette acceptation profite-t-elle à Joseph ?

Non, sans doute ; Joseph est donataire, il doit donc accepter lui-même, ou par son procureur-fondé : l'acceptation de Jean est absolument inutile à Joseph ; l'ancienne jurisprudence était certaine sur ce point : elle était fondée sur les lois 10 et 26, ff *de donat.* ; sur la loi 64, ff *de cont. empt.* ; sur la loi 110, ff *de verb. oblig.* : vid. *Ricard*, part. 1.re, n.º 872, et *Furgole*, quest. 1.re : les mêmes principes sont consacrés par le code civil, art. 933 et 1121.

512. — Dans l'exemple ci-dessus, par le défaut d'acceptation de Joseph, la donation profite-t-elle en entier à Jean, par droit d'accroissement, ou bien est-elle nulle pour la portion donnée à Joseph ?

Cette question, comme l'on voit, se réduit au fait de savoir si le droit d'accroissement a lieu dans les donations.

Ricard, part. 1.re, n.º 872 ; part. 3.e, n.º 477 ; *Jovet*, dans sa bibliothèque des arrêts, pag. 17, soutiennent que le droit d'accroissement a lieu entre codonataires.

Furgole, quest. 1.re, professe une autre doctrine ; il invoque en sa faveur l'opinion de *Cujas*, de *Duaren*, de *Perez* et de *Despeisses*.

Maynard avait traité cette question, liv. 8, chap. 73, et il avait décidé que le droit d'accroissement n'avait pas lieu.

Serres, pag. 473, dit que régulièrement le droit d'accroissement n'a pas lieu dans les contrats ; telle est la doctrine de *Montvallon*, traité des successions, chap. 6, art. 25, et de *Duperier*, tom. 2, pag. 189 de la dernière édition.

Que faut-il décider d'après les dispositions du code ?

Il me semble qu'il faut décider que le droit d'accroissement n'a point lieu.

1.º Le code n'établit le droit d'accroissement que par rapport aux legs : cette raison suffit.

2.º Le droit d'accroissement n'investit pas au moment de la donation le donataire acceptant de l'intégralité du don ; car le donataire non acceptant peut accepter ensuite, et détruire le droit de l'autre codonataire ; d'où il résulte, que la portion du non acceptant a toujours resté dans les biens du donateur ; autrement comment l'acceptation d'un des codonataires pourrait-elle dépouiller l'autre, au moyen d'une stipulation étrangère à ce dernier ? Or, le donateur demeurant investi jusqu'à l'acceptation du codonataire absent, l'accroissement ne pourrait avoir lieu, que lorsqu'il serait prouvé que l'acceptation ne peut plus être faite ; ce qui arrive par la mort du donateur ou du donataire non acceptant : si c'est par la mort du donataire non acceptant, il se trouverait, pour ainsi dire, donner ce qu'il n'avait pas ; si c'est par la mort du donateur, la donation aurait l'effet d'un testament jusques et à concurrance de la portion accrue.

On pourrait répondre à ces raisonnemens, en disant, que le droit d'accroissement est fondé sur une espèce de donation conditionnelle de l'intégralité du don en faveur de l'acceptant, dans le cas où l'autre codonataire mourrait sans avoir accepté.

Mais interpréter ainsi la volonté du donateur, c'est visiblement y ajouter, et, par conséquent, la violer d'une manière expresse ; d'ailleurs, cette donation conditionnelle de l'intégralité du don serait nulle, étant faite sous une condition potestative de la part du donateur, qui pourrait empêcher la vérification de l'accomplissement de la condition, en révoquant avant l'acceptation du codonataire absent.

Il faut donc décider que le droit d'accroissement n'a pas lieu dans une donation.

513. — Je pense néanmoins que cette règle générale reçoit une exception dans le cas d'une donation
d'une chose indivisible.

Par exemple : Pierre a donné à Jacques et à Joseph
un droit de servitude pour leurs héritages ; Jacques a
seul accepté.

Peut-on dire, dans cette hypothèse, que Jacques n'a
acquis aucun droit par son acceptation ? non, sans
doute ; car ce serait faire dépendre l'effet d'une donation
faite à Jacques de la volonté d'un tiers.

C'est peut-être parler improprement, que de dire
que, dans cette hypothèse, Jacques profite de l'intégralité du don par droit d'accroissement ; c'est plutôt par
la nature même des choses et par l'effet de l'indivisibilité de la chose donnée, car la servitude étant indivisible, chaque donataire a un droit entier et absolu à la
chose donnée.

514. — Pierre vend à Jacques un domaine, à la
charge d'en payer tout ou partie du prix à Joseph.

Cette stipulation n'est qu'un mandat donné à Joseph
pour recevoir, et qui le rendra comptable de la somme
reçue.

Ainsi, cette vente et cette charge peuvent se trouver dans un acte sous seing-privé.

Mais si Pierre avait chargé l'acquéreur de payer à Joseph telle somme, en faisant *donation à ce dernier*, ce
serait autre chose ; une pareille stipulation présenterait
tous les caractères d'une véritable donation : ainsi, elle
devrait être revêtue de toutes les formalités des donations ; c'est ce qui résulte de l'art. 1973, qui dispense
seulement des formalités des donations les rentes via-
gères constituées au profit des tiers ; or, comme l'on
dit, l'exception confirme la règle.

515. — Pierre donne un immeuble à Jacques, et
le charge de donner à Joseph mille écus, ou une certaine portion de ce domaine.

Jacques accepte; mais Joseph ne figure point dans la donation.

On peut demander, 1.º si l'acceptation de Jacques peut profiter à Joseph, qui n'accepte pas pendant la vie du donateur; 2.º si jusqu'à l'acceptation de Joseph Pierre peut révoquer la charge?

Quant à la révocation, il faut décider sans difficulté que Pierre peut l'opérer jusqu'à la notification de l'acceptation de Joseph; ainsi, Joseph, second donataire, doit accepter, et faire notifier son acceptation, tant au donateur, pour arrêter la révocation, qu'à Jacques, pour l'empêcher de payer à Pierre les trois mille francs, sous le prétexte d'une révocation de la part de Pierre, et de l'ignorance de l'acceptation de la charge de la part du second donataire.

Le principe de la révocation de la charge jusqu'à l'acceptation du second donataire était généralement admis avant l'ordonnance de 1747, sur les substitutions; on peut voir les questions de droit de M. *Merlin*, *verb.* stipulation pour autrui, et *Furgole*, question 5 : l'irrévocabilité fut consacrée par les art. 11 et 12 de la susdite ordonnance; mais le code rétablit la jurisprudence antérieure : l'art. 1121 décide sans difficulté, que jusqu'à l'acceptation de la charge, celui qui l'a stipulé peut la révoquer au préjudice du non acceptant.

Passons à la seconde question : supposons que Pierre décède avant l'acceptation de Joseph; dans ce cas, Joseph pourra-t-il réclamer les trois mille francs que Jacques était chargé de lui donner, ou ces trois mille francs feront-ils partie de la succession de Pierre?

Furgole, sur l'art. 10 de l'ordonnance de 1731, décide que Pierre étant décédé sans révoquer la charge, les mille écus appartiennent à Joseph; c'est en ce sens qu'il décide que l'acceptation du premier donataire profite au second : l'acceptation du premier donataire, dit-il, suffit pour assurer la forme de la donation;

mais non pour lier la volonté du donateur; ainsi, selon
Furgole, quoique le donateur puisse révoquer la
charge, s'il meurt sans l'avoir révoquée, elle appartient
au second donataire, qui n'a fait aucun acte d'acceptation pendant la vie du donateur.

Telle est aussi l'opinion de M. *Grenier*, n.º 74, qu'il
fonde sur un arrêt de la cour d'appel d'Angers, du 8
avril 1808.

Cette question n'est pas sans difficulté : 1.º l'art. 11
de l'ordonnance de 1731 validait expressément la
charge en faveur du second donataire, par la seule
acceptation du premier ; en d'autres termes, cette ordonnance investissait le premier donataire du pouvoir
d'accepter efficacement pour le second : or, les dispositions du susdit art. 11 ne se trouvent pas rappelées dans le code.

2.º Si, d'après l'ancienne jurisprudence, l'acceptation
du premier donataire profitait au second, c'est que la
donation avec charge était considérée comme une
substitution, qui devait valoir au profit des appelés
par la seule acceptation du grevé ; mais la charge de
donner *actu* une somme ou un objet de la donation à
un tiers ne peut être considérée sous le code comme
une substitution, parce que le retranchement en faveur
du second donataire s'opère à l'instant même où le
premier se trouve saisi ; d'ailleurs, si l'on considérait la
donation avec charge comme une véritable substitution, elle serait nulle pour le tout.

3.º La donation avec charge présente réellement
deux donations : il y a nécessairement deux donataires ; or, l'acceptation du premier ne peut profiter au
second, que dans le cas où il se trouverait investi du
droit d'accepter pour lui; or, cet investissement ne peut
venir que de la volonté de la loi, ou du fait de l'homme : le premier donataire est investi du pouvoir d'accepter par l'effet de l'homme, quand le second donataire lui a donné mandat ; il est investi par la volonté

de la loi, quand il se trouve tuteur ou ascendant : il l'était même en sadite qualité de premier donataire par le susdit art. 11 de l'ordonnance de 1731 ; mais, il faut le répéter, nulle part le code ne donne au premier donataire le pouvoir d'accepter pour le second.

4.° Jusqu'à l'acceptation du second donataire, le donateur peut sans difficulté révoquer la charge ; il peut faire cette révocation d'une manière expresse ou tacite ; en un mot, le donateur peut dire : je révoque la charge, ou il peut vendre, aliéner à titre gratuit ou onéreux la chose que le premier donataire était chargé de donner au second ; enfin, jusqu'à l'acceptation du second donataire, le donateur demeure maître absolu de la charge ; il peut en disposer à sa fantaisie : or, peut-on dire que ce droit est purement personnel au dona-teur, qu'il s'éteint avec lui ? peut-on dire que celui-là qui peut disposer d'une chose n'est pas propriétaire de cette chose ? Mais si jusqu'à son décès le donateur s'est trouvé propriétaire, comment son droit pourrait-il passer au second donataire ? est-ce en vertu de la donation ; mais comment une donation, inefficace un instant avant le décès, pourrait-elle être validée par la mort du donateur ? La valider par le décès, ne serait-ce pas métamorphoser la donation entre-vifs en donation à cause de mort ? cette métamorphose est-elle possible ?

En un mot, la donation avec charge présente deux donations : ces deux donations doivent être acceptées du vivant du donateur ; l'acceptation après le décès serait inutile, parce que le concours de consentement ne peut se trouver.

Ainsi, je pense qu'il est au moins très-prudent à tout second donataire d'accepter la charge, de faire cette acceptation pendant la vie du donateur, et par acte notarié, et de faire signifier l'acte d'acceptation, tant au donateur, qu'au premier donataire : cette ac-ceptation de la part du second donataire me paraît nécessaire dans tous les cas, et lors même que la charge serait imposée dans le contrat de mariage du. premier donataire ; car la faveur du contrat ne peut profiter qu'à ce dernier.

Remarquons que du moment de l'acceptation faite par le second donataire, celui-ci a une action directe contre le premier, pour le forcer à remplir la charge ; telle est la disposition littérale de la loi 3 , cod. *de donat. quæ sub mod.* : vid. *Pothier*, obligations, n.° 71 ; la bibliothèque des arrêts par *Jovet*, lettre A, pag. 18 ; les questions de droit de M. *Merlin*, tom. 1.er , pag. 378, et tom. 8, pag. 49 et 456 ; cela résulte même des dispositions du susdit art. 1121 du code : ainsi, le second donataire peut agir directement contre le premier pour obtenir le payement de la charge ; et si cette charge est une somme payable au second donataire, celui-ci peut agir contre le premier par voie de commandement, en vertu de la donation en forme exécutoire.

516. — Les père et mère de l'enfant naturel mineur peuvent accepter pour lui. *Furgole*, question 3 , n.° 27. *Ricard* est d'un avis différent, n.° 853 ; mais il faut s'en tenir à l'opinion de *Furgole*.

517. — Le mari peut-il accepter pour sa femme ? *Furgole*, question 4, dit qu'il le peut ; il invoque, à l'appui de son opinion, la jurisprudence du ci-devant parlement de Bordeaux.

La question me paraît douteuse : sous l'empire du code civil, nous voyons que le donataire doit accepter par lui-même ou par un procureur-fondé ; nous voyons ensuite que la donation faite à la femme mariée doit être acceptée par elle, sous l'autorisation de son mari ; nous ne voyons pas que le mari seul soit investi par la loi d'aucun pouvoir.

Sans doute l'on peut dire que principalement sous le régime dotal le mari est l'administrateur des biens dotaux ; qu'il a, sous ce rapport, et à cause de son droit de jouissance, le plus grand intérêt à accepter la donation faite à son épouse ; l'on peut même ajouter qu'il est comme son procureur légal.

Nonobstant ces raisons, il me semble que l'acceptation du mari seul n'est pas valable, parce qu'il n'a pas le droit de stipuler pour son épouse, à moins que ce ne soit pour les actes de simple administration ; d'ailleurs, le mari, en cette seule qualité, ne peut pas obliger son épouse : or, l'acceptation d'une donation soumet nécessairement à des obligations. Vid. *Roussille* sur l'art. 9 de l'ordonnance de 1731.

Le curateur au ventre peut-il accepter une donation faite à l'enfant non encore né ? je le crois. Sans doute le curateur au ventre ne devient que subrogé-tuteur ; mais jusqu'à la naissance de l'enfant, le curateur au ventre est investi du pouvoir légal de faire tout ce qui est avantageux à l'enfant non encore né ; d'ailleurs, tout doit s'interpréter pour lui d'une manière ample et favorable : telle est aussi l'opinion de *Furgole* sur l'art. 7 de l'ordonnance.

518. — Une donation nommément faite en contemplation d'un tel mariage, mais non dans le contrat de mariage lui-même, a-t-elle besoin d'acceptation ? le mariage s'accomplissant ensuite n'en résulterait-il pas une acceptation suffisante ?

L'art. 1087 est ainsi conçu : « les donations faites » par contrat de mariage ne pourront être attaquées, » ni déclarées nulles, sous prétexte de défaut d'accep- » tation ».

Les mêmes expressions se retrouvent à peu près dans l'art. 10 de l'ordonnance de 1731.

Comme *Furgole*, je ne pense pas qu'il faille s'en tenir judaïquement à la lettre de la loi ; il faut donc examiner si la faveur du contrat de mariage exempte de la formalité de l'acceptation, ou bien si l'exemption n'est pas due à l'accomplissement du mariage en vue duquel la donation a été faite.

Sans doute le contrat de mariage est un acte solen-

nel ; il est fait en présence d'un grand nombre de
personnes ; il contient les conventions respectives de
deux familles qui s'unissent : sous ce rapport l'acte
est digne de la plus grande faveur.

Mais tous ces avantages du contrat de mariage s'éva-
nouissent , si le mariage ne s'accomplit pas ; tout alors
devient nul et de nul effet : c'est tout comme si
le contrat n'avait jamais existé.

C'est donc l'accomplissement du mariage qui seul
donne vie à ce contrat ; c'est donc l'accomplissement
du mariage qui est l'unique cause de la faveur dont
ce contrat est entouré.

D'ailleurs, peut-on dire que ce soit à titre de pure
faveur que les donations par contrat de mariage sont
exemptes de la formalité de l'acceptation ? quelle acceptation plus formelle, plus énergique du contrat et de
tout ce qu'il renferme que l'accomplissement du mariage !! L'accessoire devant être subordonné au principal, et le suivre par l'accomplissement du mariage,
par l'exécution de la foi promise le principal du
contrat produit tout son effet, il doit en être de même
des accessoires.

Si les donations par contrat de mariage sont exemptes de la formalité de l'acceptation, c'est, 1.º parce
qu'elles sont faites en contemplation d'un mariage pro-
jeté ; 2.º parce que de l'accomplissement du mariage
résulte une acceptation formelle et efficace : la circonstance du contrat de mariage lui-même ne me paraît
pas grand'chose ; la preuve en est, que la donation
qui y serait faite à d'autres qu'aux futurs époux aurait
besoin d'acceptation.

Or, ces deux motifs qui dispensent de l'acceptation
expresse se trouvent dans l'espèce proposée , où l'on
trouve donation en contemplation de mariage, et accomplissement de ce mariage : j'ose le dire, ce serait pousser
la rigueur trop loin, que d'annuller une pareille donation par défaut d'acceptation expresse ; ce serait , par

un sacrilége respect pour le texte, violer ouvertement l'esprit de la loi.

Il ne faut jamais le perdre de vue, l'esprit des lois est ennemi de toute subtilité, et l'équité, qui doit être dans tous les cas envisagée, consiste principalement dans la juste conciliation des termes de la loi avec son esprit.

519. — Un tuteur veut faire une donation en faveur du mineur dont il gère la tutelle, par qui cette donation doit-elle être acceptée?

Si le mineur a un ascendant, cet ascendant pourra accepter la donation.

Je pense que le subrogé-tuteur peut également accepter pour le mineur.

Un tuteur *ad hoc* pourrait lui être nommé, et l'acceptation de ce tuteur serait valable.

Il est bon que l'acceptation du subrogé-tuteur et du tuteur *ad hoc* soit précédée de l'autorisation du conseil de famille.

520. — Supposons que le tuteur ait fait une donation à son mineur, et que cette donation n'ait pas été acceptée d'une manière régulière, ou qu'il n'existe pas d'acceptation, le tuteur pourra-t-il opposer le défaut d'acceptation?

Je ne le pense pas : sans doute le tuteur, en sa simple qualité de donateur, ne peut être soumis à la garantie à raison de la chose donnée ; mais il est responsable des nullités procédant de son fait, ainsi que du défaut d'acceptation, car il était facile au tuteur de faire faire cette acceptation d'une manière régulière ; et ne l'ayant pas fait, il est responsable de sa faute et de sa négligence : telle est l'opinion de *Ricard*, part. 1.ʳᵉ, n.º 862.

Le tuteur est responsable du défaut de transcription de la donation faite au mineur (art. 942); par la même raison il doit être responsable du défaut d'acceptation valable.

Ainsi, le tuteur ayant fait une donation à son mineur, le défaut d'acceptation de cette donation ne pourra être opposé, ni par le tuteur, ni par ses héritiers. Mes principes viennent d'être consacrés par la cour de cassation, par son arrêt du 11 juin 1816. Vid. M. *Sirey*, an 1817, pag. 114.

D'après l'art. 937 du code, les donations faites au profit des hospices, des pauvres d'une commune ou d'établissemens publics, doivent être acceptées par les administrateurs de ces communes ou établissemens, après y avoir été dûment autorisés.

Ainsi, jusqu'à l'autorisation du gouvernement, l'acceptation des administrateurs ne produit aucun effet; en d'autres termes, l'autorisation doit précéder l'acceptation : l'acceptation non autorisée est nulle et inefficace.

Il résulte des décrets des 4 pluviôse an 12 et 12 août 1807, que les susdits administrateurs peuvent, d'après la seule autorisation du sous-préfet, accepter les donations pures et simples d'argent, denrées ou meubles non excédant 300 fr. Vid. le traité des donations de M. *Grenier*, n.° 71.

CHAPITRE III.

De la Tradition.

521. — On entend par tradition dans une donation le transport ou remise de la chose donnée en la puissance et possession du donataire.

On distingue deux espèces de traditions : la tradition réelle et la tradition feinte.

Il y a tradition réelle d'une chose, quand cette chose est réellement et de fait remise au donataire;

Il y a tradition feinte, toutes les fois qu'on fait passer à quelqu'un la possession d'une chose sans tradition réelle, comme dans le cas de vente avec rétention d'usufruit : cette rétention d'usufruit de la part du vendeur constitue la tradition feinte de la chose vendue.

Plusieurs coutumes exigeaient pour la validité d'une donation, non-seulement une tradition feinte, mais encore une tradition réelle.

D'autres coutumes, telles que celles de Paris et d'Orléans, se contentaient d'une tradition feinte : l'on peut voir *Pothier*, donations, sect. 2, art. 2, § 1.er

Le code civil a justement proscrit toutes ces subtilités ; l'art. 938 est ainsi conçu : « la donation dûment » acceptée sera parfaite par le seul consentement des » parties, et *la propriété* des objets donnés sera » *transférée* au donataire sans qu'il *soit besoin d'autre* » *tradition* ».

Tels étaient, d'ailleurs, les principes de la loi romaine et de la jurisprudence des pays de droit écrit. Vid. *Furgole*, sur l'art. 15 de l'ordonnance de 1731. La donation était parfaite par la seule stipulation et par le simple pacte, sans tradition de fait, ni de droit. *Leg.* 35, § 4 et 5, cod. *de donat.*

Il résulte de l'art. 938 ci-dessus transcrit, que par l'effet de l'acceptation du donataire la propriété des biens lui est transmise ; ainsi, si postérieurement à cette acceptation le donateur vendait ou hypothéquait les biens donnés, il serait, même par rapport au donataire, coupable de stellionat, et, sous ce rapport, passible de tous dommages-intérêts, même à peines et par corps.

Ceci n'est pas en contradiction avec ce que nous avons dit plusieurs fois, que le donateur n'est pas soumis à la garantie des choses données : sans doute il n'y a pas lieu à la garantie par rapport aux vices inhérens à la chose, ni par rapport à l'éviction ou à la perte qui ne provient pas du fait du donateur lui-même ; mais si l'éviction a lieu par le fait du donateur postérieur à la donation, alors celui-ci doit néces-

sairement garantir : s'il en était autrement, il faudrait
dire qu'après le contrat le donateur reste encore le
maître de révoquer la donation , ou d'en détruire
l'effet selon son inconstance et ses caprices ; ce qui
serait contre la nature même des choses, et blesserait
ouvertement la maxime, *donner et retenir ne vaut.*

523. — Supposons que par deux actes successifs, et
également valables dans la forme, Pierre ait donné
le même objet à deux personnes différentes, à qui
la préférence sera-t-elle accordée?

Pour traiter cette importante question, il faut distinguer les donations des objets mobiliers d'avec les
donations d'immeubles : s'il a été fait donation successivement à deux personnes du même objet mobilier,
il peut se rencontrer, ou qu'aucun des donataires n'a
été mis en possession réelle, ou que la possession ait
été accordée à l'un d'eux.

Si l'un des deux donataires se trouve en possession
réelle, il sera préféré à l'autre, lors même que celui-ci
aurait un titre antérieur : cela résulte de la maxime,
in pari re melior est causa possidentis ; et cela est ,
d'ailleurs, littéralement écrit dans l'art. 1141, ainsi
conçu : « si la chose qu'on s'est obligé de donner ou
» de livrer à deux personnes successivement est pure-
» ment mobilière, celle des deux qui a été mise en
» possession *réelle* est préférée, et en demeure proprié-
» taire, encore que son titre soit postérieur en date,
» pourvu toutefois que la possession soit de bonne
» foi ».

Observons que la préférence n'est accordée qu'à la
possession réelle ; ainsi, la tradition feinte, résultant de la réserve d'usufruit de la part du donateur,
la clause de constitut et de précaire n'opérerait pas
cet effet: la remise même des clefs du bâtiment qui
contient le meuble donné ne constituerait pas la possession *réelle* ; il faut, en un mot, que le donateur

se soit réellement dessaisi, que le meuble ne soit plus en sa possession, ni dans une maison lui appartenant.

S'il s'agit d'une créance qui ait été donnée à deux, dans ce cas la priorité de possession se déterminera par la priorité de la notification de la donation au débiteur cédé.

Il ne faut pas perdre de vue que, dans tous ces cas, il faut que celui qui oppose la priorité de possession soit de bonne foi, c'est-à-dire, qu'il ait agi dans l'ignorance de la donation antérieure ; mais s'il a colludé frauduleusement avec le donateur pour dépouiller le premier donataire, alors sa possession ne saurait lui profiter : *fraus sua nemini patrocinari debet.* Vid. l'instruction facile sur les conventions, pag. 116 et 117.

524. — Si aucun des deux donataires d'un meuble n'a été mis en possession, la préférence doit être accordée à la priorité du titre, et le second donataire aura son action en garantie contre le donateur.

525. — Mais s'il s'agit de deux donations successives du même immeuble, la question est très-embarrassante et très-difficile à résoudre.

La fameuse loi 15, cod. *de rei vindic.*, nous dit textuellement, que lorsqu'un héritage a été vendu ou *donné* à deux personnes différentes, la préférence est accordée à celle qui la première a été mise en possession.

Quoties duobus in solidum prædium jure distra-hitur, manifesti juris est eum cui priori traditum est in detinendo dominio esse potiorem..... Cùm et si ex causâ donationis utrique dominium rei vindicetis, eum cui priori possessio soli tradita est, haberi potiorem conveniat.

Et pourquoi cette préférence en faveur du premier possesseur, même postérieur en titre ? parce que, et faisons attention à ce motif, parce que, par la première vente, non suivie de tradition, le vendeur ne s'était pas dépouillé de la propriété, en vertu de la maxime, *non nudis pactis, sed traditionibus dominia rerum transferuntur. Leg.* 20, cod. *de pactis.* C'est ce qui se trouve clairement expliqué dans la loi 6; au code *de hœred. et act. vendit.* L'empereur Alexandre y décide textuellement, que celui qui a vendu une hérédité sans tradition des choses héréditaires reste toujours le maître de cette hérédité; voilà pourquoi, ajoute l'empereur, en vendant ces mêmes choses à un autre, il a pu lui en transmettre la propriété.

Qui tibi hœreditatem vendidit antequàm res hœreditarias traderet dominus earum perseveravit, et ideò, vendendo eas, aliis dominium transferre potuit; sed quoniam contractûs fidem fregit ex empto actione conventus, quanti tuâ interest præstare cogetur.

On pourrait remarquer ici que la donation étant valable sans tradition, *leg.* 35, §4 et 5, cod. *de donat.*, le motif qui fait donner la préférence à l'acquéreur qui se trouve le premier en possession ne peut être invoqué en faveur du donataire qui se trouve le premier saisi des biens donnés.

Mais, sans approfondir ici cette difficulté, il nous suffit de remarquer que, d'après la susdite loi 15, cod. *de rei vindicat.*, il n'existe aucune différence entre l'acquéreur et le donataire : de même qu'entre deux acquéreurs la préférence est accordée au premier qui se trouve en possession, de même entre deux donataires celui-là conserve la chose qui le premier s'en trouve saisi; telle était, d'ailleurs, la jurisprudence certaine et constante des pays de droit écrit : il n'y avait de difficulté que par rapport à ce que l'on devait entendre par être mis en possession. *Vid. Ricard,* part. 1.re, chap. 4, sect. 2, distinct. 1.re; *Furgole,* quest. 39; *Catellan,* liv. 5, chap. 28, et *Pothier,* traité du contrat de vente, n.° 319.

Ainsi fixés sur les anciens principes, examinons la question d'après les dispositions du code.

Or,

Or, il peut se rencontrer trois cas ou trois hypothèses : 1.º le cas où la tradition réelle n'aura été
faite à aucun des donataires ;

2.º Le cas où l'un des deux se sera mis le premier
en possession ;

3.º Enfin, le cas où l'un des deux donataires aura
transcrit l'acte de donation avant l'autre.

Dans la première hypothèse, celle où les deux
donataires ne peuvent invoquer, ni priorité de possession, ni priorité de transcription, il résulte de
l'art. 938 que la préférence est due sans difficulté au
donataire qui a pour lui la priorité du titre ; car,
d'après cet article, du moment du contrat, la propriété
a été transférée au donataire, sans qu'il fût besoin
d'autre tradition : ainsi, lors de la seconde donation,
le donateur n'a pu transmettre aucun droit au second
donataire, puisqu'alors lui-même n'en avait plus ;
d'ailleurs, et dans tous les systèmes, tout est au moins
égal entre les deux donataires ; et alors la préférence
devant être déterminée par quelque chose, la priorité
du titre doit l'emporter.

Supposons qu'aucun des donataires n'ait transcrit ;
mais que le second donataire se trouve le premier
en possession, dans ce cas à qui la préférence doit-
elle être accordée ?

Si l'on pouvait dire que le code civil a été formé
d'un seul jet ; que lorsqu'on a rédigé l'art. 1141 le
système hypothécaire était définitivement arrêté, la
question ci-dessus se trouverait résolue par les dispositions du susdit art. 1141 ; car cet article ne donne
la préférence à la possession qu'en fait de *meubles* ;
c'est-à-dire, qu'il en est tout autrement par rapport
aux immeubles : *qui de uno dicit, de altero negat.*

Mais l'art. 1141 ne préjuge rien par rapport aux
immeubles ; la preuve en résulte de l'art. 1140, qui
porte, « que les effets de l'obligation de donner ou

» de délivrer un immeuble sont réglés au titre de
» la vente et au titre des priviléges et hypothè-
» ques ».

Il faut donc recourir à ces titres pour résoudre
la question de préférence entre deux donataires du
même immeuble.

Mais nous y chercherions en vain la solution explicite et littérale de cette question.

L'art. 1583 nous dit : « la vente est parfaite entre
» les parties, et la propriété est acquise de droit à
» l'acheteur *à l'égard du vendeur*, lorsqu'on est con-
» venu de la chose et du prix, quoique la chose n'ait
» pas encore été *livrée*, ni le prix payé ».

Cet article, comme l'on voit, est basé sur les mêmes
principes que l'art. 938 ; ainsi, nous pouvons dire
que la tradition n'est pas nécessaire pour dépouiller,
soit le vendeur, soit le donateur ; le simple acte
suffit.

Mais si la propriété est acquise indépendamment
de la livraison, et par le fait même de l'acte, il en
résulte (la propriété ne pouvant résider en même
temp *et in solidum* sur deux têtes) que lors de la
seconde donation le donateur n'était plus propriétaire;
qu'il a ainsi donné la chose d'autrui : donation nulle
par argument de l'art. 1590, et d'après la loi 9, ff
de donat.; d'où il résulte que la tradition faite au
second donataire ne peut produire aucun effet, ni
être opposée au premier.

Ce que nous disons est conforme aux principes de
la loi romaine, car nous avons déjà observé que si,
d'après la législation romaine, le premier possesseur
était préféré, c'est parce que, d'après les principes
d'alors, la première vente sans tradition n'avait pas
dessaisi le vendeur. Aujourd'hui, au contraire, le
seul contrat dessaisissant, nous devons en tirer une
conséquence toute contraire, et dire que la mise en

possession du second donataire ou acquéreur ne peut
lui donner aucune préférence.

M. *Malleville*, sur l'art. 2182, professe une doctrine
différente ; il pense que la préférence doit être accordée à celui qui le premier a été mis en possession :
nous ne pouvons adopter son opinion, d'après les
raisons ci-dessus développées. Ainsi, nous croyons que
la préférence est due à la priorité du titre : cela nous
paraît résulter de l'ensemble des dispositions de la loi et
de son esprit. Écoutons M. le tribun *Jaubert*, dans son
rapport sur les donations, pag. 318 ; il nous dit :
« lorsque la donation a été ainsi acceptée, les biens
» donnés sont hors *du patrimoine du donateur*, qui
» ne pourrait *changer cet état de chos s* par aucune
» espèce de *moyens*. Toutes les *atteintes* qu'il essayerait
» de porter à la propriété du donataire seraient un
» *délit contre les propr étés d'autrui* ». On ne peut
pas dire d'une manière plus énergique qu'une seconde
donation ne peut jamais détruire l'effet de la première ;
d'ailleurs, comment la circonstance de la possession
détruirait-elle un acte antérieur régulier, efficace et
valide dans son principe ?? Le second acte lui seul
ne saurait porter préjudice au premier ; or, comment
la possession en vertu de ce second acte opérerait-elle
ce que l'acte ne peut pas opérer ? L'acte seul transfé-
rant la propriété, le second acte, plus la possession,
ne peut également transmettre que la propriété ; ainsi,
les deux résultats sont égaux ; et, dans cette égal té,
la priorité du titre doit l'emporter.

526. — Passons au troisième cas : supposons que
le deuxième donataire ait fait transcrire avant le premier, cette circonstance de la transcription antérieure
lui donnera-t-elle la préférence ?

Avant de traiter cette question, il faut préalablement examiner si le second donataire peut opposer
au premier le défaut de transcription ; car si cette
question était décidée pour l'affirmative, la question

de préférence n'existerait plus; le second donataire dirait au premier : par défaut de transcription, votre donation est nulle par rapport à moi.

Examinons donc si le second donataire peut opposer le défaut de transcription.

Sans doute, toute donation d'immeubles doit être transcrite (art. 940 du code).

Le défaut de transcription peut être opposé par toutes personnes ayant intérêt, excepté celles qui sont chargées de faire faire la transcription et le donateur, (art. 941).

De ce dernier article résulte-t-il que les seconds donataires puissent opposer le défaut de transcription?

Nous voyons que toutes les personnes intéressées peuvent opposer ce défaut ; or, si l'on considère cette proposition d'une manière générale, nul doute que le second donataire n'ait intérêt à opposer le défaut de transcription, soit pour éviter la réduction, qui commence toujours par la donation postérieure ; soit pour obtenir la préférence, en cas de concours.

Mais la loi entend-elle parler de cet intérêt qu'on appelle *de lucro captando*, ou bien de cet intérêt majeur que nous avons tous à ne pas perdre ce que nous avons déjà, et qu'on appelle *de damno vitando?* La difficulté est sérieuse.

Le donateur est seul nommément exclu du droit d'opposer le défaut de transcription (art. 941): l'on s'est demandé si les héritiers étaient également exclus; et l'on a répondu qu'ils l'étaient ; cependant l'on voit le grand intérêt qu'ils avaient à opposer le défaut de transcription, puisque par là la donation devenait de nul effet; malgré cet intérêt ils sont irrecevables: d'où il semble résulter que l'intérêt *de lucro captando* ne donne pas le droit d'opposer le défaut de transcription.

Et c'est aussi ce qu'il faut tenir pour certain : ceux-là seuls peuvent opposer le défaut de transcription qui, depuis la donation, ont traité à titre onéreux avec le donateur. De là il résulte que, ni les héritiers du donateur, ni les légataires, ni les seconds donataires ne peuvent opposer le défaut de transcription. M. le tribun *Jaubert* le dit textuellement, pag. 318 de son rapport sur les donations; vid., d'ailleurs, l'arrêt que la cour de cassation vient de rendre le 12 décembre 1810 : il se trouve dans le recueil de M. *Sirey*, an 1811, pag. 34.

La première question préliminaire ainsi résolue, c'est-à-dire, étant décidé que le second donataire qui a transcrit ne peut pas opposer au premier le défaut de transcription, il nous reste à voir si du moins la transcription faite par le second donataire ne doit pas lui donner la préférence sur le premier.

Je ne le pense pas : du moment de l'acceptation de la première donation, le donateur a cessé d'être propriétaire; le donataire a été irrévocablement saisi, et pour opérer cet investissement du donataire le contrat seul a suffi.

Sous la loi du 11 brumaire le contrat ne suffisait pas pour transporter la propriété, il fallait encore la transcription; mais les principes de la loi du 11 brumaire ne subsistent plus : sous le code, la propriété est transférée par le contrat seul, comme elle l'était sous la loi du 11 brumaire par le contrat et par la transcription; en un mot, le contrat seul équivaut aujourd'hui au contrat, plus la transcription sous la loi du 11 brumaire.

Ainsi, sous le code civil, le donateur, étant dépouillé par le premier acte, ne peut, ni vendre, ni donner; ni hypothéquer la chose donnée; elle n'est plus à lui. Vid. le discours de M. le tribun *Grenier* sur les hypothèques, pag. 364; donc la seconde donation est nulle, donc la transcription de cette seconde donation ne peut rien opérer : comment la transcription d'un acte nul produirait-elle quelque effet? Vid. M. *Malleville*, tom. 4, pag. 321 et 322.

Cependant il ne faut pas disconvenir que ces mots, *à l'égard du vendeur*, qu'on trouve dans l'art. 1561, semblent prouver que, par cet article, on n'a rien voulu préjuger par rapport au système hypothécaire, et qu'on a inséré cette restriction dans le cas où, par rapport aux tiers, il serait décidé qu'il faudrait après la vente remplir quelque formalité : écoutons M. *Grenier*, pag. 103 de son discours sur la vente.

« Mais à ce sujet même il était essentiel que le » législateur indiquât que cette règle dans sa géné- » ralité ne devait avoir lieu, comme il est dit dans » l'art. 2, que de l'acheteur à l'égard du vendeur ; » il était de toute évidence que cette règle ne devait » pas être appliquée à l'égard des tiers qui pourraient » avoir sur la chose un droit antérieur à la vente qui » en serait faite; elle ne devait pas plus l'être à l'égard » des tiers qui n'auraient acquis un droit que posté- » rieurement à la vente, mais qui devaient le conser- » ver, si cette vente n'avait pas été revêtue de certaines » formalités prescrites par la loi, comme moyens de » parvenir à la consolidation de la propriété.

» Je citerai pour exemple de ce que je viens de » dire la formalité de la transcription des contrats » de vente établie par l'art. 26 de la loi du 11 bru- » maire an 7, relative au régime hypothécaire, et » qui peut être maintenue par la loi qui est attendue » sur les hypothèques : jusqu'à cette transcription, » les actes translatifs de biens et droits susceptibles » d'hypothèques ne peuvent être opposés aux tiers » qui auraient contracté avec le vendeur, et qui se » seraient conformés aux conditions établies par cette » loi du 11 brumaire.

» On sent donc la sagesse de la limitation de l'art. » 2 du projet de loi résultante de ces expressions, *et* » *la propriété est acquise de droit à l'acheteur à l'égard* » *du vendeur* ».

Mais la loi sur les hypothèques décide-t-elle que la

transcription soit nécessaire pour opérer à l'égard des tiers le transport de la propriété? non, sans doute, M. le tribun *Grenier* l'observe lui-même, pag. 364 de son discours sur les hypothèques.

La chose est même facile à prouver d'après les dispositions de la loi ; l'art. 2167 est ainsi conçu » : si le » tiers-détenteur ne remplit pas les formalités qui » seront ci-après établies *pour purger sa propriété*, il » demeure, par le seul fait des inscriptions, obligé, » comme détenteur, à toutes les dettes hypothécaires, » et jouit des termes et délais accordés au débiteur » originaire ».

Par cet article la loi nous annonce que si l'acquéreur ne remplit pas certaines formalités, *il ne purgera pas sa propriété*, et demeurera chargé de payer toutes les dettes, ou de délaisser.

Donc, avant l'accomplissement de toutes ces formalités, l'acquéreur a *la propriété* ; il l'a, mais non *purgée*.

Or si, au nombre de ces formalités prescrites pour *purger la propriété*, nous trouvons la transcription, nous pouvons dire qu'il est rigoureusement prouvé qu'avant la transcription la propriété est acquise ; car puisque la transcription est la première formalité à remplir pour purger la *propriété*, cette propriété existait auparavant.

Cette vérité résulte encore des dispositions des art. 2181 et 2182 : la transcription n'est pas ordonnée par ces articles ; elle est purement facultative, et indiquée comme un moyen de purger les biens vendus, c'est-à-dire, de détacher de ces biens les priviléges et hypothèques, et de convertir ces priviléges et hypothèques en actions sur le prix.

La transcription n'ajoute donc rien à l'efficacité de l'acte de vente ; avant cette transcription le vendeur est complètement dépouillé, et du moment du contrat il ne peut plus disposer de la chose vendue.

Cette vérité est invinciblement prouvée par les dispositions de l'art. 834 du code de procédure civile :
sans doute, d'après cet article, l'on peut utilement
inscrire sur le bien vendu non-seulement après l'acte
de vente, mais encore dans la quinzaine de sa transcription; mais quelles sont les créances que l'on peut
inscrire ? Ce sont *celles qui sont antérieures à l'acte
de vente;* ce qui prouve qu'après l'acte de vente le
vendeur ne peut plus créer des hypothèques sur les
biens vendus : or, s'il ne peut pas utilement affecter
ces biens par des hypothèques, comment pourrait-il
les revendre? et s'il ne peut pas les revendre, comment
cette revente, inutile et inefficace dans son origine,
deviendrait-elle utile et efficace par la transcription ?
comment la transcription, qui n'est qu'un simple moyen
de purger la propriété, constituerait-elle la propriété??

Disons donc, que la transcription d'une donation
postérieure ne lui donnerait aucune préférence sur
une première non transcrite.

Il existe en faveur de notre opinion un arrêt de la
cour d'appel de Nîmes. Vid. le recueil de M. *Sirey*,
an 1809, 2 ^e part., pag. 31. L'arrêt de la cour d'appel
de Bruxelles, qu'on trouve dans le même recueil, pag.
45, ne présente rien de contraire à mes principes :
cet arrêt a simplement décidé qu'une créance antérieure à un acte de vente pouvait être valablement
inscrite sur les biens vendus, pourvu que l'inscription
fût antérieure à la transcription de ce même acte de
vente; doctrine que nous ne contestons point, car
nous disons que l'inscription de la créance antérieure
peut être faite même dans la quinzaine de la transcription de cet acte; mais nous soutenons qu'après cet
acte aucune hypothèque ne peut être créée par le
vendeur sur les biens dont il s'est dépouillé : autre
chose est créer une hypothèque, ce qui est le fait du
propriétaire de l'objet affecté, et autre chose est conserver une hypothèque existante, ce qui est le pur

fait du créancier : la cour d'appel de Trèves a décidé, le 9 février 1810, que la préférence entre deux acquéreurs du même immeuble était réglée, non par la priorité de transcription, mais par la priorité du titre. Vid. le recueil de M. *Sirey*, an 1812, part. 2, pag. 177.

CHAPITRE IV.

Des donations de biens meubles.

527. — Outre les formalités communes à toutes les autres donations, la donation de biens meubles est assujettie à une formalité particulière qui se trouve consignée dans l'art. 948 du code ; cet article est ainsi conçu : « tout acte de donation d'effets mobiliers ne » sera valable que pour les effets dont un état estimatif » signé du donateur et du donataire, ou de ceux qui » acceptent pour lui, aura été annexé à la minute de » la donation ».

Ainsi, toute donation de meubles ou d'effets mobiliers n'est valable que pour les effets dont il a été fait un état estimatif, qui demeure annexé à la minute de la donation.

528. — On sent qu'il suffit, pour la validité de la donation, que l'acte contienne lui-même le détail des meubles donnés, sans état particulier de ces mêmes meubles ; le détail estimatif dans l'acte suffit : par là l'esprit de la loi se trouve entièrement rempli.

D'ailleurs, exiger un état séparé et signé des parties, ainsi que l'annexe de cet état, ce serait demander une chose impossible à tous ceux qui ne savent pas signer ; or, il serait plus que ridicule de prétendre que les paysans et autres gens sans éducation sont dans l'impossibilité de faire une donation de meubles.

529. — En ordonnant cet état ou détail de meubles, avec leur estimation, la loi a eu deux motifs : 1.° celui de fixer la donation d'une manière irrévocable ; 2.°

celui d'empêcher que le moindre préjudice ne fût causé à la réserve, en constatant tous les meubles donnés ; car sans ce détail estimatif comment prouver que le donataire a profité de tels et tels meubles ? comment en fixer la valeur ?

530. — Nous disons que la donation d'effets mobiliers doit en contenir l'état estimatif.

Faut-il, à peine de nullité, que l'estimation soit faite en détail de tous les meubles donnés ; ou bien l'estimation en bloc de tous les meubles désignés dans l'état serait-elle suffisante ?

Le but de cette estimation, comme nous l'avons dit, est de fixer la masse héréditaire, et, par conséquent, la réserve ; or, ce but se trouve rempli par l'estimation en masse, tout comme par l'estimation partielle : l'estimation, d'ailleurs, soit partielle, soit générale, étant l'ouvrage des parties contractantes, la fraude peut aussi bien se glisser dans l'estimation partielle que dans l'estimation en bloc ; cette estimation en bloc suppose, d'ailleurs, une estimation partielle antérieurement faite, et non pas exprimée : la loi parle d'un état estimatif, ce qui veut dire un état contenant l'estimation ; or, la loi n'exige pas impérieusement une estimation partielle.

On peut répondre, 1.º que la fraude dans l'estimation partielle est plus aisée à découvrir que dans l'estimation générale ;

2.º Que dans le cas d'une donation de meubles avec réserve d'usufruit, si quelqu'un des meubles ne peut être représenté, il sera impossible d'en fixer la valeur, qui doit être donnée au donataire conformément à l'art. 950 du code ;

3.º Qu'il résulte du susdit art. 950 que la loi exige une estimation partielle ;

4.º Que si le législateur avait regardé l'estimation en bloc comme suffisante, il aurait supprimé l'art. 948 ; car il n'ignore pas que toute donation contient l'estimation en bloc, tant des meubles, que des immeubles, et ce à cause du droit d'enregistrement : d'après ces motifs, je pense qu'il faut non-seulement une estimation des meubles, mais encore une estimation partielle.

531. — L'art. 948 s'applique-t-il aux meubles incorporels, ou qui ne le sont que par la détermination de la loi ? en d'autres termes, le donateur de tous ses biens ou d'une quote de ses biens, et qui a des créances, billets et obligations qu'il veut comprendre dans la donation, doit-il désigner, à peine de nullité, les créances données, ou les insérer dans l'état estimatif ?

On peut dire, que le détail des dettes actives n'est pas ordonné par le susdit art. 948 du code ; que cet article ne s'applique qu'aux effets mobiliers qui sont susceptibles d'une estimation ; puisque cet article exige non-seulement le détail, mais encore l'estimation des effets, estimation ridicule par rapport aux créances ; or, la loi ordonnant en même temps l'estimation et le détail, il en résulte que ses dispositions ne s'appliquent point aux dettes actives.

Si le législateur avait entendu soumettre les meubles incorporels à la formalité de l'état, il se serait expliqué particulièrement relativement à ces meubles ; il aurait dit : *et à l'égard des meubles par la détermination de la loi, il suffira de les détailler dans la donation, ou dans l'état des meubles qui doit y être annexé.*

On peut observer que l'ordonnance de 1731 ordonnait également l'état des meubles et effets mobiliers, et cependant, d'après la jurisprudence, il suffisait, par rapport à la donation des dettes actives, de la signifier aux débiteurs ; cette signification suffisait, lors même que les créances n'auraient pas été comprises dans l'état. Vid. *Furgole* sur le susdit art. 15 ; *Serres*, sur le même article, s'exprime en ces termes : « au sur- » plus, à l'égard des meubles meublans, ou effets mobi-

» liers, et même des actions ou dettes actives, dont
» il n'y aurait pas une tradition réelle, il faudrait que
» le détail en fût fait dans l'acte de donation, ou dans
» un état et inventaire signés des parties contractantes;
» à l'égard même des dettes actives dont il n'a pas été
» fait un état, ou qui ne sont pas désignées dans la
» donation, il suffit, pour équipoller à cet état, que la
» donation soit signifiée aux débiteurs, et sur-tout
» dans les pays de droit écrit, où les noms, droits et
» actions forment une troisième espèce de biens dis-
» tincte des meubles et effets mobiliers, dont cette
» ordonnance parle taxativement ».

Je pense néanmoins que les dettes actives doivent
être détaillées; la loi le dit textuellement : elle soumet
au détail toutes les donations d'*effets mobiliers;* or,
qu'entend la loi par *effets mobiliers ?* Elle entend
tous les meubles généralement quelconques, tant ceux
qui le sont par leur nature, et qui peuvent se mou-
voir d'eux-mêmes ou par une force étrangère, que
ceux qui le sont par la détermination de la loi, comme
les créances et dettes actives (vid. les art. 533, 534
et 535 du code).

Si le législateur n'avait pas entendu comprendre
les dettes actives dans les dispositions de l'art. 948,
il s'en serait expliqué; il aurait dit : *les meubles par
la détermination de la loi ne sont pas soumis à la
formalité du détail;* ou bien il aurait dit : *tout acte
de donation d'effets mobiliers par leur nature* ne
sera valable que pour les effets détaillés dans l'état
estimatif.

La loi ne distinguant pas les meubles par leur nature des meubles par destination, il est impossible
de distinguer; il faut dire que les uns et les autres
sont soumis à la même formalité : mais, observe-t-on,
la loi ordonne, et le détail, et l'estimation; or, l'estimation d'une créance est une chose ridicule : je
réponds que les dispositions législatives doivent être

entendues d'une manière saine, *ut vitio careant;* que l'injonction d'estimer les meubles ne s'applique qu'à ceux qui sont susceptibles d'estimation : le simple bon sens le dit, et M. *Jaubert*, dans son rapport sur les donations, pag. 309, l'observe en ces termes : « le » législateur devait un autre soin en ce qui concerne » les donations d'effets mobiliers ; comme ces dona- » tions peuvent aussi devenir sujettes à la réduction, » il était essentiel que si la donation portait *sur des* » *objets susceptibles d'estimation,* l'état en contînt » l'estimation ».

Donc, selon M. *Jaubert,* une donation d'effets mo- biliers peut comprendre des objets susceptibles d'esti- mation, et d'autres objets qui n'en sont pas susceptibles : relativement aux meubles estimables, il faut un état et l'estimation, et relativement aux objets non sus- ceptibles d'estimation l'état est suffisant ; or, quels sont les effets non susceptibles d'estimation ? Ce sont les créances : donc, d'après M. *Jaubert,* les créances doivent être mentionnées dans l'état.

D'ailleurs, pourquoi la loi ordonne-t-elle l'état des meubles ? pour deux raisons : 1.º pour que le dona- teur ne soit par le maître d'épuiser la donation par la soustraction de ses meubles ; 2.º pour que nul préju- dice ne soit causé à la réserve légale, ce qui nécessite la désignation précise de tous les objets donnés ; or, sans état des créances, le donateur reste le maître de supprimer toutes celles qui sont sous seing-privé, et d'annuller les autres par des quittances antidatées : ce n'est pas tout, les enfans du donateur doivent trouver dans la donation tous les objets donnés, et qui doivent rentrer dans la masse pour déterminer la réserve ; or, comment feraient-ils pour découvrir toutes les créan- ces du donateur ? La chose serait impossible relative- ment aux créances sous seing-privé, et elle serait difficile et extrêmement embarrassante à l'égard des créances publiques.

La signification de la donation aux débiteurs ne saurait remplir le vœu de la loi ; car, relativement aux créances privées, comment en déterminer l'émolument ? La signification pouvait paraître suffisante d'après l'ordonnance de 1731, parce que cette ordonnance n'avait d'autre but que de dessaisir le donateur ; mais, outre ce but, le code en a un autre, celui de déterminer rigoureusement la chose donnée, pour que nul préjudice ne puisse être causé à la réserve : observons même que *Serres* se fonde principalement sur ce que les actions sont une troisième espèce de biens non comprises sous l'expression, *effets mobiliers ;* d'ailleurs, jusqu'à la signification de la donation le donateur a été le maître d'épuiser la donation ; or, il suffit que cette faculté ait existé un seul instant, pour que la donation soit de nul effet, observation qui prouve l'insuffisance de la signification faite aux débiteurs ; cette signification ne peut remplacer l'état impérieusement ordonné.

Eh quoi ! dira-t-on, une femme qui n'a que des sommes dotales, et qui donne le quart, le tiers de tous ses biens à l'un de ses enfans, doit donc, à peine de nullité, mentionner la quotité de la dot à elle due ? Oui, tel est l'esprit de la loi ; il suffit d'en être instruit, et les pères, mères et autres donateurs doivent faire attention à cette disposition importante.

532. — Nous avons dit que, par rapport à une créance donnée, il suffit que cette créance soit mentionnée dans la donation, sans qu'il soit besoin d'une estimation de cette créance ; car l'estimation se trouve ici dans la chose même.

Supposons qu'à raison, soit de l'insolvabilité du débiteur, soit à cause de la difficulté d'en obtenir le payement, la créance donnée ait été estimée au-dessous de sa valeur nominale ; cette valeur estimative entrera-t-elle seule dans la masse héréditaire ? ou bien faudra-t-il y faire entrer fictivement la valeur nomi-

nale? En général, et pour éviter toute occasion de
fraude, c'est la valeur nominale qui doit fictivement
entrer dans la masse ; mais si le donataire justifie
qu'il n'a pu être payé malgré ses diligences, alors il
faudra, lors de la composition de la masse héréditaire,
donner une valeur à cette créance, et cela, d'après la
position et les facultés du débiteur lors de la composition de cette masse.

533. — Un père a marié plusieurs de ses filles, et
leur a donné certaines sommes ; postérieurement il a
donné le quart de ses biens meubles et immeubles à
son fils aîné par préciput et avantage non sujet à
rapport : la donation par préciput présente un état
estimatif des biens meubles ; mais il n'y ait pas fait
mention des sommes données et payées aux filles.

On demande, dans cette hypothèse, si la donation
faite au fils porte sur ces sommes.

Je le pense : quand un homme dispose d'une quote de
la généralité de ses biens, il est censé disposer d'une
quote de sa masse héréditaire telle qu'elle serait
composée s'il venait à décéder lors du don ; ainsi, le
préciput se prendra sur les sommes antérieurement
données, tout comme sur les autres biens.

Inutile d'objecter, 1.º que dans l'état estimatif les
sommes données ne se trouvent pas comprises ; 2.º
qu'on ne peut pas donner, ni tout, ni partie de ce qu'on
a déjà donné.

Car, dans l'espèce, les sommes données étaient cons-
tantes et invariablement établies par les actes des donations faites aux filles ; il n'existe donc pas de motif
qui en exige impérieusement la mention dans l'état ;
car, par rapport à ces sommes données en avancement
d'hoirie, il n'est pas possible de porter préjudice à
la réserve ; ces avancemens d'hoirie sont connus et
établis.

Sans doute, on ne peut pas donner ce dont on a
déjà disposé, en ce sens qu'il est impossible de dé-

pouiller un premier donataire pour investir un second; mais rien n'empêche de faire porter la quote des biens dont on dispose sur les donations antérieures; car en cela on ne fait que procurer un plus grand avantage au second donataire, mais on ne dépouille pas le premier, on ne lui enlève rien des choses à lui données.

L'interprétation de l'art. 857 du code civil a fait naître une importante question : un père a trois ou quatre enfans; il a donné ou constitué en dot à deux de ses filles tel objet ou telle somme; il lègue ensuite par préciput à son fils aîné le quart de l'universalité de ses biens : ce préciput portera-t-il sur les dots constituées ? en d'autres termes, pour la fixation du quart faudra-t-il faire entrer les dots dans la masse successive ?

Un arrêt de la cour de cassation, du 30 septembre 1816, rapporté par M. *Sirey*, an 1817, pag. 153, a décidé que le rapport des dots à la masse ne devait pas avoir lieu, aux termes de l'art. 857 du code, et qu'ainsi le préciput ne devait être pris que sur les biens dont le testateur ne s'était pas dépouillé lors de la faction du testament. On a dit au fils aîné : vous n'êtes que légataire du préciput; or, comme légataire vous n'avez pas le droit d'exiger le rapport des donations antérieures.

Cet arrêt, dans sa généralité, ou peut être considéré sous un faux point de vue, a alarmé tous les jurisconsultes et tous les pères.

J'ose me permettre de le combattre dans sa généralité; l'amour pour la vérité se concilie avec le respect dû aux arrêts de la cour suprême.

Je dois faire précéder ma discussion de quelques observations que je présente comme des vérités incontestables.

1.º Point de mariage sans établissement, sans donation. Cela est vrai dans une société naissante, et d'une d'une vérité incontestable dans une société vieillie, et où le luxe a multiplié les besoins;

2.º Il naît à peu près un nombre égal de garçons et de filles; mais l'ordre de la nature exige que les filles se marient les premières;

3.º La quotité disponible est bien rarement donnée aux filles qui passent dans une famille étrangère;

4.º Les pères en général se dépouillent pour établir leurs enfans; mais très-souvent ce n'est pas sans effort, et il faut enlever à l'égoïsme tout prétexte dont il pourrait colorer ses refus;

5.º Rien n'est aussi cher à l'homme et au père de famille que l'exercice de la quotité disponible, que cette faculté de disposer d'une partie de sa fortune et d'avantager un de ses enfans : jamais un père ne mettra lui-même des bornes à cette quotité.

Ces vérités admises, on le demande, dans les principes généraux de cet arrêt, que dira le père à qui l'on proposera un mariage pour sa fille?... Il dira : je ne veux rien donner; je veux conserver ma quotité disponible intacte et entière : si l'on se contente d'une pension, je la donne; voilà tout. Que pourrait-on répondre à ce père? Rien, absolument rien; mais le mariage n'aura pas lieu : et de là la décroissance nécessaire de la population, et trop souvent la perte et la corruption des mœurs.

Dira-t-on que le père peut, avant de marier ses filles, donner le préciput à celui qu'il choisit pour être le soutien et le représentant de sa famille? Objection bien faible!! La quotité disponible n'est-elle pas dans les mains du père le complément de la puissance paternelle, et un moyen qui lui est réservé de récompenser la bonne conduite, le respect et la vertu? Faut-il qu'il se prive de cette arme puissante que la loi lui confie? faut-il qu'il récompense avant d'avoir jugé, et qu'il s'expose à un stérile repentir?

Ces observations nous prouvent que les principes

généraux du susdit arrêt sont contraires à l'esprit de
la loi, qui favorise les mariages, et qui tend à augmenter le pouvoir paternel.

Examinons à présent s'ils ne sont pas également
contraires au texte précis de la loi.

Le législateur, qui a fixé une quotité disponible
en faveur des pères, a voulu et dû vouloir que le
père pût en user dans son intégrité et dans toutes les
circonstances. L'art. 919 nous dit, « que la quotité
» disponible pourra être donnée *en tout* ou en partie,
» soit par acte entre-vifs, soit par *testament* » : *en
tout*, le père peut donc disposer de toute sa quotité
disponible : telle est la règle générale, et elle est sans
exception.

A quelle époque fixe-t-on la quotité disponible ?
à la mort du disposant (art. 920).

Comment forme-t-on la masse pour calculer cette
quotité ? L'art. 922 nous répond, « qu'on forme une
» masse de tous les biens existans au décès du dona-
» teur ou testateur ; qu'on y *réunit fictivement ceux
» dont il a été disposé par donation entre-vifs*, d'après
» leur état à l'époque des donations et leur valeur
» au temps du décès ; qu'on calcule *sur tous ces biens*,
» après en avoir déduit les dettes, quelle est, eu
» égard à la qualité des héritiers qu'il laisse, la
» *quotité dont il a pu disposer* ».

Pesons les expressions de cet art. 922 : pour former
la masse, on réunit aux biens existans *ceux dont il
a été disposé par donation entre-vifs*...... La loi ne
dit pas qu'on réunit à la masse *les biens sujets à
rapport*, mais qu'on réunit les *biens qui ont été donnés*.
Remarquons encore le mot *fictivement*. Or, si la loi
entendait désigner *les biens rapportables* seulement,
elle ne parlerait pas d'une réunion *fictive* ; car le
rapport réunit effectivement les biens donnés à la
masse. « Pour la supputation de la légitime, dit
» *Pothier*, on doit faire une masse, tant des biens

» que le défunt a laissés dans sa succession, *que de*
» *tous* ceux dont il a disposé par des donations, soit
» entre-vifs, soit testamentaires.

« » Les biens dont il a disposé entre-vifs doivent être
» *couchés par fiction* pour leur valeur au temps du
» décès ». Vid. *Pothier*, sur la coutume d'Orléans,
n.° 76.

Ainsi, il est toujours question d'une *fiction*, et non
d'un rapport réel.

Cela posé, qu'un père, après avoir donné et constitué des dots à ses filles, lègue ensuite son entière
quotité disponible à son fils par préciput, comment
faut-il procéder pour fixer cette quotité disponible?
Il faut réunir à la masse des biens existans le montant
de toutes les dots ; l'art. 922 en impose l'obligation :
l'on sait, d'ailleurs, qu'en procédant autrement il est
impossible de déterminer la quotité disponible ; car,
ne le perdons pas de vue, la masse formée aux termes
de l'art. 922 est l'unité, et la quotité disponible en
est la fraction.

Mais, dira-t-on, le fils avantagé n'est que légataire
du préciput ; et, comme légataire, il ne peut exiger
le rapport, aux termes de l'art. 857 du code.

Je réponds, qu'il n'est pas question ici du fait du
rapport, mais seulement de la fixation de la quotité
disponible, et que pour cette fixation il faut toujours
réunir à la masse l'émolument de toutes les donations
rapportables ou non rapportables.

Cette vérité résulte du texte du susdit art. 922,
et se prouve, d'ailleurs, rigoureusement par un exemple. Pierre a donné par préciput l'objet A ; il donne
ensuite par préciput l'objet B : or, pour savoir si
la seconde donation excède la quotité disponible, il
faudra réunir à la masse, et l'objet A, et l'objet B,
quoique non rapportables. Donc la question du rapport est étrangère à la fixation de la quotité disponible.

Prenons un autre exemple : supposons qu'un père ait fait des donations à ses filles, et qu'ensuite il lègue par préciput l'objet A à son fils; comment faudra-t-il faire pour savoir si l'objet A excède la quotité disponible? Il faudra réunir à la masse le montant des donations : l'art. 922 le dit de la manière la plus expresse.

Si, pour repousser la réunion, l'on invoque le susdit art. 857, en observant que le fils est simple légataire de l'objet A, et qu'en cette qualité le rapport ne lui est pas dû, je répondrai, 1.º qu'une pareille interprétation anéantirait dans les mains du père une partie de la quotité disponible, et entraînerait avec elle tous les inconvéniens ci-dessus signalés ; 2.º qu'il résulterait de cette interprétation une contradiction évidente et palpable entre les art. 857 et 922 du code ; or, la loi doit être interprétée de manière à ne présenter aucun vice, *ut vicio careat ;* 3.º qu'interpréter ainsi l'art. 857, c'est confondre l'imputation avec le rapport. Je m'explique : tout don fait par préciput doit sortir à effet jusqu'ès et à concurrence de la quotité disponible; tout ce qu'un enfant reçoit s'impute sur sa réserve : or, je le demande, les filles, sans violer l'art. 922, pourraient-elles demander la réduction du legs de l'objet A, si elles se trouvent remplies de leur réserve au moyen des donations et de ce qu'elles trouvent dans la succession ? Mais si, étant remplies, elles ne peuvent demander la réduction du legs, il en résulte que le légataire profite de l'entière quotité disponible, et qu'ainsi les donations entrent dans la masse pour calculer cette quotité.

Posons une autre espèce : un père a constitué des dots à ses filles; il donne par préciput l'objet A à son fils. Dans cette espèce, pour calculer la quotité disponible l'on fera entrer nécessairement dans la masse l'émolument des dots, toujours d'après l'art. 922; l'on ne pourra invoquer ici l'art. 857, qui ne parle que des legs. Eh quoi! faudrait-il dire que dans telle hypothèse un père peut épuiser sa quotité disponible par donation, et qu'il ne peut le faire par testament? Distinguer entre ces deux actes n'est-ce pas violer l'art. 919, qui dit d'une manière si expresse qu'on peut disposer de toute sa quotité disponible, soit par acte entre-vifs, soit par disposition testamentaire?

Quel est le but de l'art. 857? Celui de rétablir, au moyen du rapport, l'égalité entre cohéritiers. Cet article fait partie de la loi sur les successions *ab intestat.*

Quels sont les articles relatifs à la quotité disponible et à sa fixation? Ce sont les art 913, 919, 920 et 922. Comment donc appliquer à la quotité disponible l'art. 857? comment restreindre dans les mains du père cette quotité disponible en vertu de ce même article 857, qui y est absolument étranger?

On me dira : vous faites bien sentir les inconvéniens qui résultent de l'application de l'art. 857 à la fixation de la quotité disponible; mais cet article 857 existe, quel sens lui donnez-vous?

Voici le sens que je lui donne. Un homme a tout disponible; il a fait des donations, puis il lègue le tiers de ses biens. Dans ce cas le légataire ne peut rien réclamer sur les donations; il n'a droit qu'au tiers des biens qui se trouvent dans la succession; il ne peut exiger que cette succession soit grossie par le rapport des donations antérieures.

Un père a trois ou un plus grand nombre d'enfans; il donne certaines sommes ou certains objets à deux d'entr'eux; puis il lègue le quart de ses biens, par préciput, au troisième enfant. Dans cette espèce il peut y avoir du doute sur la volonté du père; l'on ne voit pas clairement qu'il ait voulu faire porter le préciput sur l'entière quotité disponible : il y a matière à interprétation, et sur cela l'on peut invoquer l'art. 857 ; mais si la volonté expresse du père a été de transmettre toute la quotité disponible à son fils, alors cette quotité disponible sera calculée en réunissant à la masse toutes les donations faites, et le fils prendra le quart de cette masse, 1.° parce que telle est la volonté du père ; 2.° parce que cette volonté est conforme à la loi; 3.° parce que le père aurait même le droit de soumettre au rapport les choses qui naturellement ne seraient pas rapportables ; 4.° enfin, parce qu'il s'agit ici, non du rapport à faire par les donataires, mais plutôt de l'imputation de leur don sur leur réserve.

En dernière analise, si de l'arrêt de la cour de cassation l'on tire seulement cette conséquence, *que le legs du quart des biens ne porte point sur les donations antérieures*, je n'ai rien à dire : il s'agit là d'une simple interprétation de volonté, et l'interprétation faite l'on peut invoquer l'art. 857 ; mais si du susdit arrêt l'on tire cette conséquence, qu'*un père à chaque donation qu'il fait diminue sa quotité disponible, en sorte que cette quotité ne sera plus calculée que sur le restant des biens*, je dirai qu'une telle conséquence présente une extension abusive de cet arrêt, et une violation évidente des articles qui fixent la quotité disponible.

Que peut donc faire un père qui a constitué des dots à ses filles, ou fait d'autres donations, et qui veut avantager un de ses enfans de toute la quotité disponible ? Il doit lui donner ou léguer tel objet ou telle somme par préciput, et désigner un objet qui vaille ou qui excède la quotité disponible. Je vais plus loin, il peut disposer en ces termes : je lègue à tel de mes enfans, par préciput, mon entière quotité disponible... ; ou bien : je lui donne et lègue, par préciput, le tiers ou le quart de tous mes biens, et je veux que ce tiers ou ce quart porte sur toutes les donations que j'ai faites rapportables ou non rapportables. Dans tous ces cas, et autres où la volonté du père sera évidente, la quotité disponible sera calculée conformément à l'art. 922, et l'art. 857 ne pourra y être appliqué.

Je dois dire toute ma pensée. Un père a fait des donations; il lègue ensuite purement le quart de ses biens par préciput à l'un de ses fils; il a trois ou un plus grand nombre d'enfans : je crois que le préciput doit porter sur les donations antérieures. Si une cour royale jugeait autrement, son arrêt présenterait une fausse interprétation de la volonté du testateur, un mal jugé; mais il n'en résulterait pas ouverture à cassation.

Sur cette question importante j'ajoute cette dernière réflexion. Quand un homme a disposé, ses biens se partagent en deux parties : la quotité disponible et la réserve. Or, pour déterminer la réserve il faut nécessairement former la masse conformément à l'art. 922, c'est-à-dire, réunir fictivement aux biens existans tous ceux dont on a disposé; et pour fixer la quotité disponible la masse serait différente! La réserve serait toujours intacte, sacrée et mesurée d'après une base certaine, et la quotité disponible n'aurait pas les mêmes avantages! Vid., par induction, un arrêt de la cour de cassation rapporté par M. *Sirey*, an 1813, pag. 449.

534. — Faut-il, quand on donne un immeuble avec les accessoires qui y sont joints, et que la loi répute immeubles, annexer à la donation un état estimatif de ces accessoires?

Sans doute ces accessoires sont meubles par leur nature, ils ne se trouvent immeubles que par leur destination; mais rien n'empêche de les vendre, et d'y en substituer d'autres en moindre quantité et de moindre valeur; et de là il semble résulter qu'il faut un état estimatif de ces meubles.

Je ne le pense point, car il faudrait, par la même

raison, mettre dans l'état estimatif non-seulement les semences, pailles et engrais, mais encore les meubles que le propriétaire a attachés au fond à perpétuelle demeure (art. 524); ce qui me paraît absurde.

Cependant, par rapport aux animaux attachés à la culture, aux pressoirs, chaudières, cuves et tonnes, il est toujours prudent, dans l'intérêt du donataire, de mettre ces objets dans l'état estimatif : le défaut de mention ne rendrait pas, selon moi, la donation nulle par rapport à ces objets ; mais les héritiers du donateur, pour former la masse héréditaire, pourraient être admis à prouver par témoins, et la quantité, et la valeur de ces immeubles par destination, inconvénient qu'il faut toujours éviter. Vid. sur cette question M. *Grenier*, n.º 171.

535. — Pierre a donné à Jean certains immeubles, et le tiers de ses meubles sans aucun état ; il a réservé l'usufruit des meubles pendant un certain temps.

A l'expiration de ce temps Pierre, pour remplir Jean du tiers des meubles, lui a fait délivrance de certains objets mobiliers.

On demande si Pierre peut redemander ces objets mobiliers, comme les ayant livrés en vertu d'une donation nulle ?

Si l'on considère la tradition des effets mobiliers comme une suite, une exécution et ratification de la donation, il faut dire que le donateur peut réclamer les meubles par lui livrés, parce qu'une donation, nulle dans la forme, ne peut être utilement confirmée qu'en la refaisant dans les formes légales.

Mais si l'on regarde la tradition comme une nouvelle donation manuelle, nul doute qu'elle ne soit valable, et que le donateur ne puisse pas redemander les meubles donnés.

Cette seconde manière d'envisager la tradition me paraît plus simple et plus naturelle ; d'ailleurs, il faut

interpréter

interpréter les actes et les actions, *ut actus magis va-
leat quàm pereat.*

536. — Supposons que Pierre ait fait donation à
Jean d'une quote-part de ses meubles ; qu'il soit dit
dans la donation que les meubles donnés ont été livrés ;
que la livraison ait eu lieu en effet, mais qu'il n'existe
point d'état estimatif ; cette donation sera-t-elle valable ?

Nul doute qu'elle ne soit nulle à l'égard des héritiers
de Pierre ; ils pourront toujours demander la représentation des meubles donnés, ou leur valeur à l'époque de la livraison.

Mais Pierre pourra-t-il réclamer les meubles par lui
livrés ?

Le doute vient ici de ce que Pierre paraît coupable
aux yeux de la loi ; il est censé avoir voulu éluder ses
dispositions, en ne faisant pas un état estimatif, et se
réserver par là un moyen de préjudicier à la réserve ;
en sorte que, sous ce rapport, il devrait être regardé
comme irrecevable à se plaindre : *ubi turpitudo utrius-
que versatur, melior est causa possidentis.*

L'application de cette maxime serait très-déplacée
dans cette espèce ; d'ailleurs, le dol ne se présume pas :
je pense que puisque les héritiers de Pierre peuvent réclamer les meubles, Pierre le peut également ; en un
mot, la donation des meubles sans état estimatif est nulle : telle est la disposition de la loi ; elle ne fait, ni distinction, ni restriction ; il n'est donc pas possible, ni
de distinguer, ni de restreindre.

Si le donateur et le donataire ne sont pas d'accord
sur la consistance et la valeur des meubles livrés, la
preuve de la livraison de tels et tels meubles pourra
être faite par témoins, par deux raisons : 1.º parce que
la tradition est un fait ; 2.º parce que la donation faisant mention de la tradition, il en résulte un commencement de preuve par écrit.

FIN DU PREMIER VOLUME.

ERRATA.

Pages 34 *et* 35, Marius, *lisez* Mœvius.
Pages 37 *et* 38, Mercudol, *lisez* Merendol.
Page 51, *ligne* 11, doit porter, *ajoutez* sur la quotité de la
 chose donnée comme, etc.
Page 55, *ligne* 4, bannis, *lisez* aubains.
Page 56, *ligne* 33, leurs, *lisez* les.
Page 69, *ligne* 17, nulle, *lisez* nulle;
Page 73, Brisson, *lisez* Brillon.
Page 83, *ligne* 31, succ., *lisez* seu.
Page 99, *ligne* 5, le tiers, *lisez* les deux tiers.
Page 101, *ligne* 7, aliment, *lisez* alemanorum.
Page 104, *ligne* 6, le port, *lisez* le part.
Page 127, *ligne* 5, sait, *lisez* sent.
Page 139, *ligne* 9, aurait, *lisez* auraient.
Page 143, *ligne* 20, pensait, *lisez* pensaient.
Page 144, *ligne* 6, public, *lisez* publics; *ligne* 15, apparentes,
 lisez apparens.
Page 197, *ligne* 13, en supposant, *lisez* en séparant.
Page 206, *ligne* 17, je dis : rien, *lisez* je dis bien.
Page 232, *ligne* 1.re, serait autrement, *ajoutez* dans le
 système de M. Grenier.
Page 236, *ligne* 12, fueret, *lisez* fuerit.
Page 238, *ligne* 2, car, enfin, le don fait à la seconde épouse,
 et, comme les autres, dans la quotité disponible, etc.,
 lisez car, enfin, le don fait à la seconde épouse est
 comme les autres dons; la quotité disponible, etc.
Page 288, *ligne* 4, quotité, *lisez* qualité.
Page 289, *ligne* 22, entre-vifs, de, *lisez* entre-vifs, et de.
Page 308, *ligne* 27, peut, *lisez* faut.
Page 310, *ligne* 22, dernières, *lisez* premières.
Page 340, *ligne* 24, nous porte, *lisez* vous porte.
Page 343, *ligne* 10, la, *lisez* sa.
Page 344, *ligne* 35, ces, *lisez* ses.
Page 370, *ligne* 15, dont, *lisez* d'où.
Page 373, *ligne* 9, procul, *lisez* procula.
Page 381, *ligne* 25, UT, *lisez* UTI.
Page 384, *ligne* 9, conçue, *lisez* connue.
Page 422, *ligne* 36, l'effet, *lisez* le fait.
Page 426, *ligne* 19, suivre par, *lisez* suivre; par.

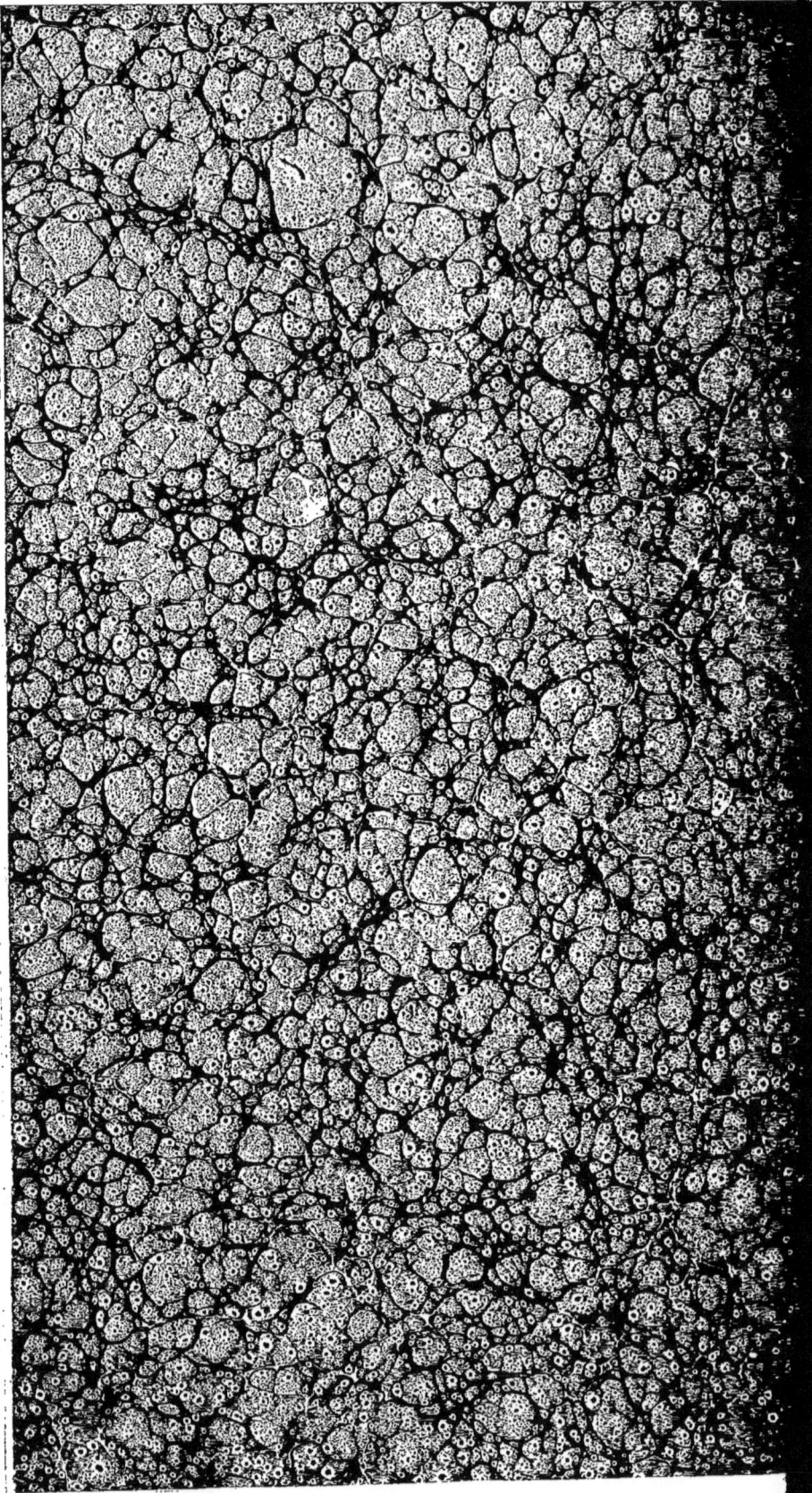

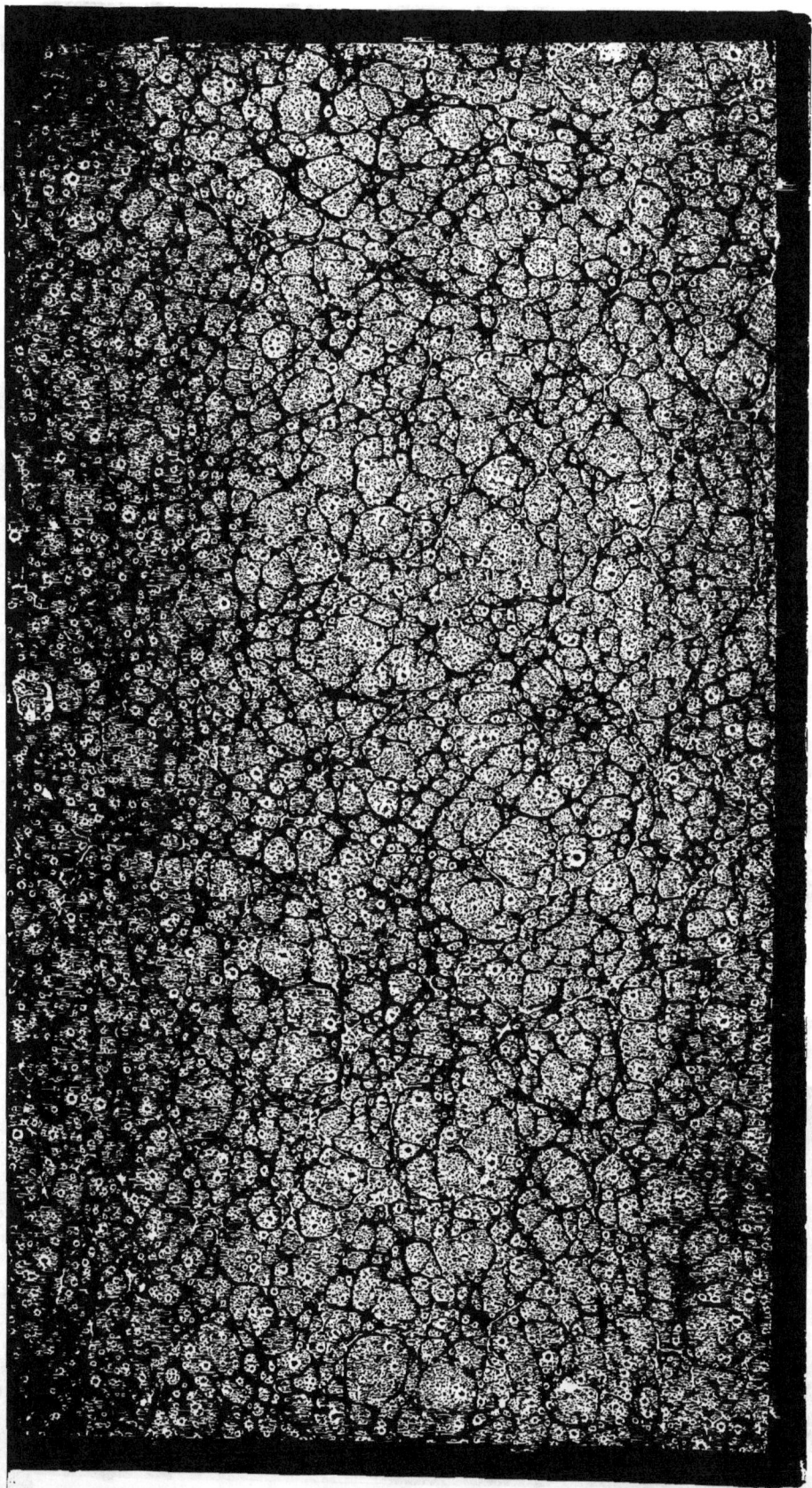

www.ingramcontent.com/pod-product-compliance
Lightning Source LLC
Chambersburg PA
CBHW031617210326
41599CB00021B/3213